悬念电视三十六计

XUANNIAN DIANSHI
SANSHILIU JI

杨斌　安然　孙望艳　著

天津出版传媒集团

天津人民出版社

图书在版编目（CIP）数据

悬念电视三十六计 / 杨斌, 安然, 孙望艳著. -- 天
津：天津人民出版社, 2014.5
ISBN 978-7-201-08705-4

Ⅰ.①悬… Ⅱ.①杨… ②安… ③孙… Ⅲ.①电视
节目-研究 Ⅳ.①G222.3

中国版本图书馆 CIP 数据核字(2014)第 083490 号

天津人民出版社出版

出版人：黄　沛

（天津市西康路 35 号　邮政编码：300051）

邮购部电话：（022）23332469

网址：http://www.tjrmcbs.com

电子信箱：tjrmcbs@126.com

高教社(天津)印务有限公司印刷　　新华书店经销

2014 年 5 月第 1 版　2014 年 5 月第 1 次印刷

710×1000 毫米　16 开本　22.75 印张

字数：400 千字

定　价：45.00 元

目　录

序言

诡道之轨道

"兵者,国之大事"(《孙子兵法·计篇》);

"兵者,诡道也"(《孙子兵法·计篇》);

"上兵伐谋"(《孙子兵法·谋攻篇》)。

这几句话都是《孙子兵法》里的至理名言,都是讲智慧在"国之大事"中的作用、意义和分量。

兵法历来都不是仅仅用于军事,而是可以推而广之,放之四海而皆准。

传媒对于"国之大事"的流布和影响有着不可估量的作用,而要想使传媒内容有用、形式有趣、结果有效,那传播理念、传播方式、传播手段自要别具一格、与众不同。而悬念叙事无疑正是其中重要的组成部分。

本书正是试图以悬念电视为研究对象,以具体案例为研究范本,以"三十六计"为研究方法,去分析、解读、比较、归纳、总结那些散布在浩如烟海的电视节目中的点点滴滴。所谓"诡道之轨道"与"诡计之轨迹"。

但是,终究"悬念电视"和"三十六计"并非完全正相关或密切相关的两个集合,只是找到了一点踪迹,用这种方法和角度去审视、观察诸类现象，至于是否那么合理和科学却并无十足把握。因此，此次研究是本着"大数据时代"基于"海量"现象与具象的综合归纳与分类，恐难上升到一定的理论高度和理性程度。说白了，就是把一篮子的东西，按肉蛋菜奶类、主辅配作料先归归堆儿、分分类，显得有条理一些，以供方家指正参考。此番当属"浅尝"，倘若可行，便不"辄止"，则再前行，那这"探路"之旅就算是有益的了。

另有四个小问题附带说明。

一是本书是以"三十六计"为方法，但并非都是正确使用或用得恰当，而是有清有浊、有正有反、有褒有贬、有抑有扬。需要正确、全面、客观、冷静地审视和看待，而不是将其和内容投射一起，融为一体，成为疑似辩论会的"正方"，入戏而不能出戏，就有违初衷了。因此，在书中也努力践行了这些原则。

二是书中列举例证凡878则，范围涉及古今中外，领域稍显庞杂。窃以为目前还没有到做精深研究的阶段，所以，少量典型案例尚不足以证明和说明问题，所谓"证据不足""举证不力"。且不想做同类项的简单堆砌，遂在第四章"三十六计"具体应用中，根据内容、手段或属性进行了二级乃至三级分类；又因为是初次尝试，所以，这"饼"摊得大而薄，先铺个面儿吧。

三是"三十六计"本身因为是后人陆续补足的，所以，各计之间难免会有交叉和一定的重复，或因视角不同而有差异。比如第1计"瞒天过海"和第27计"假痴不癫"有交叉（装"痴"某种程度上就是一种"瞒"，瞒过对方，使之以为是真"痴"），比如第21计"金蝉脱壳"和第22计"关门捉贼"是一对"互视"的矛盾体（简言之，逃走的是"金蝉脱壳"，逮住的是"关门捉贼"，所以两计挨着）。因此，分类可能也只是反映了事物的某一方面的属性或特征。这里呈现的只是"一孔"与"一己"之见。

四是基于第三点，在进行例证分析时或有在不同计策中使用同一案例的情形，但都尽量将其投射在作品或事件不同的阶段(长度)、层面(高度)、角度(宽度)构成的一个三维立体的空间来审视和考量，以避免重复或同一案例的同一内容分属不同计策。但由同一案例的不同阶段、层面、角度所构成的"点位"是可以分属不同计策的。

此谓"诡道"之"轨道"的素描与白描。

杨　斌

2014 年 1 月 30 日蛇年除夕

第一章

悬念、悬念电视与三十六计

第一节　悬念与悬念电视

　　本书探讨的是悬念电视与三十六计之间的关系，但引入话题却不想搞个欲擒故纵乃至故弄玄虚。开宗明义，直接进入主题。

一、悬念的概念

　　"悬念"一词原系心理学的一个概念，是指人们紧张期待的一种心理活动，后用于戏剧创作。《现代汉语词典》对悬念的解释是："欣赏戏剧、电影或其他文艺作品时，对故事发展和人物命运的关切心情。"这是就受众欣赏角度而言的，如果从创作者角度来说，悬念是一种叙事手段，是推动叙事向前发展的主要机制。在电视之前的诸多艺术形式中，产生了诸如希区柯克这样的悬念大师。大众传播时代的到来，特别是近年来电视的飞速发展，故事化和悬念设置成为人们最乐于接受的叙事方式。因此，在电视中广泛使用悬念也就是顺理成章的了。

二、悬念电视

　　这里所阐述的"悬念电视"是指电视制作人在处理情节、设置冲突、展示人物命运时，利用观众对未来故事和人物命运的关切和期待心情，在节目中所做的悬而未决的处理方式，是信息处理的手段和叙事性作品的结构技巧之一。

电视节目中的"悬念"也有广义狭义之分。从广义上讲,电视节目传递的所有信息性内容都含有悬念的成分。就如同我们日常生活中但凡叙述一件事情,总会被人问道"后来呢",这"后来"就是人物、故事、情节、命运的结果。其对于受众的不可预见性和收视心理期待构成了电视节目悬念的必要条件。即便不是有意设置的,也会让人关注。

说到底,悬念就是自己系扣,再自己解开。系扣时要牢靠、结实,而结扣时又要轻巧、清晰。就如同一个魔术师在做逃生的表演,让助手或观众把他身体锁牢,再看他如何从水中或笼中逃生。

当然,并不是所有的扣子系上、解开都做得那么好,否则,也就没有必要探讨这个问题了;也并不是所有的作品和故事都需要用悬念来支撑,但那些悬念做得好、做得巧的节目肯定受欢迎。

《明朝那些事儿》就是一个典型的例子,其实,这本书除去讲枯燥的历史知识和故事通俗化、评书化以外,最大的特点就是巧妙和充分地利用了悬念做扣子。事件的发展和人物的命运都是这个套路,而电影悬念大师希区柯克在这方面更是首屈一指的。

而很多人都更熟悉的可能是金庸的新派武侠小说了。其实,仅从被翻拍的频次就可以依稀看出它受欢迎的程度和观众的偏好,比如《射雕英雄传》《神雕侠侣》《倚天屠龙记》《天龙八部》《笑傲江湖》《鹿鼎记》等都是被翻拍较多的。而读者在读原著时,是可以体会到什么叫手不释卷、难以割舍的。记得笔者(第一作者)上大学时,一部五册的小说由宿舍的人轮流看,谁都没有按顺序看,而且都是熬夜看。每到一章结束,本想掩卷睡觉,可只要再翻看几页,就又放不下了,由此可见悬念的魅力了。

第二节 三十六计

"三十六计",通常是指中国古代的 36 个兵法策略。"三十六计"一词源于南北朝,它是根据我国古代卓越的军事思想和丰富的斗争经验总结而成的,成书过程已经不可考。总之,是在一千多年的时间里,经过多少代、多少人,将古代(主要宋以前)的战例分类解析,可谓集体智慧的结晶。每计的生成和推演,都源自于《易经》中的阴阳变化之理及古代兵家奇正、虚实、主客、刚柔、攻防、彼此等对立关系相互转化的思想,具有前人军事辩证思维和哲学思考。从这个意义上讲,"三十六计"其实就是战略运筹与战术运用的完美结合,是求异思维与实务操作的优美组合。它起源于战争,却可以出离战争,作为一种思维方式或行为方法应用于政治、外交、商务、人际、传媒等诸多方面,这其实也是"三十六计"带给我们的最大裨益和财富。如能活学活用,哪怕急学先用、照搬照抄,也能照猫画虎,有所斩获。原书将"三十六计"分六套,即胜战计、敌战计、攻战计、混战计、并战计、败战计。每套又各有六计。"胜战计"包括:瞒天过海、围魏救赵、借刀杀人、以逸待劳、趁火打劫、声东击西。"敌战计"包括:无中生有、暗度陈仓、隔岸观火、笑里藏刀、李代桃僵、顺手牵羊。"攻战计"包括:打草惊蛇、借尸还魂、调虎离山、欲擒故纵、抛砖引玉、擒贼擒王。"混战计"包括:釜底抽薪、混水摸鱼、金蝉脱壳、关门捉贼、远交近攻、假道伐虢。"并战计"包括:偷梁换柱、指桑骂槐、假痴不癫、上屋抽梯、树上开花、反客为主。"败战计"包括:美人计、空城计、反间计、苦肉计、连环计、走为上计。

第三节　悬念电视与三十六计

如前所述,"悬念"是一种叙事手法,是结构内容的一种手段;而"三十六计"则是认识问题、解决难题的思路和招法。那么,这两者之间,首先不矛盾,其次有交集。因此,本书就是探讨这两者间交集的方式、方法和运用。悬念的分类如果按时序分,可有正叙、倒叙;按谋篇布局,可分局部悬念、全篇悬念;按结果分类,可有封闭型和开放型。在笔者(第一作者)的专著《电视节目策划新要》中,又将悬念的客体分为人物、短片、声音、话题、道具、图片、实物、广告、预告片宣传片、意外礼物、音效等类别,可操作性更强。而"三十六计"从某种程度上讲,"谋"的成分和比重更大些。所谓"上兵伐谋"(《孙子兵法·谋攻篇》),就算"三十六计"是"道"的问题,"悬念"是"术"的问题,那还是交集的。何况这两者都是进可"道",退可"术",进退自如,张弛有度,纵横捭阖,否则,就是好谋无断或有勇无谋了。

说到底,无论是"悬念",还是"三十六计",都是因电视而结缘,"悬念电视"是"悬念"作为叙事手段的应用;电视"三十六计"则是谋略电视节目的诸多计策和操作方法。从这个角度上说,可谓"不约而同",为了一个共同目的——电视节目;而在这其中,又"约而不同",角度、方法、思维都各具特色,异彩纷呈。这里,"悬念"和"三十六计"缔"约"求"同"。也就是说,悬念叙事中运用"三十六计"和"三十六计"中涉及悬念叙事的那部分，就是树和藤相互缠绕的部分，不论是藤缠树，还是树缠藤。总之，是"搭界"了，不是混搭，是顺搭。

第二章

悬念在电视节目中的六能

第一节 醒木之能

电视作为一种通俗文化的传播方式，大众最容易被叙事而不是被道理所说服，也就是说，"晓之以理"不如"动之以情"。"晓之以理"可以使说服更有力；而"动之以情"的悬念可以使说服更有效。电视节目要传达社会主流意识形态，积极有效地引导舆论，需要完成叙事意图，达到叙事效果，而悬念恰恰具有这样的醒木作用。作为结构电视节目的手段，悬念一出，犹如醒木响起，必定引起注意，形成收视焦点。它能聚集人气和观众流，勾魂摄魄。悬念对人的吸引力可见一斑。

所谓"醒木"，源自评书相声的道具。它是一块长方形的小硬木块儿，起到开书时止住观众说话的作用。同一块儿木头，放在皇上那，叫"龙胆"、文官那叫"惊堂"、武将那叫"虎威"、在中药铺叫"压方"等等。可不论在哪里、叫什么，大体都起"提神"、集中注意力的作用。

【例证第 001 号】：《水浒》里的"虎"

一位评书艺人说《水浒传》，讲到"武松打虎"，武松举起拳头正要打虎，这时，有人捎来口信，他家里老母病重，他要回家照看。临行时，艺人交代徒弟，在他回来之前听众不能少，老虎不能死。徒弟问他何时回来，他说，多则三月，少则两月。结果，在三个月时间里，虎没有死，观众也没有流失。如果没有抓人的悬念(扣子)，绝对不会吸引观众期待一个可以预知的结果。因为对于武松打虎的过程、结果乃至武松后来的人物走向和最终命运,观众都了如指掌,在《水浒传》中,武松是知名度排名靠前、几乎家喻户晓的人物。关键在这当中,又加入的作料、内容如何抓住观众。从这个意义上讲,悬念就是它的核心竞争力。引入悬念的确是吸引受众注意力、提高节目竞争力的好办法。

【例证第 002 号】:《保密局的枪声》

1979 年出品的国产电影《保密局的枪声》在当时已经广泛采用彩色胶片的时候却用起了黑白胶片,很具特色,别出心裁,与众不同。而作为新时期谍战剧(当时不叫这名字,叫"反特片")的扛鼎之作,有多方面的悬念设计值得称道:一是惊险程度超过以往,比如男一号刘啸尘(陈少泽饰演)为掩护战友自杀式的模拟被打伤的巧妙而危险的"苦肉计"设计;比如片尾处刘啸尘不幸暴露,被特务组长张仲年用枪逼住,性命攸关。这时,枪声响起,死的却是张仲年,开枪的是比刘啸尘潜伏更深的地下党人老三;二是比以往电影情节转进快得多的节奏;三是电声乐队演绎的新奇和紧张的音乐所营造的氛围等等。

可见,悬念在节目里确实可以起到类似醒木的作用,给观众提神。

第二节　点金之能

"点石成金"的故事源自晋朝旌阳县一个叫许逊的县令。他道术高深,一次年成不好,许逊便施法,以手指点石,石头变成了金子。

俗话说,"戏法人人会变,各有巧妙不同"。悬念的一大能效就是点石成金,可以使节目平中见奇,叙述方式的改变提升了节目的吸引力。"石"是作品的原生态或曰毛坯石材,价值自然有点儿"菲",而"点"是手段,"金"是结果。如果平铺直叙或直陈其事,那石还是石,不会成金。可见,点的过程和方式是使石头获得附加值升格为金的关键。点那么一下谁人都会,但点的结果却千差万别,大相径庭。许逊点金可能不拘材料,或许土疙瘩也行。但电视节目中可以成金的石头不是俯拾皆是,只能是可造之才。

【例证第 003 号】:《绿卡》

1990 年出品的美国电影《绿卡》中一个桥段的处理也很精彩,有点金之效。男主角乔治(杰拉尔·德帕迪约饰演)是从法国来到美国想拿到绿卡的一个无业游民,女主角布朗蒂(安迪·麦克道威尔饰演)为了获得心仪的公寓而和男主角领取了结婚证,但麻烦从此而来。移民局要进行追踪调查，两个格格不入、水火难容的人不得不住在同一屋檐下。一天，布朗蒂的女友邀请她到家里参加聚会，而布朗蒂想要得到的花园里的树木正是属于女友母亲的。当日，女友顺便来接布朗蒂，不巧她已经走了，女友见乔治一人在家"宅"着，就邀请他一同前往。乔治到了现场让布朗蒂很不悦。老太太弹奏一首钢琴曲后，女友力邀乔治弹钢琴，可把布朗蒂吓坏了，因为她知道乔治不会弹，定会出丑，想阻止，可是无济于事。于是，乔治到钢琴前一通乱砸，还告诉老太太，这不是莫扎特。这时，布朗蒂把头深埋起来，羞得无地自容。可是，耳边忽然响起悠扬的乐曲，乔治对老太太说，能给我翻译吗？老太太说，试试吧。于是，一段感人肺腑的诗歌被念出来。老太太泪如雨下。女主角抬起头来，吃惊非小。女友说，那些树是你的了。结尾处，乔治还向惊异的布朗蒂挤了挤眼儿，意思是说，我不止会单打一，也会弹钢琴。这一段落堪称经典，悬念做足，且又顺理成章。

第三节　提线之能

　　这里的"提线"有两层含义：

　　一是指观众被节目引领，欣赏悬念被揭开的过程并获得精神上的愉悦、心理上的快感，获得极大的满足。

　　对电视节目收视情况的调查表明：当节目把观众的情感因素调动起来后，观众才容易产生认同感，媒体传播才能实现其预期效果。电视媒体在叙事的过程中，通过一系列已知情节的铺叙、蓄势、渲染，用悬念对未知情境进行冲突或抑制型表现，将引起观众对即将发生的未知情境的期待，谜底一旦揭开，就引起观众的欣赏快感。

　　二是指节目的线路和要领，所谓提纲挈领。这"线"就如同文章的一级标题，有这个标题就可以大致了解文章的内容。在电视节目中也往往使用这种"提线"方式进行推介和提示。如果是文章，其实就是悬念式导语，在电视节目的片头部分先提出几个问题，也会取得引人入胜的效果。

　　【例证第 004 号】：密林围捕

　　央视社会与法频道《天网》栏目 2008 年 4 月 17 日播出的《密林围捕》节目开头是这样的："2007 年 8 月 14 日，地处福建省邵武市、建阳市、顺昌县三地交界的华家山展开了一场声势浩大的搜捕行动（画面中众多武警和刑警集结进入森林）。在这片茂密的原始森林中，究竟发生了什么事情？又是什么人需要动用这么多人力进行搜捕呢？"其后导出这次行动是为了围捕一起谋杀案的犯罪嫌疑人陈金春。陈与同村村民许氏兄弟偷挖红豆树根，但许氏兄弟告诉陈树根被偷。陈不信，觉得自己被骗而伺机报复，到许家寻仇，不想许家兄弟不在，遂将毒手伸向许家兄弟的家人，造成四死一伤的恶性杀人案件。节目以围捕为引，到犯罪嫌疑人归案结束。其中，"线"清晰明朗，围捕，为何围捕，围捕谁，如何围捕，围捕成功。

第四节　结构之能

结构之能是通过悬念及通过悬念提出的问题。可以看出节目的节奏、层次和脉络。

比如一个 1 个小时的专栏节目，如果没有必要的提示，就会显得庞杂凌乱，没有章法，会因缺乏足够的吸引力而流失观众。一些益智栏目如央视的《开心词典》等，在选手答题的重要环节抛出一个悬念，到底选手能否闯关成功，广告之后再回来。

【例证第 005 号】：《拯救三腿宝宝》

央视科教频道《走近科学》栏目 2005 年 12 月 6 日播出的《拯救三腿宝宝》就是如此，它包含了多层悬念。

第一层悬念设置：2005 年 8 月，儿童希望救助基金会的吴建英在网上发现卢先生发的帖子：三腿男婴有沦为乞讨工具的嫌疑。韩老汉带着弃婴威威乞讨。

设置揭开：吴建英等赶到邯郸市永年县准备营救威威，却发现老韩夫妇是想通过乞讨赚钱引起有关部门重视救助威威的好心人。

第二层悬念设置：威威的第三条腿可否切除。

设置揭开：经北京中医药大学东直门医院医生检查，威威的第三条腿是可以切除的。

第三层悬念设置：威威不仅有三条腿，而且同时有男性和女性两套外生殖器，到底是男是女？

设置揭开：经过染色体检查，威威第 46 对染色体是 XX，也就是说，威威是一个地地道道的女孩子。"她"可以叫"薇薇"了。

第四层悬念设置：医生意外发现，薇薇的两套生殖器官同时工作，手术难度加大。

设置揭开:通过手术去除第三条腿和男性生殖器。

第五层悬念设置:手术中发现,薇薇有一处髂内血管破裂,处理不当,会失血过多死亡。

设置揭开:医生精心手术,手术成功,薇薇获救。

第六层悬念设置:手术会不会带来残疾,外观如何。

设置揭开:不妨碍走路,康复良好。

节目也正是很好地运用了梯次结构的方式,层层递进,条分缕析地一点点告诉观众事情的原委。环环相扣,丝丝相连。也就很好地体现了悬念在电视节目中的结构之能。

第五节　设障之能

悬念的这一功能是指在节目的过程和结果之间人为设置一道障碍,犹如院落的影壁、屋内的屏风,使观者不能直视无碍,而是曲径通幽,曲折盘桓。但这仅仅是遮挡,而非矫饰、粉饰。

【例证第 006 号】:《评书趣谈》

刘文亨、王文玉合说的相声《评书趣谈》里讲到《三侠五义》里钻天鼠卢方、彻地鼠韩彰、穿山鼠徐庆、翻江鼠蒋平、锦毛鼠白玉堂、双侠丁兆兰和丁兆蕙、南侠展昭、北侠欧阳春、小义士艾虎等十人在酒楼吃饭,忽听到楼梯上有人上楼,要问来者为谁,明天再讲。这就是设置了"屏风",拴了个"扣儿"。第二天书接前文,方知来人是跑堂的。如果不设置这一屏障,不仅"卸扣儿",故事也就没有吸引力了。

既然有设障,就需要清障,而非滞障。所以,就是那句话,解铃还须系铃人。

第六节　吸引之能

富含悬念元素的电视节目是具有较强吸引力的。虽然悬念设置不是电视节目的必须或必然,但有了它,是绝对加分的。这一功能实际是以上五大功能之集大成或归宿、终结目标。不论电视节目运用什么手段、伎俩、方式、招法，其目的无非是吸引、聚拢、招揽观众。所以，检验悬念手段的标准就是是否有效。若进行量化分析，连续播出的节目，比如一部电视剧，那就是前一天留下的一个悬念扣子；比如一部讲述百姓故事的纪录片，家长里短的琐事或是鸡毛蒜皮的纠纷；比如一部讲述考古发掘（如2013年11月最新考古发现，扬州曹庄隋朝墓葬为隋炀帝和萧皇后的墓葬）的专题片，说到结论关键处打住等等，那在第二天是否在收视率上会有显现或波动呢？如果第二天的收视率有降幅，至少可以说明，前一天打的"结"或做的"扣子"并不理想。

【例证第 007 号】:《我想飞》

央视《东方时空》的《生活空间》栏目1993年5月22日至27日播出的连续节目《我想飞》，跟踪了一位农民造飞机的事，观众用一周的时间终于等到了农民用近一年才让飞机"拔地而起"的结果。可是，在这一周中，观众并不知道这个不平淡的故事要用一周讲完(记得电视情景喜剧《我爱我家》的片尾插曲中唱道"平淡的故事要用一生讲完，光阴的眼中你我只是一段插曲"，那未免更过分了)。每天总以为那"机"可以"飞"起来，而每天又都在失望后寄起又一个希望。每一天都是个悬念。在节目第一天播出时，本以为当天可以飞起来，但是未能如愿。而之后的好几天，都是在讲记者应他之邀再去拍摄，几次均以失败告终。就这样一周过去了。到了"大结局"，在记者协调下，把乡级公路封闭了一段，让他把那架用拖拉机的发动机改装的土飞机拉到那试飞。结果，飞机还真飞起来了。但是，只飞到一人多高，持续不到几秒就"硬着陆"了。虽然他的试验并没有取得观众和他自己期待中的成功(当然不成功是可以预见的)，但他这种执着的精神还是打动了不少人。尽管他的想法还有些异想天开。因为造飞机不是件简单的事。试想，如果造飞机这一大悬念和大结局的吸引力不够，是很难看完这有些"漫长"的故事的。

第三章

悬念电视"六知""六觉"

虽然悬念在电视节目中具有上一章中所说的六种功能，但也并不能说它是电视节目的必需品。更不是说悬念适用于电视节目的所有内容和类型。而且，在第五章中还要专门探讨六类不能用悬念叙事手段的内容。可见，悬念也是个需要限制使用、限量使用、限域使用、限时使用、限级使用的东西。

本章探讨的是适合使用悬念手法的内容的共性，也就是"六知"问题。这里的"知"是指知识、知道，整合起来就是通晓的内容，将"知"分为六类，探寻它们与悬念之间的关联。此外，还有那些经过悬念使用与观众"知"的效果间的关联，也就是"觉"。

第一节 悬念电视"六知"

"六知"即不知、欲知、已知、未知、皆知、反知。其间，两两组合，构成三个对立统一的组合，即不知中之欲知、已知中之未知、皆知中之反知。以下一一解读。

一、"不知"中之"欲知"

生活在社会中的人，都有其特定的知识结构。大千世界，知识信息浩如烟海，无可穷尽。我们穷其一生求多而不能求全。就知识大概念而言，我们都是不知者甚多，而知之者甚少。不是所有的知识都具有"有用"的内容和"有趣"的形式。有太多的不知也不想知的东西是我们在传播中需要或必须舍弃的,而更应着眼于那些不知但欲知的部分。如果用一个英语单词来形容,就是"wonder",它可以解释成感到好奇、惊奇、诧异,于是,想弄明白甚至怀疑。

当然,这里的"不知"和"欲知"都是就大众而言,取的是大家的平均值,即大众关注、普遍存在。也就是遵循少数服从多数的原则,而非小众和个性化的需求。那些可以在分众传媒里去探讨。这就如同面对一道美味大菜,问一句会做吗? 不会。想学吗? 不想。那就只能话不投机,一拍两散。关键是找到那些两"知"的契合点和交集处,两环相套,求同存异,就共同关心的话题"进行友好和富有建设性的合作",那碰撞出来的可能就是智慧的火花了。

这就如同当下一些历史正剧(也是相对而言,既然叫"剧",就不是历史本身,肯定有演绎的成分,就如同《三国志》与《三国演义》之间的关系)与历史神剧的不同效果。正剧的收视效果似乎不如一些神剧好。《大汉天子》《楚汉》就不如《甄嬛传》。这可能在一定程度上解释了不知与欲知的关系。

二、"已知"中之"未知"

就信息或知识而言,由于个体受主客观因素的影响和制约,获取它们会有差别,有先后、早晚、多寡、专博之分。我们不必因自己"有知"而自鸣得意,更不必因别人"无知"而嘲讽讥谤。即便于"知"而言,有五十步与百步之异,也并非遥不可及、望尘莫及。而今对于知识和信息的获取并非难事,网络技术的普及使这一切唾手可得。我们当下不缺少信息,而是缺少对信息的整合。经过整合,可能又会发现,其实所谓的"已知"或许是一知半解,或许是不求甚解,或许是未知远比已知多。在"已知"和"未知"的关系上至少表现为以下几种方式。

(一)只知其一不知其二或知其然不知其所以然

检验这一效果的方法很简单,就是你能对某一问题不间断地描述、阐述、论述,是系统阐述,条分缕析,还是寻章摘句,只言片语。而恰恰就是这些是切中要害和吸引受众关注的节点。

(二)自以为知或自以为是

可能会想当然或武断地做出结论。比如笔者(第一作者)曾在上中学时说成语都是四个字以上的。同学拿出成语词典,不一会儿找出一个三个字的成语"莫须有"。自那以后,就学了个乖,表述为"成语'通常'都是四个字以上的",没毛病了。可见,大家都可能有盲点,而这些似是而非的盲点又往往是抓人眼球的内容。

(三)新发现

其实也并非多么新奇特的"发现",只是由于种种原因我们未曾注意,经过有人提示或宣示,才让大家如拨云见日,顿开茅塞。

【例证第 008 号】:乐山大佛

比如四川乐山大佛尽人皆知,但后来外来者(据说是来自广东佛山的一位游客)发现乐山大佛坐落的山形似卧佛,而乐山大佛就在卧佛的心脏位置。这卧佛就是已知(乐山大佛)中的未知了。

【例证第 009 号】:宋体字的发明专利

又如大家都知道宋体字,但其发明者是秦桧却鲜有人知。其实秦桧的字写得不错,还创制了从宋徽宗的瘦金书变体而来的当时的通用"印刷体",本可以被称作"秦体",因为历代著名书法家都是以姓氏命名的,比如"颜柳欧赵,苏黄米蔡",唯独秦桧的字不叫"秦体",而叫"宋体"。这种字体至今仍在我们的印刷出版物里见到,就是"宋体字"。可见,如果做人做不好,连"专利权"都被剥夺了。这里,秦桧和宋体字都是已知,未知的则是两者间的所属关系。

(四)新视角

有些内容和信息点似乎都耳熟能详。但经过不一样的解读和分析,就如醍醐灌顶。比如央视著名栏目《百家讲坛》推出的易中天解《三国》、鲍鹏山新说《水浒》等,都会让你对已知的事物和内容有新的认识和梳理。

可见,在"已知"中"未知"或缺失的不是信息本身,而是方法。有人引领你探究和发现那些"未知",如果也只当做插科打诨或博一笑尔,其实就背道而驰了。而如果掌握了这些方法,谁人可能都会有发现和"发掘"未知事物或探究已知中未知的能力。正如罗丹说的,世界上并不缺少美,而是缺少发现美的眼睛。节目就是教会大家擦亮眼睛。

(五)新方法

就是特意将你知道的部分隐藏起来,而将一些你不知道的部分铺陈开来,结尾揭开谜底,受众从"莫名其糊涂",到"恍然大明白",大呼上当却已经享受了过程。其实,以下几个例证的共同特征就是把最关键的"主语"隐藏遮蔽了。

【例证第 010 号】:"三":三个抄稿人

曾经有三个人都在 1910 年代为同一人誊写稿件,那时没有电脑打字机,抄稿靠人工。第一个人有闻必录,有错不改,人字少一捺也不管。当然,这个人很快就被炒了。第二个人,很认真,还能改改稿子,并且还把精彩段落抄下来,自己也学写文章和诗歌,最有名的一首叫《义勇军进行曲》,后来成为中华人民共和国的国歌,他叫田汉。第三个人,抄稿子很有个性,认为好的对的抄,不好的扔掉重写,后来,他成为前述国歌所属国家的创始人之一,他叫毛泽东。

【例证第 011 号】:"二":两个餐馆

餐馆一:20 世纪 50 年代的美国,一个人眼看可以在公司里拿到退休金了,但被辞退了。他沮丧地闲逛,来到一家餐馆,品尝了美味可口的佳肴之后,心情好了许多。他开始打量这家餐馆并有了些想法。他找到老板,问为何不开连锁店。老板说,你看,半山腰上有所房子,房子下面有个湖,我可以充分享受自在的生活。而如果开成连锁店,就可能得到处奔波,再也难以有这样的生活了。失业人说,我可以代你去跑,你依然享受这样的生活。老板一想,这也不错。于是,老板两兄弟让这个失业人做他们的代理人,到各地去拓展业务,这个人叫雷蒙德·克罗克。后来,这个快餐店叫"麦当劳"。

餐馆二:有个年轻人在一家咖啡店打工,工作很勤恳努力,可就是常常把咖啡洒在客人身上。一天,老板把他叫到办公室,把他辞退了。小伙子很伤心,还试图让老板再给他机会,但老板很坚决。不过,老板又给他一封信,推荐他到朋友开的保险公司去做推销员。数月后,小伙子在保险公司已经大显身手,成了骨干。这天,有人来找他。他一看,是前老板。老板说特地来看看他工作的如何。这让小伙子很感动。后来,他又做了些调查,原来这老板不单对他照顾有加,对每个员工都不错。每个人到生日时都有礼物;情人节时,单身女士都会收到鲜花。老板后来买卖做大了,他的名字叫霍华德·舒尔茨,咖啡店叫"星巴克"。

【例证第 012 号】:"一":一所大学

哈佛大学校长办公室来了一对夫妇。他们没有预约,校长本不想见,但他们的诚意打动了秘书。于是,他们还是见到了校长。他们说,他们的孩子是哈佛的学生,一直以此为骄傲。但他不幸得病死了。这对夫妇想在哈佛以孩子的名字设立一个奖学金。校长说,哈佛的奖学金都是以名人命名的,你的孩子恐怕没有这个资格。谢绝了这对夫妇的好意和建议。这对夫妇四目相对,想到,为什么我们不以孩子的名字来办一所大学。于是,他们说干就干,真的开办了一所大学,这所大学叫"斯坦福"。

仔细看看以上几个故事的共性特点,都是篇末点题。如果一上来就说要讲讲麦当劳、星巴克的创业史,讲讲斯坦福大学的由来,可能很多人觉得似曾知道就没了继续了解的兴趣。而以篇末点题的方式解开谜底,既可以做到引人入胜,又能让人有机会了解更多。

悬念手段和叙事方式要告诉观众的一是未知的东西,二是已知中未知的东西,就是只知其一不知其二的部分。而如果表达方式不当,你才开口,对方就说我知道,但其实也许并不是主题所在。所以,要想让对方了解全貌,就必须讲究方式方法。

【例证第 013 号】:半:上帝只会给你想要的一半

一个美国小男孩儿听说圣诞节这天上帝会送礼物给孩子。于是这天他来到一家鞋店,向老板索要一双皮鞋。老板听了原委后到仓库取鞋回来,却只拿了一只鞋。他跟男孩儿说,上帝只给一只,另一只需要用 2 美元来换。于是小男孩儿努力了一段时间赚了 2 美元。换来另一只鞋。其实,那双鞋的价格远不止 2 美元。老板只是告诉男孩一个道理:上帝只给你想要的一半。于是,这个男孩儿以后做过救生员、演员,到了晚年还当上了总统,他就是雷纳德·里根。

【例证第 014 号】:1+1:两个名人的渊源

一个英国农夫救了一名落入粪池的男孩儿,男孩儿的父亲是个贵族,他要重金感谢农夫救了自己的儿子。但农夫觉得这是做人的本分,坚辞不受。这时,农夫的儿子走出来,贵族有了主意,他要资助农夫的儿子到城里接受良好的教育,农夫接受了。后来,这个农家孩子学习刻苦努力,成就非凡,发明了青霉素,获得了 1945 年诺贝尔医学和生理学奖。他就是亚历山大·弗莱明。1944 年,那个被弗莱明父亲救起的贵族的孩子就是用了弗莱明发明的青霉素治好了肺炎。不仅如此,还几度出任首相,这个人就是温斯顿·丘吉尔。在这个故事里,两个名人的名字大家都会知道,但不知道两人从孩提时代就有了渊源。

三、"皆知"中之"反知"

这一题中"皆知"也就是"尽人皆知",毋庸置疑,但这里也有一些可能是错的,错知,或被颠覆的,反知。

【例证第 015 号】：阿房宫有没有？

央视《发现之旅》栏目 2005 年 4 月 21 日播出的《寻找阿房宫》，主持阿房宫遗址考察课题的中国社科院考古研究所的李毓芳教授在对此课题进行了长期研究后提出了一个大胆结论："阿房宫前殿上除了三面墙以外，没有任何宫殿建筑，在这时候我可以下结论，阿房宫前殿根本就没有建成。"这就如同侦破案件，如果嫌疑犯没有犯罪而非要做有罪推定，那是非常之事。而如果做无罪推定，那就容易多了。在这个问题上，我们都被唐朝诗人杜牧在《阿房宫赋》中的描绘给迷惑和忽悠了，"绵延七百里，楚人一炬，可怜焦土"。我们都以为有，以为它存在，但没有考古发现，结论是它不存在。其实，这"七百里"大可和李白的"白发三千丈"和"飞流直下三千尺"比拟了。"白发三千丈"，换算成米，就是 1 万米，合 10 公里。这要有人揪下一根，不得要 10 分钟后才觉出疼（按时速 60 公里计算）。再看"飞流直下三千尺"，三千尺，就是一千米，从这么高的地方泻下的"飞流"怕是"像雾像雨又像风"了吧。可见，都不大靠谱，只能归结为夸张的文学描写。

【例证第 016 号】："司"还是"后"

1939 年于河南安阳殷墟商代晚期墓出土的中国商代晚期的青铜器"司母戊大方鼎"，在 2011 年 3 月，更名为"后母戊"。读了半辈子的"司"改成"后"了。

"反知"在日常用语的表现也是司空见惯，说来意思与实际用的正相反。

【例证第 017 号】：你用反了没有

七月流火

出自《诗经·豳风·七月》："七月流火，九月授衣。"是说在农历七月天气转凉。这个"火"读作"毁"音。却多被误用为暑热难当，像下了火一样。

万人空巷

语出宋苏轼《八月十七复登望海楼》诗："赖有明朝看潮在，万人空巷斗新妆。"是说大家都从家中出来去参加盛典。现多被形容为某部电视剧热播，大家居家集中收看。如按原意，那这部剧的收视率会是零了。

徐娘半老

徐娘，原指梁元帝萧绎的徐妃徐昭佩。梁元帝一心向佛，很少临幸徐妃。三十岁出头的徐妃不甘寂寞，勾引美少年暨季江。暨对徐的评价是"徐娘虽老，风韵犹存！"现在这个词都用在一些四零五零的妇女身上，由褒义偏向了贬义。

从这"六知"可以归结为,不是所有"不知"的都需要"知",或者都可以做成"有知"的节目,需要进行甄别和选择,让那些知性、知趣的内容让观众知道。这个"知道"是"可知之道",就是讲求方法。而这方法也正是本书所探讨的悬念电视三十六计。这"可知之道"可以让观众既清楚"此道可知","取知有道",而欣然领受。

第二节 悬念电视"六觉"

如果说悬念电视的"六知"是指在策划电视节目时需要考虑和考量的因素,那"六觉"就是从节目呈现角度来看的了。这六个问题从"觉"开始,涉及 "悬而未觉""悬而未绝""悬而未决""悬而未抉""悬而未掘""悬而未崛"。音同而字异。也是悬念电视呈现的另外六种形态或分类方式。

一、悬而未觉

"悬而未觉"的"觉"是发觉、察觉、感觉,也就是发现。这种发现可能是显态的,也可能是隐态的。可能是明示的,也可能是暗示的。以下例证就是隐态暗示类的。

【例证第 018 号】:《毛泽东》里毛主席的痣

1993 年,为纪念毛泽东同志诞辰 100 周年,大型文献纪录片《毛泽东》播出了。在看这片子时笔者(第一作者)注意到一个细节,片子的片尾以照片形式分阶段展现不同时期的毛泽东主席,笔者发现的问题是,毛主席年轻的时候下巴上是没有痣的。在片子中,是 42 岁以后才出现的,一直百思不得其解。2011 年初,为庆祝建党 90 周年而拍摄的献礼电影《建党伟业》剧组迎来了毛主席的嫡孙毛新宇探班,问及此事,他的答案是毛主席的痣是 1935 年之后才出现的。这才恍然大悟。

【例证第 019 号】:此桃非彼桃

不论是动画片《大闹天宫》(上下集分别于 1961 年、1964 年出品)还是电视剧《西游记》(1986 年出品、2012 年出品),在悟空看守蟠桃园偷吃蟠桃和王母娘娘蟠桃会的场景处理上,都用"水蜜桃"替代了"蟠桃"。想想原因,不外乎水蜜桃的"外形""容貌""卖相"比蟠桃要顺溜儿,蟠桃长得跟"倭瓜"似的,拍出来不大好看。所以,就移花接木了。

再有，就是影视剧中那些不胜枚举的穿越语言和穿帮镜头。这些很多属于创作者的集体无意识，或疏忽大意或未曾留意，有的更可能是将错就错，以讹传讹，比如上述"蟠桃"。很多都被细心的观众发现细节、端倪、疏漏或舛错。可举凡在这个问题上让观众因"纠错"而产生的成就感未免就会成为创作者的失落感和挫败感了。

二、悬而未绝

"悬而未绝"就是未完结，没有终极结果、结论或结局。最后告诉观众的仍是一个开放式的、疑问式的、两难式的悬案。其实，所谓的"结尾"不过是"未完待续"或"欲知后事如何，且听下回分解"。就如同单口相声《扔靴子》，只扔下来一只，另一只则遥遥无期，距离相当于北京五环的东端和西端。说到底，可能也并非是电视节目本身的问题，因为事情本身可能就没有靠谱的、一致的、终结的答案，也就无法做出定论。或者事情仍在进行中，但节目却必须按照时效性的要求推出，只好将时间下限截至"发稿时间"的相对完成时呈现给观众。第一种情况如飞碟研究或野人研究。第二种如案件调查类。

【例证第 020 号】：案件调查

一个完整的案件调查节目至少应该包括案发、警方介入、调查取证、锁定犯罪嫌疑人、批捕犯罪嫌疑人、讯问犯罪嫌疑人、移送检察院起诉、法院判决，而后一审、二审直至终审。但绝非所有的类似报道都包含这些环节。往往由于时间限制和案件进展，在未完全结案时就发稿了。因此，常常会出现犯罪嫌疑人并未完全捕获，有漏网者仍在潜逃，甚至将通缉令发布在节目中；一审判决后，犯罪嫌疑人提出上诉，等待开庭；还有一句特别常用的话：此案正在进一步审理中。观众获得的是"半截儿"信息，只听楼梯响，不见人下来。

不过，这类动态信息也正因为有某种"鲜活性"才会引起观众注意。如果等要件都齐全了，那节目似乎就有些滞后了。

三、悬而未决

"悬而未决"，就是一直拖在那里，没有得到解决。而为何没有解决呢，可能是有争议，各执一词，争执不下，只好搁置争议，"共同开发"。开发的是什么呢？就是内容的自然属性，或者干脆将这些争议和盘托出，都呈现给观众，观众无所适从也好，各有偏好也罢，具有充分的自由。这里，

"未决"的内容既有更大的后续空间,其实也是对观众具有强大吸引力的部分。

【例证第 021 号】:谜窟之谜

央视综合频道 2012 年 6 月 27 日播出的《远方的家——北纬 30 度中国行之 17 集"花山谜窟"——北纬 30 度上的第九奇观》介绍了位于黄山市屯溪东郊的古徽州的石窟遗址花山谜窟,气势恢宏、规模壮观。大小 36 洞,为人工雕凿而成。如此巨大的空间,所为何用。于是,就有了越王勾践秘密备战基地说、古采石场说、贺齐屯兵说、方腊洞说、花石纲说、山丘说、巢居说、盐商仓库说等。而勾践藏兵洞说似乎更具悬念性。其说不一,更增添了神秘色彩,探秘无果,让人心生遗憾,但如果过于"完美"也就等于完结。就好像王子公主历经磨难开始"幸福生活",戏就结束了,没有冲突矛盾也就没有悬念和戏剧性了。所以,"残缺美"具有一定的合理性。

同理,近年来的一些考古发掘和新观点也扑朔迷离,曹操墓、隋炀帝墓等等,虽有结论却饱受争议。观众经常面对着众多的充满矛盾和对立的信息内容的碎片,整合着,焦灼着,还会因好奇心而不断地继续探寻。

四、悬而未抉

"悬而未抉"是指节目所呈现的内容让节目中的嘉宾或当事人和电视机前的观众都难以选择,难以抉择,鱼与熊掌都不愿割舍。但是,规则所限,去留难两全。只好忍痛割爱,其实没有哪个不好,而是哪个疑似更好。在选择"彼"或"此"的那一瞬间,可以说是令人窒息,或者是很多人会屏住呼吸的。第二种情形,就是当事件的"是"与"非"让观众做出判断时,观众是会觉得"似是而非"、难分伯仲、势均力敌、不相上下的。而当答案揭晓,会让人有茅塞顿开、恍然大悟之感。

【例证第 022 号】:选秀选谁

2013 年可以说是一个音乐选秀年,天津卫视的《天下无双》、浙江卫视《中国好声音》以及一些名人跳水秀等节目,在评委对参赛选手进行选择时,镜头会从每位选手和评委脸上缓慢滑过,这一"紧打慢唱"的手法显然更增添了紧张气氛,这被故意拉长放大的环节显然是为最后那一个名字的铺垫和反衬,是有效和必要的。

【例证第 023 号】:鱼塘里的鱼

央视财经频道《经济与法》曾播过这样一个案例:老张有一个鱼塘,一天老李开着一辆装满鲜鱼的车经过老张的鱼塘时翻了车,一车鱼都流入老张的鱼塘。老李向老张讨鱼，老张不给，反让老李赔偿他的损失(部分鱼塘的鱼经过这一事件死亡)。老张担心老李来捞鱼，星夜清坑捞鱼。这一切被老李照相取证。一纸诉状告下老张。到底老张老李谁会胜诉？结果老李胜诉，老张赔付。一是因为他有相关物证，出货单据证明车上有鱼，照片证明老张企图抵赖。结果老张赔鱼又赔钱。这就是上述的第二种情形。

五、悬而未掘

"悬而未掘"指的是节目的主题和内容本身具有足量的悬念，也肯定是吸引人的，但由于资料信息不足，以往很少涉及，没有深入开掘、挖掘，使得看似耳熟能详或司空见惯的事情有新鲜感。而这些内容很多都是观众只知其一不知其二或知其然不知其所以然的部分，很自然是会愿闻其详的。

【例证第 024 号】：光绪之死

央视科教频道《探索发现》栏目 2011 年 10 月 27 日播出的《光绪之死》说的是 1908 年 11 月 14 日，光绪皇帝驾崩，次日，慈禧也死了。这太过蹊跷的巧合让人心生疑窦。节目分析了光绪的死因，一种意见是专项课题组根据光绪头发砒霜含量 201 毫克做出的死于毒杀的结论。但由于并未开棺验尸，似乎这也并不是"谜"的"底"。但毕竟离真相又近了一步。

【例证第 025 号】：加布之毒

央视科教频道《地理中国》栏目 2013 年 6 月 1 日播出的《"毒物"追踪——夺命加布》说的是武侠小说中无处不在的"见血封喉"的毒物"加布"是否那么"悬乎"。片中可见，加布确有极大毒性。但有加布树的村子里的村民却能和加布树和谐相处。原因很简单，不直接接触皮肤黏膜或破损的地方就不会有危险。这样的内容新奇有趣，又因为高危特点，很能吸引眼球。

六、悬而未崛

"悬而未崛"是指很多人和物在其原生态或初始状态是处于"养在深闺人不识"，"藏于仄巷众难知"的层级的。因为机缘、方式、作品、平台的作用，让这些人或物陡然升值，犹如鲤鱼跃龙门，丑小鸭变白天鹅。

【例证第 026 号】：平台：上位最捷径

平台的作用更像龙门，比如央视春晚、各类选秀、影视剧等打造和涌现出太多的明星大腕，小沈阳、李宇春、王宝强等等。当然，不经历风雨怎能见彩虹,没有人能随随便便成功。不排除他们本人自身条件的优良和多年打拼的积累,但如果缺少一个放大他们的平台也就很难升值。如同小沈阳之与春晚,李宇春之与"超女",王宝强之与《天下无贼》。或许没有这些平台他们照样会出线,但至少会在黑暗中再摸索很多年。

【例证第 027 号】:形式:冷灶变热锅

在《舌尖上的中国》之前,我们也有很多高品质的、有界碑意义的纪录片,比如《雕塑家刘焕章》《话说长江》《望长城》《故宫》等。而《舌尖上的中国》的出线则更加促进了纪录片形式由"冷灶"变成"热锅"。它从一个微观视角探讨了中国人生活的理念、智慧、状态和快乐。而在剪辑上,集束式结尾(即将一集中相关人物结局部分统一打包在结尾处呈现,也是悬念后缀的尝试)显有"欲擒故纵"的影子。

【例证第 028 号】:介质:动态中国画

北宋著名画家张择端的风俗画《清明上河图》的知名度不言而喻,号称"中华第一神品"。在长 528.7 厘米、宽 24.8 厘米的长卷里,绘制了各色人物 1643 人,动物 208 头(只)。从宏观来看,它是北宋市井风俗画,而从微观而言,它的细节刻画又非常工稳,犹似微雕。而让这样一幅作品动起来,是一个出奇的创意,再辅以音乐音响和人声,俨然就是视听化的"北宋一日"。如果说画作《清明上河图》是神品,那动态化的《清明上河图》就是神笔了。这一作品出现在 2010 年上海世博会中国馆里,成为一道亮丽的风景。从"静态"到"动态"的转变,实际上是理念的升级,是从可能到可行的跨越。

从这个意义上讲,以上诸种"崛起"也是一种趋势,不论是人、物、现象、作品,只要代表观众需求,大众利益,体现社会正能量,就会崛起,成为社会主流。

第四章

悬念电视三十六计

第一套 胜战计

"胜战计",是三十六计六套计策中的第一套。"胜战",顾名思义是处于绝对优势地位之计谋。君御臣、大国御小国之术也。世事变幻无常,一时间处于强势或弱势也实属寻常。因而在电视节目运作上,有时也可以情势明朗,有总揽全局、一剑封喉的把握。在这种情况下,使用胜战计自是再合适不过了。此计策要求在设计之前先有了胜利的条件、方案和把握,把事情置于自己的绝对掌握之下,就是《孙子兵法》中说的"夫未战而庙算胜者,得算多也;未战而庙算不胜者,得算少也"。说白了,就是以"胜算"来赢定。这套计策包含瞒天过海、围魏救赵、借刀杀人、以逸待劳、趁火打劫、声东击西六计。

第 1 计 瞒天过海

原文:

"备周则意怠;常见则不疑。阴在阳之内,不在阳之对。太阳,太阴。"

解读:

越是认为防备周全,就越容易麻痹大意;人们对习以为常的事,往往会失去警觉心或掉以轻心。秘密常常隐藏在公开的事物里,并非存在于公开暴露的事物之外。公开暴露的事情发展到极端,就会形成最隐秘的潜藏状态。瞒天过海这一计,其妙处在于用一些手段掩盖真实情况迷惑对方,阴谋与阳谋共用,以达到意想不到的效果。在电视节目中平铺直叙、结果直呈的叙事方式难免乏味,往往不受观众喜爱。适时、适当使用一些小手段,设置一些悬念,就可以让故事更加生动,更加吸引观众。在具体的使用中又可以分为"智谋之瞒篇""恶意之瞒篇""善恶交锋篇""善意之瞒篇"四种类型。

一、瞒天过海之"善意之瞒篇"

不是所有的欺骗都是出于恶、恶意或主观恶意,有时还是可以转化的。在《罗密欧与朱丽叶》中,神父本想用让朱丽叶以服神药假死的方式成全他俩,但罗密欧获悉不确,以为朱丽叶已死,于是仰药而亡,朱丽叶醒来万念俱灰,以罗密欧的剑自戕。总而言之,还是要看初始的主观意愿。

【例证第 029 号】:善意的谎言

生活中多见此类常态隐情,如至亲之人罹患绝症,将不久于人世。亲人不忍心将这信息告诉病人本人,只说是轻得多的病症,不日康复。又如亲人病重或亲人去世,孩子却因在重要岗位或承担重大任务不得分身,于是,家人隐瞒信息,直至任务完成才告知实情,但信息迟滞已久。

026

这里的关键是"瞒",是主观行为,"过海"是客观结果。主观是善意的,结果未必都是好的。

下面就是 4 个说瞎话的好人。

【例证第 030 号】:跟娘编瞎话的儿子

来自山东枣庄的田世国,因为"捐肾救母"荣膺 2004 年"感动中国"十大人物。田母为尿毒症晚期,需换肾才能救治。田世国尽孝道捐肾救母,但恐怕母亲因此拒绝,就编了个谎言,说是有人愿意捐助。于是,手术顺利完成。

这种充满人间挚爱的善意谎言虽然只是瞒住了老太太一个人,但足以感动世界。

【例证第 031 号】:有信不给念的姑娘

二十多年前,读到过这样一则故事:有一个姑娘因为失恋常常徘徊在河边,总见到一位大娘静静地坐在那里,似乎在等什么人,询问之下才知道一个悲催的故事。大娘年轻的时候,和邻村小伙相约私奔,小伙给姑娘一封信,相约了当夜子时村口见。可是,姑娘不识字,又不敢让人代念。于是,就这样等了几十年。失恋的姑娘不忍把信的内容直白告诉大娘,就骗大娘说小伙胆怯了,自己走了。于是,大娘恨恨地走了。而如果姑娘直言相告，那大娘肯定会把肠子都悔青了。恨能让她活下去，而悔则会让她死去。失恋姑娘解脱了大娘，也解脱了自己。

【例证第 032 号】：有话不实说的专家

在国外，发生了一起临时起意的劫持儿童案，被劫持的是一名几岁的小男孩儿。谈判专家尼尔森来了，但是没有效果。劫匪最终还是被狙击手击毙了。尼尔森拉过男孩儿说，演习结束了。之后，所有的媒体都保持了沉默。三十年后，谈判专家遇到一个中年人，问及他说"演习结束"的原因。专家说，他不想让孩子心理蒙上阴影。中年人说，谢谢你当时所做的一切。我就是那个小男孩儿，我现在很好。

这一"瞒"就是三十年。其实，专家和媒体未必没有说出真相的冲动和想法。但善意和良知让他们默契地选择了隐瞒。而专家说出真相时也并不知道对面的中年人正是当年的小男孩儿。当然，30 年后，孩子成人后不仅有了承受力，还会感激当年对他隐瞒了真相的所有人，特别是那位专家。

【例证第 033 号】：有水不给喝的队长

一支科考队在沙漠中迷路了，唯有队长的水壶里还是满的，可他就是刻薄地不给大家喝水。当然，他自己也不喝。终于，队长倒下了，临终前，他把队长的职责交给另外一名队员，并对他耳语几句。新队长依然不给大家喝水。几天后，他们获救了。大家向新队长追问为何不给大家喝水的原因。新队长缓缓把水壶盖拧开，倒出一壶沙子。

老队长瞒了他们。其实，大家都没有水了。但老队长让那一只沉甸甸的水壶带给大家怨恨的同时，更带给大家希望。他临终前告诉新队长的正是"水壶里是沙，不要打开水壶"。"瞒"支撑大家走过沙漠，否则，可能都会因绝望而困死沙丘。

【例证第 034 号】：平民女子扮男装

"唧唧复唧唧，木兰当户织。……"一提起《木兰辞》，人们都会在心中浮现花木兰女扮男装替父从军的故事。一介女流在满是男子的军营中生活了 12 年，与他们朝夕相处却瞒得滴水不漏，还能屡立战功。直至最后她辞去皇帝封赏，才自己说破本是女子。这瞒天过海的功夫不可谓不高深。这一经典故事屡次被搬上大荧幕，观众感叹花木兰的孝顺、英勇，也为她的聪慧而折服。

故事虽然简单，但正因为身为女子在男人的世界中那种遮遮掩掩、小心翼翼地生活才更吸引观众，倘若花木兰真的是个男子，那么他替父从军的故事还能那么吸引人吗？大家只觉得他从军是天经地义的。这正是瞒天过海所达到的艺术效果。

【例证第 035 号】: 公主私访寻常事

1953 年出品的美国电影《罗马假日》中,安妮公主(奥黛丽·赫本饰演)一直在公主身份的束缚下过着木偶般的生活。外面多姿多彩的平凡生活对她有致命的诱惑力,于是,她悄悄溜了出去,用平民的身份体验生活,邂逅了穷记者乔·布莱德里(格里高利·派克饰演)。整部戏的一大半,公主都是以平民的身份与乔相处。正是对身份的隐瞒才让安妮公主体验到了人世间最单纯、最干净的东西,而不是被美化和粉饰的世界。安妮公主用瞒天过海的方法去体验平民生活,有很大一份助力是乔的配合。说白了,乔是个"托儿"。如果乔把这秘密卖给报社,不仅出名,还能得利,可是最终他把朋友欧文拍的照片送给了公主。安妮的好奇遇到乔的善良(是最终显现的,开始他还是想发独家报道的)才成就了一段佳话。这是由安妮的"隐"加上乔的"瞒"构成的一个环。可见瞒天过海很多时候并不是有恶意的手段,也可以是一些善意的小谎言,或者便宜行事的小手段。

【例证第 036 号】:《天堂里的笑声》

1951 年出品的英国电影《天堂里的笑声》中,名作家亨利·罗素(阿拉斯塔尔·西姆饰演)临终前立下遗嘱,要分给他的亲属每人五万英镑,但规定这些人必须完成规定任务。为了得到这笔巨额的遗产,这些亲属都各自做了遗嘱定下的好事。结果律师宣布的遗嘱是"我没有遗产"。但是亲属每个人的缺点,却因此改正了。

作家的"瞒"是为了让亲属改掉缺点,手段有些极端和"重口味",但是出发点是好的。

【例证第 037 号】:《窈窕奶爸》(《道克菲尔太太》)

1993 年出品的美国电影《窈窕奶爸》中,卡通配音演员丹尼本(罗宾·威廉斯饰演)丢了工作又失去家庭。他爱妻子和孩子,于是,他装扮成 65 岁的英国籍保姆道克菲尔太太,到自己家应聘,赢得了妻子和孩子的欢迎。而当一切"穿帮"后,深爱他的孩子和仍爱他的妻子与他重新团聚,他也有了新工作:以道克菲尔太太的扮相在电视台讲故事。

这为爱而实施的"瞒"辛苦且手忙脚乱,具有典型性而不具备普遍性,看得来,学不来,但已足够让人感动。

【例证第 038 号】:给银婚一个惊喜

这个节目是笔者(第一作者)运用此计为天津电视台体育频道《白话体育》栏目进行的一个策划。2013 年 5 月 15 日,是天津女排主帅王宝泉银婚纪念。于是,笔者设计要主持人王喆将王宝泉引出训练场进行"采访"。同时,编导同女排队员一起布置现场。一切就绪,王宝泉一进训练场,横幅打出,奶油扑面,生日祝福响起。一时间,王宝泉热泪盈眶。

瞒住王宝泉,是为了一个惊喜,因为"前所未有"、因为意料之外、因为发自肺腑、因为情真意切。看了节目,观众感动,笔者窃喜。

【例证第 039 号】:《今天的幸福》

2012 年央视春晚小品《今天的幸福》中,邓小亮(艾伦饰演)让朋友郝建(沈腾饰演)假扮从未来穿越过来的他们未来的儿子,好让怀孕的妻子(黄杨饰演)克服怀孕综合征。

这为爱而"瞒",正如妻子说的,"我不傻,我分的清,什么是爱,什么是骗"。可见,"瞒"是出于主观善意,而"骗"则相反;"瞒"的结果真相大白让爱加深,更加和谐,"骗"的结果原形败露让爱远离,劳燕分飞。

二、瞒天过海之"恶意之瞒篇"

这一类属于主观恶意,出于或源于不可告人的目的而故意隐瞒真相或事实。往往这类情形比之其他类型更具有悬念性和吸引力。

【例证第 040 号】:《失踪之谜》

1986 年出品的美国电影《失踪之谜》通篇就是个大悬念。男主角哈瑞(迈克·法雷尔饰演)到警署报案,说他的妻子失踪了,请警察帮助查找,警长(埃利奥特·古尔德饰演)很快就帮他在教堂找到了他的妻子(玛戈·基德尔饰演),可那并不是他的妻子。这一点观众和哈瑞都清楚。由此,哈瑞的厄运开始了,"妻子"和神父合谋算计他,他几经周折才得以脱身,而那个糊涂警长还总袒护他们。可当他在银行看到"妻子"要领取保险金时,他急了,一不留神就把实话说了出来。原来,哈瑞为了骗保险而将妻子杀害。这时,观众那颗悬着的心才放下来,觉得警长原来不是那么笨,原来"妻子"是警长的妻子,原来神父是前任的警长。

哈瑞先是瞒住妻子(要谋害妻子的恶毒计划),杀妻后,又要瞒住杀妻的真相,要警方相信妻子是驾车坠崖的。当警长给他挖个坑他不由自主地掉下去后,最终还是败露,瞒得不高明,不地道,还很万恶。

【例证第 041 号】:谭盾来了又走了

北京电视台《国际双行线》栏目 2001 年 11 月 12 日播出了《谭盾来了》,邀请作曲家谭盾做客,而在没有预先告知他本人的情况下,又请上另一位嘉宾——指挥卞祖善。卞与谭水火不容,背道而驰。直至演变为卞对谭的单向打压和冲击,谭先陪笑,再喝水,后起立,终辞而别之。

节目制作者瞒"谭"请"卞",对"谭"不公道,不厚道,且主观上就预示和期待着一场不宣而战的冲突，但当局面无法挽回和不可收拾时，又缺乏应对预案，束手无策。惹事不担事，是典型的"偷鸡不成蚀把米"，且这一切都是由制作者主观策划的"瞒"而带来的。

【例证第 042 号】：耍"聪明"的丈夫

2011 年央视春晚小品《"聪明"丈夫》中，大黄（黄宏饰演）为争到单位分的房子，和妻子假离婚，好兄弟（孙涛饰演）来看他，当兄弟得知大黄散布的大黄媳妇外边有人了的传言是假的时，对大黄的评价是"脑残"；而大黄前女友（凯丽饰演）更简约："瞧不起你"。结果"赔了夫人又折兵"，房子分给了夫妻和睦的老王，又牺牲了妻子的名节。

为了房子不要面子的失德类的"瞒天过海"绝非大丈夫所为，更难说顶天立地了。

【例证第 043 号】：真亦假来假亦真

1998 年出品的美国电影《楚门的世界》中，楚门（金·凯瑞饰演）是桃源岛小城中一名保险公司的经纪人，每天过着朝九晚五的平凡日子。然而他却不知道在自己生活中的每一秒钟都隐匿着上千部摄像机，每时每刻全世界都在注视着他。他每天遇到的人，他的父亲，身边的朋友，甚至是自己枕边的妻子都是职业演员扮演的。他生活着的城镇也是一个巨大的摄影棚，他是唯一被骗着的那个，难得的是，他的生活中居然没有一处是真实的。楚门一直生活在虚拟的谎言中，只是一个供观众窥探的对象。

楚门的故事放在现实社会中无甚特殊之处，然而把媒体的镜头以一种瞒天过海的方式聚焦在一个普通人的生活上，就让观众的窥探欲望大起。这个瞒天过海的设计特别具有针对性和指向性，全世界都知道这是一个巨大的谎言，可只是瞒着楚门一个人。而动用的人力物力也是巨大的，塑造出一个虚假的世界这个手笔着实是忒大了点。对楚门来说什么是真实生活？也许别人严重的骗局就是他的真实生活。

【例证第 044 号】："假唱"

对着观众光张嘴不出声，对观众来说，这也是一种瞒天过海。谓之"假唱"。

当然这假唱也有好几种情况：一种是完全请人代打，本人完全不会，这类型就是谎撒大发了，韩国电影《美女的烦恼》中的汉娜就是给光会跳舞压根儿不会唱歌的女歌手代唱；另一种是害怕现场效果不好，就是传说中的"见光死"，所以用录制下来的声音替掉现场出来的声音，也叫"现场还音"；再一种就是制作方的统一要求或技术不达标，为求声音质量，而将假唱变成"集体无意识"或潜规则。现在看到的 20 世纪 80 年代的很多晚会,歌唱演员基本上都是假唱。但假唱也有露馅儿的时候,就是人机分离时(演员和麦克风分离,如摔倒,或演员忘了把麦克风拿到嘴边出现穿帮)或演员没有对好口型出现"时间差"。当然,这种情形不适用于"音配像"等加工型形式。

三、瞒天过海之"善恶交锋篇"

所谓善恶交锋是指敌我双方(或彼此两方)对使"瞒天过海"计,练的是同一套拳,就看谁棋高一着,计胜一筹了。

【例证第045号】:电影《羊城暗哨》之梅姨

1957年出品的国产反特电影《羊城暗哨》中,公安人员王练(冯喆饰演)冒名"敌特209"打入敌人内部,并与八姑假扮夫妻,计划引出其他特务和首领"梅姨"后一网打尽。到结局处,才发现"梅姨"原来是在八姑家做保姆的刘妈。当然,连同梅姨在内的所有特务最终都被一网打尽了。

而从此计角度看,刘妈也真的"瞒"得够严实,深藏不露。王练一直寻找梅姨,其实远在天边,近在眼前。王练潜伏是"瞒",是"明瞒",而刘妈则是"暗瞒"。正负对冲,邪不胜正。

【例证第046号】:"揣手"的互瞒交锋

2005年央视春晚小品《功夫》中,大忽悠(赵本山饰演)带着俩徒弟在忽悠范厨师(范伟饰演),买了他的拐和车后继续"组团忽悠"范厨师来买他的轮椅。在几番交手后发觉范厨师变聪明了。在这种情形下,徒弟"反戈",倒向范厨师,而在讨得范厨师的红包后再向大忽悠交差,原来是"诈降"。可没想到,范厨师已经没那么好骗了,他给的红包里就是一副对联而已。

可见,这是大忽悠先使瞒天过海,而范厨师则瞒得更深,后发制人,魔高一尺道高一丈嘛。在"瞒"的对决中,范厨师技高一筹。

【例证第047号】:小品《天网恢恢》

2012年央视春晚小品《天网恢恢》中,有三重"瞒天过海"计:一是诈骗团伙成员为了蒙骗诈骗对象(一个老头儿)和他们的老板,就让清洁女工李婶儿(蔡明饰演)冒充同伙婷婷;二是团伙老板化装成一个反应超慢的送盒饭的;三是李婶儿其实是潜伏在这个公司侦查的铿锵玫瑰女警察。

三个对冲的"瞒天过海",自然是邪不压正,女警更胜一筹。正如李婶儿,就是女警察说的,别给老百姓找"trouble"(麻烦),否则,你自己就麻烦了。

四、瞒天过海之"智谋之瞒篇"

在这种类型里,不论是在何种介质里,都体现着一种智谋、智慧。这里,"瞒"是手段,是实现目的的方式和过程,而结果才是最重要的。

【例证第 048 号】:《包公智斩鲁斋郎》

宋朝皇帝国舅鲁斋郎恃势横行,强抢李四、张珪之妻,张妻不愿受辱,投井而死。张珪、李四遂赴包拯处告状。包拯知鲁斋郎是皇亲,正常申报必难奏效。于是将鲁斋郎写成"鱼齐即",骗得皇帝批复,又增笔改为"鲁斋郎",将其斩首。这手法在 1966 年出品的香港电影《审妻》中也有使用。隋炀帝时期,奸臣金昌盛诱骗忠臣王日成的妻子素娘告自己的丈夫。素娘遂在状纸上写了"王日成",趁金不备,又在每一个字上"添笔"变成"金昌盛",借皇帝之手杀了金。

不过,包公这一案的"瞒天过海"多有不妥。一是虽然本心出于善意,但手法显然违法,属于缺乏程序公正;二是私改司法文书,执法犯法;三是如果有人真的如法炮制,那会引发多少冤假错案啊!

【例证第 049 号】:相声《化蜡扦儿》

刘宝瑞先生说过一段单口相声《化蜡扦儿》。说的是"狠"老爷去世,三个儿子分家单过,但都虐待母亲。于是,女儿施计,将锡器化开,呈或方或圆状,裹在布里,让老太太日夜缠于腰间,须臾不离身。儿子和儿媳均以为是金银,均对老太太"孝顺"起来。女儿又和哥哥们约法三章,将"金银"锁起,待老太太百年后均分。而当老太太故去后,哥仨才发现那不是金银是蜡扦儿。

这故事和《天堂里的笑声》有异曲同工之妙,所不同的是,《天堂里的笑声》是作家"独著"的计策,而《化蜡扦儿》则是母女合谋,女儿是主谋,母亲"知情不举"。

【例证第 050 号】:《特洛伊木马》

古希腊有大军围攻特洛伊城,久攻不下。一日城外士兵尽数退去,独留一只高二丈的大木马在城外。城中得知解围的消息后,遂将"木马"作为奇异的战利品拖入城内,全城饮酒狂欢。午夜时分,全城军民尽入梦乡,却有敌军突现于城中。开启城门并四处纵火,焚屠特洛伊城。原来这只大木马是敌军的瞒天过海之计,让士兵藏于木马腹中运进城行里应外合之计。特洛伊木马作为瞒天过海的经典案例,便与那引起特洛伊之战的海伦之美名一起一直流传至今。木马计可谓是其中翘楚。

【例证第 051 号】：电影《保密局的枪声》

1979 年出品的国产电影《保密局的枪声》讲述的是我地下党员刘啸尘（陈少泽饰演）潜伏在敌保密局的故事。刘啸尘先用苦肉计，为掩护战友将枪口对准自己，他的伤巧妙而危险地骗过特务组长张仲年，直至片尾处，他不幸暴露，被张仲年用枪逼住，眼看性命攸关。这时，枪声响起，死的却是张仲年，开枪的是潜伏更深的老三。

从"瞒天过海"的角度看，老三瞒得更久、更深，"过海"了，而刘啸尘则险些"坠海"了。

【例证第 052 号】：《绿卡》

1990 年出品的美国电影《绿卡》，是一个通篇充满了"瞒"的故事。男主角乔治（杰拉尔·德帕迪约饰演）是从法国来到美国想拿到绿卡的一个无业游民。女主角布朗蒂（安迪·麦克道威尔饰演）为了获得心仪的公寓而和乔治假结婚，这是第一瞒；但移民局还要屡次调查，于是，二人还要装作美满夫妻，继续与移民局周旋瞒下去，这是第二瞒；乔治应邀参加布朗蒂闺蜜母亲家的聚会，大家力邀乔治弹钢琴，乔治在钢琴前一通乱砸后演奏了优美悠扬的乐曲，不仅瞒了布朗蒂，也瞒住了观众，伪音乐家变身真音乐家，这是第三瞒；移民局再次来调查，乔治说漏了嘴，这次没瞒住，被遣返回国，这是第四瞒；在移民局监督下，二人道别时真情突显，互换结婚戒指，搞得移民局人员一头雾水，这两人感情是假戏真情，这是第五瞒。这中间的"瞒"，先是有不良动机，后来逐渐"颜色"由冷变暖，瞒得充满善意和惊喜，"瞒"先假后真，弄假成真，都是不错的设计。

【例证第 053 号】：《至尊无上》

1991 年出品的香港电影《至尊无上》中，陈蟹（刘德华饰演）和罗森（谭咏麟饰演）是一对逢赌必赢的至尊双雄。陈在赌界恩怨中为救好友妻子服毒自杀，罗被迫重出江湖，与日本老千对决。但寻常手段是很难取胜的，于是他先用苦肉计，让人用枪将他打伤，让他妻子代替。但是对方从罗妻紧张的表现中看出破绽，押上全部赌注。等牌掀开，才发现输了。原来，罗森告诉妻子的牌面是假的，他利用妻子的紧张表现欺骗了对方。

他的先苦肉、后瞒天过海（先瞒过妻子，再通过妻子瞒过了对方），其实也是一套完整的连环计。当然，还有借刀杀人，使对方火拼，确是很正点的套装计策。

【例证第 054 号】：《潜伏》里的余则成

2008 年出品的 30 集国产电视连续剧《潜伏》塑造了一个有特点的地下工作者——余则成，基本上是一个成功的"瞒天过海"者。从第一集由一个国民党军统特务潜伏到日伪特务机关再逐步成为我党地下工作者潜伏在敌人内部，直至最后一集继续执行潜伏任务，不仅优秀，而且相当成功，虽然中间历经曲折危险，但每每都化险为夷。

他的"瞒"不仅是一个任务，而且是可能是终身使命。因此，从这个角度看，是分量极重的一类。

【例证第 055 号】：《天下无双》

《天下无双》是天津卫视 2013 年 5 月开播的一档明星音乐模仿秀节目，让专业歌手与其模仿者在同一舞台上进行对决。节目中，被邀请的歌手与五位声音相似度极高的模仿者同台飙歌比拼，同时接受六组神秘评委的盲选淘汰，全场唯一能让明星与评委们对话的只有"声音"这一个渠道。

节目开播以来最大的收获就是在某一期中，原唱不敌模仿者被淘汰，一位参赛选手瞒住了多数人被认为是原唱。只是这份"瞒"拼的不是计谋，而是真才实学后的以假乱真。

【例证第 056 号】：《非常了得》

《非常了得》是江苏卫视 2011 年开播的益智答题脱口秀节目，每期节目会有 8 个身份不知真假的男女嘉宾站在台上，然后一个一个选手分别上台，选手通过与嘉宾每次 90 秒的问话，来辨别嘉宾的身份是真是假。由于主持人在录节目前也不知道男女嘉宾身份的真假，那么摆在选手面前的将会是一切皆有可能，因此过程充满悬念。

节目的最大看点在于假亦真时真亦假，不仅瞒假，还要隐真，嘉宾身份真假难辨，选手若是猜中，其判断能力定是非常了得。

【例证第 057 号】：《谁是真的》

辽宁卫视《谁是真的》栏目每期有 4 位选手，其中一人能在显示器上看到所有题目的答案，此人即"大忽悠"。其他人只能看到题目。"大忽悠"必须使自己坚持到最后，其他人的任务就是揪出"大忽悠"。

这也算是栏目版的微缩"潜伏"。那个"大忽悠"往往是不大张扬，以免被怀疑，淡定而低调地走到最后。

【例证第 058 号】：《良弼之死》

北京卫视《档案》栏目 2011 年 11 月 13 日播出的《良弼之死》说明，有时候这种用瞒天过海的小手段设置悬念的方法，不一定只是出现在故事内容中，有时也出现在讲述故事的程序设置上。《档案》栏目在讲述清宣统帝溥仪退位之前的陆军部司长良弼遇刺时，只说"'砰'的一声，只见轿子顷刻间支离破碎，腾起一阵烟雾，情况迷蒙不清……"至于良弼的生死却含糊带过。直到后面说起清帝退位,再无阻力时才提起,良弼其实当时就被炸死了。

悬念的妙处在于,先吊着观众的胃口,当真相出现时才能达到预想的目的,而瞒天过海就是其中常用的手段。

【例证第 059 号】:《快乐大本营》潘玮柏

湖南卫视《快乐大本营》2012 年 10 月 9 日的一期潘玮柏专辑中,录制当天正好是潘玮柏的生日。节目中,主持人貌似无意地询问潘玮柏最亲密的好友是谁?言及生日最想见的人是近日"反目"的好友李晨。在互动环节中,栏目组为潘在现场举办一个迷你生日会。有一神秘人穿着玩偶服戴着变声器登台,对潘玮柏的各种秘事了如指掌。大家纷纷猜测这个神秘人是谁?原来这个神秘人正是剧组瞒天过海请来的、潘玮柏口中那个"男闺蜜"李晨。潘玮柏在见到好友后竟"愤然离场"罢录节目,似是生气剧组与好友合伙欺骗。正在大家目瞪口呆之际,潘奕奕然笑容满面回到现场,原来潘将计就计同样以一瞒天过海之计回敬了对方。电视节目尤其是娱乐节目,如今早已不是一个高潮就能满足观众的时代了,要保持观众就需要高潮层出不绝。这样连施小计,巧妙设置悬念增强娱乐效果都是不错的选择。

035

【例证第 060 号】:一扇屏风的效果

湖南卫视《快乐大本营》栏目 2012 年 2 月 10 日的一期中,"凤凰传奇"组合在节目中要从两个候选人中挑一个学员,可是这个学员可不好挑啊,为什么呢?因为这两个学员是站在两个白屏风后面的,朦朦胧胧看见一个剪影,"凤凰传奇"只能通过声音来选择。虽说心里的判断倒是好下,可是这话却不怎么好说,后面两位都是虽说不是大红却都是有一定名气的歌手。不知道对方是谁,又要怎样点评。这样观众便好奇心大起,一边期待"凤凰传奇"要怎样点评,一边又猜测这幕后到底是谁,可谓是吊足了观众胃口。

瞒天过海这一计的意义已经不似在军事中侧重于结果的成败了。瞒天过海,这个天是怎么"瞒"的,这个海"过"得俊不俊,在电视栏目中,这一计的操作过程本身就是极具观赏性的。因而,白屏风遮人这个小手段虽然不是什么稀奇的法子,在电视节目的瞒天过海之计中使用倒是十分熨帖的。

【例证第 061 号】:《百变大咖秀》

湖南卫视《百变大咖秀》是一档风格"诡异"的真人模仿秀节目,其中不乏惊天地泣鬼神的"雷人表演",内地男演员孙坚便是其中翘楚。2013

年 6 月 13 日一期中,孙坚一身美艳逼人的民国阔太太打扮,模仿《情深深雨蒙蒙》中雪姨骂街的经典桥段。正当"假雪姨"孙坚卖力表演时,本是道具的门居然开了,里面还走出来一个和他打扮得一模一样的女人。这时不仅观众愣了,场上的主持人和评委也惊呆了,大呼"真的假的"。原来,这个女人正是剧中雪姨的扮演者王琳,居然是装在道具中被瞒天过海地送到了舞台上。《百变大咖秀》既然是一档模仿秀节目,其中本尊与模仿者同台的表演就并不少见,见多了也就不稀奇了,也就乏味了。这样把本尊神不知鬼不觉地弄上台,在恰当时机出现,在这档节目中也算是一个推陈出新的手段了。

【例证第 062 号】:小品《不差钱》

2009 年央视春晚小品《不差钱》中,爷爷(赵本山饰演)带着孙女丫蛋(毛毛饰演)来"苏格兰情调"餐厅请《星光大道》的老毕(毕福剑饰演)吃饭。可是到了地儿才发现大宗的钱没带,就剩一些零钱,为了不让老毕看出破绽,爷爷就让服务员(小沈阳饰演)配合他,点菜统统没有,吃的都是他自备的大葱、蘑菇啥的。当然,结果还是老毕请的客,都是老中医,不用开偏方儿了。

爷爷和服务员玩儿的"二过一"(俩人一起"瞒"老毕)十分搞笑,常常因为信息不对称,也就是瞎话编不圆或"没对好词儿"而"打岔"或"出岔"。不禁想起两句话:一是"你用谎言去验证谎言,得到的一定是谎言"(2010年央视春晚小品《一句话的事儿》中郭冬临语录)。二是"说一句谎话,要编造十句谎话来弥补"。

【例证第 063 号】:《说声对不起》

2001 年央视春晚小品《说声对不起》中,妻子(唐静饰演)在一家道歉公司上班。小两口儿发生吵完架之后,丈夫(句号饰演)第二天便装成客户来到妻子任职的道歉公司,想让妻子给自己道歉。他们俩便在公司老板(洪建涛饰演)的面前上演了一出瞒天过海的戏码,两个人都假装不认识对方,还真的一板一眼地扮演起了客户和业务员的关系。最后当两个人坦白的时候,直让老板大呼"自己才是二百五啊"!

这段瞒天过海中,前面都瞒得很好,做足了彼此是陌生人的戏码。但是在最后两个人却都是自己甘愿坠海,因为对彼此的爱,主动拆穿了自己撒下的谎言。其实很多时候大家都不是对自己爱的人没有办法,而是不管计策有多好,你都不愿意用在你爱的人身上。骗得人一愣一愣的固然聪明,但是为爱拆穿谎言更让人感动。

第 2 计　围魏救赵

原文：

"共敌不如分敌，敌阳不如敌阴。"

解读：

进攻兵力集中、实力强大的敌军，不如使强大的敌军分散减弱了再攻击。攻击敌军的强势部位，莫若攻击敌军的薄弱部分来得有效。围魏救赵这一计的精髓在于，迂回曲折，曲线救国。就是说在正面解决遇到了一定的难度、迟滞不前的情况下，可以采取避其锋芒的方法，寻找更加易于突破之处。电视节目中多以很复杂的情形出现，诚如现实世界的人生百态。在很多情况不能按照正规、常态路数去解决，用单一角度处理会陷入僵局，就需要一种更加巧妙迂回的方法，用最小的代价获得最大的效益，以小博大，以弱胜强，就如大家见惯了一种节目形态，可能会对这种节目出现审美疲劳，因而从另一个角度入手，更能解决问题，带来生机。

在具体应用中，分为"军事篇""电视节目篇""突发事件篇"三种形态。

一、围魏救赵之"军事篇"

"围魏救赵"作为智谋和策略用于军事是这一计策的"根"和"源"，在实际应用和节目中也是不乏其例的。

【例证第 064 号】：窃符救赵

在 2012 年出品的电视剧《虎符传奇》中，战国四公子之首的信陵君(冯绍峰饰演)为解赵国邯郸之围，请求魏王爱妃如姬(杨幂饰演，如姬与信陵君本是两情相悦的爱侣，如姬却阴差阳错成了魏王妃，二人从恋人关系变成了叔嫂关系)"窃符救赵"。长平之战赵军大败，形势危在旦夕。怯于秦国之威，魏王按兵不动，而没有魏王的虎符就不能出兵。关键时刻，如姬夫人窃出虎符营救赵国，最终，信陵君率魏、楚、燕、赵、韩五国盟军与秦军交战，大败秦军于黄河之南。

直取将兵的虎符不可行，而无虎符又无法领兵。于是，信陵君行"窃符"之法，迂回得到。而得到虎符需要如姬帮忙，而如姬有杀父之仇，信陵君再迂回使人替如姬报了仇，于是，一切都顺理成章。

【例证第 065 号】：由马夫到参谋长

1933 年 4 月，赵尚志来到宾县找到孙朝阳，作为孙朝阳的马夫参加抗日义勇军的行动。在攻打宾县的战斗中，义勇军遭到日伪军的三面包围，在这危急时刻，赵尚志给孙朝阳出了打宾州县城以解东山之围的主意。利用敌人的后方空虚，直接攻打敌人的要害宾州，敌人就会抽调兵力回援。孙朝阳听从了赵尚志的建议，由赵尚志自己挑选了一小部分精锐部队攻打宾州县城。包围孙朝阳的敌人听说赵尚志攻占了宾州县城，匆忙回撤，解救县城，孙朝阳最终顺利解围。赵尚志也因此由一开始的马夫被破格提升为参谋长。

解己之围而困敌人，赵尚志一计两用，不愧为著名的义勇军领袖，由马夫被提升为参谋长也就不足为奇了。

【例证第 066 号】：《平原游击队》

1955 年出品的国产电影《平原游击队》中，日军中队长松井（方化饰演）偷袭小李庄，游击队长李向阳（郭振清饰演）为解小李庄之围则去打县城，想以此吸引松井回援。不想松井识破了这一计，并未回撤，使小李庄蒙受损失，老秦爷和小宝子死在松井枪下。小宝子死时手里紧紧攥着李向阳送给他的一颗子弹。当然，这颗子弹最后被李向阳装入枪膛将松井击毙。

由此可见，用计也要看对象，因为敌人是狡猾的，被敌人将计就计，也就有失算和失利的可能。

【例证第 067 号】：大柏地大捷

在纪录片《毛主席用兵真如神》（2007 年 12 月 25 日央视 7 套首播）第 11 集"创造战场 空间制胜"中，记载了 1929 年初，国民党军队对井冈山革命根据地进行的第三次"围剿"。在生死存亡关头，毛泽东提出："我们既要保住红军，又要保住根据地，那只能采用'围魏救赵'的办法。"于是，毛泽东、朱德、陈毅率领红四军主力迂回敌后，向赣南闽西进军；彭德怀、滕代远率领红五军主力会同井冈山地方武装坚守井冈山。这样便可在敌军向井冈山革命根据地发起进攻时进行偷袭，迫使湘赣两省"围剿"之敌分兵回援，同时配合留守井冈山的部队打破敌军的第三次"围剿"。最后，红四军主力进军赣南闽西，打乱了敌军的部署，敌军急忙追击堵截，红四军在大柏地一战大捷。

"大军突敌围，关山度若飞。"在毛主席的领导下，井冈山的革命火种熠熠生辉。在此基础上，毛主席创造出的以内线防御与外线进攻相结合，打破敌人"围剿"的作战理论，是制胜的关键。

二、围魏救赵之"突发事件篇"

不论是在现实中，还是在影视作品或节目里，总会有突发事件发生，否则，也就不会有戏剧冲突了。处在危机之中时，当事人的急中生智，眉头一皱，计上心来，往往能够扭转局面，化险为夷。

【例证第 068 号】：江南案背后的张安乐

美籍台湾作家、记者刘宜良（笔名江南）因撰写的《蒋经国传》（1972 年开始连载）披露了蒋氏父子统治台湾的黑幕，被台湾当局列为禁书。后来，台湾当局调查发现刘宜良疑为间谍，于是，时任台湾当局"情报局长"的汪希苓借竹联帮帮主陈启礼等人之手于 1984 年 10 月 15 日暗杀了刘宜良。没想到的是，台湾当局卸磨杀驴，在案发后将陈抓捕。好友张安乐为营救陈启礼，采用"围魏救赵"的手法，对外宣称陈留下保命录音带，并指称谋杀刘宜良的元凶就是蒋经国的儿子、当时主管台湾情报机构的蒋孝武。最后，台湾当局不得不"丢卒保车"，"情报局长"汪希苓成为替罪羊，以杀人罪被判处无期徒刑。蒋孝武也被"外放"，从此远离权力中心。

此计一出，威力堪比原子弹，既让台美关系陷入冰点，也使得蒋孝武从此被驱逐在核心之外。1985 年 8 月 16 日蒋经国接受美国《时代杂志》专访时说，"中华民国"国家元首依宪法选举产生，从未考虑由蒋家人士继任，或与江南案不无关系。

【例证第 069 号】：美国电影《超人》

1978 年出品的美国电影《超人》中的一个桥段最具能量。"超人"克拉克（克里斯托弗·里夫饰演）不忍见到恋人路易丝（玛戈·基德尔饰演，她还演过前边提到的电影《失踪之谜》的女主角）死去，又不能起死回生，他没有孙悟空的九转还魂丹。于是，不顾父亲老卡尔曾经的告诫，飞升起来，用自己的超能力把地球自转给带着往回转，硬性使时间倒流。这已经不是个体穿越，而是"乾坤大挪移"了。

这也算是个迂回式的围魏救赵。直接让女友"还阳"不现实，因为美国没有"阎王"的编制，否则，以"超人"的能力肯定可以让阎王"改签"的。于是，只有费大周折穿越回去"从头再来"。

【例证第 070 号】：团队作战

央视科教频道《自然传奇》2011 年 8 月 29 日一期中，以动物谋略为主题，讲述了非洲大草原上以团队作战为生的狮群。非洲狮体型庞大，爪牙锋利，但不善于奔跑。捕猎时，要依靠集体力量，先是包围一大群捕猎对象，对它们进行四下的围攻，受到攻击的动物群会相拥逃散，此时狮群会埋伏选定捕猎对象，集体阻断捕猎对象与同伴之间的相互保护，从开始的群体围困到后来的多对一的单挑。狮群完美诠释了团队作战的优势。

狮群的团队战术是对围魏救赵的逆用，利用围攻动物群带来慌乱，分离出失去集体优势的薄弱个体，于是这不幸的个体就变成了狮口中的饕餮大餐了。

【例证第 071 号】：白娘子水漫金山

1992 年出品的台湾古装电视剧《新白娘子传奇》中，白娘子（赵雅芝饰演）水漫金山一节让人印象深刻，真真是女人不好惹的典型案例。这个女神发威的戏码上演的原因，却是法海和尚抢了她的老公许仙（叶童饰演）。法海自知白娘子不好对付，便骗走许仙关在金山寺中，引得白娘子怀着身孕自投罗网，愤然水漫金山。看来许仙这个"魏"确实够分量，引得来白娘子、小青尽力回护。不过要用围魏救赵还是要对双方实力有个全面客观的认识的，别像法海惹了强悍的女人害得镇江百姓和普通僧人也跟着受无妄之灾。想必白娘子是对付男人习惯和顺手了的，先是制服了小青，小青本是男身，向白娘子叫板，输了，于是按照事先打赌所约，变成女身给白蛇做了仆役。后又假托游湖借伞收获了许仙，兀自以为制服法海也是轻而易举的事，没想到法海也是个执着于职责的角色，不好对付，法海尚有所顾忌，而白娘子则是惹祸不怕大的类型，一个围魏救赵，就祸及百姓了。

【例证第 072 号】：《潜伏》里的王占金被驱逐出津

2009 年出品的国产电视剧《潜伏》的第 19 集中，原是翠屏（姚晨饰演）老家地主而现在流落到天津的王占金（崔嵩饰演）在街上认出了翠屏，并说出了翠屏的真实身份，翠屏急忙将此事汇报给余则成（孙红雷饰演）。王占金一旦将翠屏的真实身份透露到社会上，将对余则成等人的地下工作带来致命打击，因此，余则成让受过自己恩惠的黑帮头目龙二（周博文饰演）抄了王占金的烧饼摊，将其赶出天津。受到恐吓的王占金在经历一波三折的驱赶与追捕后，最终由余则成送出了天津。

余则成将王占金逐出天津，保住了翠屏的秘密，也保护了王占金免于反动派的追捕，更重要的是保住了我党的革命果实。

【例证第 073 号】：《恋爱兵法》之围魏救赵

在 2007 年出品的电视剧《恋爱兵法》中，两位男主角金正浩（金桢勋饰演）、王文清（袁文康饰演）为了争取女主角孙雨萱（徐若瑄饰演）的青睐，分别在自己老师的指点下使用《孙子兵法》中的"三十六计"去战胜对手、俘获女主角那高不可攀的芳心！双方都在使用"三十六计"阻止另一方，保证自己与女主角的接近。如何瓦解对方的兵力让己方占据优势，或者让对方无暇顾及指导学生，处理自己的事情，他们都用到了"围魏救赵"这一计，使用假象将对方的注意力从主要的事情上移开，使自己在战局上占据绝对优势。

其实爱情哪有什么兵法，爱情中容不得半点尔虞我诈，唯有心灵，才会使两个人在爱情来临时真诚面对。

三、围魏救赵之"电视节目篇"

在电视节目特别是电视栏目中，自觉、主动地运用三十六计可能是一种奢望。但是，自发运用智谋、智慧去结构节目，运用悬念去吸引观众，却是一定的。

【例证第 074 号】：电视剧的营销模式

在 2013 年出品的电视剧《婚姻保卫战》前期宣传中，为了达到刺激收视率的目的，电视剧的主创人员做客《鲁豫有约》，在现场和主持人鲁豫大谈婚姻相处之道。因为平日里明星们的情感生活一直是"被禁"的隐私话题，很少会见到明星们主动聊及自己的私人情感。所以在这期访谈节目中，主持人以及各主创都没有以《婚姻保卫战》为主题，而是将自己的婚姻观结合剧中的婚姻话题大谈各自的婚姻生活，以谈心得、传经验的方式巧妙地对新剧开播起到了宣传作用，从而避免了"王婆卖瓜，自卖自夸"式的"新剧宣传"给观众带来的反感。

这种采用公关铺路的智能营销模式为该剧的热播做足了铺垫，观众在聊天中找到了生活共鸣，怎会轻易放弃对电视剧的深度跟进呢。

【例证第 075 号】：广告也疯狂

湖南经济电视台为了尊重广告客户的宣传需求，将过去在节目间会出现的"广告以后再回来"的间隙片改作"广告也精彩"。此后，间隙片名称的变更经历了"广告更精彩"、"广告也疯狂"。最后，《广告也疯狂》成为湖南经视一个调动观众观看广告意愿的固定栏目，拥有了一批稳定的收视群体。在这个节目中，通过短信游戏的设置实现了广告客户与观众的对接，也为观众搭建了一个欣赏广告创意的收视平台，形成了一种专题似的会演或集锦。

从过去的不爱看，到现如今的专爱看，《广告也疯狂》实现了广告被嫌弃的大逆转。广告不再是利用插播来影响观众流畅收视的搅局者，反而是汇集起来独立成篇，集中展现给观众，完美实现自我救赎。

【例证第 076 号】：第三人效应

2013 年湖南卫视亲子节目《爸爸去哪儿》可谓是炙手可热，红透了半边天。不管是简单温馨的画面剪辑，童稚可爱的主题曲，以及类似识字卡的过场，都彰显着少儿适宜的气息。但是细细看来就会发现，这档节目不只是给小朋友看的，更是给那些童心未泯渴望家庭温馨的大人们看的。这就是第三人效应，很多儿童用品广告都是针对孩子的家长所做的，因为孩子没有自主性，但是可以让家长觉得孩子需要这个商品，进而为自己的孩子购买这种东西。在这里家长就是"魏"，而商品就是"赵"。之所以能够围魏救赵，正是因为"魏"有足够的重要性，所以重点进攻"魏"就一定能达到"救赵"的目的。把握好了家长的心思，自然也就能让他们痛痛快快心甘情愿地为孩子掏腰包了。

【例证第 077 号】:《非常了得》中的现场求助

在江苏卫视《非常了得》栏目中，孟非带领选手闯关，猜测嘉宾身份到底是真是假。郭德纲带领嘉宾出题，想方设法迷惑选手，以此考验选手的语言、洞察、思维应变等各种能力，可谓难度不小。在挑战过程中，选手还有两次向现场观察团求助的机会，在场边的观察团可以通过嘉宾的表情、动作和语言的瞬间反应来寻找嘉宾的破绽，为选手的判断给出参考。

观察需仔细，求助需谨慎。这种现场求助也是有风险的，看得准那是合力围剿，保选手顺利过关；若是看走眼，求助团就成了嘉宾的帮手，选手只剩得最后一句台词，"再见"。

【例证第 078 号】:《粉雄救兵》

《粉雄救兵》是 2003 年美国打造的一档时尚服务类节目，每期节目都会找一个生活习惯特别，不重视外表的异性恋男性作为嘉宾，通过节目主持人"神奇五人组"（时装、家居、造型、烹饪、文化等五个领域的专家）指导打扮，建议造型，帮助嘉宾学会时尚生活。五位专家会在一天的时间里帮助嘉宾在个人造型上重新包装，帮其学会浪漫晚餐的做法，重新设计家居环境，使其焕然一新。男嘉宾在五位专家的帮助下脱胎换骨，因为自身的改变和陋习的远去，美好的生活才会降临：嘉宾与爱人更亲密，与长辈更亲近，与朋友更合群，与同事更和谐……

节目中看似是对嘉宾的挖苦与讽刺，其实是在刺激嘉宾潜力的爆发。于是，只有打磨自己的黯淡，才能释放自己人生的精彩。

【例证第 079 号】:《爱情保卫战》

天津卫视 2010 年推出的情感心理节目《爱情保卫战》，将现实中遇到感情问题的情侣请到舞台上，双方面对面地交流、沟通甚至争辩。当双方的矛盾集中体现、摆在台面上时，节目中被邀请到的情感专家会用专业知识给情侣提供客观理性的分析及考量，并根据情侣的情况给予恋爱指导和情感忠告，再加上最了解他们的家人朋友站在旁观者的角度适时、适当的参与，共同帮助走在十字路口的情侣消灭感情问题，共同保卫这来之不易的爱情！

清官难断家务事，《爱情保卫战》却勇敢地把矛盾摆在舞台上，这看似矛盾的外在激化，实际上却是为情侣找到爱情修炼的起点在何方。

从某种意义上讲，电视节目运用兵法或计策，是智慧的表现，但没有或不去运用也未尝不可。所谓戏法人人会变，各有巧妙不同，殊途同归，只要观众喜欢，倒没有一定之法。

第3计 借刀杀人

原文：

"敌已明，友未定，引友杀敌，不自出力，以'损'推演。"

解读：

敌象已露，盟友对主战的双方尚持徘徊、观望的态度，其主意不明不定的情况，便应借盟友之力以毁敌人。借用盟友的力量去打击敌人，势必要使盟友受到损失，但盟友的损失可以换得自己的利益。在三十六计中，这一计显然是比较狠辣之计。这一计用得好，可以不费一兵一卒而让自己占尽便宜。在电视上，观众更希望看见有冲击力、有戏剧性的冲突；所以，很多时候这一计的使用案例都以一种经典节目的内容呈现在电视上，在电视节目设置中直接运用倒是并不多见。在电视节目设置中的应用，不会真的需要"杀"谁这么血腥，这一计的毒辣之意就淡了不少；更多的是一种借力打力的方法，用有限的资源获得更大的传播效果。这借刀杀人所借的"刀"可以是有形的，比如人或者物；也可是一些无形的，比如流言、道德标准、法律规则，甚至是一些趋势。这把"刀"到底是什么不甚重要，重要的是这把刀合不合用，或者说合不合这个时机用。倘若没挑好刀，"杀鸡用了牛刀"，可就不能完美达到自己的目的了。

在具体应用中，可以分为"名著篇""影视剧篇""电视栏目篇"三种类型。

一、借刀杀人之"名著篇"

在诸多作品里，可以说最贴切的"借刀杀人"就是高俅借刀谋害林冲了。

【例证第080号】：《水浒传》高俅谋害林冲

小说《水浒传》第七回"花和尚倒拔垂杨柳　豹子头误入白虎堂"中，林冲被高俅陷害，先有人卖刀，而后被告知带刀见太尉。可是被引入了禁地白虎堂，终致充军沧州。

这是超经典的"借刀杀人"。借林冲带着"刀"一事为案由和罪名堂而皇之地杀掉林冲，以实现让高衙内霸占林妻的目的。果真是无耻阴险到极点。而出此计谋的陆谦也算是个"人才"，但太缺德了。可见"德才兼备"多么重要。

【例证第 081 号】:《三国演义》

罗贯中的名著《三国演义》中或明或暗的借刀杀人比比皆是。如:

王允借吕布之手杀董卓(连环计);

刘备借曹操之手杀吕布(白门楼);

曹操借黄祖之手杀祢衡(击鼓骂曹故事);

曹操借许褚之手杀许攸(曹操与袁绍官渡之战后);

曹操借关羽之手杀颜良、文丑(其后关羽千里寻兄);

周瑜借曹操之手杀蔡瑁、张允(反间计);

诸葛亮借马岱之手杀魏延(诸葛亮身后的计谋);

当然还可以包括东吴诛杀关羽后将关羽头颅送给曹魏想嫁祸未果(麦城之役后)等等。

可见，此中关键是施谋者隐身幕后，借他人之手达到置目标人于死地的目的和效果。此招阴损毒辣。常让那些人"生得委屈，死得窝囊"。

【例证第 082 号】:《岳飞传》金兀术家的陆文龙

评书《岳飞传》中有这样一个经典桥段，王佐施苦肉计断臂入番营，顺说陆登之子陆文龙反正。这是个典型的劝降起义的例证。而如果从收养陆文龙的金兀术的角度而言，则是借刀杀人。将陆文龙培养成人后，再去杀陆文龙的同胞。也够狠毒。

但是，问题的关键还在于"刀"的归属，或最后的归属是谁。金兀术借走的"刀"又物归原主，十年心血付诸东流。

二、借刀杀人之"影视剧篇"

和上述名著中的借刀杀人一样，在影视剧中，因为是虚构、虚拟、虚设的情节，虽然不是胡编乱造，但总有较大的发挥空间，只要相对合情合理，那就可以接受。

【例证第 083 号】:电影《七宗罪》

1995 年出品的美国好莱坞电影《七宗罪》中，探员米尔斯(布拉德·皮特饰演)和黑人警官沙摩赛(摩根·弗里曼 饰)是搭档，负责调查一宗凶杀案,凶手杜约翰(凯文·斯贝西饰演)每次行凶后,都在死者身上留下吓人惨状。他连杀七命(所谓"七宗罪"),在警方找到 5 具尸体后,他忽然来自首,要米尔斯和沙摩赛一起去找另两具。到了荒漠地带,这时,一货车司机开车送来一个箱子,是一个人花 500 美元雇他送来的。沙摩赛打开箱子,里边是翠西(米尔斯的妻子)的头,翠西已经怀孕,而米尔斯还不知道。沙摩赛劝米尔斯别冲动,如果杀了杜约翰,杜约翰就赢了。但米尔斯还是忍无可忍,开枪杀了杜约翰。

在这场恶意的心理游戏中,杜约翰是设计游戏的人。他知道结局,也亡命地承担结果,用生命的完结去摧残米尔斯的心灵,因为无论米尔斯杀不杀他,米尔斯心灵受到的伤害都无法弥补,虽然一切都不可改变和挽回,但米尔斯还是选择了杀之以解心头之恨。杜约翰借米尔斯的"刀"杀了自己,却赢了和米尔斯的心理战。

【例证第 084 号】:《命案十三宗 2》张辉杀人

2001 年出品的国产电视连续剧《命案十三宗 2——真相》第 2 集《误打盲撞》中,张辉(王千源饰演)退伍后遇到同学大林,在乘坐出租车途中,大林持枪抢劫未遂,张辉受到连累,女友韩雪与他分手,他也只好和大林逃到外地一起进行团伙盗窃。后来,一直暗恋张辉的韩雪的闺蜜刘婷婷放弃一切和张辉出走,她劝张辉重新开始生活。张辉心动,和大林摊牌散伙。大林答应干最后一票后就各奔东西。夜里,他们 3 人潜入一家,大林戴着手套一刀杀死一名妇女,而后将刀塞到张辉手里,说,咱们再也分不开了,我们都可以证明是你杀的人,而且刀上有你的指纹。张辉到卫生间呕吐后回想起前因后果,用刀杀了大林和另一同伙猴子,而后由刘婷婷陪同去自首了。

此间,大林用借刀杀人之计其实是想将张辉留在团伙内,既是陷害,也是恫吓。没想到,他借的刀被张辉杀了个"回马刀",反而断送了自己的性命。可见,借刀杀人是个危险的动作。这里,大林"借刀",却被张辉来了个"反客为主",是个典型的正反"双借刀"。

【例证第 085 号】:乾隆"借刀"

2002 年出品的国产电视剧《铁齿铜牙纪晓岚》第二部中,一日,内务府大臣齐苏图家出殡,出殡队伍途中受袭,棺材落地,撒出一地的金银珠宝,蹊跷的是,唯独不见尸体。纪晓岚(张国立饰演)见状于大殿之上说出齐家借职务之便大肆敛财并佯装出殡转移钱财的事实。乾隆闻此言,意识到纪晓岚所指正是自己宠妃的舅舅,于是指责纪晓岚道听途说。纪晓岚只好闹事入狱、佯装喝毒、装疯卖傻,待到证据都查齐全时上奏给乾隆,乾隆大怒,下令法办齐家。其实乾隆早就想法办齐家,可是碍着亲情的面子,得等到纪晓岚把事情闹得满城风雨后才好出面,这样就可借纪晓岚之手收拾齐家的人了。

乾隆帝才是真的诡诈,黑脸让纪晓岚唱尽,最后自己来了一个一箭三雕:一是法办齐家大快人心;二是没收的赃款充缴了军费;三是借纪晓岚之手杀人而自己赚得圣明的好名声。

【例证第 086 号】:伤不起的岳飞

2013 年出品的国产古装电视剧《精忠岳飞》中有一段岳飞(黄晓明饰演)受上头猜忌被发往皇陵当起了守卫。金兀术忌惮岳飞悍勇,想趁其未大放光彩时拔掉这颗眼中钉,却又不想自己出力,便使出一招借刀杀人。只不过这把刀却是皇陵中子虚乌有的金银珠宝。金兀术只是动了动嘴皮子,有意无意把皇陵中埋有重宝的消息透给了曹成,贪心的曹成便急不可耐地跳出来接了岳飞家老小,上赶着给金兀术当枪使。

【例证第 087 号】:玩小李飞刀的带头大哥

金庸先生的武侠小说《天龙八部》中有一位心眼多得跟筛子一样的人物,借刀杀人真是左一刀右一刀不亦乐乎。先是传假信借一帮所谓的武林正道的手端了萧远山一家,后来一封书信把乔峰撸下了帮主之位,又诱导乔峰杀段正淳,结果阿朱替段正淳填了命。

这位借刀杀人玩儿得跟小李飞刀似的人物,就是慕容复的老爹带头大哥慕容博。不过夜路走多了总会遇见鬼,自己不动手老把别人当枪使,总有被拆穿西洋镜的时候。慕容博和萧远山终极对决,被扫地僧秒杀,打得龟息后被点化,皈依少林。扫地僧用的也是借刀杀人,借高深武功杀掉二人的暴力残忍之心,转而向善,这境界比之慕容博不知要高出多少层次了。

【例证第 088 号】:看你出手不出手

金庸先生的武侠小说《射雕英雄传》中的铁掌水上漂裘千仞,一记铁砂掌把瑛姑与老顽童刚出生的儿子打成重伤,逼得瑛姑走投无路,只能祈求南帝耗费五年的功力救她的儿子。这南帝可真是救也不是,不救也不是。要是救了吧,先不说自己武功要大打折扣,就说这绿帽子可就是戴稳了,这心里憋屈啊。要是不救,就要背上见死不救的十字架,本来是瑛姑和周伯通二人私通对不起他,他若不救反倒是他对不起他们了。

裘千仞这一招借刀杀人,用得十分阴险。瑛姑南帝玩心眼儿压根跟他不是一个段位上的,明知是陷阱他们也必须往里面跳,因为那把被利用的刀不是别的,而是一条活生生的性命。借刀杀人本来就有些毒辣,而用他

046

人尤其是孩子的性命做威胁就太阴损了。

【例证第 089 号】：无毒不女人

人都说，一入侯门深似海，什么钩心斗角、尔虞我诈都是家常便饭。娘娘们想除掉个把眼中钉绊脚石，又不想弄得自己一身腥，借刀杀人这种事自然也不会少干。2011 年出品的国产古装电视剧《甄嬛传》中，皇后（蔡少芬饰演）便借安陵容（陶昕然饰演）之手轻轻松松弄掉了富察贵人的孩子，曹贵人更是把华妃当枪使了好多年，就连一路走纯良范儿的莞贵人也用妙音娘子的鬼魂生生逼疯了丽嫔。这借刀杀人的事有人常干，但是干得神不知鬼不觉的却不多，玩儿不好就是引火自焚。所以说自古美人如名将，不许人间见白头，宫里的美人老琢磨这些事，能活得长倒奇怪了。

【例证第 090 号】：《老严有女不愁嫁》

2012 年出品的国产电视剧《老严有女不愁嫁》中的主人公严查令（李幼斌饰演，以下简称老严）为了女儿严小灿（隋俊波饰演）能够找到一位如意郎君，可谓操碎了心。剧中老严为了拆散女儿严小灿与男友闻文刚（徐洪浩饰演），趁女儿前男友归亚洲（李金哲饰演）回国创业之际，帮归亚洲设局：办家宴、练拳击、学跳舞……使其接近自己女儿的同时处处打压闻文刚。只是令归亚洲没有想到的是，自己积极配合老严的安排不但没有追到小灿，反倒成了老严遏制闻文刚与女儿交往的一把尖刀，费力不讨好。

047

老严的护犊之心可以理解，只是这借棒打鸳鸯，不仅大煞风景，也伤了那棒槌啊。

三、借刀杀人之"电视栏目篇"

这里的所谓"借刀杀人"不是直接杀人害命的犯罪勾当，更多的是类似隔山打牛、借题发挥、含沙射影、借力打力式的操作罢了，或者是一种类似照猫画虎的影射和挪移。因为如果直接复制或照搬就显得过于阴险和恶毒。简单说，是一种疑似的方式而已，仅此而已。

【例证第 091 号】：《中国好声音》导师抢人

浙江卫视《中国好声音》节目 2013 年有个新规则，就是在晋级淘汰环节，选手被甲导师淘汰后，其他三位导师可以抢人，上限 2 人。而被乙导师抢来的学员倒戈再去搏杀甲导师的团队。

当然，虽然最后进入决赛的选手均非倒戈队员，但这手法堪比借刀杀人，只是杀人未遂罢了。

【例证第 092 号】：国安大礼送鲁能

1999 年中国足球甲 A 联赛末轮上演了一幕惊天大逆转。在联赛最后一轮开赛前,辽宁队在积分榜上以 1 分的优势领先于山东鲁能队,也就是说,辽宁队只要在末轮不输给国安,同时鲁能不胜于武汉,那么冠军的宝座非辽宁队莫属。在电视直播中,鲁能与武汉的比赛率先结束,鲁能队虽5:0 狂胜,但山东省体育中心却鸦雀无声。直到现场传来国安逼平辽宁,冠军归属于鲁能时,整个山东省体育中心顿时沸腾。

"三分天注定,七分靠打拼。"鲁能借助国安之势在积分榜上力压辽宁队,最终幸运夺冠,但这一切离不开鲁能队一年来坚持不懈的努力。至于差点打造中国版"凯泽斯劳滕神话"的辽宁队,谨以一句"得之我幸,失之我命"聊以慰藉吧。

【例证第 093 号】:教唆的悲剧

央视《法律讲堂》(生活版)2012 年 6 月 6 日一期中,讲述了一个这样的悲剧故事。一名出轨女子,为了实现自己与情夫的合法婚姻生活,利用自己丈夫对情敌的愤恨和对自己的眷恋,用言语激怒丈夫并教唆丈夫去与自己的情夫决斗。在情夫的妻子一人在家时,用短信告知丈夫,谎称自己的情夫在家,不明实情的丈夫带着一腔仇恨去情敌家里实施行凶。后来在警方的介入下,该案终于水落石出,出轨女一借丈夫之手成功逼宫,谋害情夫的原配;二借法律之手,将行凶的丈夫逮捕监禁。值得庆幸的是,出轨女子与丈夫被绳之以法,被害人因抢救及时也保住了性命。

一场教唆的悲剧,要两人命,毁两家幸福。只怪出轨女歹念横生心不静,机关算尽太聪明。借刀杀人终害己,为非作歹必受刑。

【例证第 094 号】:免答权中制"杀机"

《一站到底》是江苏卫视 2012 年推出的益智答题类节目,节目在游戏规则上为选手们设置了"免答权"。因为免答权的次数有限,所以选手们只有在万不得已的情况下才会使用,同时迫使对方回答自己刚才的题目。就在所有人拿免答权当救心丸使用时,一名个性十足的 90 后反转免答权,借对手不擅长的体育类问题直接选择免答让对手来回答,对手也因此在这道题上被淘汰出局。

免答权不再是保守避让,选手借助自己会但对手不会的题目,用免答权反转成为对对手的致命一击,这样成功避开自己成功答题后而对手继续有机会答题的无限纠缠。

【例证第 095 号】:袁世凯除良弼

1911 年末,袁世凯倒戈转投革命党,向清廷施加压力,敦促宣统退位。这让清朝皇室中一些年轻的亲王贵族十分不满,他们秘密组成了以军咨府大臣良弼为首宗社党,袁世凯是他们的眼中钉肉中刺,意欲除之而后快。而后诡异的是,一起意外的爆炸在袁世凯府外发生了。这场爆炸是革命党中对袁世凯不满者所为,这反倒给了袁世凯不上朝,回避政敌良弼的理由。谁也没想到的是,袁世凯竟然派人联系暗杀自己的组织去暗杀政敌。就是这样一计借刀杀人,使得良弼送命,加速了清王朝的瓦解。同时讨好了革命党,提升了自己与革命党交涉中话语分量。

袁世凯一刀弑二主,推翻了旧君主,但也窃取了革命党人的革命果实,不禁让人觉得风波诡谲的政治斗争中有着一丝肃杀的寒气。

【例证第 096 号】:最后一墙

央视栏目《墙来啦!》于 2010 年 9 月开播,其最大看点在于选手们需各显神通,将自己的身体摆出与对面墙体中镂空造型一致的动作,才能安全通过迎面而来的墙体,否则会被拍落到水里。游戏中最刺激的环节莫过于一局定输赢的最后一墙,也就是终极墙。前几轮积分高的一队(如果平手用传统方式,石头剪刀布),可选择自己过或对方过,被选一方必须按照规定动作完美通过,否则最终赢家是对方,当然,若过了赢家是自己。

选手们都想借助最后一墙杀死比赛,不给对手一丝翻盘的机会。只是最后一墙宛若一把双刃刀,无论哪一方顺利通过,都是对借刀杀人的经典诠释。无论哪一方失败落水,都是对借刀杀人的另类诠释——以借刀不成反误伤的方式宣布对手不战而胜。

第 4 计　以逸待劳

原文:

"困敌之势,不以战;损刚益柔"。

解读:

出自《孙子·军争篇》:"以近待远,以逸待劳,以饱待饥,此治力者也。"意思是说,迫使敌人处于困难的局面,不一定用直接进攻的手段,而采取疲惫、消耗敌人的手段。电视之所以成为人们生活的必需品,很大程度上是因为观众在看电视的同时,在寻找一种自我认同感,人们会下意识地在电视中寻找与自己相似的人,有一定程度的"移情"成分。通过看电视,了解很远、很广阔的世界,本身就是一种最大意义上的以逸待劳。比如看景观宣传片,身未动,心已远,没到那个地方就能"卧游"美丽风光;看购物介绍,不用逛街就能挑选商品,正如广告中说的"没有人上街,不等于没有人逛街"。当然,电视节目中的以逸待劳并不仅限于此,以逸待劳在节目内容、节目设置上也比比皆是。

在实际应用中，又分为"军事篇""生活篇""电视节目篇三类。

一、以逸待劳之"军事篇"

"以逸待劳"作为军事计谋，在战例中不乏其数。而其效果也往往有四两拨千斤的性价比。而最为著名的可能是下面这一则。

【例证第 097 号】：曹刿论战

公元前 684 年，齐国侵犯弱小的鲁国。两军于长勺大战。鲁庄公带着参谋曹刿亲征。齐军两次冲锋，鲁庄公本想迎战，均被曹刿劝止。到第三次曹刿建议反击，大获全胜。这就是著名的曹刿论战的观点"一鼓作气，再而衰，三而竭"。

其前两次的按兵不动就是以逸待劳的疲敌之计，既是生理战，使其疲惫；更是心理战，使其丧志。敌人身心俱疲，断无胜算。

古代如此，在现代战争里，此法一样奏效。正如朱德总司令在中国工农红军在土地革命战争时期进行游击战争时提出来的作战指导原则，简称十六字方针或"十六字诀"，即"敌进我退，敌驻我扰，敌疲我打，敌退我追"，而这"十六字诀"正是"以逸待劳"战术的绝好注解。

【例证第 098 号】：《上甘岭》的罐头战术

1956 年出品的国产电影《上甘岭》中有这样一个情节，当志愿军转入坑道防御后，敌人在周边布满了铁丝网和罐头盒，我军夜间一有活动，就会招来密集的射击。连长张忠发(高宝成饰演)心生一计，他扔出一个罐头盒，引来一阵枪声，连着扔了好几个，情形相同。于是他让战士隔几分钟就扔一个。后来，不管战士咋扔敌人也不射击了。连长这才组织战士们展开战术行动。

这也是典型的扰敌、疲敌之术，仍是曹刿的"一二三"理论的活学活用。也还是那句话，兵者，诡道也。

【例证第 099 号】：电视剧《亮剑》的地雷阵

在 2005 年出品的国产电视连续剧《亮剑》第 14 集中，独立团团长李云龙(李幼斌饰演)新婚之夜，团部被日军山本一木率领的特种部队突袭，妻子秀芹被俘。李云龙召集全团攻打平安城。其中一支打援部队在敌人来的路上布置了真真假假的地雷阵。敌人只得让工兵来探雷，而我军指挥员不慌不忙，并不急于开打，命令大家休息，他自己抽烟解闷儿。他就是要让地雷拖住日军的行军速度，再让神枪手狙击其工兵，让他们裹足不前。

尽管那个基层连长未必知道这是三十六计里的以逸待劳，但打仗的路数、方法，乃至节奏都在他的掌握之中，这仗的胜算就大了。

二、以逸待劳之"生活篇"

以逸待劳在战事中如是，在生活中也有奇效。

【例证第 100 号】：鹬蚌相争　渔翁得利

这个故事出自《战国策·燕策二》，鹬蚌打得不可开交。可渔翁并不介入，非等到这俩筋疲力尽，蚌壳和鹬嘴互相钳住，才一并收入囊中。

虽然渔翁并未在鹬蚌相争开场的第一时间开始观看比赛，但这俩打的是不分回合的持久战，相持不下，这才给了渔翁机会。其实，守株待兔的农夫也是想"以逸待劳"的法子来着，可天上掉馅儿饼的事并不是经常发生，上次撞上树的兔子肯定太相信导航仪了，没看路，结果追了大树的尾。

【例证第 101 号】：爬得越高，摔得越狠

赞美的话大家都喜欢听，但是难保不是在灌迷魂汤，等你迷迷糊糊还沉迷在对方营造的幻境中时，可能刚才还说得天花乱坠，让你飘飘然的人，就是最先对你下手的人。这年头杀人不用刀，最高明的还是"捧杀"。还记得小学课本上的《狐狸与乌鸦》，狐狸只是赞美乌鸦歌喉美好，傻了吧唧的乌鸦便找不着北了，一张嘴口中的肉便落到了狐狸口中。捧杀这事，事前不用你做小人，事后也容易撇干净，需要付出的只是几句违心的奉承话，真是无本万利的"好事"。所以，还是 1988 年出品的国产电影《清凉寺的钟声》里狗娃那句话说得好，"睡在地上摔不下来"，多有哲理啊。

【例证第 102 号】：让猎物自己送上门

1992 年出品的台湾古装电视剧《新白娘子传奇》中法海（乾德门饰演）弄走许仙（叶童饰演），抓许仙这种手无缚鸡之力的人自然是比抓白素贞这种刺头儿方便多了，抓了许仙等白娘子自投罗网自然是上策。追着猎物满山跑的猎人不是好猎手，把自己累得够呛还不一定就能逮到；聪明的猎人会挖好陷阱让猎物自投罗网。

三、以逸待劳之"电视节目篇"

这里，又分为中观和微观两个层面。中观层面指的是现象，微观层面指的是具体节目。中观现象主要是指节目预告或导视、节目同质化和真人秀中的自我营销等方面。

(一)中观层面

【例证第 103 号】:节目的预告或导视

随着电视业的不断发展,节目信息提示也由简单的节目名称预告发展到今天的专门的节目导视频道。这个发展就好似旅游景点文字标识的提醒升级换代到专业导游的讲解。而这一切只有一个目的:激发出观众对即将播出节目真正的收视欲望和热情。所以,节目的预告或导视是在成功把握观众收视心理的基础上,提前将已知信息作为未知信息的引子渗透给观众,使其认同被预告节目的内容和形式,最终产生继续了解、欣赏的心理暗示。

一档节目是否能够收视长虹,除了内在的制作精良,也离不开外在的精妙宣传。所以,通过预告或导视的形式做足功课,起到广而告之的效果,不仅可以实现播出的开门红,还能够在维系与观众的收视惯性里以逸待劳。

【例证第 104 号】:节目同质化

近年来,观众越来越记不清自己看的是哪个台、哪个频道、哪一档栏目了,原因很简单,从"中国好声音"到"中国最强音",从"我是歌手"到"我为歌狂",无论从节目的形式还是内容出发,都是大同小异,让观众不辨雌雄,难分伯仲。这里倒没有谁好谁坏之分,也没有浑水摸鱼之嫌,只是节目的性质和内容极其相似,让观众很难有准确明晰的区分,于是就有了观众看完一个火爆的节目后,会把另外一个具有同质性的节目当作衍生品或是续集来看,这就使得后来者借前车之鉴,从关注度到人气都占了不少的光。

同质类节目的存在增加了节目的量,却鲜有质的飞跃。一味地简单模仿和盲目跟风,只会让电视节目在这种以逸待劳的"懒人"模式和惰性中坐以待毙。

【例证第 105 号】:真人秀中的自我营销

在众多真人秀节目中,生活服务类节目帮助许多选手实现了自己的梦想。选手只需通过简短的 VCR 展示或者相关证书、荣誉的证明,就可在单一平台上获取多元的对话渠道,省去了逐一联系、逐一展示、逐一等候回复的烦琐过程,集中有效的帮助选手实现自我营销。不仅如此,即便选手在舞台上没有成功自我营销,也并不影响选手在舞台外寻找机会。电视的魅力之一就是可以广而告之,登过台的选手很有可能会因自己在电视中的表现而打动电视外的人，节目组细心地将每一位选手的联系方式打在了屏幕上，为选手自我营销的成功提供了更广阔的途径。

真人秀赋予选手的以逸待劳只是方便了选手寻找实现梦想的多种途径，并不会直接作用或停留在选手能否成功的结果上。毕竟机会是留给有准备的人的，不劳而获只会是痴人说梦。

(二)微观层面

所谓微观层面多是体现在具体的节目、栏目甚或细小的环节和设计里，从细微处体会到编导对这一计的理解和运用。

【例证第 106 号】：巧结同盟的青蛙和狼蛛

央视综合频道 2013 年 7 月 16、17 日播出的两集纪录片《野性的亚马孙》，形象而又生动地记录了本是天敌，却巧结同盟的青蛙和狼蛛是如何共存的。狼蛛本是青蛙的天敌，但是现在它们却可以共处一室。因为蚂蚁是小狼蛛和狼蛛卵的头号杀手，它们经常出没在狼蛛的洞穴中，而青蛙最爱的食物就是洞穴中的这些蚂蚁，所以青蛙自在地在狼蛛身边觅食也就得到了狼蛛的默许。

这也许就是大自然的神奇所在，虽然狼蛛与青蛙在食物链中为敌，但这并不妨碍它们在生活中互惠互利，狼蛛因青蛙保护了幼崽，青蛙因狼蛛也饱了口福，也只有这样，在各取所需中才会以逸待劳，求同存异，相安无事，和平共处。

【例证第 107 号】：美国版《老大哥》

"老大哥"这个节目名称出自西方家喻户晓的小说《1984》中的一句名言"老大哥正在看着你呢"，节目的创意也就延续了这句话——片中十名选手被安排在满是摄像头和话筒且与外界隔绝的房子里，他们的一举一动都呈现在观众眼前，毫无隐私，最经得起考验的人将获得 50 万美元奖金。在密闭的空间里，在重金的诱惑下，为了一己私利，"没有永远的朋友，没有永远的敌人，只有永远的利益"，参差多态的选手们在残酷的竞争中将自己的人性充分释放，观众只需在电视前便可一览无余，于是他们与观众便成了"最熟悉的陌生人"。

利诱、窥私，有了这两样法宝，何愁没有人参与这个栏目，何愁没有观众持续关注这个栏目。只是这样以逸待劳的方式是值得商榷的，尤其是节目中那些直逼社会道德和人性善恶底线的夸张表现。

【例证第 108 号】：真人秀节目《学徒》

《学徒》是美国全国广播公司 2004 年 1 月出品的一档职场创业型真人秀节目。这档节目的制作人兼主持人是纽约的地产大亨唐纳德·特朗普，他以 25 万美元和一部高级跑车为诱，从全美 21 万多志愿者中选择 16 名学徒候选人加入比赛，然后借助比赛的残酷考验，在节目中放大每一位选手的生活细节，最终为特朗普提供一位不怕火炼的真金加入他的集团。商人出身的特朗普还不忘在节目中推广宣传自己的产业，将选手的任务与自己集团的业务或是自己的生意伙伴挂钩，节目也就顺便推销了特朗普所有的产业。

特朗普已成为一个知名的节目符号，这就促使他的身价以及他公司的股票节节上扬，特朗普反倒成了节目现实利益的最大受益者。可以说，特朗普通过自己出色的营销，借助节目以逸待劳，使他名利双收，《学徒》成为特朗普"最赚钱的一笔生意"。

【例证第 109 号】：奥格维休闲备战

旅游卫视栏目《天天高尔夫》2012 年 7 月 11 日一期中，在关注英国公开赛时发现，所有的运动员都在积极热身，为即将到来的赛事摩拳擦掌。而来自澳大利亚的 35 岁老将奥格威却不见踪影，着实令人摸不着头脑。作为肩负澳大利亚高尔夫球复兴重担的奥格威，他在参加完一年的常规赛之后，又参加了许多本土的比赛，这使得他在新赛季开始前没有得到充分的休息。所以奥格威决定以逸待劳，在墨尔本的家中持续休息 4 个星期，准备以充沛的体力和低调的姿态重返英国公开赛。

以逸待劳的备战方式，补充了体能还保存了实力，对于期待奥格威的球迷来说，这无疑又罩上了一层神秘的面纱。节目也以此为卖点，让人们对奥格威新赛季的好成绩有了更多的期待。

【例证第 110 号】：突然的幸福

《谁能百里挑一》是上海东方卫视制作播出的男选女版相亲节目，在 2012 年 3 月 10 日的节目中，女主角刘佳奇聪明活泼地调动现场所有的男嘉宾，在短时间内发现每位男嘉宾的特质并通过对话的方式遴选自己的意中人。就在男嘉宾纷纷示爱时，她把握时机，果断出手，主动向与自己职业相同(餐饮)的男嘉宾邹逸抛出了橄榄枝，并最终牵手成功。

被选中的男嘉宾被这突然的幸福撞了一下腰，怔在舞台上。在女主角的一番真情告白后，男嘉宾幸福地说了一句"我好像没有不牵手的理由啊。"作为男生，能够享受到以逸待劳式的爱情，羡煞旁人。而这一对用的正是所谓"爱情三十六计"的"以逸待劳"。

【例证第 111 号】：《教你一招》

《教你一招》是湖北卫视的股票评论节目,通过专家的分析与评论,向股民们传授相关的股票操作技术。于是节目选取古代兵法的角度,来为沉浮于股海中的股民们指点迷津。股民在炒股时要有一个良好心态,才能把握住大盘背后的动向和意图。股市上经常会有一些不太利好的消息,散户不能轻易抛出自己手中的股票,这很有可能是股市主力机构利用利空的消息来打压股价,然后实施低价收购。所以股民要时刻关注股市主力机构的成交量,当辨清对方是在吸筹调整后按兵不动,等待主力机构拉升上扬的最佳时机。

炒股本身也是在炒心态,股民在面对假消息时需要一颗平常心来行以逸待劳之计,这种正确的坚持是对股民最大的奖励。但也别忘那句老话:股市有风险,入市须谨慎。

【例证第 112 号】:谁笑到最后,谁笑得最好

江苏卫视《一站到底》栏目中每一个擂主离开,他之前身上累计的奖品都将会被转移到下一个守擂者身上。所以说这站得早不如站得巧,早早上去过五关斩六将,倘若最后一步马失前蹄,之前做的都自然成了为别人做嫁衣。不过这种以逸待劳很有偶然性,并不是说什么都不用做,就能天上掉馅饼,以逸待劳是对全局有个整体的认识和把握,看准了先上去的是什么人,对这人有深入客观的认识,再确定什么时候出现时机最好,才做出最便捷的策略,才能达到真正的以逸待劳。

055

第 5 计　趁火打劫

原文:

"敌之害大,就势取利,刚决柔也。"

解读:

敌人的处境艰难,我方正好乘此有利机会出兵,坚决果断地打击敌人,以取得胜利。说直白一点,就是看你摔倒了,我适时再上去踩两脚。别看这一计说起来简单,不过要用得好,一考观察力,就是眼力见儿,要看得准时机,对方越乱,把水搅得越浑,越好下手;二考决断力,要下得了狠心,相信自己看准的就是最好的;三考执行力,看准了,也决定了,要是没有打劫的能力和本事,就歇菜了,此谓,有贼心,有贼胆,没贼力。当需三位一体方能成功。在电视节目中常常用来加强节目效果,也可以用来塑造人物形象。虽然趁火打劫无疑是最有效,也是最省力的方法。但是趁火打劫不仅损了点儿,还多有乘人之危、落井下石之意,在艺术创作中无妨,而在现实

生活中却是极应鞭笞和摒弃的,是应该受到批评甚或批判的。

在实际应用中,又可分为"艺术作品篇""电视个案篇""电视现象篇"三类。

一、趁火打劫之"艺术作品篇"

在艺术作品中,因为有比较大的自由发挥的空间,所以,这趁火打劫也就有一定的伸展度与合理成分。当然,这也要看这个"劫"的动机、手段和结果,主观故意、程度恶劣、后果严重自然就另当别论了。

【例证第 113 号】:《西游记》

在 1986 年央视版《西游记》第 6 集《祸起观音院》中,唐僧(汪粤饰演)与孙悟空(六小龄童饰演)来到观音院,金池长老(程之饰演)盛情接待。悟空向长老炫耀唐僧的袈裟,没想到长老竟起贪心,想把袈裟占为己有,于是命众僧纵火,想要烧死唐僧师徒。好在悟空向广目天王借得避火罩,保住师父,大火将观音院烧成一片瓦砾。长老在惊慌中跌入火海,自焚而死。等师徒二人再找袈裟时,却发现袈裟又被黑风山的熊怪趁火打劫而去。悟空与黑熊怪一番缠斗,最终请来观音将黑熊怪收服,收回了袈裟。

长老是"纵火打劫",黑熊怪是"趁火打劫",不管怎么劫,劫什么,就一句话:你们劫错人了。

【例证第 114 号】:《倚天屠龙记》

金庸先生的武侠小说《倚天屠龙记》中张无忌最开始大放光彩的时候,便是在六大门派围攻光明顶时,以一人之力扭转乾坤。这六大门派围攻光明顶不但是张无忌的风光时刻,也给了不少人趁火打劫的机会。先是成昆趁明教窝里斗的时候,打算把明教高手一锅端。后是赵敏等六大门派和明教打得不可开交的时候,带人来坐收渔翁之利。这一段里面有两重趁火打劫,成昆这种是自己"放火"自己"劫",六大门派围攻光明顶本来就是他煽动的,只不过自己能力有限,借别人的力量把自己弄出来的小火苗燎成熊熊大火,这才好趁机打劫。赵敏的趁火打劫,完全是借他人之势,打算空手套白狼的类型。

上面两例都是打打杀杀、伤人害命的勾当,下面的就温和多了。

【例证第 115 号】:临时替补新郎

2004 年央视春晚的相声《让一让,生活真美好》是说"周涛""朱军"结婚,结果被"冯巩"和"刘金山"的车堵住了。"周涛"说误了时辰这婚就不结了。最后只好让"冯巩"替"朱军"当新郎,"朱军"给婚礼做主持。"婚替""冯巩"自己都说这是乘人之危。

谁都知道这就是个游戏,游戏结束于典礼之后、"步入洞房"之前,这里"闲人止步",留给大家的是叹号和省略号。其实,这假定的"趁火打劫"其实也是成人之美和将功补过吧。

【例证第116号】:今麦郎冰糖雪梨广告

"怕上火""红罐装"是加多宝与广药集团竞争中最响亮的标语,在消费者的心目中也已根深蒂固。让人没想到的是,半路杀出个程咬金,在加多宝与广药集团竞争最激烈之际,某一产品的电视广告中从开始到中间过程都套用"怕上火""红罐装"这样的信息,就在"王老吉"这三个字即将从观众嘴中吐露的一刻,答案揭晓了,原来是今麦郎冰糖雪梨。

这完全颠覆了观众的预期判断,如此熟悉但反差又如此之大,怎么会让人忘却。其实,今麦郎的趁火打劫可以概括成一道公式:模仿+抄袭+改头换面。

二、趁火打劫之"电视现象篇"

作为现象的电视"打劫",其性质和程度要大大弱于上述在文学作品中的虚构,因为都是在当下现实发生的事实,要温和与温柔一些。但毕竟是"劫",总还是比"偷"要严重得多,偷一千元,如果认罪态度好,积极退赔,可能不会判刑;可是如果是抢劫一千元,可能会判个十年八年的。

【例证第117号】:哄抢与碰瓷

近年来,集体哄抢事件屡屡发生,地点以高速公路居多,有时鸣枪都挡不住。一旦发生事故,大家集体无意识,不顾伤者,都去哄抢财物,从鸡蛋、鲜鱼,到葡萄、车牌不一而足。国内国外都不乏其例。再者,当发生事故时,又衍生出更加令人齿寒的事情,救人的反被诬告为撞人者。

如此种种,皆为趁火打劫。总是善念缺失、恶意丛生的结果。也是乘人之危、雪上加霜、伤口撒盐,实在是缺德带冒烟儿。

【例证第118号】:竞技节目的失败惩罚

近年来,出现了众多的游戏竞技类节目。而这些节目的一个通用规则就是惩罚失败者。某台一个高台游戏节目将失利者丢下水去,某台一游戏节目让失利选手掉入坑道。大多数场地类游戏节目,"落水"是失利的规定动作,罚吃怪味食品也是常规武器。

胜败乃兵家常事,常说胜不骄,败不馁。但竞技体育的"拜金主义"(金牌效应)和锦标至上也浸染到群众体育活动里,有些明显超出了"游戏"的范畴,有"体罚"和虐待之嫌,也就是趁火打劫的范畴了。

【例证第 119 号】:残酷的 PK 赛

在选秀节目中,主办方为了增加比赛结果的不可预知性,会在决赛阶段开设 PK 赛环节。这个环节需要一名已知要参赛的选手,在剩余选手中挑选一位出来作为自己的挑战对象。这个环节是很有看点的,选手在选择挑战对象时,因是破釜沉舟的背水一战,一般会参照以下三点:第一,不挑战实力在自己之上的;第二,不挑战超常发挥的;第三,不挑战呼声和支持率高的。在保证自己有绝对优势的基础上,去战胜劣势明显的对手。

PK 赛是选秀节目中最富悬念的环节,也是易起争议的环节。选手为保自己顺利晋级趁火打劫弱势选手无可厚非,只是得有一颗坚强的心去面对赛后诸如"胜之不武"类的负面评论。

【例证第 120 号】:地方春晚的兴起

近几年,随着地方卫视的壮大,老百姓在除夕有了更多的选择。不仅可以收看阵容强大的央视春晚, 更有地方春晚通过对央视春晚的"捡漏儿"——邀请不参加央视春晚的明星。很多明星明确表示央视春晚压力太大而婉拒央视邀请,这部分明星恰巧又是最受观众欢迎的,这就给了地方卫视可乘之机,地方卫视集中火力发出邀请,套亲情、砸重金、不彩排等等,最终使这部分明星屈就或低就。近两年对地方台春节晚会数量上的严控和质量上的严管使得明星由供远远小于求变得趋向总体平衡。

这就如同环法自行车的冠军,央视春晚是身着黄色领骑衫的总冠军,但在分段赛中的冠军鲜花是会被地方春晚所瓜分的。

【例证第 121 号】:趁火添柴

很多时候,是一个事件造就了一个新闻热点,还是媒体为了造就一个新闻热点而炒热一个事件或者一类事件,其实难说清楚、分明白。不过情况往往是这样的, 一旦一个新闻热点出现, 几乎所有的媒体都会关注跟进, 因而类似或者同类报道扎堆出现,呈现出一种大家都来凑热闹的景象。就像明星亲子类节目《爸爸去哪儿》火了之后,很多媒体都把目光投入到了明星的孩子身上,各个星二代的曝光率扶摇直上,很多之前把孩子捂得严严实实的明星们,都让自己的孩子出现在了公众的视野中。

这种情况说趁火打劫可能重了一点, 说是趁火添柴或火上浇油似乎更恰当。这里"火"是一种局势,是一种氛围,而趁火添柴的做法,是对这种趋势的一种趋同和迎合。毕竟顺风才能扶摇直上,趁火也才好打劫。

三、趁火打劫之"电视个案篇"

在这种类型里,有的属于乘人之危、图财害命的,或落井下石、道德沦丧的。下列两例就属于这样。

【例证第 122 号】:"神医"诈骗

央视新闻频道栏目《法治在线》的 2013 年春节特别节目——防骗三十六计,在 2 月 13 日的节目中讲解趁火打劫时举了一个令人痛心的案例,一群身患癌症的人士不幸被假冒神医的骗子欺诈。骗子通过一名癌症协会的会员作为中间人去结识癌症患者,然后再通过一个谎称得过癌症但被神医救治好的托儿,集体忽悠想通过偏方急切治病的癌症患者们。在治病的过程中,患者们除了要忍受病痛本身的折磨,还要遭受毫无科学依据的治疗所带来的二次痛苦。只是谁也没有想到的是,骗子只是利用了人们有病乱投医的急切心态,医术罔效但价格不菲,患者非但没有治好病,病情还进一步恶化了,最终多人不幸离世。

图财也就罢了,没想到敛了财还"劫"了命,这样的骗子不可宽恕。还是要提醒大家一句:相信科学最重要。

【例证第 123 号】:《挟尸要价》

2009 年 10 月 24 日湖北荆州大学生何东旭、方招、陈及时为救溺水儿童不幸牺牲,而打捞公司打捞尸体时竟然漫天要价,面对同学们的"跪求",尸体打捞者不仅不为所动,而且挟尸要价,一共收取了 3.6 万元的捞尸费。这种趁火打劫的做法实在是无情、寡义、失礼、丧德。现今社会不管什么时候都是人命大如天,就算要牟利也不能把如此不尊重生命,更何况是如此对待英雄,这样太让人寒心。这种趁火打劫,不管你设计有多妙,时机抓得有多准,都只能引来众人的指责。

和上述两例相比,下面这个人可说是良心未泯的。

【例证第 124 号】:被释放的抢劫犯

20 世纪 80 年代在比利时的布鲁塞尔发生一个案件:一女子半夜掉下露台受重伤,一过路男子洗劫了她,而后不忍女子伤重而亡,报警后离开,但整件事被监控探头拍下。很快,该男子被捕并被起诉。可法庭最后判决男子无罪释放。法官说:"对于拯救生命而言,抢劫财物不值一提。我宁愿看到下一个抢劫犯拯救了一个生命,也不愿看见奉公守法的无罪者对于他人所受的苦难视而不见!"

善恶一念间,这名男子实施抢劫后未泯的恻隐之心不仅救了女子的生命,也拯救了自己的命运和灵魂。

其实,说白了,人们的日常行为只要不触犯法律,不违背道德礼义,不违反公序良俗,不触及心理底线,就是最基本的原则。而趁火打劫不仅突破了这些界限,更是对上述原则的挑战。

【例证第 125 号】:比噩梦更毒的是恶语

央视 2006 年举办"梦想中国"选秀活动。在海选现场,一位大姐唱完又跳,但歌声和舞蹈真的难以恭维,其实淘汰掉就算了,但主持人说了句:"我看你的舞蹈晚上会做噩梦的。"大姐哭着逃离现场,可是,摄像还跟拍了很久,让人看了心有不忍。

这等趁火打劫式的伤人恶语不亚于六月雪、冰水寒。"理得"才会"心安",不知言者是否还能泰然?

【例证第 126 号】:不幸的大货车

央视新闻频道《共同关注》在 2013 年 8 月 26 日一期中播过这样一则新闻:一辆重庆籍大货车不幸在高速公路上起火,因为货车上装载着许多生活物资,所以在救火的过程中抢救物资也是很重要的环节。可就在消防队极忙碌地救火时,不知邻边的村民何时赶到,他们的出现并不是帮着灭火,而是一家老少齐上手——抢运散落在地的物资回家。

兴许货车司机以为天降神兵,刚要高兴才发现是一场劫难。伤财也许不是最可怕的,伤心才是最令人绝望的,是一种说不出的痛。希望这只是生活中少之又少的个例,直至消失。

这不禁让人想起 20 世纪 80 年代的一则假新闻,一位老伯从一银行取了 20 张五元面值的人民币出来,一不留神绊了一跤,钱就飞了。这时,蜂拥而至的人们满地抓钱,急得大伯直喊,那是我的钱。没料到的是,大家捡了钱都还给了大伯,还让大伯清点。大伯点后有些疑惑,大家误以为有人贪财,不料大伯说多了一张五元票。一位大嫂忽然想起,刚才只顾给大伯捡钱,把自己的钱也一并给了大伯。这则消息有情节、有细节,很是感人。但却是假的,因为那是一名通讯员编的故事。可就因为它具有相对的合理性,才会被人误信。试想,如果大家都像这虚构的故事里的人们那样,世界将会多美好。

【例证第 127 号】:趁火打劫的号贩子

北京卫视的法制节目《法治进行时》在 2012 年 3 月 16 日一期中,节目组将目光锁定在了北京儿童医院挂号难这个问题上。在医院内,很多患儿家属慕名前来,早早排起长队等待着挂号看病,只是在这群人中还有一些特殊的身影。经过观察,这些特殊人群都是长期盘踞在儿童医院的号贩子,他们对儿童医院的就诊流程非常熟悉,他们清楚越是紧俏的专家号越能牟取暴利。虽然从早上 7 点才开始挂号,但他们往往头一天晚上就开始行动,使得就诊患者不能及时挂号就诊。为了防止被抓,他们通常雇人排队,自己则躲在一边。当着急就诊患儿的家长出现时,他们便上前搭讪,最终以高到离谱的价格卖给患儿家长。

票贩子的趁火打劫是置公平和公正于不顾,更是践踏了幸福与尊严。令人欣慰的是,这伙票贩子最终被警方一网打尽,大快人心。

【例证第 128 号】:《一站到底》

江苏卫视益智答题类节目《一站到底》中对于答错题的选手的处置方式是,从台上出现的洞中直接落到舞台下面去。对本来就承受了答题失败、奖励泡汤的选手来说,真的是"既伤心又伤身"啊。每次看着失败者突然掉下去时惊恐万分的表情,都有一种他们被趁火打劫的感觉。不过这种趁火打劫可以增强节目效果,倒是充分体现了"一瞬天堂,一瞬地狱"的感觉,营造了一种紧张的气氛。

第 6 计 声东击西

原文:

"敌志乱萃,不虞,坤下兑上之象,利其不自主而取之。"

解读:

敌方主将心智混乱,缺乏应付突发事变的准备。这就是《易·萃》中所说的混乱危殆的象征。在这种情况下,要利用敌人失去控制能力的时机将其歼灭。在这一计中"声东"是手段,"击西"才是目的;"声东"是表象,"击西"是真相;"声东"是过程,"击西"是结果。声东击西的核心就是一个词:迷惑。要的就是乱中取胜,众人皆醉我独醒,才能立于不败之地。声东击西不仅是军事计谋,也是一种常用的辩论技巧,同时也可以用于主持人控场等电视节目运作中。

在这个类型中,又可大致分为"自在"和"自为"两大类。

一、声东击西之"自在篇"

所谓自在式的声东击西,就是说这种显现是非主观故意的,正像某些电视剧片头常打出的字幕"如有雷同,纯属巧合",此处可以改为"绝非故意,纯属巧合"。这里,因为有"击西"的结果,所以,显得"声东"好像与"击西"有了某种必然的连带关系,其实未必。

【例证第 129 号】:脱靶绝非故意

美国射击运动员马修·埃蒙斯在两届奥运会上都因失误、失准与冠军失之交臂，理由有些匪夷所思。2004 年雅典奥运会男子 50 米步枪卧射，在最后一枪领先 3 环的情况下，他把子弹打到了别人的靶子上，将金牌让给中国选手贾占波;2008 年北京奥运会同一项目，他在最后一枪只要打出 6.7 环就可以夺冠的情况下，只打出 4.4 环,又把金牌让给中国选手邱健。

打到别人靶子上是客观意义上的声东击西,比赛嘛,就是以结果论英雄(有不以成败论英雄或"虽败犹荣"之类的说法)。这个声东击西就有点悲催了。

【例证第 130 号】:"你幸福吗"

2012 年 10 月,央视组织了一个以"你幸福吗"为题的街头采访。大家的回答五花八门,最神的回答是"我姓曾"。

而这些回答不论是"有意"或"无心",但经过编辑整合呈现出来的就是声东击西、南辕北辙式的了。

【例证第 131 号】:《非你莫属》

天津卫视《非你莫属》栏目 2013 年 9 月 22 日一期有位应聘者叫张冬冬。按照节目规则,她要先灭掉 12 位 boss 团中的一位,这个企业肯定不会去。她向百合网的慕言开火,说起服务的不周到和问题。慕言在赠送张冬冬 vip 账号后起身离座准备出局。谁料,张冬冬却说她灭的是豆果美食朱虹的灯。

也许她并非故意,只是大家都跟着她的思路,顺向思维,想当然地以为"指哪打哪",谁知对慕言只是虚晃一枪,中招的不是他。

而与此有异曲同工之妙的还有下面一例。

【例证第 132 号】:非此即彼

浙江卫视《中国好声音》节目 2013 年第 3 期(2013 年 7 月 26 日播出)中,来自长春的选手常颖被那英和汪峰选中,常颖说爱死那英,还约那英喝酒,做梦都是那英第一个转身。然而,就在那英和观众都想当然地以为她会选择那英的时候,她却最终选择了"偶像"汪峰。

其实都可以不用"声东击西"这个说法,她就是"大忽悠"。

二、声东击西之"自为篇"

很明显,这是和自在式相对的一种类型。"自在"是客观非故意的呈现,那"自为"就是纯粹主观故意的表现了,是有设计、有预谋、有步骤、有实施的,常常是计策从策划到实施的全过程。而在战争中的使用就更是顺理成章的了。

【例证第 133 号】：天津战役

1949 年 1 月,解放战争三大战役之一的平津战役开战在即,天津国民党守将陈长捷派天津参议会代表去见我军前敌总指挥刘亚楼。刘亚楼当时其实离参议会所在的南河 145 师师部只有 20 分钟车程。但他让李参谋告诉参议会代表,他已经出来半个多小时,还要一个多小时才能到。见面后,刘司令又说路过宜兴埠和杨柳青的"情况"。这些"情况"被告知陈长捷后,让陈长捷做出了刘亚楼司令部在天津北面的杨村而不在西面的杨柳青(实际上就在杨柳青)的误判,进而又做出我军的战术不是"东西对进"而是"南北夹击"的误判,遂将其 151 师调往城北防守,造成其城内空虚。战役打响后,我军采取东西对进、拦腰斩断、先南后北、先割后围、各个击破的作战方针,只用 29 个小时就取得天津战役的胜利,活捉陈长捷等将领。

应该说,刘亚楼将军的这一"声东击西"的策略很是奏效。笔者(第一作者)小时候就住在天津的西营门,那时常见墙子河边残留的碉堡。一条大路叫"烈士路",建有"三十八军烈士纪念碑",三十八军天津战役牺牲2024 人,可见其时战事之惨烈。

以上所述在 1992 年出品的国产电影《大决战之平津战役》中有非常充分和传神的表现。

而这类手法在相声创作中就更是俯拾皆是了。

【例证第 134 号】：注意听题

相声演员郭德纲有一个返场相声小段。说的是要问个问题,一辆公交车从始发站开出,每一站上车有多少人,下车有多少人,一站一站走了不少站,捧哏的还在旁边掰着手指头算呢。结果是问走了多少站,而不是车上还有多少人。

看来,要注意看天,因为不知道哪块云彩有雨;要注意听题,因为指不定他会问什么。

【例证第 135 号】：龙虾或土豆丝

郭德纲、于谦有一段相声《我要幸福》。其中甲到餐馆问有没有二尺长的龙虾,结果人家说二尺的没有,有四尺的。甲又说,连二尺长的龙虾都没有,来盘土豆丝。

看来,言在此而意在彼,根本没有龙虾的事,它就是句寒暄,其实是吃不起的。这手法其实并不新鲜。早在央视《艺苑风景线》栏目第 8 期(1992

年 12 月 21 日播出)的小品《不速之客》里,一位大模大样的顾客踱进"李文华"的饭店,在盘问了一系列营业合法手续问题之后,来了句"有团粉吗",这跟"武坠子"一样——不挨着。

【例证第 136 号】:逗你玩儿

这《逗你玩儿》是马三立的相声中的一个经典段子,讲的是妈妈让儿子小虎坐在门口看着洗完晾在外面的衣服,结果小偷儿当着孩子的面偷走了衣服,还把小虎唬得一愣一愣的。

小偷儿:"你认识我吗?"

小虎:"不认识。"

小偷儿:"咱们俩一起玩儿吧,我姓逗,叫逗你玩儿,你叫我,叫我。"

小虎:"逗你玩儿。"

小偷儿:"好,太好啦。"

小偷儿拿走了褂子,小虎大声地叫:"妈妈,他拿咱家褂子啦。"

母亲:"谁啊?"

小虎:"逗你玩儿。"

母亲:"好好看着。"

小偷儿拿走了裤子,小虎大声地叫:"妈妈,他拿咱家裤子啦。"

母亲:"谁啊?"

小虎:"逗你玩儿。"

母亲:"这孩子。一会我揍你,好好看着别叫啦。"

小偷儿拿走了被单子,小虎大声地叫:"妈妈,他拿咱家被窝面子啦。"

母亲:"谁啊?"

小虎:"逗你玩儿。"

母亲:"这孩子。再不老实,我揍你。"

小偷儿走了,母亲出来了:"咱们的衣服呢?"

小虎:"拿走啦。"

母亲:"谁啊?"

小虎:"逗你玩儿。"

这小偷儿明着逗孩子玩儿,打的却是偷东西的主意。用一个子虚乌有的名儿,把孩子妈妈的注意力全吸引到孩子胡闹上面去了,压根儿没意识到小孩儿说的是真的。其实问题主要在孩子妈妈身上。有小偷儿偷东西不出去马上看看,还问是谁,难道小偷儿是熟人吗?这年头不怕有贼,就怕小偷儿有文化。这把声东击西溜得门儿清的贼,还真是让人防不胜防。

而在影视剧创作中,声东击西的手法也很常见,不论是作为微观的散点手法还是作为结构故事的叙事手段。

【例证第 137 号】:《精忠岳飞》

在 2013 年出品的国产电视剧《精忠岳飞》中有一段典型的声东击西策略在军事中的运用,金国四太子金兀术一边大张旗鼓地排兵布阵,扬言进攻胙城;另一边却做好准备,奔袭宋朝都城汴京。声东击西在军事中的运用很常见,吸引对方的注意力集中于一隅,因而忽略其他的地方,然后出其不意攻其未加防备之处,从而取得胜利。事实也证明金兀术的声东击西的策略很有效果,金国顺利占领了北宋都城。不过人们也说不做死就不会死,北宋的节节败退与宋朝皇帝自毁长城、宋朝内部腐朽积贫积弱如何脱不了干系。

而同样的事情又在 1629 年出现,后金(清朝前身)军队从西边绕过驻守山海关一线的袁崇焕,直击北京,也是声东击西的手法。

【例证第 138 号】:李云龙"教官"

2005 年出品的国产电视剧《亮剑》第 26 集中有这样的情节,男一号李云龙(李幼斌饰演)被派到南京上军事学院,但他桀骜不驯,扰乱课堂秩序。结果被叫到院长那里庭训。可是,没料到,院长给他准备的不是批评,而是一张聘书,让他担任学院教官。窘得李云龙赶紧认错。

院长这一招不是直奔主题,批评李云龙,而是背道而驰,继续放大李云龙的问题。但"声东"之后,"西击"则不但触及肉体,更触及灵魂。从此李云龙判若两人,努力学习,成为一名具有战略思维和谋略的高级指挥员。这一切都与院长的"声东击西"有莫大关系。

【例证第 139 号】:《谁是真凶》

2005 年出品的国产电视剧《谁是真凶》用 20 集的篇幅讲述了这样的故事,年轻的单身女人王玲被发现裸死家中。当刑警们展开侦破时却发现王玲社会关系复杂,情人很多。逐一排查,又逐一排除,而情人之一的季会嫌疑最大,他最后离开王玲住所且与王玲发生过性关系,难脱干系。最终,这一命案是由流窜作案的犯罪嫌疑人所为,案犯在异地被抓获并带出了王玲案,从而排除了季会的嫌疑。而季会也因为关键证人的证言得以证明自己当时不在犯罪现场。

这里,季会在"东",最终的犯罪嫌疑人在"西";季会在明,真正的犯罪嫌疑人一直没浮出水面。结尾,按下葫芦起了瓢,不是"东瓜"是"西瓜"。

而就电视节目或电视栏目而言,当下,更多的声东击西类的内容是对事件中具有或带有声东击西手段手法的直白或翻版式的呈现,而作为电视手法的声东击西不太多见。因此,这种自为也就不带有自主知识产权,是制造,而非创造。

【例证第 140 号】:事前发飙,实为营销

时下,娱乐圈会爆料关于某明星打架、分手、旧爱、新欢、劈腿等糗事,以后不久,即有其某剧上演或歌星发片的消息出炉,原来目的在营销,言在此而意在彼。

【例证第 141 号】:点球里的计谋

在足球比赛里,常有罚点球或点球大战。而声东击西就是开点球队员的必修之课。如果声东击东,比的就是速度:球速和守门员扑救的速度。而声东击西,则往往奏效,让守门员东扑难以西救。当然,如果守门员看破了你声东击西的假动作,正确反应,扑出去了,只有自认倒霉。这不是争强斗狠,而是斗智斗勇。

【例证第 142 号】:"好声音"导师别人挖的坑不跳

浙江卫视《中国好声音》节目四位导师经常掐架斗智。一位导师进行小组考核要从几位选手中遴选出一个时,其他导师往往避重就轻,将导师引偏,有时故意压低对优秀选手的评价,以此影响该导师的判断。但该导师不会轻易上当跳坑,而是多反其道而行之。

这种"声东击西"虽非恶意,但不会是十足的"好意",导师们都反着听,反其意而用之就行了。

【例证第 143 号】:手机不翼而飞

四川电视台民生信息节目《奇警说案》在 2013 年 6 月 22 日的节目中,讲述了一起手机不翼而飞的案例。在人员来往密集的网吧中,有三名男青年进来后没有上网,而是在网吧里四处走动,像是在找寻什么。一段时间后,他们锁定了一名高度投入的游戏玩家,三人分工:一人坐在游戏玩家的对面,一人将零钱故意散落在游戏玩家旁边的椅子下,最后一人在一旁把风。游戏玩家在被提示钱掉落在一旁弯腰去捡时,对面的人顺势将游戏玩家的手机拿走。偷走手机后,三人迅速撤离现场。而被蒙在鼓里的游戏玩家,只是以为自己掉了钱并没有在乎自己的手机,继续操作手中的游戏。

如此声东击西,以小换大也算得上是智谋之举,却是让人鄙夷的偷窃行为。

【例证第 144 号】:戴笠与汪精卫的较量

湖北卫视栏目《大揭秘》2012 年 10 月 15 日一期中,讲述了军统头目戴笠与汉奸汪精卫之间的较量。1939 年夏,汪精卫在上海准备召开(伪)国民党第六次代表大会,这对戴笠来说是个一石二鸟的好机会。既可以借

机杀死汪精卫,又可将汉奸们一网打尽。只是汪精卫哪会乖乖就范,胆小怕死的他把保护自己的任务交给了一个名叫"76号"的组织。"76号"的安保工作做得天衣合缝,使得戴笠派出的头号杀手詹森无从下手。就在这时,戴笠赶紧调转策略,派詹森去暗杀"76号"的精神领袖季云卿。詹森得手后,"76号"大乱,汪精卫也因此失去了庇护,戴笠借机向对方安排卧底,从此开始了一场阴险可怕的无间道。

戴笠的声东击西给了卖国求荣的汪精卫一个下马威,这也注定了汪精卫作为日本人的傀儡是得不到好下场的。

当然,凡事也并不是一概而论,下面一例就是创造型的,是用电视悬念加自为式声东击西手段而形成的典型范例。

【例证第 145 号】:2000 年明星反串

2000 年央视春晚上,共有 5 组易位反串,每组演员都是演唱对方的成名作或名段:歌手田震、臧天朔互唱对方的《朋友》;歌手韦唯演唱现代京剧《智取威虎山》李勇奇的"自己的队伍来到面前",京剧花脸演员尚长荣演唱《爱的奉献》;歌唱演员李谷一演唱现代京剧《红灯记》李铁梅的"打不尽豺狼决不下战场",京剧演员刘长瑜则演唱《边疆的泉水清又纯》;美声歌手佟铁鑫、王静演唱《纤夫的爱》,通俗歌手尹相杰、于文华演唱歌剧咏叹调。

一出场就是一个反常规的设计,前奏是臧天朔的《朋友》,发声的却是田震,典型的声画对立。显然,这种设计却有明显的意外"笑果"。

第二套 敌战计

"敌战计",三十六计第二套计,意指要在敌我双方对峙的情况下有意识地主动创造有利于我方的条件和时机,造成敌方的错觉,使之处于被动,受制于我。在电视中的运用当然不是说谁要制服谁,不过电视节目制作者与观众之间某种程度上,也可以说是一个天平的对立的两端。在电视节目中,即使是现场的直播节目,或长或短的都有录制和播出的时间差;多多少少都有点以有心算无心的意思,有意识地引导观众。这就和敌战计的主旨不谋而合了。这套计策里有无中生有、暗度陈仓、隔岸观火、笑里藏刀、李代桃僵和顺手牵羊六计。

第7计 无中生有

原文：

"诳也，非诳也，实其所诳也。少阴、太阴、太阳。"

解读：

用假象欺骗敌人，但并不是完全弄虚作假，而是要巧妙地由假变真，由虚变实，以各种假象掩盖真相，造成敌人的错觉，出其不意地打击敌人。《老子》中说"天下万物生于有，有生于无"，这里的"有"指的是真的，是实在的，这里的"无"，自然是指虚的、不存在的。"无中生有"指的是在有无中自在转换，这一计的精华在于虚虚实实、真真假假，真亦假来假亦真。而电视的魅力也在于源于现实，却创造出了很多现实中没有的东西，所谓"高于现实"，描绘了很多现实中难以体会的情感，既有对现实的归属感又有对虚拟的刺激感。"无中生有"这一计关键在"无"与"有"之间的关系，也就是实与虚的转化中要实现无缝对接，就算是假的也要做得跟真的一样。倘若做得太假，人为痕迹太过明显，就容易让人看出破绽。

在具体应用中，又可分为"主观故意欺骗篇""智慧篇""或有似无道具篇""奇幻技巧篇"四个类别。

一、无中生有之"主观故意欺骗篇"

在这个类型中，做局者有个主观的故意，有意欺骗对方，以假象、假话、假事欺骗蒙哄对方，以达到自己的目的。在这里，又有恶意与非恶意之分。

（一）非恶意类

非恶意，就是主观上虽有欺骗，但并无受害方，或并没有到伤财惹气、伤筋动骨甚或伤天害命的程度。只是些小把戏罢了。

【例证第 146 号】：望梅止渴

《世说新语·假谲》中记载了这样一个故事，曹操带领兵马讨伐张绣，天气暑热，士兵焦渴难耐。曹操于是挥鞭一指说，前边有青梅树林，可以消渴。"望梅止渴"由此而来，这段在《三国演义》只是在曹操和刘备青梅煮酒论英雄时稍稍提及，并未展开。这"望梅止渴"一词正好和"画饼充饥"成为一副对联。

当然,这没有的"青梅"如果总是可望而不可即,或者"真没有",那还是会出问题的,关键是很快找到了水源,有了水,青梅没有也罢。

【例证第 147 号】:瞪眼说瞎话

近几年,有两个广告很特别,像是微电影一样具有连续性,一是益达口香糖,二是德芙巧克力。德芙巧克力广告之房祖名向郭采洁借书篇就是个翻用"无中生有"变成"有中生无"的例证。房祖名到图书馆借书,书就在那里,可郭大小姐就是不借,说没有就没有。房只好先进贡上巧克力,郭说,明天再来试试吧。

显见,这是要"买路钱",且似乎多少有点暧昧,否则女孩儿就会变身巧克力公主了。倒不是她会活学活用计谋,就是耍点娇嗔罢了,认真起来就不可爱了。

【例证第 148 号】:豆奶无奶

前几年常在电视广告中见到的一类饮品叫"豆奶"。起先以为那是"豆浆+牛奶"的组合。可后来仔细一看,根本就没有牛奶的事儿,就是拉来凑份子的。奶,在饮品中的概念如果不加特别解释,通常指牛奶,也就是牛的乳汁。而这"豆"是植物,"奶"是动物乳汁。两者本是不相及、不相关的。豆里挤不出奶来,又没有额外添加,而非要加上个"奶"字,就是无中生有,拉大旗作虎皮,挂羊头卖狗肉,买倭瓜的非得说是"栗子味儿"的,多少有欺诈之嫌。

【例证第 149 号】:相声《传谣》

在 1996 年央视"正月正"晚会上,马季、刘伟、赵炎、姜昆合说了一个群口相声《传谣》。在相声中,姜昆、赵炎、刘伟根本不认识"马季",却在马季面前传播着一个个跟马季有关的最新消息:"马季下蛋了。"但因为是不同人说的,下的蛋自然不一样,分别是鸡蛋、咸鸭蛋、鹅蛋。不论马季怎么否认,传播者仍坚持确有其事。为了使马季相信,还以亲眼所见作为证明。最后在马季自报家门且说自己下了恐龙蛋的反讽下,才破除了这无中生有的谣言。

(二)恶意类

而在主观恶意的类型里,就大相径庭了。也就是说,最明显的区别在于有了受害方,或造成了恶劣的影响。这里,主观目的或追名,或逐利,或图财,编造谎言或伪造虚像,蒙骗受众。

【例证第 150 号】:无稽的话题

一些娱乐话题纯系人为制造炒作或捕风捉影,或是无稽之谈,或干脆子虚乌有。而从"无"到"有",再进行放大扩散,直至形成以讹传讹。有时候带有相当大的欺骗性。

【例证第 151 号】:《纸箱馅儿包子》事件

2007 年 7 月 8 日,北京电视台生活频道《透明度》栏目播出了《纸做的包子》节目,报道了朝阳区东四环福建早点摊售卖用纸箱馅做的包子。播出后有关部门高度重视,严肃查处,结果并未发现疑似事件。后经调查得知,这一切都是由一名记者像拍电视剧一样无中生有杜撰的。

这一在错误的时间、错误的地点出现的错误的报道是无中生有的典型例证,不但不能复制,而且应去除这类事件发生的根源和隐患。

孔夫子曾言:"道听而途说,德之弃也。"(《论语·阳货》)让流言止于智者,而不是继续以讹传讹。

【例证第 152 号】:没病也能忽悠瘸了!

2001 年央视春晚的小品《卖拐》中大忽悠(赵本山饰演)与妻子(高秀敏饰演)协同卖拐,尽管妻子不情不愿时常拆台,大忽悠还是成功地把嘛病没有的范厨师(范伟饰演)给忽悠了,让他相信自己的腿脚有毛病。大忽悠的无中生有,真是不靠别的,全凭一张嘴,还真是"能把正的忽悠邪了,小两口过得挺好,给他忽悠分别了。今天卖拐,一双好腿也能给他忽悠瘸了"!无中生有能够自圆其说,让别人相信自然是聪明的表现,不过以骗人为目的的无中生有,别人可能上一两次当,但是总有不再管用的一天。

二、无中生有之"奇幻技巧篇"

这种类型是指演员通过特殊的表演技巧制造出来的幻境、魔术和模拟出的情境栩栩如生,以假乱真,让人难辨真假,以为奇观,叹为观止。

【例证第 153 号】:魔术

魔术就是幻术,制造让人不可思议、以假乱真、变幻莫测的假象。有"无中生有"的,也有"有中生无"的。这是一种让观众甘心"上当"又不解其意的方式。这"无中生有"让观众看到了一种从技术到艺术的升华。

【例证第 154 号】:影视特技

在影视剧创作中,观众常被一些精妙绝伦或眼花缭乱的特技引得叹为观止。而立体影像技术的开发和普及使得更多的高科技特效更加让人匪夷所思。从简单的蹿房越脊到好莱坞的科幻大片,无不凝聚着创作者的奇思妙想和技术探索。2013 年 9 月 7 日,在周杰伦的演唱会上,出现了周杰伦和邓丽君隔空对唱的场面，合作了《你怎么说》《红尘客栈》《千里之外》等歌曲。唱邓丽君的歌不难操作，让邓丽君穿越到现在唱周杰伦的歌曲就超现实主义了。

现实中的无，影像作品中的有，链接他们的是创意和技术。在科技和影像技术高度发达的今天，做到不是难事，想到才是更具有科技含量的。

【例证第 155 号】：到底有没有圣山

2000 年出品的香港无线电视翡翠台古装电视剧《金装四大才子》，戏剧化地演绎了江南四大才子唐伯虎、祝枝山、文征明、周文宾啼笑皆非的故事。唐伯虎（梁家辉饰演）与异国王子同时喜欢上了秋香（关咏荷饰演）。为了抱得美人归，唐伯虎必须登上异国王子口中圣山的顶峰，在他们满怀欣喜地回来，以为已经完成任务的时候，却发现原来他们上了一个大当，从一开始就是有人故意把他们引向了错误的方向。为了在最后一刻扭转乾坤，唐伯虎连同在场的很多人，甚至于国王的儿子一起，借助五十散的迷幻作用，一起无中生有地弄出了圣山的海市蜃楼，让异国王子相信唐秋二人是受上天祝福的有情人，从而成全了他们俩。

这种无中生有，参演人员太多，代价太大。毕竟让很多人同时受骗也不是容易的事，肯定是可一不可再二的。对众人的演技也很有挑战性，虽然有五十散的辅助，要让当事者不相信自己的眼睛，也真的很难做到。这段故事虽然有蒙人的成分，不过为了捍卫爱情，还是很受大家认同。

【例证第 156 号】：《洛桑学艺》

1994 年 3 月 12 日在央视名牌栏目《曲苑杂坛》第 34 期开始播出的系列节目《洛桑学艺》，让藏族小伙子洛桑·尼玛成为家喻户晓的明星。虽然 1995 年洛桑因车祸身亡，他的多才多艺也在人们心中留下了深刻的印象。在《洛桑学艺》中洛桑具有极强的模仿能力和口技功夫。实际上舞台上什么乐器都没有，洛桑却能无中生有地用口技模仿出多种乐器的声音，甚至独立完成一段演奏，一时间技惊四座。

口技这种无中生有是很有表演价值的，在很多节目中都能看见。可为什么在洛桑死后，虽然出现了很多类似的模仿者，但是没有同类型艺人的成就超过洛桑？可见计是一样的计，使用上见真章。也许洛桑以假乱真、惟妙惟肖的模仿以及活泼诙谐的表演让《洛桑学艺》成为永远的唯一。

三、无中生有之"或有似无道具篇"

在这种类型里，指的是演员与道具之间的关系。体现为两种形式，一种是有实物表演,但这实物却与真的"实物"有反差,有对比,或有矛盾。另一种是无实物表演,如哑剧等。

(一)实物表演

在有实物类型里,实物并非存在即合理,而是存在着不合理性或戏谑性,或出现此时此地显得特别奇怪。

【例证第 157 号】:武松打虎带着刀

2011 年出品的新版国产电视剧《水浒传》中的"武松打虎"一节多有非议,一是因为武松的造型活脱就是"加勒比海盗";二是武松打虎不光是用拳脚,还动用了石头和随身携带的一把匕首。带刀的事原著里"这个真没有",拿刀杀虎的是李逵。这让人想起了小说《鲁滨逊漂流记》(作者丹尼尔·笛福)里的一个情节,鲁滨逊被冲上海岸时是赤身的,可当他看到星期五时却一伸手掏出了刀。难道他的刀藏肉里了?

武松带刀的这一"无中生有"实在让人匪夷所思,不可理解,既不符原著,也不合情理,实在是个败笔。

【例证第 158 号】:因陋就简的道具

1989 央视春晚小品《懒汉相亲》中,村长(赵连甲饰演)给穷光棍儿潘富(雷恪生饰演)介绍了"大女"、29 岁的魏淑芬(宋丹丹饰演)。但潘富家里一穷二白,四角见光。于是,村长用气球伪装了一个沙发,自己套上个纸箱子愣充电视机。结果还是露馅儿了,暖瓶瓶了、气球爆了、电视散了。

可见,以次充好、因陋就简的豆腐渣工程要不得,尤其是对待心仪之人,马虎不得,心不诚则事不成,玩儿些虚头巴脑的概念只能蒙混一时。

【例证第 159 号】:自说自话

2013 年央视春晚潘长江和蔡明表演的小品《想跳就跳》,讲了两个退休的老人两种不同的生活态度相互碰撞,一个开朗热情,一个抑郁乖张。其中蔡明有一段精彩的表演,是一段与布偶的对话来讽刺挖苦潘长江,比如"恶心他妈给恶心开门,恶心到家了"。这一段的无中生有是,布偶当然不会和蔡明一搭一和地讽刺挖苦人,这一段表演完全是蔡明一个人以明说和腹语相续转换完成的。他们无中生有弄出来了一个布偶扮演的小孩儿与之对话,不但增加了演出的趣味性,也增强了讽刺的意味,更好地达成了节目效果。

（二）无实物表演

而在无实物表演里，其实在戏曲舞台上实在是俯拾皆是，不论是骑马、饮酒吃饭、开门、穿针引线（《拾玉镯》）、擦泪、驾船（《秋江》《打渔杀家》等）、驱车（半虚拟性，以两面旗指代，如《锁麟囊》）等动作行为都有极强的虚拟性和写意性，并无实物。而在电视节目里，更多地体现在舞台哑剧和准哑剧的表演中，对演员的形体、表情都有很高的要求。

【例证第 160 号】：《吃鸡》

在央视 1983 年春晚上，演员王景愚表演了一个无实物小品《吃鸡》。无实物表演，也叫哑剧。演员靠动作和表情来描摹生活情态。王景愚吃的是"概念鸡"或说是"气态无影鸡"。那鸡估计是耄耋之年无疾而终的，咬不动，切不开，直至锛凿斧锯一起上才把它解剖开来。

"鸡"是实际不存在的，但演员通过表演让观众相信了"鸡"的存在。其实像京剧《三岔口》里，在通透豁亮的舞台灯光下，演员模拟了刘利华和任堂惠在黑暗中武打的场面，以亮写暗。这就是生活真实与艺术真实的区别。

这个类型在其后春晚上还有使用并发扬光大。

【例证第 161 号】：《吃面条》

1984 年央视春晚上陈佩斯、朱时茂表演的喜剧小品《吃面条》，它的诞生标志着"小品"这一形态从作为戏剧院校训练学生观察生活和表现情境的形式而成为电视节目形态，而且更由于其喜剧效果使小品逐渐成为喜剧小品的缩略语和代名词，《吃面条》也因此具有了开先河和里程碑的意义。《吃面条》说表并重，还是无实物表演，但其营造的情景却有十足的夸张性和可信度。陈佩斯就拿着一只碗，一双筷子，旁边放一塑料桶表示里边有"面条"。

面条似有实无，但不是可有可无。这虚拟的"面条"其实比现实的面条难于表演，也更富于喜剧效果。这类表演在 1989 年央视春晚上，陈佩斯、朱时茂表演的小品《胡椒面》里同样得到了充分的释放。其间，台词不过两句，俩人都闷头吃"馄饨"，其实碗里啥都没有，却展现出吃到烫嘴馄饨、放多了胡椒面等几个层次的情境。吃面条吃撑了，吃馄饨麻辣得霸道，以无表现有，是低职高就的升华。

四、无中生有之"智慧篇"

这类无中生有更多体现出来的是智慧、智谋与机变，不论是在哪类节目形态里,都会让观众在会心一笑之后,体会、领会或意会到其中的机巧和机谋。

【例证第 162 号】:扛着导弹打游击

新中国成立后, 台湾国民党当局多次派飞机到大陆袭扰。1962 年 1 月 23 日开始使用 U-2 型飞机进入大陆侦察。U-2 型飞机是美国情报机关使用的高空侦察机,性能优越,航空照相可摄取大面积地幅的目标。能够对付 U-2 型飞机的是萨姆 2 型地对空远程导弹,但当时我军只有 3 个导弹营。打 U-2 并非易事。于是, 在成功击落 U-2 后,空军领导又提出了"扛着导弹打游击"的设想。将导弹部队布置在南昌附近,而后调动南京空军飞机做伴动,果然吸引来了敌机,这架 U-2 又被击落。导弹二营共击落 3 架 U-2,营长岳振华成了我军罕见的大校营长(通常营长为少校)。因为毛主席接见他时说, 你打下一架 U-2 给你加一颗"豆"(肩章上的"星星")。结果,真就加到了 4 颗"豆"。

这里,扛着导弹打游击是理念上的"无中生有",而南京空军的伴动是给敌方造成我军将有军事行动的错觉,也是"无中生有",这两番无中生有,成就了陈毅元帅说的用"竹竿桶下 U-2"的奇迹。

【例证第 163 号】:小品《小九老乐》

1991 年央视春晚上的小品《小九老乐》中,老乐(赵本山饰演)被媳妇小九(杨蕾饰演)赶出家门,他也并不着急,也不央告求饶。而是在门外一个人演起了"一赶二",无端整出个老太太和他对话,一人出俩声源,还模拟出亲吻"效果声","装神弄鬼",骗小九开了门。这有点儿像 1975 年出品的法国、意大利合拍,阿兰·德龙主演的电影《佐罗》的经典桥段:佐罗"劫持"了总督(其实,总督就是"佐罗"迪亚戈),佐罗的声音刚强正义,总督胆小怕事、装腔作势。而这是发自一个人的声音(童自荣为佐罗配音),反差巨大,个性鲜明。

以声塑形,无中生有,是一种别样的创造。

【例证第 164 号】:《谢天谢地你来啦》

《谢天谢地你来啦》是央视综合频道在 2011 年打造的一档智慧型文化栏目。节目的最大看点在于"一切未知",参演嘉宾在没有剧本、没有台词、没有流程的情况下,通过一扇门进入到一个完全未知的特定主题场景,扮演某个特定的角色,同时面对任何问题都只能说"是"。显而易见,参演嘉宾的每一个反应与表现都是即兴表演,将无蓝本的虚空假设转换成此时此景的触景生情,尤其是在被提问时都是一些莫须有的事情时,只能硬头皮回答"是"且顺着要求继续表演,上演了一幕幕荒诞离奇的喜剧。

《谢天谢地你来啦》巧借一切未知，给了参演嘉宾充分的发挥空间，不再局限在给一个答疑解惑的定论，而是"一切皆有可能"(李宁产品广告语)。在一切皆有可能的世界中，无中生有是再正常和再平常不过的了。

【例证第 165 号】：《厨子戏子痞子》

2012 年出品的国产电影《厨子戏子痞子》(管虎导演)中，张涵予、刘烨、黄渤、梁静分别塑造了四位另类的抗日英雄。为了让日本军官说出秘密，在剧中身为燕京大学高才生的他们表现得或偏执，或荒诞，或神经，以各种极端的手段试图获得疫苗配方。为了让两个日本人相信他们是无所顾忌、无法无天的疯子，从而放松警惕泄露疫苗的配方，他们先是无中生有地演出了四个人打算分赃杀人，又因分赃不均起争；厨子假意投靠日本人，与他妻子给日本人传递讯号，疯婆子中枪死亡，躺在地上装死截留日本人传递的摩斯密码。这部戏里的无中生有真真假假骗得两个日本人一愣一愣的。这些计策是一环扣一环，一环不行再换下一环，是无中生有里的连环计。

【例证第 166 号】：公鸡能下蛋？

2007 年央视春晚上的小品《策划》中，名人夫妇白云(宋丹丹饰演)、黑土(赵本山饰演)又出新招了。他们家的公鸡意外下蛋了，牛策划(牛群饰演)听说后前来采访，引发了一系列有趣的故事。这个无中生有可能是从根儿上就是设计出来了，公鸡能下蛋吗？这既不合情也不合理呀！正如一个成语说的"牝鸡司晨家不兴"，母鸡干了公鸡的活儿不是好兆，那么公鸡干了母鸡的活儿，自然也是不讨好的。

这种无中生有当然得控制在观众可接受的范围之内，倘若太扯了，只能让观众觉得不伦不类。可见，不论是"有"还是"无"，都需要"合情"与"合理"的巧妙融合，否则，情理不通，观众就不信了。无信则不立。

第 8 计　暗度陈仓

原文：

"示之以动，利其静而有主，益动而巽。"

解读：

故意向敌人的某一方向进行佯攻以吸引敌人的注意力，然后利用敌人已决定在这一方面固守的时机，悄悄地迂回到另一地方进行偷袭。此计全名应为"明修栈道，暗度陈仓"；源于韩信为了麻痹敌人，在充分掌握了敌情之后，让士兵大张旗鼓地修复汉中到关中的栈道，引得敌人重兵设伏;真正的杀招却是韩信从陈仓小路暗中引兵杀入。这一计与声东击西有相似点,看中的都是虚实结合。在电视中的运用也很常见,很多时候都会用这一计制造一些有戏剧效果的情节。俗话说,水至清则无鱼,如果什么东西都放在明面上,太直来直往,那就差了点韵味和情致。明修栈道那是在明面上做给对方看的,这样才能迷惑对方,而暗度陈仓才是真正的目的。很多时候都是这样,凡事都要留有后手,不要过早地暴露或摊开自己的底牌,这样才能掌握大局,为自己留下后路。

在这一计的节目应用中,又可以分为"阳谋智慧篇""阴谋诡计篇""电视节目形态篇"三个子项。

一、暗度陈仓之"阳谋智慧篇"

这种类型说白了,体现的是正能量的智慧,就是实施计谋的一方代表主流正面,是高端大气上档次的男一号。

【例证第 167 号】:暗度陈仓的原版

2013 年出品的国产电视剧《楚汉传奇》中有一段故事就是演绎的暗度陈仓这一计的出处。与这一计的按语如出一辙。不再赘述。

076

【例证第 168 号】:冬子运盐

1974 年出品的国产电影《闪闪的红星》中,1934 年秋,红军主力被迫撤离中央根据地。潘冬子的父亲潘行义随部队转移,冬子随游击队吴修竹吴大叔和宋大爹等留了下来。一次,冬子协助宋大爹给山里游击队送盐,可是,道路被白狗子封锁并严加盘查,前边一位老乡藏在竹子里的米就被搜出来了,情况很是危急。冬子这时不见了踪影,一会儿,冬子回来了,宋大爹和冬子顺利通过关卡。宋大爹还安慰冬子别灰心。可冬子一掀棉袄,是湿的,他把盐化成水,浸到棉衣里。

可爱的冬子,是个智商、情商都极高的孩子。到如今,"潘冬子"这个名字就是少年英雄的代名词。

【例证第 169 号】:李云龙挖地道

2005 年出品的国产电视剧《亮剑》第 4 集中讲述了八路军独立团团长李云龙(李幼斌饰演)歼灭日军山崎大队的情节。日军山崎大队偷袭我根据地,八路军一个团伤亡过半仍未能取胜。旅长用独立团换下那个团。李云龙采用土工作业方式将进攻距离缩短,以减少伤亡。一营每人配发 10 颗手榴弹,一共 3600 颗。部队一边掘进,李云龙一边让战士与山崎"聊天"对话,分散其注意力。而甫一开战,3600 颗手榴弹"弹如雨下",倾泻如注，最终全歼山崎大队。

这一仗，体现了李云龙的"智勇双全"和精明狡猾，"修道"还是牌理中有的，但战前唠嗑就有些无厘头。可"兵无常势，水无常形"，拼的就是这个呀。

【例证第 170 号】：《梦幻家园》式取证

2008 年央视春晚小品《梦幻家园》中，"王平"到"梦幻家园"买房子，售楼处的"蔡明"小姐负责接待，"王平"买的都是房顶漏雨、地面蹚水的房子，一买就是两套。原来他不是为了买房，而是为了取得房地产公司售卖豆腐渣房屋的证据。

这种方式其实是一种非常规方式，因为若为了打官司而买房，这成本和周期不是一般人可以承受和耗得起的。所以，这"暗度陈仓"也就有了点儿"苦肉计"的感觉。

【例证第 171 号】：中国足坛的反赌风暴

《体育评书》是中国教育电视台自制的一档以体育为主题的大型讲述式栏目。在 2009 年 11 月 10 日的节目中，主持人老梁开讲中国足坛的反赌风暴。中国足坛的反赌也不是一回两回了，之前的行动都是风声四起，而这次却是悄无声息。其实也不尽然，只是这次相关部门前期工作做得充分，在 2009 年 3 月我国成立了联赛赛风赛纪综合治理领导小组，包括中国国家体育总局、公安部、司法部等，而有意思的是，中国人民银行和国家税务总局也在其中。其实它们的参与就是为了更好地寻找赌球账目的证据，这不正是反赌风暴的征兆吗？并且中央高层领导在公开场合都发表过有关中国足球的言论，所以这次强度超过以往反赌风暴不出大家意料。

反赌打假，要的是落地的雨点，不是吓人的雷声。一计暗度陈仓，实实在在地将反赌打假的方案落实到了实处，还中国足球的明天一个晴朗的天空。

二、暗度陈仓之"阴谋诡计篇"

所谓"阴谋诡计"，是和"阳谋智慧"相对而生的，如果说"阳谋智慧"体现的是正一号，那"阴谋诡计"自然是反一号了。同样的计策，不同的结果和评价，是因为目的不纯、心术不正，自然结局不妙。

【例证第 172 号】：法国电影《暗度陈仓》

1965 年出品的法国电影《暗度陈仓》讲述了这样的故事：想去意大利游览的安东尼（布尔维尔饰演）刚出发就发生了车祸。黑帮头子萨伏耶（路易·德菲耐斯饰演)用他的劳斯莱斯将安东尼的车撞成了零件。萨伏耶答应赔偿,还提供旅游费用和凯迪拉克汽车,但安东尼必须将车从意大利开回法国。这其实就是个圈套,萨伏耶要利用安东尼为其走私藏在车里的毒品、黄金、钻石。

明线是车祸、赔偿、旅游,暗地里是用一个炮灰做挡箭牌,帮黑帮走私。法国人也用上中国兵法了。

【例证第 173 号】:大费周折的"劳费尔行动"

1972 年出品的前南斯拉夫电影《瓦尔特保卫萨拉热窝》讲述了这样一个故事,1944 年,德国法西斯陷入四面楚歌的境地,为迟滞同盟国的攻势,集中兵力迎战,德军总参谋部命令"A 兵团"从希腊和南斯拉夫火速撤退,可燃料只能让庞大的装甲部队维持到维谢格拉特,只有从萨拉热窝的燃料基地把油运送到维谢格拉特。为此,德军拟定了一个秘密的"劳费尔行动"计划:德军用火车把伤员运到油库外卸车,同时派卡车接伤员,再把火车开到油库装运油料,最后把油运送到维谢格拉特去支援撤退中已经油料耗尽的"A 兵团"的装甲部队。这里,运送伤员是明,是虚,而输送燃料是暗,是实。虽然周折不小,费劲挺大,还是被游击队长瓦尔特(韦利米尔·巴塔·基沃金诺维奇饰演)用简单的方法解决了,在没有炸药的情况下,将车头和车体分离,再将车头开到山顶,让车头惯性下滑,撞上油罐车,将"劳费尔行动"炸上了天。

【例证第 174 号】:偷换概念

2009 年出品了一部国产电视连续剧《我的团长我的团》,几家卫视购得该剧首播权,并约定了"统一"的播出日期。到了 3 月 6 日开播,当日零点,某台率先开播。

如果从合同上看,似乎并没啥毛病,只规定了日期,没有卡死几点播。但是,业内约定俗成的时间就是"一黄时间"(第一黄金时间)19:30。当然,如此"暗度陈仓"的招儿只能是"一招儿鲜",下次就不灵了,合同里不再有漏洞可钻了。

【例证第 175 号】:《笑傲江湖》岳不群

《笑傲江湖》是金庸先生 1967 年完成的一部武侠小说,迄今已经被屡次翻拍为电影或电视剧。令狐冲、任盈盈的爱情,仗剑江湖的快意恩仇自然是不必说了,若说有什么人坏得能让人记住的话,那岳不群便是《笑傲江湖》中的一朵奇葩了。岳不群明地里是君子剑,仗义执言、光明磊落,收养令狐冲、林平之,支持五岳剑派。暗地里却觊觎林家辟邪剑谱,野心勃勃,嫁祸徒弟,杀妻弃女。把明修栈道、暗度陈仓、表里不一做了个十成十。

岳不群虽然得到了辟邪剑谱练成了高强的武功,然而却妻离子散,自己为练"神功",挥刀自宫,变得男不男女不女,成了另一个"东方不败",可谓是机关算尽太聪明反误了卿卿性命,落得个凄惨下场。

【例证第 176 号】：黑心工业盐

央视新闻频道《每周质量报告》栏目在 2006 年 11 月 6 日的节目中,曝光重庆垫江县有毒工业盐中毒事件。在对这起亚硝酸盐中毒事件调查中,顺藤摸瓜牵出了一起假盐大案。经警方调查,罪犯曹敏骗取了垫江高盛化工有限公司的空白合同,以垫江高盛化工有限公司的名义,以做烧碱为由,与四川天渠盐化有限公司签订工业盐的购销合同,将 247 吨工业盐运到重庆。这 247 吨工业盐是分十次从四川运到重庆的,运输这批盐的都是同一辆车,最终这些盐并没有送往高盛化工有限公司,而是存放于另一犯人汪华川处并非法销售。

好在暗中作祟的不法商贩被揪到了明处,才避免了恶果的扩大化。也只有盐业部门加强管理与整治,才能保障老百姓吃上放心盐。从中可见,暗度陈仓作为一种手段如为犯罪分子所用,其危害也是巨大的。

【例证第 177 号】：第二天舒服一点

尽管现代人有着比较强的健康意识,但在酒文化深厚的我国,尤其是在商务领域,饮酒还是给人们带来了很大的困扰。因为喝酒不但伤身,还很有可能喝酒而误事乃至害命(如 2013 年 11 月 9 日,中央电视台《新闻联播》报道了 2013 年 7 月 23 日黑龙江一名副省级干部付晓光喝酒致陪酒人镜泊湖风景区东京城林业局党委书记孟庆安死亡的消息,并公布了对这名干部的处理结果:留党察看一年、行政降级处分。因此,保健品海王金樽在开发市场时打出了这样的广告:"第二天舒服一点。"被酒局困扰的人们都知道,"第二天舒服一点"对于他们意味着什么——"意味着早点结束饮酒过量的痛苦,意味着喝酒不但能尽兴并且不误事,意味着第二天能够该干吗干吗"。

第二天舒不舒服,也只有喝了才知道。但这已不重要,重要的是:你心动就会行动,你行动我就赚了。当然,少喝甚至不喝会更好。而随着整治"四风"的开展,大喝必定减少,不用海王金樽第二天照样舒服,因为喝了才不舒服,不喝就不会不舒服。

【例证第 178 号】：喝酒得用暗度陈仓法

随着党的十八大召开后反腐力度的加大和"中央八条规定"及"反四风"的落实,吃喝风得到了有效的遏制。同时,一些管不住自己嘴的人就把吃喝由明转暗,地上转入地下,由城市转入乡村,由饭店转入会所。于是,就有了把食材和厨子带到农家院,把酒装进矿泉水瓶子,把汽车停在目的地1公里以外而后步行前往,相约来吃饭的人要对暗号方能进入,搞得如同黑社会接头。

此种"暗度"犹如潜水,总会有浮出水面的时候。苏东坡在《后赤壁赋》中说,"山高月小,水落石出"。此种应对绝非上策,还是别为了口腹之欲而如此偷偷摸摸,吃了也不舒服,会吃出"病"来的。

三、暗度陈仓之"电视节目形态篇"

这类形态是可以视作暗度陈仓和电视表现手段的结合体。自在的暗度陈仓与自为的蒙太奇剪辑方法融合一起,使得这种类型更符合电视表现形态而非只是电视呈现形态。先来看几个暗度陈仓手法在男婚女爱节目类型的应用。

【例证第179号】:扫外围,助主场

江苏卫视《非诚勿扰》栏目2013年7月28日一期中,李思(演员李念的哥哥)向梦中情人李璐高调示爱,开始,李璐在淡定中踌躇。李思不仅备有鲜花、婚纱、歌声,还有撒手锏,他又将早已经安排好的李璐母亲和姐姐请到场助阵。最终,在李思的强烈攻势下,李璐彻底沦陷,李思抱得美人归。

鲜花婚纱、歌声、家人,这夺命三招中,前两个是明线,家人是暗线,一般人是招架不住的。这和牛郎为得到织女趁织女洗澡时拿走她的衣服有一拼,当然,这就有些不汉子、不磊落、不道德,有绑架之嫌了。当然,这些是作为节目看的,2013年12月,李思订婚,但准新娘已经不是李璐,可见,节目就是节目而已。

【例证第180号】:徒劳的表白

天津卫视《爱情保卫战》栏目在2013年1月31日的节目中,来了一对因为家暴而分手的情侣。在调解过程中,施暴的男孩儿大成解释了自己家暴并导致女友小琳流产的原因:他怀疑女友不忠于自己,与另一男子大米有不正当关系。节目组为了还原事情的真相,请到了暗恋小琳而遭大成嫉恨的大米。"仇人"相见分外眼红,大成一见大米上台就想掐架,而大米一直慢言慢语地斥责着大成的粗暴,极其鲜明的对比出他比大成更关爱小琳,对小琳更温柔。在主持人提问时,大米也不忘向小琳示爱,只是最终的结果并不理想,小琳还是婉拒了在四年里一直对自己默默付出的大米,大米黯然离开。

大米的一番暗度陈仓，最终也只是徒劳的表白，也许只有重新寻找，才是值得的。

【例证第 181 号】：再续前缘

《非常完美》是贵州卫视一档适应时尚都市生活的约会节目，在 2012 年 7 月 15 日的节目中，一位女嘉宾到现场请求前男友的原谅。在女嘉宾出场前，一段 VCR 讲述了女嘉宾与自己前男友的过往。而就在 VCR 中，人们惊讶地发现：片中女嘉宾前男友的部分镜头竟与台上某位男嘉宾极像，女嘉宾也不是在谈择友标准，而是借机向前男友致歉的。而就在女嘉宾登台后，答案随之揭晓，女嘉宾得知自己深爱的男孩儿在《非常完美》中作男嘉宾，因为不想放弃这段感情，亲赴现场向前男友悔过希望再续前缘。结局很完满，男嘉宾接受了女嘉宾的请求，再续前缘。

这是电视相亲中不多见的一幕，女追男这种倒追，重庆话叫"开倒车"，更何况因有些"过节儿"而一度劳燕分飞，也只有暗度陈仓能来得更委婉一些，更适合女孩儿一些。

上面三则是男欢女爱型，下面两则就是打打杀杀、刀光剑影、血雨腥风的了。

【例证第 182 号】：迟到的警察

央视《晚间新闻》1992 年 8 月 23 日的节目中，报道了一则埃及考古发现，是这样说的："埃及某地发现了一具尸体，尸体的胸口插着一把匕首，很有可能是谋杀。警察赶到了，但他们迟到了，迟到了整整 3700 年。"显然，警察赶到不是为了破案，而是为了维护秩序和安全。这里的关键词是"迟到"，一般迟到个把小时就很严重了，而此时是整整 3700 年，用调侃的方式暗中将事实真相报道给观众。

很多法制类节目常用此种方法，即先呈现一个矛盾、焦点甚至冲突，以吸引观众注意，而后再展开内容。这里，提炼一个"核"很关键。

【例证第 183 号】：龚自珍之死

浙江卫视《风雅钱塘》栏目之《龚自珍之死》（2003 年 8 月 30 日播出）向观众介绍了著名晚清诗人龚自珍的多舛人生。最后，向观众揭示出他的真正死因。作为一个风流诗人，龚自珍与乾隆曾孙贝勒奕绘的侧福晋、女诗人顾太清有感情纠葛，最终招致奕绘家族的追杀。作品结尾说到"咸丰十年，也就是 1860 年，英法联军攻入北京，烧毁了圆明园。而引领英法联军攻进北京城，火烧圆明园的是一个姓龚的买办，诗人袭自珍的儿子。"

节目虽未着意渲染或确认他就是死于仇家的追杀，但这种暗度陈仓所带来的震荡是不言而喻的。其死因虽待考证，当然作家李国文在其著作

《中国文人的非正常死亡》中也有同名文章《龚自珍之死》,似乎算作一点佐证。而他儿子是否就是"汉奸"似乎也和他父亲的死因一样不确。可从题目里的"死"转到"死因""死法"和留给儿子的后遗症,就是暗度的诸多拐点了。

【例证第 184 号】:甄嬛被贬禁蓬州

黑龙江卫视《剧说》栏目在 2013 年 4 月 6 日的节目中,点破了《甄嬛传》第 39 集,皇上(陈建斌饰演)除掉敦亲王与假禁甄嬛(孙俪饰演)蓬莱州岛的内在玄机。在《甄嬛传》中,敦亲王(田西平饰演)居功自傲,对皇上极为不敬,怂恿华妃(蒋欣饰演)的长兄年羹尧(孙宁饰演)一起夺取皇位。皇上权衡实力后,发现不好直接下手,对骄傲的敦亲王不罚反赏,彻底迷惑了敦亲王。皇帝宠爱甄嬛众人皆知,而后宫是前殿关系的一个投射和缩影,因此华妃和年氏家族就总会提着心,于是皇帝和甄嬛联合起来演戏,假禁甄嬛,把甄嬛打发出华妃的视线,可以让年氏一党放松戒备。同时保护甄嬛远离权力中心和是非之地,让自己在铲除异党时不必分心。

皇上揣着明白装糊涂,使异党放松了警惕,孕成了杀机;隔绝了爱人,避免成为众矢之的。可见,真正的文修武备的"全能"君主既可以守得住江山,又能掌控得了臣子,还能罩得住美人。否则,不是被大臣们忽悠、算计、左右,就是被颠覆、收拾。如果说皇帝是董事长,臣子们是总经理和部门经理,就看谁强势了。

第 9 计　隔岸观火

原文:

"阳乖序乱,阴以待逆。暴戾恣睢,其势自毙。顺以动豫,豫顺以动。"

解读:

隔岸观火之计,是指根据敌方正在发展着的矛盾冲突,采取静观其变的态度。当敌方矛盾突出、相互倾轧越来越暴露出来的时候,谋得更大的利益。隔岸观火玩儿的就是耐心和眼光。当然隔岸观火说的可不是光站在边上看热闹,最后引火烧身让别人也把自己当热闹看了,"你站在桥上看风景,看风景人在楼上看你"(卞之琳《断章》)。坐观是为了等待时机,一旦时机成熟就要该出手时就出手。在电视节目中,隔岸观火有两种情况,一种情况是看火燎原的过程;比如两个人吵架众人围观,大家可能并不在乎两个人吵架的结果是谁胜谁负,大家感兴趣的可能只是两个人吵架的过程,也就是吵架的内容。另一种情况就是注重结果,在一把大火着完了之后,来观察局面是否已经改变,是否对自己有利。使用这一计首先要有"火"可观,如果实在没火,自己当然也不介意去亲手点起小火苗;其次还要有"岸"隔着,开出"防火道",要是火没玩儿好引火自焚了可就是大大的不妙了。

在这一计中,又根据具体操作分为"个人智谋体现选择篇""剧里乾坤大篇""导师评委置身事外篇""栏目形态篇""节目现象与个案篇"五种表现。

一、隔岸观火之"个人智谋体现选择篇"

这里主要指的是在具体事例的操作中,当事人有意无意地运用了隔岸观火的智谋,静观其变,且坐收渔利,不费吹灰之力,不费一兵一卒,一枪一弹,而占尽风光,拔得头筹。

【例证第 185 号】:曹操灭袁氏兄弟

罗贯中的小说《三国演义》第 33 回"曹丕乘乱纳甄氏 郭嘉一计定辽东"中有这样的情节,曹操将袁绍打败后,追击袁绍次子袁熙、三子袁尚兄弟至辽东。结果,袁氏兄弟投奔了公孙康。曹操本意一举进攻,但谋士郭嘉献了一条隔岸观火之计。结果,不多日,公孙康提着袁氏兄弟的头来降。

当时如果进攻,公孙康必和袁氏兄弟联手抗击,即便胜利,也会损兵折将。而若围而不攻,比至公孙康和袁氏兄弟两方火拼,曹操坐收渔人之利。这其中的关键是对锁定策略的信任(他信)和自信。"观火"需要好心态啊。

【例证第 186 号】:多尔衮观火逼降吴三桂

公元 1644 年,清军节节进逼明朝领土,驻守宁远的山海关总兵吴三桂退守山海关,在崇祯皇帝自杀、李自成称帝招他归降时,也曾有降李之实,后由于其父吴襄被李军拷夹及陈圆圆被掳等情节,认为李自成招降他是个圈套,遂与李决裂。李自成开始讨伐吴三桂。吴三桂在与李自成部队交战中遭受重创,遂向多尔衮借兵,但多尔衮却以投降为借兵条件。其间,多尔衮用隔岸观火之计既消耗李吴双方的实力,同时,也在逼迫吴三桂投降。最终,吴三桂多方权衡利益,降清献关。这中间,多尔衮的隔岸观火也有趁火打劫之意,并借此打通进兵中原之路,以静制动,以逸待劳,确实达到了目的。从吴三桂的角度看,虽有当时的借口和理由,但投降并非唯一的选择。

【例证第 187 号】:尤伯罗斯办奥运会

1984 年的奥运会在美国洛杉矶举行,尤伯罗斯竞选成为组委会主席。但他面临的窘境是,政府资助和发行彩票的路都走不通,只有私营模式。众多的投资商和广告商都在等着尤伯罗斯上门哀告，可尤伯罗斯却放话，电视转播权招标，每个行业只要一个赞助商，之后给自己放假，出去旅游了。留下那些想要参与的企业去竞争，他不知躲在哪里乐呢。结果光是这项"top"计划就募集到3.85亿美元。奥运会首次实现盈利，达2.25亿美元。

正是尤伯罗斯的这"退后一步自然宽"的"隔岸观火"使他由被动转为主动，由"我求人"变成"人求我"。看来，变换思维方式是制胜法宝。

二、隔岸观火之"剧里乾坤大篇"

相对于真实的事件，影视剧里的创作空间就大多了。不仅可以夸大、夸张、演绎甚至可以虚构，或者移花接木、偷梁换柱、改头换面，塑造形象，结构故事。就隔岸观火而言，有时不但观火，甚至纵火放火，火上浇油，都是可以的。

【例证第188号】：王辅臣在康熙和吴三桂之间观望

2001年出品的国产电视剧《康熙王朝》第21—23集中，平西王吴三桂（曹永祥饰演）已经起兵反叛清廷，跟随吴三桂灭亡南明永历朝廷的王辅臣（崔岱饰演）时任陕西提督，镇守平凉。吴三桂给王辅臣写信，请他出任总管大将军，当时康熙（陈道明饰演）嘱咐王辅臣和张勇统领陕西军务。康熙给王辅臣下旨，令他领兵平叛，王辅臣却按兵不动，静待时局变化。他对儿子王吉贞说，"陕西乃边陲重镇，我们八万精兵，南可取云贵，东可击京城，要等到吴三桂和康熙打得两败俱伤的时候，才轮到我们动手"。后周培公（李明饰演）与副将图海（郝铁男饰演）率军灭察哈尔王叛军，解除朝廷危机后，又挥师西南直逼吴三桂叛军，与王辅臣对峙于平凉城。周培公顺说王辅臣归顺。上段所说的"移花接木"在这里就有呈现，历史上本为图海的战功，就移就到周培公身上，这样更有戏剧性。从王辅臣对儿子所说的那段话里，很清晰和典型地显现出"隔岸观火"的意图。只是观火没观好，落得引火烧身，正史上王辅臣归属后自杀了。

【例证第189号】：《精忠岳飞》杜充观火

在2013年出品的国产电视剧《精忠岳飞》第30—31集中，赵构（丁子峻饰演）昏庸，苗傅（李达饰演）叛变囚了赵构，赵构要求各路诸侯将领前去勤王解难。作为宋朝副帅的杜充（王力饰演）却一边回信宋廷自己愿意去勤王，一边却压着自己手下的部队，原来他是让苗傅与赵构窝里斗，自己隔岸观火：一来看看局势对谁有利，自己好择主投靠，二来等他们两败俱伤的时候，自己再去平叛，轻而易举地领了最大的功劳。事实证明，天上没有掉馅儿饼的事情，隔岸观火也是要看得准时机的。杜充的如意算盘打得不错，结果半路杀出岳飞和韩世忠，顺着梁红玉的假意投诚轻而易举解决了苗傅，整件事就没有杜充什么戏唱了。所以说凡事不要太过精明计较，想要不劳而获，这样有可能最终鸡飞蛋打，竹篮打水一场空。

【例证第 190 号】:《别对我撒谎》

美国 FOX 电视台 2009 年出品的电视剧《lie to me》(《别对我撒谎》)讲述了人形测谎机卡尔·莱特曼以及其助手吉莉安·福斯特、伊莱·洛克尔和莉亚托勒斯帮助政府、FBI、当地警察、法律公司、大型企业乃至于个人在寻找某件事真相的种种故事。普通人在每十分钟的谈话中会说三个谎话，卡尔可以通过分析一个人的脸、身体、声音和话语来察觉真相。一个细微的面部表情和随机肢体语言他就知道你是否撒谎以及为何撒谎，通过对脸部表情的分析，他可以读懂一个人的感情——从隐藏在心底的憎恶，到性的冲动，再到嫉妒。

在剧中卡尔的隔岸观火有很多种，其一，很多时候卡尔都会在选择让助手吉莉安询问对方，而自己则静静地坐在一旁观察对象每一个细微的表情，从中寻找到真相的蛛丝马迹。这种隔岸观火的"火"是卡尔自己找人放起来，给自己创造优势的。其二，有时候他会把若干个对象放在同一个看似没有人监控的屋子里，让对象之间自起矛盾，或者相互猜忌。这种隔岸观火的"火"是对象自己点着的，给了别人可乘之机。

三、隔岸观火之"导师评委置身事外篇"

近年来，很多选秀和大赛类的节目都设置了评委或导师的位置或头衔，让他们以公允、客观、统一的标准来评判和遴选参赛者。其间，隔岸观火是一种心态，更是一种责任。

【例证第 191 号】:貌似隔岸观火

近年来，国内选秀节目风起云涌，此起彼伏，你方唱罢我登场。而类型大同小异。其中，以评委导师带领各自团队相互比拼更多一些。当导师们看着其他组的选手演唱或表演的时候，看似"隔岸观火"的表象下，其实并非置身事外，甚至心里也是火急火燎的。因为都是业界顶尖级的人物，平心而论，对选手们的"斤两"都是心知肚明的，当别组选手登场时，其他导师都在心中掂量自己这方"胜算"几何。好手看三步，有时无须完局其实胜负已定。所以，这时更是导师们的心理"暗战"。

【例证第 192 号】:先吵架后劝架

天津卫视的栏目《爱情保卫战》是一个后婚恋类节目。它是在节目现场帮助求助人解决恋情中出现的问题、矛盾、冲突与隔阂。首先,恋人先各自讲述自己的故事,或在讲述中已经难免地争执起来,有的甚至吵翻了天。而这时,只是由主持人从中调和劝解,嘉宾专家并不搭言。到了"丘比特问卷"环节,才让嘉宾来"劝架"。

没有开始环节的"隔岸观火",嘉宾就成了下车伊始;缺乏了解,也就很难冷静、客观和精准。"隔岸",就是有距离,"观",就是审视。不论对方聚散分合,牵手或分手,握手或撒手,都离不开之前仔细的观察和缜密的判断,这种方式是一种严谨的态度。

【例证第 193 号】:《非你莫属》

天津卫视职场服务类节目《非你莫属》,兼具专业性和娱乐性。在这场求职者与 boss 团的相互磨合中,不但有睿智冷面笑匠张绍刚(早期主持人)控场,同时还设有外场主持徐睿坐看一众 boss 们与各个求职者"较劲",纵览全局,在适当的时候给予点评。他的点评完全是没有恶意的隔岸观火,他的"观火"是为了客观地把握全局,给求职者提出适当的建议,有时候也会提醒众位 boss 一些没有注意的事情,同时也具有调节气氛的功能。总之,他的隔岸观火不是为了乘人之危,而是为了让节目更具专业性,更加好看。

【例证第 194 号】:彻底错误说

央视的"青歌赛"经常邀请一些文化界名人担任比赛中一个有趣的环节——素质测试的评委和点评嘉宾。因为题目五花八门,让人摸不着头脑,而选手们的答案更是"看点",不是因为正确,恰恰是因为答错,答案千奇百怪。但是有些评委的点评有些不厚道,对选手说出"你答错了我不奇怪,我奇怪的是你错得这样彻底"。隔岸观火是可以的,但并非完全超然物外。错得"彻底"或者一知半解,或一无所知,都不是嘲笑的借口、理由和对象。以己之长比人之短,不见得是什么宽仁雅量,只是抖机灵卖萌罢了。

【例证第 195 号】:导师间的剑拔弩张

导师间的剑拔弩张是选秀节目中的一大看点,面对这样的纷争,人们也只好隔岸观火,待激动的导师平静后才能继续选秀。湖南卫视《中国最强音》栏目 2013 年 6 月 7 日的节目中,导师罗大佑和章子怡间的战火越烧越旺,罗大佑竟然批选手曾一鸣有"恋母情结",把无缘无故当了"妈"的章子怡气到浑身发抖。在两边的导师陈奕迅和郑钧就如同两个隔岸观火的邻里,别人家的事掺和不得。再看选手曾一鸣更像是一个委屈的孩子,都不明白自己到底做错了什么,只好默默地站在舞台上静观其变。

原本选手是舞台的主角,可是导师间的剑拔弩张却成为焦点,节目也由选秀变成了论理乃至攻讦,怎么说变就变了呢。不要让观众在这种无谓的"战火"外观望太久,否则只会落得个人走茶凉。

四、隔岸观火之"栏目形态篇"

这类隔岸观火是结构或架构上的,所谓"规定情节",就是说,栏目形态或栏目安排中给予主持人、嘉宾或旁观者的定位就是只许看,不许说。就算急死你也不许说。

【例证第 196 号】:两天一夜

《两天一夜》是韩国 KBS 出品的电视综艺节目,于 2007 年 8 月 5 日首播。节目虽以"真实体验野生,走遍韩国美丽的地方"为宗旨,可过程一点都不轻松。吃饭、睡觉这在平常生活中看似无所谓的事情,在节目中却成了嘉宾们对幸福最简单的追求。通过游戏任务,胜者才会有吃的(或美味佳肴),败者只能饿肚子(或白饭、拉面)。胜者在大口咀嚼时还不忘看着失利且挨饿的队友,用隔岸观火来形容再恰当不过了。还有床位争夺战。胜者室内就寝,败者野外搭帐篷(甚至只提供睡袋)。无论三九严寒,还是三伏酷暑,胜者高枕无忧,败者无比仰羡,但都乐此不疲。

观众虽是隔岸观火,但因胜败的对比还是能对残酷的生存法则感同身受,同时嘉宾们不经意间的囧态却还是能博来观众的捧腹大笑。

【例证第 197 号】:《梦立方》

2012 年东方卫视播出的一档新型益智类游戏闯关节目《梦立方》中,每一个闯关者在一个智能化的透明立方体中接受从平衡、记忆、技巧、敏捷等各个方面的挑战时,除了众位坐在节目现场和电视机前的观众们外,还有几位亲朋好友组成的亲友团近距离观看闯关者的现场表现。这个"隔玻璃观火"的亲友团不但可以近距离观看挑战,还可以在现场与挑战者进行互动,帮助挑战者分析战况,商量对策,甚至对挑战者是否继续挑战都产生很大的影响。

俗话说,三个臭皮匠顶一个诸葛亮,这隔着玻璃观战的亲友团纵观全局有时候还真可以帮助挑战者做出正确的判断,提出有用靠谱的建议;但是俗话又说了,不怕神一样的对手就怕猪一样的队友,倘若这亲友团关键时候掉了链子,可就坑死挑战者了。《梦立方》中让亲友团隔岸观火是个不错的选择,不但让节目增加了变数,更让节目更加有人情味。

【例证第 198 号】:《真心话大冒险》

这里的"真心话大冒险"不是哪个游戏,而是美国一档热门的电视节目《真心话大冒险》(The Moment of Truth)。这档节目的游戏规则简单得有点残酷——说真话赢大奖。但是 50 万美金显然不是那么好拿的,主持人提出的每一个问题都直击参赛者的要害,更何况在自己的亲友团在场的情况下作答,有时候让人很抓狂,根本说不出口。这里的亲友团有时候是参赛者的父母兄弟,有时候是参赛者的恋人配偶,有时候是参赛者的知己朋友,让他们隔岸观火地坐在一旁见证参赛者说出最残酷的真相,不能说话却是最受伤害的。

这种隔岸观火太过残酷,有时候真相并不是那么美妙的时候,掩盖也不失为一个好办法,把残酷的真相赤裸裸的放在当事人眼前,并拿这些隐私去赚取奖金难免会让人质疑参赛者的道德底线在哪里!

【例证第 199 号】:《一站到底》

江苏卫视推出的益智答题类节目《一站到底》中,主持人与场上不参与答题的其他选手,隔岸观火地看擂主与挑战者 pk 答题,当然主持人一般没有什么为自己谋福利的动机,不过其他的参赛选手自然是比较希望让强手自相残杀,以增加自己站下去的概率。

【例证第 200 号】:答题类节目

这里所说的答题类节目包括很多类型,比如央视《开心辞典》的百科问题、《幸运 52》中的猜价格、浙江卫视《我爱记歌词》中的记歌词内容、央视"青歌赛"中的素质测试题目,还有诸如一人看词描述笔画另一人猜词的游戏等等。在这些环节里,不论是主持人还是其他队友嘉宾,还是观众,不论多么起急,也不能帮忙助阵或提示,否则就是犯规。这时的旁观者就成了被动的隔岸观火。对于观众而言,似乎并没有什么利害关系,就是义务着急。这就好像看两支客队比赛,与己无关,但还是会深陷其中,隔火难耐。

五、隔岸观火之"节目现象与个案篇"

这种观火不是结构或格式化的,而是体现在节目的某类现象,或更多为个案的表现或体现。技巧或手段的展示成分更多一些。虽呈现出来的是客观的存在,但多具有典型性、代表性,如果都可以提升到"上意识"层面即主观自为,就比简单的无意识或下意识的呈现有意义得多了。

【例证第 201 号】:旁白

字典中有一条解释:"旁白是电影独有的一种人声运用手法,由画面外的人声对影片的故事情节、人物心理加以叙述、抒情或议论。通过旁白,可以传递更丰富的信息,表达特定的情感,启发观众思考。旁白也是画外音的一种。"当然,在这里,旁白并不仅限于"电影"。而说旁白是隔岸观火是因为旁白也是等待剧情有需要才添加的,好的旁白可以为影视剧增色不少,可能将影视剧中的旁白视为隔岸观火并不是十分贴切,旁白是与影视剧的内容相辅相成的,更像是添火加柴的。

【例证第 202 号】:柯受良"飞黄"

极限运动是很多人的最爱,也是电视观众关注的节目类型。1997 年 6 月 1 日,柯受良驾驶汽车飞跃黄河壶口瀑布,后来简称"飞黄"。当时,中央电视台和凤凰卫视进行了现场直播。虽然,从汽车腾空到落地只有短短的 1.58 秒时间,但整场转播却持续了数个小时。而媒体和观众也实实在在地做到了一次"隔岸观火",在黄河两岸,聚集着数万观众,等待着飞跃黄河的瞬间那道美丽的弧线。

【例证第 203 号】:大吃一惊

1997 年中央电视台的"3·15"保护消费者权益日专题晚会上,曾将一电子企业的售后服务曝光。一位外地消费者托在北京的亲戚维修刚买了不久的影碟机,但维修部门的态度极其生猛,真是"那人欠揍"。消费者说,消费者是上帝啊,你怎么这么对待我呢。对方说,中国有 12 亿人,你是第 12 亿零 1 个上帝。而在这过程中,编导始终没有跳出来进行直接的批评。等这位消费者的遭遇告一段落后,才将镜头对准了这家企业所做的报纸广告,那是一名台湾影视女星灿烂的笑脸,那上面写着"** 电子的售后服务就是这样让你大吃一惊"。啊哈!编导的意图和态度终于露出来了。因为,这里,不动声色地把他要表达的意思借对方的话都表达了,这在英语中叫"间接引语"。在金庸小说《天龙八部》中,这叫"以彼之道,还施彼身"。这幽默深藏不露,而且,让你想咬都无从下嘴。看似闲适和与己无关的"隔岸观火",实际上,"肉"都在饭里了。

【例证第 204 号】:幸福在哪里

2012 年央视春晚小品《今天的幸福》中,邓小亮(艾伦饰演)让朋友郝建(沈腾饰演)假扮从未来穿越过来的他们未来的儿子,好让怀孕的妻子(黄杨饰演)克服怀孕综合征。爸爸和儿子卖力表演,从起名字叫"邓眼珠子"到描述爸爸未来的成就,似乎都能让妻子相信。可妻子一句让爸爸和儿子一起穿越到未来,就都露馅儿了。其实,妻子从开始就洞若观火,且

"隔岸"看着他俩咋把瞎话编圆。但是,不论是演的还是看的,都是心怀善意。丈夫为妻子"疗病",妻子更明白了"什么是爱,什么是骗",初衷和效果达到完美统一。虽夸张却不荒诞,还是一个善意的谎言。

【例证第 205 号】:钱荒真相

在广东卫视《财经郎眼》栏目 2013 年 7 月 21 日的节目中,经济学家郎咸平为了给 6 月份爆发的"钱荒"一个有意义的结论,一直隔岸观火、静观其变,直到钱荒闹剧落幕,结合客观的数据,向人们还原了流通领域内货币相对不足而引发的金融危机的真相。

隔岸观火不免有袖手旁观之嫌,可是在金融危机这样的火坑面前,唯有理性观察才能避免惹火烧身。

第 10 计 笑里藏刀

原文:

"信而安之,阴以图之,备而后动,勿使有变。刚中柔外也。"

解读:

面上很和善,很让人相信,暗地里下重手。唐朝诗人白居易的《无可度》中写道"且灭嗔中火,休磨笑里刀。不如来饮酒,隐卧醉陶陶"。可见这笑里藏刀的说法在唐朝就已经流传。有人说过笑容是最能拉近人与人之间的距离的方法,可见笑容的威力之大,同时也可以预见笑里藏刀的杀伤力。一般来说这一计是表面和善、内心毒辣这样两面三刀的做法,难免让人厌恶,或者心生寒意。在电视中的运用有很多种,可以塑造笑里藏刀的这种人物形象,当然也是绵里藏针、先礼后兵这种先灌迷魂汤再出撒手锏的行为方式。笑里藏刀这一计,其中凶险全都是藏在一张笑脸之下的,也是要前面的笑容够甜美,能够引人上钩,才好暗地里下刀子。要是没有隐藏好自己的真实面目或者目的,让别人看穿了去,恐怕不等你动手人家已经把你料理了。

在具体应用中,又可以分为"历史篇""现实篇""影视剧篇""电视节目篇"四种表现形式。

一、笑里藏刀之"历史篇"

自古至今,从来不乏那些笑里藏刀、两面三刀、明火暗刀、阳奉阴违的人,表面上热情无比,暗地里阴损毒辣无比。稍不留神或者即便留着神,也难免会上当受骗。

【例证第 206 号】：卧薪尝胆后的笑里藏刀

春秋末年公元前 496 年，越国国君勾践败给吴王夫差，遂差人向夫差乞降。好大喜功的夫差赦免了勾践，并将勾践和范蠡带回吴国服苦役，勾践守墓、喂马、脱鞋、侍厕，受到非人的精神凌辱和肉体折磨。但勾践面对夫差时还是"笑面"，甚至不惜以尝夫差大便的方式为夫差"探病"。使夫差逐渐放松警惕，放其归国。从而导致了其后的勾践灭吴，夫差自杀。

可以明显地看到，勾践在胜利者夫差面前的笑里，自然隐含着杀心，但暂时还没有杀机，因此，需要隐忍，刀要藏得更隐蔽，更深。

【例证第 207 号】：宴无好宴鸿门宴

2011 年出品的电影《鸿门宴》描述了楚汉争霸时期，两位英雄人物的传奇史诗。无论是在影视作品中还是史实中，刘邦(黎明饰演)率先攻破咸阳，引起了楚霸王项羽(冯绍峰饰演)的猜忌，便听从亚父范增的计谋，在咸阳郊外的鸿门（今陕西省西安市临潼区新丰镇鸿门堡村）举行一次宴会。鸿门宴上觥筹交错，笑脸迎人，暗地里却暗藏杀机。

鸿门宴可谓是笑里藏刀的失败案例，首先"笑"太做作，项羽杀刘邦的决定本来就下得犹犹豫豫，怎么能装得像；其次，"刀"没有藏好，在计划实施之前就被项羽的叔父项伯走漏了风声，引起了刘邦的警觉，让刘邦使了招"走为上"给溜走了。可惜了范增的大好计策，却最终毁在了项羽的犹豫之上，可见想用笑里藏刀也得有一个果决之人操刀。

【例证第 208 号】：口蜜腹剑李林甫

李林甫，在唐玄宗执政期官拜宰相，会机变，善钻营，深得唐玄宗信任。李林甫当了 19 年宰相，对于朝中凡是才能和功业在自己之上，或是受到玄宗赏识、宠信的人，一定要想方设法除去，尤其忌恨由文学才能而进官的士人。有时表面上装出友好的样子，说些动听的话，而暗中却阴谋陷害。而一批批钻营拍马的小人都受到重用提拔。世谓李林甫"口有蜜，腹有剑"。

李林甫行事笑里藏刀，如同千里大堤中的蚂蚁，侵蛀着国家的根基。就在这个时期，唐朝的政治从兴旺转向衰败，"开元之治"的繁荣景象渐失，连接出现的就是"天宝之乱"(安史之乱)。

二、笑里藏刀之"现实篇"

史为镜，鉴今人。如此这般的作为和如此作为的人并非只存在于过去和演绎的文艺作品,不只是塑造的形象,在现实中,其实都可以找到"对号入座"的人。

【例证第 209 号】:说大话使小钱

时下,当国家有重大自然灾害发生,如地震、洪水等,很多电视媒体,从央视到地方电视台,都会举办大型赈灾义演活动。其时,现场众多企业和个人纷纷慷慨解囊,捐助善款。这里表现出来的情形也不大相同,有的社会名人到台前很有镜头感,捐的钱不多,"范儿"很足;有的人用手提袋装上十万元,到台前往箱子里一倒,转身离开,毫不作秀。但也还是有一些不和谐的状况:有的企业在现场又是捐款,又是讲话,可就是迟迟不见善款到位,或像挤牙膏式地给一些。

这举动说轻了,是说大话使小钱,或不使钱。说重了,就是这一计"笑里藏刀",或许从在台上举牌时就已经拿定主意,这就是个幌子。

【例证第 210 号】:他的伪善骗过一个人就足矣

有这样一个人,祖籍福建,生在台北,23 岁加入共产党,半年后脱党。1972 年被当时的台湾地区领导人蒋经国延揽入阁。直至担任"副总统"之职。蒋经国逝世后,即继任"总统"职务。他就是李登辉。而他之所以得到蒋经国的信任,一是反"台独",二是有"政绩",三是生活"简朴",四是对蒋经国甚是恭谨。以其 1.90 米的高大胚子,在蒋经国面前,常仅坐一个椅子角儿;蒋经国晚年身体欠佳,如遇吐痰时,李随即端上痰盂,殷勤之状备至。而当他继任后,就变了嘴脸,成为"台独"的代言人,原来之前的所有言行都是装的,做给蒋经国看的。

三、笑里藏刀之"影视剧篇"

在影视作品中,是更容易塑造比现实中更具典型性、代表性,甚至更为极端化的笑里藏刀式的人物形象的。因为这样的人物越是典型,就越会引起观众的公愤(不是共鸣),那这个"形象"就是成功的。当年,当延安上演《白毛女》时,有战士举枪向扮演黄世仁的演员陈强射击,亏得被班长拦下。可见,乱真的后果是很严重的。据说毛主席当年看"样板戏"演出后上台接见演员,就不和"反面人物"握手。可见,领袖人物也会将演员和人物等同起来看呢。而因为影视剧作品是视听媒体,人物形象具体可见,因此,这"笑里藏刀"也就更加具象、可见了。

【例证第 211 号】:笑里藏刀的"哈哈儿"

1999 年出品的台湾电视剧《绝代双骄》中小鱼儿(林志颖饰演)在恶

人谷中有十个师傅，号称十大恶人。这十大恶人中有一位"哈哈儿"(陆定裕饰演)，他的诨号就唤作"笑里藏刀小弥勒"。在剧中他本是少林和尚，生得一副慈眉善目的样子，却因被人叫一声肥猪而杀掉同门及师父，后逃入恶人谷开黑店客栈。哈哈儿向来以笑作武器，解除对方警戒时，却暗暗掏刀子杀人。他从来不说真话，再加上他对人的情感思维的敏感和洞察力，简直可以说是杀人于不动声色。哈哈儿是天生人际关系的专家，他若成为当权的政治家，天下必将大乱。

【例证第 212 号】：《精忠岳飞》里的杜充

2013 年出品的国产电视剧《精忠岳飞》第 26 集中，宋廷副帅杜充(王力饰演)可谓一只彻头彻尾的笑面虎，他一面在大帅面前做出一副忠诚报国的模样，私下里却野心勃勃，勾结金人，以图一己之利。岳飞(黄晓明饰演)崭露锋芒，杜充便表现出一副好好人的面孔，笑脸相迎。一转脸便在后面设计陷害岳飞。出来混迟早都是要还的，总是表里不一，笑里藏刀的话，总会有假面目被揭穿的一天，到那时候就是万劫不复的下场。

【例证第 213 号】：容嬷嬷的两面性

1998 年出品的由海峡两岸合作拍摄的电视剧《还珠格格》中，有一个人见人恨的人物——容嬷嬷。她仗着皇后的宠信，目中无人，极其嚣张。但这个人物具有矛盾的两面性，另一面就是对皇后极其忠诚。到了 2003 年出品的第三部中，皇后和容嬷嬷都良心发现，洗心革面，角色"漂白"了。最终，容嬷嬷随病故的皇后自杀。而另一层意思是，扮演容嬷嬷的演员李明启是个相当热诚、阳光的老太太，和容嬷嬷是个逆转类型的。观众看到这个和蔼可亲的老太太时，会否有"笑里藏刀"之感呢？

【例证第 214 号】："东方不败"的失败

在金庸先生的武侠小说中，《笑傲江湖》是被改编成影视剧频次较多的一部。而若就人物而言，担纲一号角色的电影里，"东方不败"入选前三甲应是板上钉钉的了。东方不败在担任日月神教副教主期间，以笑脸和忠诚迷惑和欺骗了教主任我行。使任我行放手让他掌管教内事务，自己安心去练功。其后，东方不败利用任我行练功走火入魔之际发动叛乱，囚禁任我行，掌控神教。对原来教中的中层干部顺者昌，逆者亡。而他自己为练葵花宝典不惜挥刀自宫，使自己成为阉人，"东方不败"这个名字也成了不男不女的代名词。

可见，这里边，笑是表象，刀是藏锋的，但一旦图穷匕首见，那就必然是心狠手辣的杀招。要识破笑脸背后隐藏的刀，就要有一双雪亮的透视的眼睛。那样，"东方不败"就成了"东方必败"。

【例证第 215 号】：王熙凤的惯用伎俩

1987 年出品的国产电视剧《红楼梦》里,荣宁二府的大堂经理兼财务总监王熙凤(邓婕饰演)是一个惯会使用笑里藏刀手段的毒辣角色。就这一招,就断送了两个人的性命。

在第 5 集中,贾瑞(马广儒饰演)在花园巧遇王熙凤,对其美貌念念不忘。王熙凤假装殷勤,有说有笑,但实际要整治贾瑞。她设局使贾瑞被锁院中冻了一晚上,还让贾蓉等人抓了贾瑞临走泼了一盆子屎,贾瑞遂患病卧床,久治不愈,道人送他风月宝鉴,告诉他只能看背面,可贾瑞不听劝,为影像中的王熙凤送了命。

在第 26 集中,王熙凤得知贾琏(高亮饰演)在花枝巷包养尤二姐(张明明饰演)后,在贾琏面前佯作不知。等贾琏到平安州办事,她马上找到尤二姐先来个下马威:服丧期间办喜事、停妻再娶,而后再甜言蜜语。她亲自把尤二姐接到大观园,让贾母觉得她很大度,是为让贾琏有儿子主动给贾琏纳妾。私下里她派人把尤二姐未婚夫找来告贾琏,又在贾母面前说尤二姐不贞不贤,使尤二姐丧失舆论和家长两大支柱。待贾琏回来,尤二姐已落入凤姐罗网。王熙凤又让善姐和秋桐折磨、辱骂尤二姐。尤二姐流产后,不堪忍受,吞金自杀。

王熙凤以此法连害两命,但她的判词说得好,机关算尽太聪明,反误了卿卿性命。这就是咎由自取。

四、笑里藏刀之"电视节目篇"

在电视节目里,所谓"笑里藏刀"自然不是杀人害命的勾当,而只是象征性的手段、小把戏而已,不可当真,不可复制、放大。否则,这个手法太过残忍和血腥,电视就成了帮凶甚至元凶了。

在这一类中,又分为节目类和栏目类。先看节目类。

(一)节目类

【例证第 216 号】：再放一遍

日本 Sony 卡式盒带播放机电视广告有这样一版:一群士兵在休息,这时,有人开始分发信件,其中有约翰(John)一封,信中装的是一盒磁带。于是,约翰将带子放给大家听,是一首好听的女中音歌曲,很是委婉低回。歌中唱道:"亲爱的约翰,你知道我多讨厌写信。所以给你磁带,今晚我要告诉你,我不爱你,爱已走远。我已经爱上了别人,那人就是你的哥哥。"约翰和战友都低头不语。正是"默默无语两眼泪,耳边响起驼铃声"。这时,字幕出现:"即便在难过时,听听也好。"可谁也不会想到,你猜约翰的上司说什么,"Play it again,John"(约翰,再放一遍)。真没同情心,只顾自己享受,尽管那歌曲确实好听,也不能把自己的快乐建立在别人的痛苦之上啊。

上司说时很是认真和真诚,而正是因为这份真诚和认真,才更加凸显出他的"笑里藏刀",居心不良。而又一层"笑里藏刀"是这歌曲,从刚开始的委婉动听突然转向决绝的分手,前边的套磁或温柔是把刀,是个陷阱。

【例证第 217 号】:如此报菜名

1996 年央视春晚上表演的小品《打工奇遇》中,老打工者(赵丽蓉饰演)到"巩汉林"老板的酒店中应聘,在业务训练中,酒店文化是以清朝为背景,所以在"赵丽蓉"被要求报菜名时,二锅头兑水美其名曰"宫廷玉液酒";白萝卜加胡萝卜美其名曰"群英荟萃"。原来巩汉林将低廉产品过度包装,在讲究的菜名背后隐匿着一把痛宰顾客的"刀"。好在"赵丽蓉"的及时出现,给奸诈的老板来了一计釜底抽薪,把菜价报给了物价局,终止了这场骗局。

在诚信面前,笑里藏刀最后真正吃亏的不是消费者,而是那些可怜可悲的被"剃走"了良心只剩"黑心"的不法商贩。

【例证第 218 号】:巩俐的希望工程广告

2000 年巩俐代言的一则广告引起轩然大波。广告中,可爱的小学生在读一封展开的信:"巩俐阿姨,你寄给我们希望小学的某某口服液,现在同学们都在喝……"这则广告无非是在传达两条信息:巩俐阿姨是有信誉度的爱心明星,某某口服液是明星都信赖的有效产品。只是,巩俐真的向这所不知名的希望小学献爱心了吗?

在人们的不懈追问下,这则广告不过只是商家借用明星的慈善形象,用伪善亲近消费者。说白了就是找一"托儿",误导消费者。

【例证第 219 号】:"大忽悠"笑脸背后的刀

从 2001 年央视春晚小品《卖拐》,到 2002 年央视春晚小品《卖车》,再到 2005 年央视春晚小品《功夫》里带俩徒弟再次"组团忽悠"范大厨(范伟饰演),"大忽悠"(赵本山饰演)可谓费尽心机,绞尽脑汁。他每次都貌似面善,都为了范厨师的身体着想,搞得范还心存感激,一个劲儿地道谢。第一次卖拐把范厨师忽悠瘸了,外带 32 块钱和一辆自行车。第二次卖车把老范忽悠茶了,外带 300 块钱和一块手表。第三次想卖担架却血本无归。大忽悠笑脸后面的小刀锋利无比,刀刀见血,刀刀割肉。可多行不义必自毙,大忽悠聪明反被聪明误,以忽悠人为能事的大忽悠也被范大厨反坐忽悠了一回。

再看栏目中的表现。

(二)栏目类

【例证第 220 号】：针砭时弊的脱口秀

脱口秀虽起源于国外，但在国内随着脱口秀类节目的突起，越来越多的观众喜欢上这种简单直接却不乏幽默感的表达形式。脱口秀绝非是无礼的乱喷口水，出口成章、言之成理、针砭时弊才是脱口秀的灵魂，脱口秀者给了观众一个缓解和释放社会压力的平台，这个平台不是愤懑、不是牢骚，而是将自己的人生感悟融入与观众的聊天中，用积极的方式去面对消极的一面，所以常见脱口秀者正话反说，用夸张的表演制造嘘头博得观众哄堂大笑。

【例证第 221 号】：咄咄逼人的选手

也许是观众看惯了选秀节目中选手对专家评委们体现出的毕恭毕敬，所以在安徽卫视《超级演说家》2013 年 8 月 8 日的节目中，一名敢于调侃导师的选手，咄咄逼人，格外显眼。"我是来挑战四位评委的，我要让他们知道做评委没那么简单。"作为选手参赛的香港投资银行家胡野碧，一上场就口出狂言，让现场导师和观众目瞪口呆，不过这只是他吸引大家的一句开场白。也许是这一切来得太突然，也许是导师根本没想到选手的演说会绵里藏针，将矛头指向了他们。胡野碧暗讽李咏的才艺不值一提，"林志颖就是一个奶油小生而已"，"乐嘉是只会纸上谈兵，所谓的恋爱专家"，最后被提及的鲁豫竟成了与他长相最为般配的女人且要入主《鲁豫有约》，与鲁豫共同主持。

胡野碧的出现就像纯净水中的调味剂或是泡腾片，我们的节目不能总像温吞水那样，喝起来没滋没味没营养外带没关系。当然，这期间还有一个度，需要来把握。不能把笑里藏刀当作人身攻击。

【例证第 222 号】：笑里藏刀的美味

北京电视台《这里是北京》栏目在 2011 年 6 月 15 日的节目中，围绕刀功上出的美食来了一个大揭秘。山东面食杠头的韧劲嚼劲是用刀砍出来的，山西面食刀削面的韧劲来自刀削的面比刀切的面更能及时入锅；佘千里风绝对以假乱真，乍看以为是粉丝，实则是刀锋细细切出的羊耳朵；涮火锅自然离不开羊肉片，涮起来口感好的羊肉片得是用刀锋片出来的薄肉片，入锅一烫即熟。

刀下出美味，这自然是长了见识。只是这里的刀只可作厨具，切不能作他用。

【例证第 223 号】：杀灭实蝇攻略

中国网络电视台 7+农业频道《乡村大集合》在 2011 年 9 月 19 日的节目中，向果农朋友们介绍了一种如何杀灭实蝇的攻略。实蝇把自己的卵产在果实中，孵出的幼虫会直接把果实吃得千疮百孔，对我国水果的危害极大。一般的化学农药很难渗透到果皮以下杀死虫卵，但是实蝇交配产卵会消耗很大的能量，所以实蝇会找果实吸取汁液提前补充能量。于是人们可以采取食诱的方式，在实蝇的美食里加上毒药，在实蝇交配前就能消灭它们。

饕餮盛宴变成索命利器，这正是笑里藏刀的厉害之处。

【例证第 224 号】：*犀利的恭贺*

《第 10 放映室》原是央视科教频道介绍电影文化的特色栏目，现已停播。一年一度的"恭贺"系列是该栏目的一大招牌，犀利的影评和吐槽，从不同侧面对电影进行解读和解秘，趣说、妙论、酷评，让人忍俊不禁，深受观众喜爱。比如，在恭贺 2012—2013 年度电影秋季篇中对《超凡蜘蛛侠》做出的评价："用网络流行语来形容的话，那就是蝙蝠侠和钢铁侠都是高帅富，而蜘蛛侠则是真正的普通青年。"而这，已经算是节目中客气的评价了。

良药苦口，忠言逆耳，《第 10 放映室》一直都是电影界的谏臣。在《第 10 放映室》停播后上映的电影算是逃过一劫。

【例证第 225 号】：*《超级演说家》*

安徽卫视语言竞技真人秀节目《超级演说家》，2013 年 8 月 29 日来自四川的洗碗工杨思慧，以自创的说唱体赢得了全场大众评委大力支持。陈鲁豫、乐嘉、李咏、林志颖四位评委给出了相对较高的评价，然而在几位评委的赞美过后，洗碗工杨思慧的梦想却最终轮空，遗憾离去。

盛赞过后，到来的不一定就是美好的结局，有时候也可能是更大的失望。赞美也是一种工具，是让结果不那么伤人的方法。但是这样也要把握好一个度，如果结果注定是令人失望，就不要把人捧得那么高，最终摔得那么重。

【例证第 226 号】：*唇枪舌剑，直中要害*

在很多电视节目中，尤其搭档主持或者多个主持人的节目中，倘若主持人都是一个风格，或者都是很强势的，那么势必会让观众觉得这几个主持人会打起来吧。那么在一个主持群中，会有一个大体分工，就像一部戏有角色分配一样。就会有一些比较强势的，锋芒毕露的；也会有一些比较温和无害，用来攻击被"砸挂"的。在《快乐大本营》和《康熙来了》中都能发现。在快乐家族五个主持人中，海涛明显是用来被攻击的那个，往往大家的笑声都是被他无辜躺枪给博来的。康熙的助理主持陈汉典显然也是一个丑化自己博人一笑的角色。这样的主持人虽然常常被其他主持人奚落或者开玩笑，但是他们也是主持群中不可或缺的一部分。这种笑里藏刀的"刀"却是为了把节目雕琢得更好看，说他们笑中一把辛酸泪也不为过。

第 11 计 李代桃僵

原文：

"势必有损，损阴以益阳。"

解读：

当局势发展到不得不受损失时，两害相较取其轻，就舍弃次要的利益，以保全重要利益的增值。李代桃僵原指，李树桃树相伴而生，李代桃受虫蛀而枯死，原比喻兄弟情深友爱互助。不过后来的意思可就没有这么和谐友爱了，李代桃僵不再是你情我愿、你侬我侬的事情了，而是比喻代人受过，吃小亏占大便宜，必要时候采用强制手段也不是不可以。再后来衍生为一条计策之后，就更是与衡量算计相伴而生。这里桃的价值更高，悲催的李子就当了牺牲品了。在电视中的运用体现在故事内容悬念的设置，以及节目元素的筛选，舍弃没有价值的东西，把有限的资源投入在更吸引观众的东西上面也是媒体沙里淘金智慧的体现。李代桃僵的真谛在于"代"上，因而在电视中使用时，深挖各个内容元素之间的关系就是必要条件，谁代，谁能代，如何代，谁最合适代都是需要精心谋划的，这才能深得这一计的精髓。再者世间风水轮流转，桃子李子哪个有市场也说不定，李子卖得贵时用桃代李僵也无甚不可。最忌讳看不清行情，分不出贵贱，白瞎了大好机会。

在具体应用中，又可分为"慷慨替死篇""解难帮忙急智篇""张冠李戴互换篇""丢车保帅篇"四种情形。

一、李代桃僵之"慷慨替死篇"

在这类"李代桃僵"中，明知这个选择是个"死局""死牌""死路"，但为了报恩或与被掩护人有感情的关联，当事人愿意慷慨赴死。关键是，这种选择不是必须；二是这种选择出于自愿；三是这种选择并非人人都可以做到。

【例证第 227 号】：素娘替代美容

1966 年出品的香港电影《审妻》中，隋炀帝杨广宣召大臣庄天栋女儿美容(已经许配罗成)侍寝,刑部尚书王日成妻子素娘(朱虹饰演)是庄天栋义女,为报养育之恩,素娘冒名顶替美容入宫,想寻机刺杀杨广,为父母报仇,但事败入狱。

虽然素娘替代美容入宫并非死路。因为杨广也不是让美容死,就是垂涎其美貌想占有。但,素娘替代之后所走的路就是一条必死之路了。当然,后来在她的机智周旋下,不仅安然脱身,还智杀奸臣金昌盛。

【例证第 228 号】:《生死牌》

大陆 1959 年和中国香港 1961 年电影。说的是明代严嵩一党贺总兵的儿子三郎抢王玉环为妾, 不慎落水而死。严嵩逼知县黄伯贤将玉环斩首。黄伯贤因觉出玉环受冤且玉环父亲又是自己救命恩人,决计放走玉环。黄的女儿秀兰和义女秋萍均愿舍身代玉环而死,三人争相赴死,秀兰摸得"死牌",却被看出破绽,玉环和秋萍也赶到刑场,险些全家被斩。此时,海瑞私访到此,将贺总兵治罪。

玉环摊上了官司,秀兰和秋萍愿"李代桃僵",替玉环赴死。其间的难得值得大书特书。

【例证第 229 号】:阿朱之死

金庸先生的武侠小说《天龙八部》中,死得最为可惜的也是小说中最可爱的女孩儿就是阿朱(段正淳与阮星竹所生)了。她和乔峰都找到了真爱。但当她得知乔峰要找的"带头大哥"就是自己的父亲段正淳时,她不愿意这两个生命最重要的人任何一个死去。于是,她乔装成段正淳(她是一等易容术的高手)替父而死。一个"国际主义"战士乔峰,用生命为代价,换取出生地(契丹)和居住地(宋)数十年的安宁。但他命运多舛,身世不明,屡被构陷,又失手打死自己心爱之人,可能没有比这更悲催的了。

【例证第 230 号】:范小雨为周卫国挡子弹

2010 年出品的国产电视剧《雪豹》第 21 集中,周卫国(文章饰演)带领特战队偷袭日军军械库后日军残酷报复。周卫国率部阻击,损失惨重。在清理战场时,一名受伤日军士兵向周卫国射击,一直暗恋周卫国的范小雨(梓晓饰演)挡下了射向周卫国的子弹,英勇牺牲。

这类情节在影视剧中颇为常见:

电影《中南海保镖》中许正阳(李连杰饰演)为女主角挡子弹;美国电影《保镖》中保镖(凯文·科斯特纳饰演)为他的雇主歌星(惠特尼·休斯顿饰演)挡子弹等等。

"代"的代价非死即伤,这一点当事人心知肚明。关键这些都是出于心甘情愿。

【例证第 231 号】:《金陵十三钗》

2011 年张艺谋执导的电影《金陵十三钗》讲述 1937 年的南京，一座教堂里一个为救人而冒充神父的美国人、一群躲在教堂里的女学生、14 个逃避战火的风尘女子以及殊死抵抗的军人和伤兵，共同面对南京大屠杀的故事。日军强征女学生去庆功会为日军表演节目,谁都知道,这将是一条凶多吉少的不归路。女学生们不甘被日军凌辱,准备集体自杀,却被以玉墨为首的妓女们救下。最后,这 13 个平日里被视为下贱的风尘女子,身披唱诗袍,怀揣剪刀,与男扮女装的陈乔治一起代替教堂里的女学生,去赴一场悲壮的死亡之约。这一计李代桃僵使得悲壮,用得大气。人命本无高低贵贱之分,女学生的命是命,妓女的命也是命。妓女们代替女学生只是为了保护一片纯洁的灵魂。

【例证第 232 号】:《赵氏孤儿》

2010 年陈凯歌执导的电影《赵氏孤儿》中,将军屠岸贾(王学圻饰演)一日之内诛杀赵氏一族,只留下一线血脉赵氏孤儿。医生程婴(葛优饰演)把赵氏孤儿赵武放在药箱中带出,交给自己妻子照料。程妻扛不住恐怖威胁,将赵氏遗孤交了出去。程婴无奈之下与公孙杵臼(张丰毅饰演)设计利用屠岸贾的疑心,用程婴刚出生的孩子替下了赵氏遗孤,并把其放在屠岸贾的眼皮子底下抚养长大。程婴的李代桃僵之计本是中规中矩、没有出彩之处的,但是这拿出去替"桃"的"李子"是自己的亲生儿子,就是常人做不到的了。

【例证第 233 号】:狸猫换太子

2005 年出品的国产电视剧《狸猫换太子》演绎了一段中国经典故事。北宋真宗赵恒时期,东宫李妃(董璇饰演)和西宫刘妃(刘蕾饰演)先后怀孕,刘妃嫉妒李妃盛宠,恐其诞下皇子之后威胁自己。便与宫中总管郭槐(李绪良饰演)定下李代桃僵之计,用一只剥了皮的狸猫换走了刚出生的太子,谎称李妃诞下妖孽。刘妃工于心计,一招李代桃僵使用得滴水不漏,然而人算不如天算,兜兜转转最后还是李妃的儿子做了皇帝,自己落得竹篮打水一场空。

二、李代桃僵之"解难帮忙急智篇"

这类"李代桃僵"无碍生命,但需要当事者提供帮助,帮人急难,不仅要付出辛苦,更要付出智慧,否则,空有一膀子力气,只是匹夫之勇,也只能是有心无力,或力所不逮。没有金刚钻儿,也就别揽瓷器活儿了。

【例证第 234 号】：八戒背媳妇

"八戒背媳妇"的故事在民间传说里有，在电视剧《西游记》里有，就是在吴承恩的原著里没有。《西游记》第 18 回"观音院唐僧脱难 高老庄大圣除魔"和第 19 回"云栈洞悟空收八戒 浮屠山玄奘受心经"中，只说悟空变成高小姐模样戏耍了八戒而后开打，追到云栈洞，沟通了信息，得知八戒也是观音给唐僧预留的徒弟后就不打了，直接带来见师傅了。

自然，不论是悟空变成高小姐模样，还是衍生出来的悟空让八戒背他，都是悟空代替高小姐，不仅没有危险，更是为了让高小姐更安全，把有惊无险留给自己了。从悟空角度讲，是"李代桃僵"。

【例证第 235 号】：鲁智深也扮过新娘

《水浒传》里的花和尚鲁智深也有过假扮新娘的经历。是在第 4 回"小霸王醉入销金帐 花和尚大闹桃花村"。鲁智深得知小霸王周通要强娶刘太公之女后，就替代新娘进入"洞房"，而后就有了痛打周通的故事。

这里的"代"已经不是有没有危险的问题了，因为"绝对安全"，读者和观众期待的是看这"代"后的一场好戏。因为这种替代和穿越肯定太富有戏剧性了，又好看又好玩儿。

【例证第 236 号】：花木兰替父从军

南北朝的时候，北魏有一个姑娘叫花木兰，受父亲的影响练得一身好武艺。突厥起兵进犯中原，打破花木兰一家人的平静生活，政府规定每家出一名男子上前线。家中父亲年迈身体也不好，弟弟年纪较小，一时不知道怎么办。最后她决定女扮男装，替父亲从军。这一走就是十年，花木兰在军中立下赫赫战功。战争胜利后，衣锦还乡，最终与家里人大团圆。这里的关键词是"替"字，一是具有"李代桃僵"的基本要件；二是主观意愿的表现，而非被迫和强求；三是大团圆结局，让人喜欢。这一动人故事被翻拍成电影、电视剧也就不足为奇了。

木兰替父从军已经超越了李代桃僵的本意，保家卫国驱鞑虏，木兰才是真正的人生大赢家。

上面三则是帮的大忙，下面的就是些小忙。

整合些名言："大恩不言谢，小恩不必谢，不大不小谢他干啥。"这句话是从《唐雎说信陵君》里套来的，"我之有德于人也，不可不忘也"。所以，那些小忙不计也罢。

【例证第 237 号】：马大姐顶雷

2006 年央视春晚小品《马大姐外传》中，郭子(郭达饰演)在前妻和女友(岳秀清饰演)间徘徊，因为前妻那边不断地拉抽屉，他也就反复让马大姐(蔡明饰演)给女友烙饼式地圆谎。这位候任女友有点儿"二",马大姐那漏洞百出的无厘头谎言她竟然毫无觉察。事情说开了,郭子回到了前妻身边,女友又想把自诩为鲜花的自己插向别家的牛粪。无土栽培呀?

马大姐虽然是善意地替郭子顶包圆谎,但因为郭子有点儿不道德、不男人、不痛快的不知哪边炕头儿热的徘徊而显得牵强和别扭。

【例证第238号】:上有政策,下有对策

有人说,现今社会每个婆媳关系纠纷都不好意思说自己结过婚。在电视剧中自然也少不了这种热门段子。2013年电视剧《龙门镖局》中,少东家陆三金(郭京飞饰演)年轻英俊又多金,是标准的高富帅,而盛秋月(袁咏仪饰演)却是一个无才无貌还带一拖油瓶的过气黑道大姐。就这两个不怎么搭调的人相爱了。可是两人相爱容易,男神的妈可不同意啊,于是两人便走起了贤良淑德的路线,奈何盛秋月除了打架收保护费啥都不会,便请来了邱璎珞(钱芳饰演)做代打,李代桃僵搞定婆婆。

【例证第239号】:张绍刚扮残疾人

天津卫视《非你莫属》栏目2012年1月25日一期中,退休老干部李标荣发明了爬楼轮椅。这款轮子不用人推就可以帮助残疾人自行上下楼。主持人张绍刚在确认老朋友李标荣可以自行应对节目之后,便别出心裁地提出由自己扮残疾人现场体验爬楼轮椅。

张绍刚扮残疾人这一计李代桃僵用得真真是挺好的,不但增加了节目的可信度,也拉近了发明者与节目之间的距离,体现了人文关怀。

三、李代桃僵之"张冠李戴互换篇"

这种类型是指两种或多种内容的互换或干脆就是个张冠李戴,阴差阳错而将错就错。先看三个小品。

【例证第240号】:如此换位思考

2003年央视春晚复合相声《马路情歌》中,女警察"周涛"和的哥"冯巩"换岗位,冯当协警,周替冯开出租,可是"周涛"半天没拉上活儿,好不容易有一个拦车的,还是个卖报的,周说买,人家也不容易啊。

如此换位思考式的替代倒是让冯巩的手脚快冻"僵"了。虽然谁都知道这里边充满了不现实的假定性,不过,如果大家都能换位思考,会少生很多麻烦和事端。

【例证第241号】:爱你没商量

2007年于海伦、牟洋、李进军表演的小品《爱你没商量》中,三个大男人用其精湛的演技李代桃僵地演出了两个女人、一个婴儿。在这个小品里共有两番儿，李进军在两番儿里都是扮婴儿。而另两人则有角色互换。第一番，于海伦反串女人演孩子他妈，牟洋反串老太太演孩子的姥姥；第二番，牟洋演孩儿妈，于海伦演姥姥。俗话说，屁股决定脑袋，果不其然，一进人物，态度感觉都不一样了。

【例证第 242 号】：《打工奇遇》

1996 年中央电视台春晚小品《打工奇遇》中，巩汉林扮演了一个弄虚作假、哄抬物价的不良奸商，赵丽蓉扮演的大妈前来求职。在"巩汉林"面试老太太时，物价局打来电话要求核实菜价。金珠扮演的秘书接二连三地说错话，结果"巩汉林"便模仿女人，李代桃僵地替秘书接了电话。

【例证第 243 号】：狗腿子是这么个来历

1985 年出品的国产电视剧《济公》第 7 集《醉接梅花腿》中，济公（游本昌饰演）调理一个在桥头收过桥费的财主少爷（周锦堂饰演）。少爷的腿坏了，被铜钱包裹，一弹铿锵作响，济公说，只有"断肢再植"才行。于是，财主让他的家奴"贡献"了一条腿，奴才就变成"单条虎"了；济公又给奴才移植了一条狗腿。当然，还得给狗做条"泥腿"。从此，既有了"狗腿子"这个词，还让狗留下了后遗症，撒尿翘后腿，因为那条腿是泥做的，让尿浇到就化了。

济公这拆东墙补西墙的方法看上去像是"半夜下馆儿，有嘛算嘛"，缺乏统筹安排，似乎更像是"狗腿子"和"狗撒尿"的图解。

【例证第 244 号】："张冠李戴"

2005 年出品的国产 30 集电视剧《亮剑》第 21 集中，李云龙（李幼斌饰演）手下段鹏（张笑君饰演）部缴获了敌军很多物资，却被五师的人给抢了。李云龙和五师师长李栗先后赶到处理。字幕上打的是"华野某纵队五师师长李栗"，而当李云龙和他沟通时，一张嘴就叫"老张"。相当典型的"张冠李戴"。

这种张冠李戴的事在《亮剑》里还有，山本一木特工队使用的是美制 M3 冲锋枪，这种枪在临近二战结束才装备到美军，这里显然穿越了，如是德制还合乎情理。

【例证第 245 号】：《保密局的枪声》

1979 年出品的国产电影《保密局的枪声》在当时已经广泛采用彩色胶片的时候却使用了黑白胶片，这就在众多电影中别具一格。其实，据说是因为导演常彦当时只是个新生代，知名度不够，厂里让他在进口黑白胶片和国产彩色胶片中选择，常彦一较劲，偏偏用起了黑白的，没想到效果却出奇的好，片中的悬念设计在黑白冷效果的对比下更加让人不寒而栗。

此番歪打正着,这一替换,黑白胜过彩色。

在窘境面前别退缩,有选择总比没有选择好。以李之生机代桃之僵颓,野百合也好,枯木也好,都会有春天的。

【例证第 246 号】:脸盆网？脸谱网？

在 2012 年出品的都市情景剧《爱情公寓 3》中,好男人曾小贤(陈赫饰演)有一段时间迷上了可以传照片、发状态、交朋友的"脸盆网"。正在观众被这另类的名字哄得啼笑皆非的时候,仔细一看原来这脸盆网可不就是现实中 facebook 脸谱网的翻版嘛。在这部电视剧中有很多东西是与现实中相似的,李代桃僵换个名字便运用在了其中,给观众一种似曾相识,却又不尽相同的感受。

这手法在 2001 年出品的国产电影《大腕》中屡见不鲜:报丧鸟、可口可笑、搜狗网都可以轻易找到相似的面孔和原版。

【例证第 247 号】:真假格格

1998 年出品的台湾电视剧《还珠格格 1》中,孤儿小燕子(赵薇饰演),在意外结识了乾隆皇帝(张铁林饰演)的沧海遗珠夏紫薇(林心如饰演)之后,便打算帮她认回父亲。谁知小燕子被李代桃僵地错认为格格,真格格夏紫薇倒差点儿成了自己父亲的小老婆。这李代桃僵还真不能乱用,一个不慎会出事的。

【例证第 248 号】:《实话实说》与《小崔说事》

《实话实说》是央视于 1996 年 3 月 16 日开播的一档谈话类节目(开始主持人不固定,后来发现由崔永元主持的节目收视效果好,遂固定由崔永元主持),《小崔说事》是央视 2003 年 7 月 5 日播出的一档由崔永元主持的谈话类节目。虽然这两个谈话节目都已停播,但是崔永元在自己不同的谈话节目中实现了蜕变。《小崔说事》虽有着《实话实说》抹不去的影子,但主持人的作用却有了鲜明对比。崔永元的主持风格由引导型转变为了倾听型,把属于嘉宾和观众的话语权还给了他们,把节目交给了嘉宾和观众。崔永元也在《小崔说事》中实现了自己谈话节目的第二春,最关键的是,他不再抑郁了。

现如今,小崔不必再为主持的逐波而沉浮了,在新的领域打破现在的停滞不前,不也是李代桃僵又一春嘛。

四、李代桃僵之"丢车保帅篇"——以局部牺牲换取全盘胜利

在这种类型中,多是以局部或个人的牺牲与舍生取义来换取通盘胜

利,或为保全重要人物。从形式上看,和第一种似乎区别不大,但第一种是情大于理;而这类里,则是理重于情。因为为顾全大局,就不能限于或陷于感情冲动或一时兴起,而是需要做出理智的选择。当然,这种选择会有牺牲,但为以小博大,为"保帅",就要"丢车"呀。从以下几部战争题材的电影中就可窥见一斑。

【例证第 249 号】:电影中的自我牺牲

1954 年出品的国产电影《渡江侦察记》里,李连长(孙道临饰演)带领几名战士过江执行侦察任务,被敌人发现,为掩护大家撤退,战士周长喜独自驾车与敌人同归于尽。

1955 年出品的国产电影《董存瑞》中,董存瑞(张良饰演)为减少部队伤亡,毅然托举起炸药包,舍身炸碉堡。

1958 年出品的国产电影《狼牙山五壮士》里,五名战士为掩护群众和大部队撤退,死死拖住敌人,最后舍身跳崖。

1960 年出品的国产电影《奇袭》中,朝鲜阿玛尼(曲云饰演)为掩护志愿军伤员方勇(张勇手饰演),让自己的儿子引开敌人,儿子被李承晚军打死。

1964 年出品的国产电影《英雄儿女》中,志愿军战士王成(刘世龙饰演)为赢得胜利,喊出"为了胜利,向我开炮"的豪言壮语而壮烈牺牲。

2007 年出品的国产电影《集结号》中,连长谷子地(张涵予饰演)率领九连战士为掩护部队撤退几乎全军覆没。

而这种实例并非鲜见。

【例证第 250 号】:《杨家将》兄弟双演替死

在评书和电视剧《杨家将》里,辽国天庆王邀请宋朝皇帝和八贤王赴金沙滩双龙会,谁都知道这是个鸿门宴,此一去凶多吉少。于是,杨继业长子杨延平替皇上、次子杨延定替代八贤王赴约。宴会上,辽国在酒中下毒,欲置二人于死地,大郎用袖箭射死天庆王。随后,二人中毒身亡。此一战,除他二人外,杨家三郎马落陷坑被乱箭射死(在评书版中,三郎在托住闸门救八郎时被敌将韩昌及部下射死);四郎、八郎被俘;五郎远遁五台山出家;只剩六郎七郎。这惨烈的一战,是以大郎二郎的"李代桃僵"为前提和标志的。

【例证第 251 号】:替瓦尔特挡子弹的人

1972 年出品的前南斯拉夫电影《瓦尔特保卫萨拉热窝》中,假瓦尔特派人到游击队地下接头地点谢德(拉德·马尔科维奇饰演)的钟表店诱骗真瓦尔特来取情报。当离约会时间还有不到半小时时,斯特力(警察局的乔斯克,地下党员)来告诉谢德这是个骗局。于是,谢德决定替瓦尔特去赴这个必死的约会。他先真瓦尔特到清真寺门口,将假联络员打死,也引来周围射向他的无数子弹。

正是由于谢德的李代桃僵,给真瓦尔特赢得了宝贵的时间,躲过了一次有预谋的暗杀。

【例证第 252 号】:《精忠岳飞》

2013 年出品的国产电视剧《精忠岳飞》中,岳飞(黄晓明饰演)用口袋阵困住了金军主将粘罕,然而在收网时却发现口袋中抓住的是化装成粘罕模样的拓跋耶乌。这正是粘罕的李代桃僵之计,在当时的情况下,主将粘罕确实比将军拓跋耶乌的价值高,两者相较之下丢卒保帅也无可厚非。

【例证第 253 号】:央视春晚与冯小刚

春晚,就好像一个话题永动机,就像除夕夜的鞭炮,在人们的耳际嘈杂不休。这不,2014 年马年春晚的总导演冯小刚就摊上事儿了。身为电影导演的冯小刚利用电影元素让春晚的亮相让观众眼前一亮,可接下来便是冯氏春晚的吐槽点:一、少得可怜的语言类节目,让马年少了流行语,虽有蔡明的毒舌,但观众更喜欢过去的委婉和劲道儿;二、身为华谊公司的签约导演,尽己所能改变着春晚的格局。春晚的钉子户少了(小品类的赵本山、歌曲类的宋祖英、魔术类的刘谦等),可是关系户却多了起来(华谊旗下的主持人张国立、歌手姚贝娜等),怎么看怎么像华谊的年会联欢;三、央视让步了,满足了观众要尝鲜的意愿,请外援执导春晚,观众们也因此被吊足了胃口,准备饱餐这顿精神大餐,没想到的是观众"吐"(吐槽)得更厉害了。网络间充斥着各种不满的吐槽,而指向不再是央视而是冯导。而其实,冯导放弃以语言幽默见长的冯氏喜剧元素而将春晚做成了歌会,显然是舍近求远、舍本逐末、舍长就短,加之赵本山、沈腾的加盟,观众自然对语言类节目有了更多的期待。但语言类节目的减量缩水和缺斥短两就造成了马年春晚最大的缺憾。

冯小刚的春晚让吐槽成了春晚最大的节目,春晚的冯小刚成了被吐槽的炮灰,而央视不再是人们吐槽的对象,更是借观众的吐槽为春晚的前缀"央视"二字正了名,看来央视的春晚还得央视办。让冯导为此次与观众的"剐蹭"负全责有些牵强,但主责还是有的,也并非完全意义上的"代人受过",或许,也就反证了"隔行如隔山",还是用己所长、尽己所能的好。

第 12 计 顺手牵羊

原文：

"微隙在所必乘；微利在所必得。少阴，少阳。"

解读：

就算破绽很细微也必须抓住；就算利益很少也必须得到，成功是积少成多而来的。一般来讲，这一计多是因势导利，含有在进行某件事情的过程中，看准时机趁势"捞"一把、雁过拔毛的意思，有贪小便宜之嫌，但最忌讳贪小便宜吃大亏。在这一计的使用中，主观努力很重要，俗话说"要想比别人看起来轻松，就要在看不见的地方努力"；又有俗话说，"机会只给有准备的人"。不过至于最后到底能不能牵走羊，就切莫强求，"得之我幸失之我命"了。顺手牵羊在电视中的运用多是借势造势，一个节目、一个事件的影响圈子可能不大，但是两个、三个……影响圈的叠加，带来的不仅是关注人数的简单叠加，更有可能是影响力的翻倍式的迅速蔓延，这就是造势的魅力，也是媒体提高关注度，扩大观众量的不二法门。有时候有心栽花花不开，无心插柳柳成荫，千万不要小看顺手顺带的事情，也不要臆断尚未发生的事物的未来走向。顺手牵羊，一定要顺手，也就是说时机运气很重要，还要眼观六路耳听八方顾全大局，乘势而上，顺势而为，要是不管顺不顺手非要牵羊，那就不是"牵"，而是生拉硬拽，就可能羊没牵走，倒等来了警察叔叔请喝茶，最后鸡飞蛋打一场空。

在实际应用中，又可以分为"典型意外所得篇""衍生产品篇""推广宣传篇"三种方式。

一、顺手牵羊之"典型意外所得篇"

俗话说的"搂草打兔子"属于这种典型的顺手牵羊，《韩非子·五蠹》衍生出的成语"守株待兔"，先前当这个宋国农民"遭遇"触树而死的兔子属于顺手牵羊，而后他再等后面前赴后继的兔子就是"缘木求鱼"了。

所谓典型的意外所得式的顺手牵羊，意在事先有预期，但具体无算计，均属于"临时起意"，计上心来，灵机一动，随机应变，因势而动，顺势而为。关键在于"临时"和"顺势"，属于不费时、不费力的唾手而得的举手之劳，且收获满意超乎想象，大有四两拨千斤之效，属于事半功倍类型的急就章。较之费尽移山心力的类型性价比不知要高出多少，属于低投入、高产出的高新科技密集型作品。

【例证第 254 号】：真是个典型战例

2005 年出品的国产电视剧《亮剑》第 6 集里，李云龙(李幼斌饰演)袭击日军战地参观团，在抗日战争中还是有原型现实版的。1943 年 10 月，王近山任中共太岳军区二分区司令员，奉命率队赴延安述职，途经临汾至屯留公路的韩略村时，歼灭了冈村宁次苦心拼凑的"战地参观团"，除三人装死留下性命外，其余包括一个少将旅长，六个大佐联队长(团长)，180 个中队长(连长)以上军官全部毙命。

这第一层的"顺手牵羊"是指王近山是在赴延安途中遇到情况后的随机应变。第二层"顺手牵羊"是指王近山的女儿王媛媛在她的《司令爸爸司机爸爸》一书中说到当年韩略村一仗的另一起因。当时王近山的妻子韩岫岩带着孩子随军同行。但部队到韩略村附近时，有人向王近山报告，韩岫岩和孩子所在的后勤部队被敌人包围。王近山立刻反身回去解救，恰巧遇到了日军"战地观摩团"，就把敌人给灭了。不论是哪一款，都符合这一计的要求，"顺手"是说方式和过程，"牵羊"是说结果，敌人消灭了，妻子孩子也归队了。两全其美，牵得好。

【例证第 255 号】："牵"手"顺"钻戒

天津卫视的《爱情保卫战》栏目中，凡是在节目中经过反复沟通和专家的开导，最后还能坚持牵手"在一起"的情侣除了要营造一个求婚环节外，还要送钻戒。

既能抱得美人归，又能顺个钻戒走，结果是好的，观众也乐得见到这么温馨和团圆的场景。

【例证第 256 号】：抢人不犯规，夺爱未横刀

浙江卫视《中国好声音》2013 年这一季增加了"导师抢人"环节。也就是在小组考核阶段，如选手被导师淘汰，其他导师可以限时抢人，上限为 2 人。这里当然就是个见仁见智的事，有时可能无关高低好坏，两强相遇一个胜。而这时就给其他导师"捡漏儿"的机会了。可谓得来全不费工夫。

【例证第 257 号】：你牵广告，我牵包袱

央视栏目《星光大道》2013 年 8 月 9 日一期中，作为节目嘉宾的老梁(其他嘉宾还有苏有朋、秦岚等)正要点评选手的表现，可是被主持人老毕的广告打断。广告过后，老梁说，要是一般人还就真让他给唬住了。抖了个包袱。

于是，你牵出广告，我也牵出一个包袱。可见，常常是所谓的包袱和笑点是不经意的"现挂"、灵机一动和随机应变。葛优接受采访，采访他的是方卉(演员兼主持人，演员方舒的妹妹)，葛优说，"像我们做演员的吧"，忽然，不经意地加了句"你也是哈"。牵得多好。

【例证第 258 号】:《非你莫属》

天津卫视的职场服务节目《非你莫属》,在每个求职成功的应聘者下场之后,都会有一段下场感言。这段下场感言不仅可以让观众更了解应聘者当时的心理状态、心情感受,同时也会在背景上打出冠名企业的广告,不失为一种宣传。而这些选手对于场上的 12 位老板而言,绝大多数属于顺手牵羊之作。因为选手情形的未知性以及选手在多个老板投来橄榄枝时的最终选择都具有一定或然性。从老板角度看,当选手最终花落自家时的那份喜悦堪比顺手牵羊,不仅扩大了自己的知名度,同时还"牵"回一个或几个中意、满意甚至相当满意的员工,岂不乐乎?比之选手一上场的首选被灭灯或频频空手而归的老板们,这些狂揽人才的老板怎不会有牵羊的喜悦和顺畅感呢?

【例证第 259 号】:相声"现挂"是典型的意外之羊

相声"现挂"是指演员根据演出时此时此地的实际情况现场进行即兴发挥,往往收到意想不到的火爆效果。在 2001 年 12 月 8 日在天津举办的马三立从艺 80 周年暨告别舞台演出中,马三立先生攒底演出了一个"数板儿"。开头一句开始的设计是"人生在世命由天"。而在事先排练时,他的儿子马志明觉得有些宿命,提议改为"人生在世心不要偏"。演出时,马三立刚说到"人生在世","命由天"刚要脱口而出,想起词儿已经改了,随即停下,对着给他打板儿的鼓佬师傅说"我跟着您这板走,您要逮不着我我就走您的",而后重起。这加的词儿就是典型的现挂,知道的是忘词儿了,不知道的还以为是个特意设计的包袱呢。

又,郭德纲 2007 年有一段相声叫《我要幸福》,郭有一句台词是"我和超人唯一的区别就是我把裤衩穿里边了",这时,捧哏的于谦缝了一句,"明儿你把裤衩穿外面试试"。这句应该不在台本里,把郭德纲也闹得一愣,包袱脆响。

二、顺手牵羊之"衍生产品篇"

虽然同是顺手牵羊,但比之上述类型的不可预期,这类就是有预谋、有预案、有预料、有预计的。不仅有计划,而且有步骤。总体来看,是先有一个本体或曰母本,抑或叫"缘起",而后衍生出其他意向或具象的产品或形象。先来看看三个由节目衍生出来的婚礼。可谓"三个婚礼一场戏"。

【例证第 260 号】:婚礼一:补办的婚礼

在上海东方卫视《妈妈咪呀》栏目 2013 年 2 月 19 日一期中,参赛选手漆亚灵(职业是主持人)和丈夫虎虎(职业是歌手)合唱《我的歌声里》。唱歌过后,虎虎说到亏欠妻子很多,都没有给过妻子一个像样的婚礼。于是,请求现场补办婚礼,请评委黄舒骏当证婚人,请好友柳岩当伴娘,请主持人程雷当伴郎。

在节目现场,在观众见证下,虎虎给了妻子一个惊喜。其实,看得出来,可能除了漆亚灵,其他人都是知道这预制安排的局中人。但是,这"牵来"的婚礼还是很温馨的。

【例证第 261 号】:婚礼二:音乐节目衍生的婚礼

浙江卫视《中国好声音》节目第一季中进入决赛的编曲金志文凭借良好的改编从幕后走到台前,还烘托出了相爱多年的女友金兰。2012 年 11 月 23 日,二人完婚,《中国好声音》节目对婚礼进行了现场直播。一时间,胜友如云,高朋满座。而这里的"牵羊"也有了多重指意。

一是金志文从导师初选时就一力将女友推到公众面前,而牵出一个婚礼也就顺理成章了;二是节目也可以就此提高人气,牵出收视;三是作为节目样态,这也是牵出的副产品,婚礼搭台,演唱助阵,牵出的是影响力。

【例证第 262 号】:婚礼三:民生节目中的婚礼

2013 年 10 月 29 日,山东齐鲁台用 4 个多小时直播其《拉呱》栏目主持人小么哥和妻子刘靖的婚礼。在当时开机的观众中,有三分之二的观众收看了该节目。也可见《拉呱》的影响力和小么哥的人气。

与上一婚礼如出一辙,此婚礼也有"三牵":一是牵出一个节目形态;二给新人一个体面风光的婚礼,仪式感很强,而且难得的是直播那么多人看;三是牵出影响力和高收视。

节目不仅仅可以衍生出婚礼,更可以向其他方向辐射。以下 5 个例证代表的是五个不同的方向和选择。

【例证第 263 号】:爱好牵出好节目

2012 年,有一部关于美食的纪录片风靡全国,这就是《舌尖上的中国》。这里边充溢着人们生活的理念、智慧和理想,勾起了很多的乡愁,对美味背后故事也更有兴趣。而这作品成形的原因之一是这部纪录片的总编导陈晓卿就是一个"美食家",因为喜好而牵出一个好节目。一次和陈晓卿参加会议,大家让他点评一下桌上几个菜品如何。他说了句"挺有厨师感"。仔细一琢磨,感情是"太匠气"的意思。

【例证第 264 号】:视而优则影

近几年来有一种电影制作方式很是新鲜,就是将综艺电视或选秀节目搬上电影屏幕。其实,早在 1979 年,好莱坞就拍摄了真人秀电影《现实生活》。在国内,2009 年,天娱就曾召集陈楚生、俞灏明等快男拍摄了以此为题材的歌舞片《乐火男孩》,2010 年,又把湖南卫视的婚恋节目《我们约会吧》拍成电影版。2013 年,《中国好声音》《爸爸去哪儿》电影版在全国公映,《2013 快乐男声》也开拍在即。

而其共同的特点就是"视而优则影",就像"演而优则导"(演员做大了就当导演)一样,电视节目火了,就再接再厉,搂草打兔子,再掘电影一桶金,显系顺手牵羊之法。只是牵来是肥羊还是瘦羊,或者就是一根绳子也就不得而知了。

【例证第 265 号】:节目名称的借势

一个节目的推广离不开强有力的宣传,以节目名称为噱头,附以攀亲之势,顺借某个红遍大江南北节目的名气,发生近似关联。于是在我国众多电视节目中,有着一批具有"远房亲戚"关系的节目:冠以"中国"字样的节目不少;叫"非常"的节目不少;叫"非"的节目不少;叫"星"的节目不少。

这些节目的名字相近但内容、方式各异,就像是盟友一般,互利共存。顺势互借彼此的影响力,省时、省力。

【例证第 266 号】:春晚经济

从 1983 年央视开始在除夕举办春节联欢晚会以来,现在春晚已经成为中国人的新民俗。虽然年年遭吐槽,但是春晚的收视率却一直坚挺。随着春晚的发展,"春晚经济"也火爆了起来。不少企业,如郎酒集团、汇源、海尔等,都纷纷搭乘春晚这辆顺风车。单是 2010 年赵本山领衔表演的小品《捐助》中,就植入了搜狐视频、搜狗、国窖 1573 等广告。各大企业花大价钱挤进春晚报时广告,自然不仅仅是为了与全国人民共享欢乐,更多是为了顺带宣传自己的产品。

【例证第 267 号】:明星公益活动

近年来,明星越来越频繁地参与到慈善事业中,除了担任各类形象大使,明星自己掏腰包建立各类慈善基金会的也越来越普遍。明星做慈善,利用自己的影响力与财力,引起社会的关注帮助了很多需要帮助的对象这不可否认,但是明星公益很多时候带来不仅仅是经济效果,做慈善也是一个容易大出风头的好事。明星们热衷于做慈善不得不说在帮助别人的同时也顺便帮助了自己。

三、顺手牵羊之"推广宣传篇"

在对电视节目进行宣传推广时,顺手牵羊也是常用之法,多用借力与合力的手法,获得的收获往往是 1+1>2,甚至更大。这里,简单地概括为"带、透、骂、炒、推"五法。

一是带。

就是俗话里的"顺便说一句",这顺口一说,往往更会引人注意还不会太过反感。

【例证第 268 号】:《爱情保卫战》

天津卫视推出的情感心理节目《爱情保卫战》中,现实中青年男女会把在恋爱过程中遇到的各种困惑与矛盾搬上舞台,每期 3 对在爱情道路上面临抉择的真实情侣,双方通过交流、沟通与争辩把各自内心的痛苦与困惑全盘托出。在 3 对情侣的信息分享都完结之后,节目会根据每对情侣的情况提出"爱情保鲜计",对本期的情感问题做一个总结,每次爱情保鲜计提出之前都会顺带播出洁丽雅毛巾的冠名支持。

爱情保鲜计不仅为人们的情感问题提出建议和忠告,同时也为冠名厂商做了宣传广告,这也可谓是顺手牵羊,一举两得。

二是透。

就是透露,有意无意地透露一些信息,比大张旗鼓地大剂量释放信息更吸引眼球。在"防火防盗防记者"的格局下,能有内部信息和小道消息实在是弥足珍贵。

【例证第 269 号】:春晚的牙膏信息

关于央视春晚的信息,近 20 年来都是临近春节时娱记们的最爱也是最恨,最爱是因为受众比较关心,最恨是因为不易获取。于是,一些或绘声绘影、或浮光掠影、或捕风捉影,甚或含沙射影的报道充斥眼前。但真正接近原貌和真实的内容和信息如挤牙膏般总量不足。近几年来,央视转变思路,开门办节目,甚至连春晚都请外援冯小刚担任总导演,从而春晚信息的开放度和提前量都有较大松动,而这样的信息释放并未影响观众对结果的期待和评价。于是,这种信息的"透露"无疑利大于弊,甚或有益无害,何乐不为?

【例证第 270 号】:剧透类节目

剧透类节目算是电视导视的升级与进化,它独立于导视统说、概述之外,独立成章。剧透类节目每期介绍的电视作品不会太多,它的功能是对电视台主打节目做细致的介绍与悬念铺垫,是每一个主打节目的开胃酒、开胃菜,用来挑起观众对主打节目的"收视食欲"。说是剧透,也不过是把所透露节目的精彩点说一半儿而已。

剧透类节目的隔靴搔痒之效,真正目的还是要推销本台主打节目,在实现自己服务功能的基础上,顺带为所宣传的节目打下良好的收视基础,使观众为解心中之惑而积极收视。

三是骂。

在当下,对骂比对捧更容易增加知名度。很多人和很多事,原本不是正能量的体现和释放,但被骂或骂过之后,不但没有消失,反而身价陡增。历史上的文人骂战、骂声还余音绕梁,今时的骂战、骂声更是"雏凤清于老凤声"。但骂只是手段,就如同相声里的"砸挂"一样,一来它就是个表现手法,不必当真;二是就为让你记住他,这才是目的所在。

【例证第 271 号】:越骂越火

这段时间国内电视上神剧盛行,某编剧翻拍的古装剧更是一部雷过一部,每一次该编剧要开拍新片,大家都是骂声一片。然而让人百思不得其解的是,尽管骂声一片,拍出来的神剧却一部火过一部。比如 2013 年 9 月,于正版《神雕侠侣》开机,网上不知怎么就掀起了陈妍希(饰演小龙女)滚出娱乐圈的声音。尽管有人吐槽有人骂,却更多地引起了其曝光率与关注度。这一计顺手牵羊虽然无甚出奇之处,但是效果极好,有转劣势为优势的效果。

四是炒。

炒指炒作。又有炒新菜和炒冷饭之分。可不论是炒新还是炒旧,都是为现实和利益服务的。

113

【例证第 272 号】:男女主角恋情炒作

在新剧宣传期间,剧中的男女主角爆出恋情的消息已经屡见不鲜。但不得不说借助主角恋情宣传新剧,增加新剧的关注度,提高影响力是聪明之举;在宣传新剧期间,让恋情曝光,也能顺手牵羊地让两个明星的粉丝圈叠加,扩大各自的影响力。这可是一手牵了数只羊。

当然,炒恋情只是手段之一,还可以炒分手、炒劈腿、炒离婚、炒合约、炒旧爱、炒怀孕、炒生子等等不一而足。

五是推。

就是助推和互推的意思。互帮互助一对红。

【例证第 273 号】:独立但不分家

有人说,湖南台的宣传之所以做得好,有可能是因为湖南台各个节目都有各自的风格主题,但是在宣传推介本台的新产品却能做到独立但不分家。《快乐大本营》《天天向上》等金牌节目中经常会在湖南台要上新剧时做出推介,用金牌节目的人气,为新产品的广受关注打好基础;同时各个节目也会相互推介宣传,这不是一加一等于二的简单叠加,这样带了效应可以是巨大的。俗话说，站在巨人肩上能看得更远，那么打好顺手牵羊的基础了，羊自然也会牵得更顺溜。

第三套　攻战计

所谓"攻战计"，其核心是："攻"，即"攻心为上，攻城为下；心战为上，兵战为下，以求得战而胜之"（三国时马谡在诸葛亮南征时的建议）。在电视行业，电视节目信息的有效传播完全依赖观众的被动接受实属下策，这就需要在电视节目的策划中攻其所喜、投其所好，以求得观众对节目中层层未破的悬念持续与深度的关注。这套"攻战计"中包括打草惊蛇、借尸还魂、调虎离山、欲擒故纵、抛砖引玉、擒贼擒王六计。

第 13 计　打草惊蛇

原文：

114

"疑以叩实，察而后动；复者，阴之媒也。"

解读：

有怀疑就要去侦察落实，待考察清楚疑点后再做行动。反复叩实查究，而后采取相应的行动，实际是发现隐藏之敌的重要手段。

在兵法的告诫下，指挥者凡事都要小心谨慎，稍有不慎，就会"打草惊蛇"而被埋伏之敌所歼。可是，战场情况复杂变化多端，有时己方巧设伏兵，故意"打草惊蛇"，用佯攻、助攻等方法"打草"，引蛇出洞，让敌军中计的战例也层出不穷。电视节目正是巧借"打草"之势"惊起"观众的注意力，通过节目中情节冲突的反复递推，调动观众对未知故事和人物命运的好奇与关切，从而使观众对悬而未决的结果充满期待。也正是如此，观众的情感因素才能被调动起来，观众才会产生对节目的认同感，最终媒体才能实现其预期效果。

在实际应用中，又根据在作品中所起的作用不同，分为"引起注意篇""引起震慑篇""引蛇出洞篇""干扰迷惑对方篇"四类。

一、打草惊蛇之"引起注意篇"

这类打草惊蛇就是为了引起大家的注意。那原来不是被忽视，就是没有引起注意。这里,就用此法引领大家的视线转向目标。

【例证第 274 号】:如此广告

20 世纪 30 年代,梅兰芳先生初到上海,想扬名立万。策划班底苦思冥想,偶得一计,遂连续一周在报纸上只印三个字的广告——梅兰芳,别的什么都不说。一周后再登出了一个详细的广告:"梅兰芳——京剧名旦,今晚在上海某某戏院上演《宇宙锋》《贵妃醉酒》《霸王别姬》。欢迎观看。"吊足了胃口,用足了悬念,赚足了名气。

这里的"惊"有惊动,有惊奇,有一探究竟的欲望,后边的事也就顺理成章了。

【例证第 275 号】:拉警笛抓人

在国产警匪题材类影视剧中,常见几种模式:

一是犯罪嫌疑人逃跑的路径常是往废弃厂房的最高层,自寻死路。

二是逮捕犯罪嫌疑人的标志台词是"跟我们走一趟",像是绑票。

三是开着警车抓人时警笛大作,像是给犯罪嫌疑人报信儿。

特别是拉着警笛抓人,如果是秘密逮捕别说是响着警笛,就是几声狗叫,都可能惊动嫌疑人,使之漏网。20 世纪 90 年代的纪录片《潜伏行动》(冷冶夫作品)中,为抓捕海南黑社会头目刘进荣,不仅动用武警小分队,还得化装潜伏,偷袭得手。一是因为当时刘进荣耳目众多,大规模行动容易走漏风声;二是刘进荣狡猾多疑。

可见,不恰当的方式是多不靠谱。

【例证第 276 号】:《开心辞典》

《开心辞典》是中央电视台经济频道 2000 年 7 月 7 日开播的一档大型益智节目,选手通过在节目答题过关来实现个人的家庭梦想。节目中,会故意在选手答题的重要环节抛出一个悬念,"到底选手能否闯关成功,广告之后再回来",既留住了观众,也推销了产品,更满足了广告商。

悬念式的疑问提醒,不仅可以明晰节目的段落、节奏和脉络,还有"提线"之功效:观众被节目引领,在节目最大卖点来临之前被激起最强烈的好奇感,唯有谜底的揭开才能满足观众的欣赏快感。

【例证第 277 号】:引起注意的瞎话

在 2007 年央视春晚小品《假话真情》中,父亲(严顺开饰演)假装瘫痪把儿子(林永健饰演)和两个女儿(刘小梅、刘桂娟饰演)都召到家里,只是为了合家团圆给他过生日。这类似"狼来了"式的不靠谱的方法虽然有些荒唐,但也有诸多无奈和无助。老爷子的这手"打草惊蛇"就是用他的重病惊吓儿女一下,让他们把他当回事儿,都来看他。好在这些儿女不是不孝,只是有所忽视和忽略，一番惊吓，就给整明白了。这手使一回足矣。

【例证第 278 号】：从此只要去掉"文化"的衫

在 1992 年，李金斗、陈涌泉合说了一段相声《老鼠秘语》，李扮演一只母老鼠，它一共下了 7 窝耗子，每窝 19 只，这一百多只耗子怎么认呢？每个发一件小背心，上边写着"别理我，烦着呢"就都是她的孩子了。在当时，盛行穿"文化衫"，而写着"别理我，烦着呢"的似乎更受追捧，其他还有"拖家带口不容易"等等。欲禁不止，欲罢不能，无可奈何。可这段相声播出后，大街上就似乎一夜之间这文化衫就"蒸发"了，大概都不愿意当耗子吧。可见，这一打草惊蛇比其他方法或者行政手段都管用，一个包袱遏制了一种不健康的现象，功莫大焉。

二、打草惊蛇之"引起震慑篇"

这类打草惊蛇是要引起观众的震惊，引发对某个特定人群或个体的震慑与恐惧，由惊而恐，由惧而怕，也就实现了目的和效果。

【例证第 279 号】：公益广告的力量

2013 年 1 月初，为深入贯彻中央指示，大力宣传勤俭节约的良好风气，央视播出了公益广告《餐饮浪费篇》。广告中用 4 个小故事表现了人们日常生活中的铺张浪费，总结起来就是：多点是大方；海吃靠公款；打包太寒碜；想吃随便点。片末，文字提示观众，我国浪费的食物价值高达上千亿元，价值相当于全国小学生 1 年的午餐费用。这具体的数字所蕴含的无声的力量不言而喻。

公益广告也是一种力量，惊起人们对于生活中丑行陋习的反思，同时激活人们心中那颗真善美的种子，汇聚力量，传播文明。

【例证第 280 号】：一条毛巾引发的血案

1991 年出品的美国电影《与敌共眠》中，劳拉（朱莉娅·罗伯茨饰演）结婚 3 年，丈夫马丁（帕特里克·博金饰演）的控制欲和独占欲失控了，他狂躁、暴力、偏执。他还有个习惯，就是必须把毛巾叠得整整齐齐的。后来，劳拉寻机跳海逃离丈夫魔掌。丈夫以为她恐水就此丧生。正当劳拉的生活逐渐走上正轨时，马丁偶然发现了劳拉未死，他开始寻妻。一天，回到家里的劳拉忽然发现家中的毛巾又变得整整齐齐，她马上意识到马丁回来了。马丁这手打草惊蛇就想威吓劳拉，一条毛巾就可以起到这样的作用，导演实在是高明，道具简单轻巧但威力十足。当然，凶残的马丁最终死了。

【例证第 281 号】：恐怖片中的音乐

有人试过关掉恐怖片的声音看恐怖片，结果发现恐怖系数大大下降，看来在恐怖片中音乐的渲染是十分重要的。很多恐怖片中，都有固定的声音或者音乐，每次在恐怖的画面将要出来的时候，都会有这个固定音乐响起。从心理上说，这个固定音乐响起，其实是对观众的一种提示，预先对观众造成一种心理压强。也就是起到打草惊蛇的效果，后来每次观众听到恐怖画面要出现的音乐都会自然心生恐惧，实际上也是一种习惯性的条件反射。

【例证第 282 号】：李莫愁的血掌印

在 1998 年出品的香港电视剧《神雕侠侣》中，赤练仙子李莫愁（雪梨饰演）在每次杀人之前都会留下血掌印，要杀几个人就留几个血掌印，绝不会少杀一个。李莫愁的做法依然是打草惊蛇，在出手之前先把对方吓得惶惶不可终日。不过人家敢如此打草惊蛇，而后随便杀人，也是因为艺高人胆大，也不怕对方预先看见血掌印脚底抹油事先溜了。可见李莫愁的打草惊蛇使用的前提是有强大的实力做后盾。

【例证第 283 号】：无意中伤

在天津卫视求职服务类栏目《非你莫属》中，某个嘉宾顾问在点评时无意针对谁发表评论，却触碰到了节目中某个人的禁区而遭反问，此时"打草惊蛇"初露端倪。为了节目进行的顺畅，栏目前主持人张绍刚会同样以"打草惊蛇"之势，将发出反对声音者以不点名却极针对的方式进行还击。此外，部分老板因求贤若渴出现了因人设岗的招聘模式，这种特殊招聘模式不仅惊到了其他老板，还惊到了更多迷茫的求职者——"老板，您这是要闹哪样？"

节目中的纷争虽是看点，但热闹之余不免让人心浮气躁，伤了和气。一计"打草惊蛇"不但化干戈为玉帛，还能以儆效尤，提示旁人。在热闹之余趋于理性的思考才是节目成功的关键，在这样的情形下，《非你莫属》提醒了用人单位要理性招聘，唤起企业的社会责任感，同时帮助求职者与准求职者还原了职场的本真，让更多的人通过看节目能够给自己一个准确的定位。

三、打草惊蛇之"引蛇出洞篇"

这又是一种引申意义的打草惊蛇了。目的不仅仅是为了把蛇惊走，而是要引蛇出洞，并伺机歼灭或实现初始目的。

【例证第 284 号】：使诈挺灵的

1991 年央视春晚小品《小九老乐》中,丈夫老乐(赵本山饰演)将 500 块钱借给前女友(已婚,还是军婚,孩子生病住院,借钱救急),妻子小九儿(杨蕾饰演)打草惊蛇,敲山震虎,两番使诈:一是老乐说把钱借给"二白话"了,小九儿说已经向"二白话"求证了,没那么回事;二是老乐终于坦白把钱借给前女友了,小九儿又诈说已经要回来了。为的就是套出老乐的实话。其实,小九儿根本没去要钱,而且还要拿着鸡蛋要去看看丈夫的前女友,多明理懂事的妻子啊。当然,老乐也是个很性情的汉子。

妻子也许不晓得这是啥"计",反正是我挖好坑你跳就是了呗。

【例证第 285 号】:火力侦察

火力侦察,是以火力袭击的方法,迫敌或诱敌还击,以暴露其火力配系,从而判明其兵力部署、阵地编成等情况。火力侦察其实就是打草惊蛇,自己掌握主动权,逼迫敌人先动,自己露出马脚。然后才好开始蛇打七寸。

在 1955 年出品的国产电影《董存瑞》中,董存瑞(张良饰演)带领郅振标、牛玉合进行攻击隆化中学前的火力侦察,共发现地堡 25 个,在牛玉合抓住一个"舌头"后,引来敌人火力攻击,董存瑞投掷出手榴弹,又发现暗堡 2 个,为后来进行爆破提供了依据。而这里的火力侦察就是打草惊蛇的典型范例。

【例证第 286 号】:书法大赛抓真凶

明朝武宗正德年间,县令殷云霁利用书法比赛巧抓杀人真凶。一日,朱铠在文庙里被害。经过多方调查,目标锁定在被害人的邻居身上,因为他与被害人有过节,杀人的嫌疑最大。与此同时,县衙收到了一份匿名信,说凶手就是被害人的邻居。县令殷云霁似乎并不在意,反倒是组织衙役们搞起了书法比赛,说是要选出字写得好的人,予以提拔重用。就在这些书法作品中,殷云霁找到了杀人真凶,是县衙里的一名衙役姚明。原来殷云霁看了匿名信后,就怀疑是栽赃陷害,而匿名信能越过层层关口送到县令手中,很可能是衙役所为。而通过外围调查发现,有一名衙役与被害人交往过密,有重大嫌疑。但是,匿名信只有通过笔迹鉴定才能圈定嫌疑犯,于是,才有了书法大赛抓真凶的奇思妙想。

县令殷云霁着实来了一把"打草惊蛇"的逆袭,他在断案初期不管不问,看似是避免"打草惊蛇"。实际是为了以饵相诱,引蛇出洞,解除衙役们的防备心,在无干扰项的情况下让凶手现出原形。

【例证第 287 号】:神钟并不神

宋朝沈括《梦溪笔谈·卷十三》中记载了这样一则故事,陈襄(字述古,宋代福建侯官人,神宗时为侍御史)任建州浦城知县时,有一富人失盗,抓

118

到一些"犯罪嫌疑人"，却无法推定谁是真正的盗贼。于是，陈襄骗他们去摸一口"神钟"，能辨认盗贼，未偷者摸钟不响，盗者一摸就响。随后，他命人用帐帷把钟围起来，并暗地里让人用墨汁涂钟。于是，一干人等依次把手伸进帷帐里去摸钟，出来验手时发现只有一人手上无墨。陈襄马上对他进行突审，他承认自己是盗贼。因为这个人是害怕钟响，没有敢去摸。

其实，钟并不"神"，是做贼的心虚，心里有鬼，面对这个"测谎仪"想要花活，岂料，坑早已挖好，不由你不跳。

【例证第 288 号】：绝缨会逆袭打草惊蛇

汉朝刘向《说苑·复恩》中记载了这样一个故事，周定王二年(公元前605 年)，楚庄王平乱后大摆"太平宴"招待群臣。酒酣耳热时，庄王宠姬许姬给群臣敬酒。突然吹来一阵大风，把大厅上的蜡烛都吹灭了，全场漆黑一片。这时一员武将因垂涎许姬美色，趁着酒兴，摸了许姬一把。许姬大惊，挣脱后顺势扯下了那人帽子上的系缨。许姬告诉庄王事情原委并请大王明烛，将"大蛇"引出洞来治罪。可庄王却让武将们的簪缨都摘下来后再明烛。8 年后的周定王十年(公元前 597 年)，楚庄王兴兵伐郑，前部主帅襄老的副将唐狡，自告奋勇带百余名士卒做开路先锋。唐狡以死相拼，杀出一条血路，使后续部队兵不血刃杀到郑都。唐狡就是绝缨会上扯许姬衣袖的那个人。

许姬想引蛇出洞，而庄王反其道而行之，也因此赢得一个效命的死士。

四、打草惊蛇之"干扰迷惑对方篇"

在这种类型中，疲敌、扰敌、麻痹和迷惑对方为第一要务，适当时候也可快速反击。这就好像乒乓球比赛中的削球手，看上去不紧不慢，以守为攻，但这都是假象，一旦有反击的机会，绝不手软，反守为攻，反败为胜。不仅在战例中有，节目中也如是。

【例证第 289 号】：牤牛阵

这牤牛阵大概属于扰敌法，未必能够毙杀多少敌人。但是，一个恐怖消息带来的恐慌以及由于恐慌带来的不良后果就不好估计了。比如一个可怕的消息在一个足球场的观众中散布开来，有定时炸弹，在疏散过程中，可能践踏带来的伤亡不亚于一次爆炸。这牤牛阵《杨家将》里的杨六郎用过。《三毛从军记》(1992 年出品的国产电影)里老兵(魏宗万饰演)和三毛(贾林饰演)用过(只不过结果是变成了日军的烤牛肉)。抗战时期的游击队和儿童团还在铁桶里放鞭炮迷惑敌人。

调查、试探、发现是这其中的要点,而后可以决定是歼敌还是避敌。

【例证第 290 号】:不都是逗你玩儿

1956 年出品的国产电影《上甘岭》中,我志愿军一度被压缩在坑道里,夜间想偷袭,却被敌军布置的铁丝网加罐头盒发出的响声阻挠。于是,连长张忠发(高宝成饰演)想出了个"打草惊蛇"的主意,时不时地往外扔罐头盒,惊敌扰敌,等到敌人疲沓了,咋扔都不理你了,我们再出动袭扰。很是奏效。

可见,开始时"逗你玩儿",是试探、侦察,且有以逸待劳的意味,以罐头战术干扰和疲敌。但等到发现"惊"的目的已经达到,扰得差不多了,敌人已经够"劳"了,我们也休息够了,就该玩儿真的了。

【例证第 291 号】:谁是卧底

在湖南卫视《快乐大本营》2012 年 9 月 29 日的节目中,现场主持人与嘉宾玩了一个名为"谁是卧底"的找人游戏。根据游戏规则,在众玩家中会有一人掌握的词汇与其他人不一样,但该词汇所描述的事物、性质与其他人的极其相似,在描述过程中又不能直接说出每个人所掌握的词汇,因此会产生很多近似的干扰项而分不清敌我。所以,在游戏过程中,属于同盟关系的玩家在描述词汇的过程中,要尽量释放同盟信息"惊"起队友向组织靠拢,又要提防"惊"到对手假扮同盟实行潜伏。

游戏的好玩之处就在于谁最先被惊醒明确敌我关系,而谁又是输了之后的"多么痛的领悟"。

【例证第 292 号】:《明星同乐会》

《明星同乐会》是河北卫视 2011 年 8 月 5 日推出的一档情感主题式综艺节目,节目以"友情"为主题,邀请嘉宾的朋友、同学来共同见证。只是被邀请到的同学或朋友中有浑水摸鱼的假身份,他只出声、不露面,通过语言信息来提示嘉宾,嘉宾所需要做的就是在有限的交流中找到关键信息,而这些信息都会与嘉宾的生活发生近似关联,所以激起嘉宾的回忆从而判断对方身份的真假。于是在回忆、推理的过程中,带观众互动性地享受朋友、同学间的欢乐、感动与惊喜,共同回味难忘的记忆。

在辨别身份的过程中,以"猜"贯穿,而猜的依据就是嘉宾被激起的回忆。猜得准,那是嘉宾在提示信息中完成了情景再现;猜得不准,很显然,提示信息给嘉宾营造的是"海市蜃楼"。

【例证第 293 号】:剧透社

在央视《谢天谢地你来啦》2013 年 7 月 23 的节目中,新增一环节,名为"剧透社"。与以往的节目相比,嘉宾的表演多了一重悬念。在过去的节目中,主持人崔永元用简单的介绍引出嘉宾,嘉宾的角色随着场景打开后基本有了定论,故事也就随之展开。而有了"剧透社"后,嘉宾在登台前会在一个房间内单独与节目组的成员会面,节目组成员会无征兆地与嘉宾过一段戏,似乎在向参演嘉宾渗透着什么,本身就"白云深处不知路",嘉宾这下更糊涂了。电视机前的观众好奇心也被提前调动,猜想节目组成员意欲何为。

先是打草惊蛇,不要怪我没提醒你;后是无中生有,看你如何急中生智。敢到《谢天谢地你来啦》参演的嘉宾才是真正的勇士。

可见,在这一计中,打草是手段和过程,惊蛇是目的,但如果有打蛇的可能,那为何不放手一试呢?

第 14 计 借尸还魂

原文:

"有用者,不可借;不能用者,求借。借不能用者而用之,匪我求童蒙,童蒙求我。"

解读:

因自身能有所作为者,往往难以驾驭和控制,所以不能加以利用;自身无所作为者,往往需要依赖他人而立足,因而就有可能为我所用。利用无所作为者的依赖并顺势控制他,绝不是我方求助于幼稚蒙昧之人,而是幼稚蒙昧之人求助于我方。

由此可见,"借尸还魂"可不是纠结在迷信之中求个长生不老,而是讲究个何物可用。例如在兵法中,是利用、支配那些没有作为的势力来达到我方目的的策略。在电视中的运用则体现为很多节目的独辟蹊径:在现代生活中借得个"古为今用、以新复旧",丰富了节目的选材与内容;抑或是来个时空穿越,在加大节目跨度的同时,促成了节目中可重生、再生的 X 元素。从某种意思上讲,"尸"是可以利用的物质、形态、介质、力量等等。"魂",指新的生命力与活力。于是,再推而广之,这个"尸"就不再是狭义的"尸体""尸首""尸身""尸骸""尸骨"的意思了,而是泛指所有可以借代、借助、借势的"介质",可以是固态物化的,也可以说是非物质形态的,或者是超越时空。如今,本意上的这种"点石成金"式的借尸还魂已经成为神话传说,似乎可以理解为"尸"就是一个中介、方式或跳板,借助这种"弹性"使效果增加、增力、增强。

在具体的实际应用中，又可以分为"投胎转世篇""还阳重生篇""电视现象类型篇""节目个案篇"四类形态。

一、借尸还魂之"投胎转世篇"

这种类型比较适合或基本还原了"借尸还魂"的模本和流程。也就是这个人或神的魂魄游离于肉身之外，且肉身不再能负载魂魄，需要另外寻找宿主，这一过程就是投胎转世。能完成这一过程的非神即仙。

【例证第 294 号】：如此出处

这个词语源于一个故事，也就是"八仙"里"铁拐李"的故事。他原名李玄，遇太上老君得道。一次魂魄离身神游，行前告诉弟子看好他的"肉身"。可这一去乐而忘归，弟子误以为他已死，就把他的肉身给火化了。待他回来，魂魄寻不到归宿，恰见路旁乞丐新死，于是撞进去得其肉身还魂。没想到高富帅变成跛脚乞丐模样。这在 1985 年出品的香港电视剧《八仙过海》里有详细的表现。

由此，得到的启示是，一定要有时间观念，否则，一切都有可能改变，身份、模样、境遇等等。不过，也不能照搬，别看见乞丐就以为他是因为迟到被老板给开除了。

【例证第 295 号】：八戒原来也是高级干部

《西游记》中，八戒的前世是天界的天蓬元帅，也是高级干部呢。因为作风问题，受了处分，被贬下界。当初在天界骚扰女生找错了对象（嫦娥是吃错了药上了天界的，岂能招惹），这次下界投胎仍是路径不对，投胎猪身。前者或许是审美问题，后者就是审丑问题了。

可见，高度决定视野，起点决定结果。不论是铁拐李，还是猪八戒，都是由于预案准备不足，仓促间半夜下馆儿——有嘛算嘛，导致一种不可逆的结果。可都是唐僧的徒弟，大师兄的一次借尸还魂就漂亮得多了。

【例证第 296 号】：哪吒

哪吒作为一个经典的神话人物，已经屡次被搬上了银幕，诸如《封神榜》《西游记》《哪吒闹海》中都有刻画。哪吒本是陈塘关总兵李靖之子，生性活泼好动，喜好打抱不平，被太乙真人收入门下。哪吒因与东海龙王太子发生争执，将龙王太子抽筋扒皮。哪吒闯下大祸，为了不累及双亲，他断臂剖腹剜肠剔骨而死。事后其师傅太乙真人借莲花与鲜藕为身躯使哪吒还魂再世。哪吒借莲花胎重生可谓是植物版的借尸还魂。

【例证第 297 号】：《鱼美人》

2000年香港出品的电视剧《天地传说之鱼美人》中,书生张子游(郭晋安饰演)与大小姐牡丹(孙莉饰演)早有婚约,并两心相许。鲤鱼精小莲(徐怀钰饰演)亦对张子游暗生好感,但她仍然祝福牡丹与张子游,但牡丹父亲却嫌贫爱富,私下把牡丹许配给了大将军之子。牡丹在迎亲途中死在轿中,为了不让张子游难过,小莲便进入牡丹的躯壳中。李代桃僵的与张子游相恋。爱情中本就没有什么代替之说,虽然小莲用了李代桃僵但是他们之前的爱情却是真的。最后张子游也确实真正地爱上了小莲。这一例属于神仙法力的体现。

二、借尸还魂之"还阳重生篇"

这种类型中,借助某种外力,人或灵魂可以还阳或曰复活。当然,这种复活有的是他自己,有的则是以另外的形态或样子存在了。

(一)以原貌方式还魂即他(她)"死去"又"活来"

在鬼门关走了一遭。不过,这些都需借助外力和"高科技",否则难以自圆其说。

【例证第 298 号】:真的"借尸还魂"

《西游记》第 36 回到第 40 回说的是唐僧师徒路经乌鸡国发生的故事。唐僧梦见乌鸡国国王托梦求救,说结义兄弟将他加害,还变作他的模样做起国王来。待到井中打探,果然捞出国王尸体,悟空用太上老君的九转还魂丹救活乌鸡国国王。而那假国王也不是妖怪,是文殊菩萨的坐骑。而这一切还都是乌鸡国王自己惹的祸,他曾将文殊菩萨(化作凡僧模样,国王不识)捆绑了在御水河泡了三天,给自己换来井里三年的代价。

大师兄此番正是借乌鸡国王的肉身尸体,用九转还魂丹使其魂魄与肉身复合,是个非常符合操作规范的"病例"和范本。

【例证第 299 号】:《李慧娘》

这是 1981 年出品的京剧电影。李慧娘为南宋奸相贾似道府中歌姬,因脱口赞了一声太学生裴舜卿而被贾似道杀害,冤魂不散。执仗正义的明镜判官对她深表同情,特准许她还阳,搭救被贾似道骗进府内意欲加害的裴舜卿,最终成功将裴救出。这里,李慧娘在判官帮助下,真正完成了一次生死穿越,而并非以鬼魂形态出现。

类似的故事还有《钟馗》《牡丹亭》《长生殿》《倩女离魂》(元杂剧,就是后来的《倩女幽魂》)等等。

【例证第 300 号】:《我的机器人女友》

2008 年出品的日本电影《我的机器人女友》，这是一部很难按时间轴叙述的故事，还是倒叙吧。2133 年 4 月 19 日，真人女主角在展览会上发现机器人 103 号与自己长得一模一样。2134 年 10 月 9 日，真人女主角买到 103，读到里边记忆芯片的故事，大受感动并穿越到 2007 年 11 月 22 日与男主角次郎 20 岁生日那天相遇。一年以后，次郎遇到 103，他们俩开始一起生活，而这个 103 则是未来的次郎送给现在次郎改变现实的礼物。2009 年 4 月 3 日发生地震，103 为救次郎而"死"（损毁死机）。而真人版这时又再次出现，和次郎一起生活。70 年后，次郎修复好了 103,4 年后次郎去世,103 关机。

这里，地震时出现了两个女主角，"死"去的是 103，来的是真人版，这种"复活"实际是穿越。这种复活就技术层面而言是极其简单的，是可以"心想事成"的。

（二）以另外一个人的形态重生

就是说他变脸、脱胎、换骨，游离于"本体"A，以 B 的形态出现。

【例证第 301 号】：他成为另外一个人

124　　2011 年出品的美国科幻穿越电影《源代码》中，空军飞行员科特·史蒂文斯上尉（杰克·吉伦哈尔饰演）一次次被送到另一个平行世界（一列火车上）去寻找一个要炸掉这列火车的人，每次只有 8 分钟时间。而在现实世界里，他是一个只存在 8 分钟脑记忆的残躯。最后，他不仅圆满完成了任务，而且他不想回到现实世界，他宁愿在 8 分钟之后消失，也要吻一下女主角。但是奇迹出现了,8 分钟过去了，他还存在。他成为另外一个人的形式平行存在另一个世界里。

此番，上尉借助的是他的残躯和残脑，却整合成一个完整的人穿越到另一个平行世界继续生活。不是"还魂"，是复生或涅槃才对。

（三）重在"还魂"的方式

借助一种介质或媒介来实现灵魂的对接和穿越，而不是借助某种"肉身"。

【例证第 302 号】：刘世昌借盆还魂

京剧《乌盆记》取材于《三侠五义》，说的是刘世昌归家途中借宿赵大家。赵大见财起意，夺其财物，杀死刘彦昌，将其血肉混在泥中烧成乌盆。这只乌盆又被张别古讨债作为利息拿走。夜里，附在乌盆里的刘世昌的魂灵显现，向张别古哭诉。终于,张别古带着"乌盆"到包公处告状,包公为刘世昌申了冤。

这里,刘世昌已经无"尸"可借,因为他已无全尸,遂以盆为介质,赋予游魂。可见,这事可以随机应变,不能教条,生搬硬套。

【例证第 303 号】:美国式"借尸还魂"

1990 年出品的美国电影《人鬼情未了》中,银行职员山姆(帕特里克·斯威兹饰演)被朋友卡尔(托尼·戈德温饰演)暗害,卡尔又将黑手伸向山姆的女友莫莉(黛比·摩尔饰演)。山姆成为幽灵后却无能为力。于是,他求助"灵媒"(乌比·戈德堡饰演),他的灵魂进入"灵媒"后"合体"还阳,使莫莉相信。最终,卡尔恶有恶报堕入"地狱",山姆升入"天堂"。

这是美国式的"借尸还魂"。借的不是"尸",而是大活人。这就算是活学活用、发扬光大了吧。

【例证第 304 号】:《窦娥冤》

《窦娥冤》是中国十大悲剧之一。窦娥与蔡婆婆相依为命,遇到张驴儿父子逼婚蔡婆婆和窦娥,窦娥不愿。张驴想毒死蔡婆婆并逼迫窦娥从他,结果毒死了自己的父亲并诬陷窦娥。窦娥屈招并在临刑前发三桩誓愿——血溅白练、六月飞雪、大旱三年,后来果然都应验了。三年后窦父窦天章任廉访使至楚州,梦见窦娥鬼魂出现,于是重审此案,为女儿申冤。在"托梦"一折,即为窦娥冤魂与其父亲的对话。

【例证第 305 号】:邓丽君"还阳"

天津卫视 2011 年重磅推出的大型模仿秀节目《王者归来》,第一期模仿的是邓丽君,当主持人赵忠祥与通过特效与邓同现一个画面的时候,这从未谋面的两人隔空对话,饶有趣味。这是通过将邓丽君的影像投射到舞台的介质膜上而产生的时空幻象。而能够对话则是倒置效应,是根据邓丽君在从艺 15 周年演唱会上的一段话语而设计的问题,穿插起来,就好像真的"如流对答"。

无独有偶,在 2013 年周杰伦演唱会上,又一次实现了邓丽君的今昔穿越。邓丽君除演唱《你怎么说》外,还和周杰伦隔空对唱《红尘客栈》《千里之外》。这又是利用的全息影像技术将邓丽君投射在舞台上,而声音是否合成还是模仿秀就不得而知了。

这里借助的是影像特技,"还"的是艺术形象或艺术形式。

(四)人物身份和状态的重生

这是说人还是那个人,但"焕然一新",在精神层面有"脱胎换骨"的感觉,很多是和"失忆"有关的。

【例证第 306 号】:失忆后的记忆碎片

1942 年出品的美国电影《鸳梦重温》讲述一个苦尽甜来的故事。在第一次世界大战后,在作战中失忆的英国人查理斯(罗纳德·考尔曼饰演),邂逅了歌舞女郎波拉(葛丽·亚嘉逊饰)。波拉帮他恢复了说话和写作能力并成了作家。两人结婚后,查理斯去外地推销小说时遭遇车祸,却意外恢复了从前的记忆,但忘了与他生活 3 年的波拉。查理斯回家后成为企业家,波拉应聘为他的私人秘书,波拉没有向他表露身份。查理斯总是在纠结口袋里那枚钥匙是哪里的,做什么的。最终,查理斯在波拉引领下在家门口终于重拾记忆,认出了波拉。这中间,不论是查理斯还是波拉,都有两重生命或生活,即查理斯恢复记忆为界前后,重生其实也是一种回归。

这种类型在其他一些电影里也有表现。

1994 年出品的香港电影《赌神 2》中,赌神高进(周润发饰演)也因意外坠下山坡而失忆,又因被汽车撞倒而恢复。

1995 出品的香港电影《阿呆拜寿》中,招福(刘青云饰演)被花架砸中脑袋而失忆,又被花盆砸得恢复。

2004 年出品的美国电影《初恋 50 次》中,女主角露西(德鲁·巴里摩尔饰演)因车祸失忆,只记得车祸前一天的事,因而每天都在重复那一天的举动,丈夫罗斯(亚当·桑德勒饰演)就每天与她邂逅,一见钟情。最终,在温馨的画面里,露西重拾记忆。

【例证第 307 号】:如果我能重生?

人们有时会产生一种幻想——"如果我能重生,我绝不会像先前这样活。"2008 年出品的韩剧《妻子的诱惑》讲述的便是一个贤惠得不能再贤惠的家庭主妇具恩才(张瑞希饰演),在遭受了丈夫的背叛、情同姐妹的朋友是第三者、自己在丈夫面前被遗弃在大海中等连串打击之后,化身为复仇女神,为自己讨回公道的故事。这部剧中具恩才借闵素姬的身份重生是一个很大的转折点,也是本剧最精彩的部分。这里的借尸还魂比较贴合三十六计的原意,只不过这里借的是别人的身份,不是他人的躯壳。

三、借尸还魂之"电视现象类型篇"

在这种类型里,指的是共性和宏观视角观照下的某种现象或类型,具有一定普遍性、代表性、典型性。

【例证第 308 号】:"咸鱼"是这样"翻身"的

这里的"咸鱼"主要是指一些选秀(主要是歌曲类选秀)使一些过气、过时或落选(不论是在此节目还是彼节目)的人或作品在这个节目里"翻身"得以复活。这里又分为三类。

一是选秀节目让一些过气歌手担任评委,一些歌手由二线上跳到一线,一些人由幕后转为前台,如作曲、编曲、和声、助理等。

二是选秀节目让一些过气歌曲或不太知名、流传不甚广泛的歌曲借助这个平台得以大幅传唱或重生,如浙江卫视《中国好声音》唱出的《鸿雁》(原唱额尔古纳乐队,节目中由云杰演唱)、《我的歌声里》(原唱曲婉婷,节目里由李代沫演唱)等。而一些经典老歌经过歌手的重新编曲、演绎而重放异彩或赢得了新的观众,如《中国好声音》的《走四方》(原唱韩磊,节目中由金志文演唱)、《跟着感觉走》(原唱苏芮,节目中由李秋泽演唱),湖南卫视《我是歌手》唱出的《烛光里的妈妈》(原唱毛阿敏,节目中由羽泉组合演唱)等。

三是一些歌手在初选或盲选时落选,在复活赛(听这名字就像极了"借尸还魂"术)中被导师选中,进入导师战队(如《中国好声音》塔斯肯借复活赛进入张惠妹组),或是在晋级时落选被其他导师再次抢人二次"复活"(如《中国好声音》第二季阚立文先在那英组和朱克比拼中落败后又进入张惠妹组)。

总之,由"借尸"演绎而来的借力、借势、借机、借故、借题等等,通过这个介质而达到了新的状态。这就是跳过了龙门。

【例证第 309 号】:旧瓶装新酒

时下,一些地方特别是京津一带,茶馆相声复苏,也有很多的年轻相声演员将一些传统相声重新翻演。不过,这些传统相声由于年代久远,其反映的生活已经和现代脱节,不大容易获得观众的共鸣。因此,不少人用"旧瓶装新酒"的方式,将传统相声加入现代元素或结构重新获得观众认可。

这里借的就是现代生活内容、方式、手段等等,还的是传统相声的精髓和灵魂。就像电影《神鞭》(1986 年出品的国产影片)中傻儿的一句经典台词说得那样:"辫子剪了,神留着。"

【例证第 310 号】:翻拍

中国电视剧一大特点就是翻拍,在某一部电视剧大热之后,便会一而再、再而三地进行翻拍,或者拍摄续集。《还珠格格》《笑傲江湖》《西游记》《天龙八部》等等经典作品都经过屡次翻拍。影视经典的屡次翻拍,从某种意义上来讲也是借之前经典的名声与影响力,让重新进行创作的新剧更加受人关注。翻拍这种借尸还魂不是说不可以,很多时候用得好能够再现经典,甚至超越经典。然而不顾品质、不尊重原著的胡乱翻拍就不得不让人吐槽了。

【例证第 311 号】:外国皮,中国心儿

外国电视节目的发展程度远远高于国内,因而近两年中国从外国引进了不少经典电视节目形态,比如《中国好声音》(荷兰)、《星跳水立方》(美国)、《爸爸去哪儿》(韩国)等,这些节目都是从外国引进的,但是在中国元素、中国参与者的融入之后,在中国的荧屏上焕发了新的生机。这种电视节目的引进模式是外国的壳搬过来,中国的材料往里填,是外国节目借中国这个平台这个元素再次发光。这种借尸还魂是一种经典再现。

四、借尸还魂之"节目个案篇"

与上述第三类的宏观现象比较,这里所指的就是微观个案和节目里的具体表现手法和方式了。虽然类型不同,表现各异,但都师出同门,源自一脉。先来看看几个综艺类节目。

【例证第 312 号】:小虎队 20 年再聚首

2010 年央视春晚上,20 年前风靡大陆的台湾三人男生组合"小虎队"再聚首,合体演唱。演唱了他们当年的成名作串烧《爱》《蝴蝶飞呀》《青苹果乐园》。20 年过去,他们都已经从青葱少年变成中年汉子,不复当年风采,但带给大家的是岁月的回想和感动。

这里所借就是一个"势"了,顺势而为,乘势而上。借助一个优质的平台,借势一种怀旧的情愫。

【例证第 313 号】:2013 年快乐男声

湖南卫视自 2003 年推出《超级男声》后,打开了中国本土选秀大幕。借助 2004 年推出,在 2005 年红火起来的《超级女声》,湖南卫视打造了自己的选秀平台。但随着越来越多同类型选秀节目的出现,以及功利主义的侵蚀,"超女快男"似乎走入了死胡同。2013 年,湖南卫视再次启动《快乐男声》,利用海选阶段"奇葩"百出,尤其奇葩中的战斗葩"粉红哥"的出现,以话题战歌声,吸引人们的眼球。尽管声势大不如前,可是在前几年选秀成功的基础上,依旧有不少粉丝性质的观众在收看。

节目形态同质化,观众审美疲劳,更有各种的炒作与绯闻漫天飞舞,还走在过去的老路上,势必令观众更加反感,选秀遭遇疲软,"选秀将死论"可能就会从一种预测转化成现实。

【例证第 314 号】：年代秀

《年代秀》是深圳卫视 2011 年推出的一档全明星化的代际互动综艺秀。光看这节目名称就不难发现，节目中会拿过去的年代说事儿，与现如今做对比，给节目做个帮衬。每期节目邀请六零、七零、八零、九零、零零等 5 个年代的 10 位明星嘉宾同台互动，结合影像、实物、音乐表演等元素寻找浓浓的当年情。明星嘉宾在还原年代魅力中，找到了过去的自己，在节目中毫不保留地秀出了自己不为人知的一面，着实给观众带来了不一样的"惊喜"。

回忆过去，各种怀念忘不掉，于是《年代秀》施展了一招"乾坤大挪移"，打通时空隧道，在有限的节目平台上，回顾了中国人 60 年的光影记忆，展现了 60 年最流行的风尚文化。

【例证第 315 号】：何以解忧，唯有杜康

1992 年版杜康酒广告语借用了曹操诗作《短歌行》中的两句。杜康，中国酿酒业的鼻祖，号称酒圣，后作为美酒的代称。诗中的这句"唯有杜康"是从微观到抽象，泛指酒类；广告中的这句"唯有杜康"则是还原回去，打回原形，从抽象到具体指向。唯有就是只有，大有独此一家、别无分号的意思。

打着酒圣的旗号，借着古人的名句，卖着现代的新瓶新酒。酒商不图别的，只有记得住，才能卖得出。

【例证第 316 号】：斓曦多利食用油广告

2013 年最火的电视剧莫过于《甄嬛传》，很多人把"甄嬛体"挂在嘴边上。《甄嬛传》大火，也顺带火了剧中如花似玉的各位娘娘小主儿们，扮演沈眉庄的斓曦便是一个。斓曦在做多利食用油的广告时，便使用了其在《甄嬛传》中的角色扮相。这则广告借的是《甄嬛传》大红大紫的热播之势，也让多利食用油的宣传力度沾上了《甄嬛传》的光。

【例证第 317 号】：007 风采再现

飞利浦剃须刀的广告中，有一篇是设置了一个特工角色进入密室的故事。虽然在内容上增加了展示剃须刀功能的部分，但是其惊险动作、故事情节都与经典特工 007 如出一辙。这则广告便是借了 007 的壳子还魂，让 007 的风采重新显现在了飞利浦剃须刀的广告中。

【例证第 318 号】：车身广告

现在广告投放的平台越来越多，大到广阔无边的网络，小到街头的牛皮癣广告。广告可谓各种平台无孔不入，机动车辆的车身广告也崭露头角。作为一个新的广告平台，有些投放的广告是在电视、报纸、网络的平台

上投放测试过的。那么想车身广告这样的新平台广告，也是对旧广告的一种借尸还魂。这种借尸还魂可以增强广告的保险程度，让人不那么快觉得厌倦。

【例证第 319 号】：《真相》

贵州卫视大型法制纪实栏目《真相》是一档把现实中发生的事情在电视荧屏上进行展示的栏目。为了让观众对事件有一个直观明确的认识，在节目中往往会使用演员重现当时现场的场景。这一借尸还魂借的是演员的肉体，还原的事件现场。让现场再现，再案件重演，让观众信服，是这一借尸还魂的作用。

第 15 计 调虎离山

原文：

"待天以困之，用人以诱之，往蹇来返。"

解读：

等待对敌方不利的自然条件出现时围困敌方，用人为的假象去诱惑敌方，如果主动进攻敌人的时候，有困难，有危险，那么就应该引诱敌人来进攻，这样更有利于打击敌人。

常言道，"龙游浅水遭虾戏，虎落平阳被犬欺"，只是这龙虎若不是被调离了天然保障怎会落得如此田地。足以见得，如何使得"调"才是调虎离山的真谛。那么，一档电视节目又如何才能做到被观众所需要，不妨从调虎离山中的"调"字出发，以"调"生"悬"、隐真示假，通过调动已有的节目元素实现悬念设置，改变原有故事情节的发展方向，从而吊起观众的胃口，提起观众的神经，由"静坐式"收视向"参与式"收视过渡。只是调虎离山之计被用在电视节目中时，首先应当明确的是观众是不能被调离的，否则制作节目的意义何在？

根据具体使用的情况，分为"抑制优势篇""制造假象篇""限制自由篇""信息不畅篇"四种情况。

一、调虎离山之"抑制优势篇"

所谓"抑制优势"就是避敌之长，避己之短，使对方的优势不得施展和发挥。每个人都有自己的长项和短板，以己之长比人之短胜算多，以己之短比人之长，胜算少。

【例证第 320 号】：李远离岸入水

像古典小说《水浒传》里的李逵和张顺比武,岸上功夫肯定是李逵占上风,到了水下,张顺又会扳回一局。最后打个平手。在第38回"及时雨会神行太保 黑旋风斗浪里白条"中,张顺在岸上被李逵调理得不轻。于是,他使个调虎离山之法,把李逵引入水中,结果可想而知,"浪里白条"绝非浪得虚名。如果让张顺和阮氏三雄比那是公平竞争,而李逵和张顺既不是一个项目,又不是一个级别,基本不可比。

　　但就心机而言,还是张顺胜了一筹。

　　【例证第 321 号】:沙僧出水

　　古典小说《西游记》第22回"八戒大战流沙河 木叉奉法收悟净"中,孙悟空和猪八戒在流沙河遭遇妖怪,其实就是沙和尚来抢唐僧,悟空八戒去战,难分胜负。而那妖怪钻入水中,再不肯上岸。无奈,悟空从观音那里请木叉来收服了妖怪,法名悟净,加入了取经战队。在陆地,沙僧不是悟空的对手,何况还是悟空八戒联手。可回到沙僧的主场,流沙河里,那就另当别论了。所以,悟空想抑制沙僧的优势,虽然不曾得逞,但思路是对的。

　　【例证第 322 号】:安泰离地

　　安泰是希腊神话中的巨人和英雄,他是海神波塞冬和地神盖娅的儿子。他的力量来源于大地母亲,只要身体不离开大地,力量就源源不断,就像现在游戏的"加血"功能一样,不离地就是"满血"。而一旦离开大地,就失去生存能力。他喜食幼狮,并以杀人为乐。只要有人来到利比亚,就必须和他决斗,他每每都将人置于死地。后来,他被希腊神话中最伟大的英雄赫拉克斯举在空中扼死了。很简单,赫拉克斯每次将安泰打倒后,他"加血"后又能继续格斗。当赫拉克斯发现了这个"练门"后,就把安泰和"加血站"隔离开,安泰优势不再,直至安泰血量为零,游戏结束。

　　【例证第 323 号】:调开悟空

　　小说《西游记》中的人物可谓各个经典,里面的妖怪也各具风格。其中自然也有智商高的,懂得避重就轻,柿子就挑软的捏。比如第74至77回,说的是师徒四人路过狮驼岭时,遇上了青狮、白象与如来佛祖的小娘舅金翅大鹏鸟。大鹏鸟便是一个智商高的,懂得用调虎离山之计,让青狮、白象引走孙悟空,然后剩下好对付的八戒与只会说"师兄,师傅被妖怪抓走了"的沙僧。这样轻轻松松抓到唐僧。

　　【例证第 324 号】:调虎离山再围点打援

　　调虎离山加围点打援乃我军经典战法,在实际战例中不胜枚举。比如在解放战争中,1947年9月,东北野战军韩先楚任司令员的三纵奉命攻击敌 116 师。当时敌 116 师部与下属 3 个团分驻几处,3 个团多在坚固的城内。结果,我军采用先以擒贼擒王之计打其师部,诱其三个团出城驰援,此谓调虎离山,再在途中围点打援,取得了战役胜利。

对方在"山",居于有利位置,将其挪移到另一个地方,优势就转到我方,那就胜券在握了。

【例证第 325 号】:《精忠岳飞》

在电视剧《精忠岳飞》第 22 集中,在宋军攻打新乡时,岳飞(黄晓明饰演)使出了调虎离山之计。用计诱走新乡主将韩常,然后乘主将不在、军事指挥不力时,一举夺取新乡。

【例证第 326 号】:《亮剑》突围时引敌入村纠缠

在 2005 年出品的国产电视剧《亮剑》第 8 集中,1942 年,日本鬼子对我晋中抗日根据地进行大扫荡。李云龙(李幼斌饰演)率领的独立团经过几次突围,也只剩下了不到一个连的兵力,在辛庄和鬼子进行了最后的防御战。为了防止敌人的炮火轰炸,李云龙布置把鬼子放进村里打,而后再在晚间兵分两路进行突围。如果进行正面遭遇战,敌人的炮火强于我军,会遭受不必要的损失。李云龙的这招诱敌深入,近战和挑帘战、麻雀战结合的战法,让敌人的优势炮火派不上用场,保存了队伍的有生力量,保证了独立团的顺利突围。

二、调虎离山之"制造假象篇"

所谓"制造假象"就是伪造第二现场的假象以吸引对方的注意力,调动对方力量去解决,以掩护第一现场的实际动作。有点像军事行动中的"佯攻"。

【例证第 327 号】:掩人耳目窃钱财

江西电视台《第一现场》2010 年 10 月 10 日的节目中,报道了一则设局窃财的丑行。事件地点是福建泉州的一家小时装店,店里的老板娘像往日一样招呼着来往的客人,有一位客人在店里挑选了一件衣服并没有试穿,而是拿着衣服走出了时装店招呼远处的朋友也来购买。只是这位顾客拿着衣服越走越远,老板娘怕衣服被拿走也随着跟了过去。这时,一名黑衣男子进入时装店直奔收银台,用起子撬开收银台将现金席卷一空。当男子离开时装店时,老板娘还没回来。归店后的老板娘发现异常,果断报警,通过监控录像将犯罪嫌疑人绳之以法。

好在女店主家的摄像头不是摆设,真是"养兵千日,用兵一时"。还有就是这掩人耳目窃钱财的蟊贼,有这工夫想点啥都能成生财之道。

【例证第 328 号】:逗你没商量

辽宁卫视《新笑林》2012 年 2 月 3 日的节目中,安三使了一计调虎离山,展现了一把大变活人。在某一商场内,安三与众托儿商议好,他与一个小姑娘饰演父女,他会因着急上厕所拜托身边经过且不知内情的路人照看自己的女儿,就在这时,众托儿登场,集体向路人咨询事情,转移路人对小女孩儿的注意力,小女孩儿趁机跑向另一端藏好。与此同时,会有一名小男孩儿出现在小女孩儿刚刚的位置上。等小孩子们换位完毕,众托儿散去,安三出现,剩下一个茫然不知所措的路人。

好在只是一个电视轻喜剧,生活当中,哪位家长的孩子若是被掉了包,哪还有心思"逗你没商量",那绝对是"揍你没商量",典型的"没事儿找抽型"(2000 年央视春晚小品《钟点工》中宋丹丹语录)。

【例证第 329 号】:正大综艺游戏

《正大综艺》栏目是央视创办于 1990 年 4 月 21 日的大型电视综艺益智栏目之一。在创办初期,曾播出过这样两则国外的情景幽默:

其一,两名青年做无实物表演,模拟抬玻璃的动作走在熙熙攘攘的大街上,路上大多数人信以为真,纷纷从他们旁边绕行,偏偏有一些"愣头青",从二人中间穿过。这时,出现了玻璃摔碎的音响,那人愣了半刻,却并未见玻璃碎片,但碎玻璃交错之声犹不绝于耳,令那人不知所措。

其二,在一间餐厅,原本高朋满座,其实都是打过招呼的临时演员,在座的 A 先生被叫去听电话,他一进电话间,满座高朋即刻遁去,一个不剩。等 A 先生接罢电话回到餐厅抬头一看,空空如也,一脸不明所以、呆若木鸡的样子却被观众看个满眼。

这些恶作剧的做法后来就多起来了,而 20 年前还是很新鲜的。手法就是制造一个假象,让你形成错误判断。

【例证第 330 号】:《雪豹》中的越狱

在 2010 年出品的国产电视剧《雪豹》第 5 集中,周卫国(文章饰演)的哥哥刘远(潘泰铭饰演)被捕,罪名是"通共",要在数天后执行秘密枪决。周卫国找到了刘三(白红标饰演),刘三得知刘远被捕,当即决定营救。牢房外面的大批军警已经发现岗哨被袭,他们仍在牢房之中,就在军警冲进牢房门口时,刘三急中生智,将铁窗锯断以此制造从铁窗逃走的假象,引开军警,其实他们只是偷躲于房梁之上。最终,刘三救出刘远,成功协助周卫国劫狱。

133

一个好汉三个帮,这出好戏的上演单靠一个人是万万行不通的,得有好导演的设计调度和好演员的默契合作,否则就成有来无回了。

【例证第 331 号】:对越自卫反击战

湖北卫视《大揭秘》2012 年 9 月 21 日的节目中,讲述了对越自卫反击战中,我突击队员在强大炮火掩护下,首先拿下 603、604 两个高地,最后拿下 968 高地。而攻下 603 高地只用了两分钟,在出击前针对 1058 高地进行了猛烈攻势,以此来迷惑敌人,给越军造成我方即将攻打 1058 高地的假象,与此同时,我军集中火力压制 604 高地的越军对 603 高地进行支援,因此,603 高地的越军被我方打了一个措手不及。

越军的天真就在于简单相信了我军的声东击西,果真把主力军调走,给我领军乘虚而入的最佳时机。

【例证第 332 号】:戴笠霸胡蝶

1941 年香港被日本军队占领,居住在香港的影视明星胡蝶和她的丈夫潘有声仓皇出走,私人财产在转移时不幸被劫,这给了贪恋胡蝶美色的戴笠献殷勤、套近乎的好机会,主动帮胡蝶“追回”财宝(实则重新购买相赠的),戴笠又给潘有声发了一张专员委任状和滇缅公路通行证,为他创造发大财的机会。这一切看似是在帮胡蝶和潘有声,实则是戴笠的诡计:支走胡蝶的丈夫,为自己独霸胡蝶创造有利条件。此时的胡蝶已是羊入虎口,成了戴笠的笼中之鸟。待到潘有声察觉,也只能与胡蝶一样,忍辱负重。就这样,戴笠使的“调虎离山”得到了胡蝶,直至戴笠坠机身亡。

【例证第 333 号】:《射雕英雄传》

在金庸先生的武侠小说《射雕英雄传》中,天下以五大高手为尊,分别为东邪、西毒、南帝、北丐、中神通。在首度华山论剑之后,中神通王重阳技高一筹,力压其他四大高手,并赢走了绝世武功秘籍《九阴真经》。然而不久,王重阳病重,自知时日无多,又恐怕有人垂涎《九阴真经》对全真教不利。于是,他便诈死诱出蠢蠢欲动、觊觎这部真经的人,却将真正的经书交给了老顽童带走。果然便引出了高手欧阳锋,欧阳锋发现王重阳未死,被王重阳打成重伤,经书却怎么也找不到。原来他是中了王重阳的调虎离山之计,自己找上门找钉子碰。

三、调虎离山之“限制自由篇”

“限制自由”的调虎离山就是将某人或某些人强制控制在某个地方

或区域,使其对事情失去了发言权、掌控力与知情权。主动权完全掌握在己方。

【例证第 334 号】:"发言管制区"

天津卫视《非你莫属》栏目随着张绍刚的离开,告别了一个时代,随之迎来了一个新的开始。在 2013 年 8 月 5 日开始的新节目样态中,多了一个专属区域叫"发言管制区"。求职者在登台亮相后,主持人与求职者互动并提示他们可以率先做出一个选择———决定哪家公司肯定不去,随之把公司的代表送上发言管制区,继而禁止这名代表对自己做出任何评价。在之后的环节中,但凡是被求职者拒绝的公司代表都要被划分到管制发言区里。最终只剩最多两家公司,求职者只需与这两家公司的代表进行谈判,而不受其他招聘者的干扰。

管制发言区保护了求职者的权益,也肃清了求职过程中的干扰项,实属求职真人秀中的拓荒之举。

【例证第 335 号】:卢汉起义

2010 年出品的国产电视剧《解放大西南》第 26—28 集再现了 1949 年 12 月 9 日卢汉起义的过程。当日晚 9 时,云南省主席、云南绥靖公署主任卢汉以欢迎重庆绥靖公署主任张群莅昆为由(张群已被扣留,后被卢汉放走),邀请国民党中央驻滇军事首脑在卢公馆开紧急会议。被邀的有国民党第 8 军军长李弥、第 26 军军长余程万、师长石补天、空军第五路副司令沈延世、宪兵副司令李楚藩、保密局(军统改组后的名称)云南站站长沈醉(沈又交出国民党保密局西南特区区长兼西南长官公署二处处长徐远举、保密局西南督察室主任周养浩等)。他们被软禁后都参与通电起义。其关键在于,这些人都不是孤家寡人,均手握重兵,旗下都有万千之众,如果他们反对或对昆明合围,起义就会变成围剿。也正因为这些关键人物的参与,解除了后顾之忧。当然,由于后来放回了李弥和余程万,还是对昆明造成了一定威胁。这既是调虎离山,也是擒贼擒王。

【例证第 336 号】:北京取缔风月场所

央视第 12 频道 2005 年 2 月 21 日播出的 3 集纪录片《荡涤尘埃》,记述了 1949 年 11 月 21 日北京一举端掉所有风月场所的经过。在总指挥罗瑞卿指挥下,晚 8 时,出动 2400 名干警,分成 27 个小组,查封了 224 家妓院,收容了 1228 名妓女。而在这之前,就以开会名义,将四百多名妓院老板、领家"请"到公安局开会。这招调虎离山之计是属于"限制自由"类别的,因为这些老板、领家们是来得去不得了。

四、调虎离山之"信息不畅篇"

这里的"信息不畅",是使动状态,并非自然状态,是由节目编导制造或形成的,就是用以造成当事双方的信息不对称,来实现节目的目的或效果。这种方法在电视调解类节目中应用的最为广泛。

【例证第 337 号】:劝架的方法

近年来,各地出现了很多以劝架、调解为主题和目的的帮办谈话节目。比如江西卫视的《金牌调解》和银汉节目公司制作的《有一说一》等等。这类节目的共同特点是,在节目中,请来有矛盾有问题的当事双方,在主持人的循循善诱下,各说各话,各摆各理,可以炒到挑房盖儿,但不能大打出手。这时,调解员或专家开始发挥作用了。主持人会将矛盾双方分开,分置于两个密室内,各自由心理学家和调解分析师劝说,直至找到一个折中的办法或说和双方言归于好。

这其实也是一招调虎离山,二虎在山,必斗,但离开了会导致打架的公共区域,就和纷争产生了间离,再加上专家的如簧巧舌,化解矛盾和纠纷就成为可能了。

136

【例证第 338 号】:各个击破

北京科教频道播出的《第三调解室》是一档具有法律效力的排解矛盾、化解纠纷的电视节目。在节目现场将会由人民调解员、律师、心理专家为当事人进行调节,适度解决当事人之间的各种矛盾。在调解时,节目常常会把当事人双方分隔在不同的调解室中分别了解情况。这样也算是一种调虎离山,即调开矛盾双方,不让矛盾升级。

【例证第 339 号】:掩耳盗铃

2006 央视春晚上的小品《说事儿》,是 1999 年央视春晚小品《昨天今天明天》的续篇。在这个小品中,《说事儿》主持人小崔(崔永元)觉出白云大妈(宋丹丹饰演)和黑土大爷(赵本山饰演)很多话都有问题,特别是黑土当着白云的面不敢说话。于是,他让二位在对方说话时把耳机戴上,这样就听不见对方说啥,也就圆不上"瞎话"了。于是,大爷大妈的话就南辕北辙了。"专机"成了拉砖的拖拉机,4 万买的貂绒大衣变成了 40 元一天租的。

此谓掩耳盗铃式的调虎离山之法。这个"离"不是空间上、物理上的距离,而是虚拟的"间离",只是无法获知对称的信息罢了。

第16计 欲擒故纵

原文：

"逼则反兵，走则减势。紧随勿迫，累其气力，消其斗志，散而后擒，兵不血刃。需，有孚，光。"

解读：

对于敌人不要逼迫的太急，否则会遭到敌人反扑；如果让敌人逃跑便可削弱敌人的气势。追击敌人时不要追得太紧，只需消耗其精力，瓦解其斗志，等敌人溃散之时便可一举擒获，同时避免不必要的流血牺牲。依照《易经·需》卦所说，放慢进攻的节奏，耐心等待敌人的心悦诚服，便可赢得光明的战局。

三国时，诸葛亮对孟获的七擒七纵正是"欲擒故纵"一计，终而达到降服少数民族、开疆拓土的目的。反观之，孟获若是表面归降，然后伺机反击，结局又会是怎样？不难发现，此计攻心为上，最终俘获人心才是胜利（后边例证中再加叙述）。如今，观众参与电视节目的重要性早已成为电视工作者的共识，一味讨好观众不见得就有高收视率，所以电视节目在策划与制作的过程中处处"结扣子""卖关子"，借观众的疑问来发展故事，激发观众对节目的趋同感，并不是一股脑地将结论全盘托出。欲擒故纵之于电视：擒是目的，却不可操之过急；纵是方法，讲究个张弛有度。

在具体应用，就结合过程和结果、方法和目的、节奏和分寸等分为"先抑后扬篇""欲取先予篇""抑彼扬此篇""先关后开篇"四种表现方式。

一、欲擒故纵之"先抑后扬篇"

所谓"先抑后扬"指的就是"欲扬先抑"，即越是喜欢或要褒扬，就越是先得压制、压抑、压低，以为后来作为高调反衬。所谓"褒贬是买主，喝彩是闲人"。戏曲舞台上人物唱腔或演唱歌曲凡是要翻八度要高腔的时候，必先在前一句或小节降下调来，来做反衬和对比，否则，高腔不高，低腔不低，就失去了韵律美和节奏感了。在用人上更是如此，古代帝王御人之术大抵如是。

【例证第 340 号】：唐太宗贬李勣

唐代名将李勣，本姓徐名世勣，字懋功，后被赐姓李，又为了避唐太宗李世民讳改为单名勣。

李勣骁勇善战，善用谋略，李世民视其为大才。唐太宗晚年时曾对太子李治说"李勣这人太忠义,你无恩于他,恐怕日后他无法尽心辅佐你"。为了使李勣忠于李治,唐太宗将他贬为叠州(今甘肃迭部)都督。李勣也很识相,接到指令忙不迭地前往贬谪地上任(可见他是识破了此计的,因为这道旨意还有一层,就是如果他有不满情绪则杀之)。唐高宗李治即位后,根据唐太宗的遗命恢复了他的职位,历任尚书左仆射、司空。李世民为了给儿子留才,所以对李勣先抑后扬,欲擒故纵,要的就是有才之人的死心塌地。

在 1997 年出品的国产电视剧《雍正王朝》中,康熙(焦晃饰演)晚年,极力压制隆科多(蔡鸿翔饰演),以为雍正(唐国强饰演)所用,其道理和手法与唐太宗对李勣如出一辙。

【例证第 341 号】:《百变大咖秀》

在湖南卫视《百变大咖秀》栏目 2012 年 11 月 22 日一期中,奥运体操冠军邹凯的女朋友周捷,代替男友参加表演了蔡依林的"舞娘"。然而在表演结束后,遭到了众位评委史上最严厉批评,"了无生气""不痛不痒""骑虎难下"。众位评委为何如此苛刻,原来这是一个为邹凯求婚所铺成的小段子。几位评委的点评的第一个字连起来,其实是在称赞周捷"了不起"。这段节目设置先抑后扬,让当事人的心情像坐上了云霄飞车,不由自主地跟着节目的步调走。

138

二、欲擒故纵之"欲取先予篇"

"欲取先予"就是说,先舍后得,先诱以或名或利或胜,骄纵之,放任之,有时还需要放弃一些东西,使其麻痹,失去警惕和防备,而后一招制敌。《三国演义》里司马懿为避锋芒,韬光养晦,在大将军曹爽面前装傻,在皇帝曹芳那装病,之后一个兵变反转局面。

【例证第 342 号】:郑伯克段于鄢

这段课文原见于《春秋》,在中学时是在《古文观止》第一篇学的。郑伯即郑庄公,段即其弟公叔段。二人的母亲武姜因生郑伯时难产而很讨厌他,喜欢公叔段。废长立幼的动议流产后,郑伯即位。武姜为公叔段讨得京邑封地。后来公叔段蓄势谋反被郑伯打败。而在这过程中,郑伯有几次可以遏制公叔段,但他总以"多行不义必自毙"来解释,其实就是"欲擒故纵"之法,作壁上观,坐视,坐等,拭目以待,并期许那个可预见的结果的到来,只待他够"火候"时再动手而已,居心可见一斑。

【例证第 343 号】:拉人赌博用的也是欲取先予

赌博是恶习尽人皆知,但为何还总是有人前赴后继地扑向这个火坑呢？原因是赌博团伙拉人下水使用的就是"欲取先予"之法。先玩儿小注的，让你屡屡得手，赢得不亦乐乎，乐不思归。"先予"便告一段落，就开始"欲取"了。先前的"输"都是故意设下的圈套，等到玩儿大注了，下水的新赌徒断无胜算，不是玩儿老千，就是设陷阱，要么就是玩三过一，最后，让你输个倾家荡产，家破人亡。

【例证第 344 号】：对悟空先放后收

在《西游记》(不论是小说，还是电视剧)，悟空在被压在五行山下之前折腾得不亦乐乎，而似乎天界对他束手无策，直至悟空"大闹天宫"要挑凌霄宝殿房盖儿时，玉帝希望如来出来援手。而相比较取经路上，悟空总是难以通关，每每被上界某某星座的童儿或坐骑就给治了，一根腰带就给捆了，是悟空被"限制行为能力"了？这些神仙的神通怎么在悟空前时胡闹时都忘了使呢？显然，这就是欲擒故纵，未必不是个"局"或圈套。三个徒弟加个白龙马哪个不是从天界策反或转会过去的？

【例证第 345 号】：七擒七纵孟获

话说"七擒七纵孟获"是《三国演义》中的经典情节。东汉末年，魏、蜀、吴三分天下。蜀相诸葛亮受昭烈帝刘备托孤，这时蜀南方之南蛮叛乱，诸葛亮当即点兵南征。双方首次交战，诸葛亮就大获全胜，生擒了南蛮首领孟获，但是孟获却认为诸葛亮只是仗着阵势精妙才赢了他，大呼不服，于是乎孔明爽快地放了孟获回营。然而孟获却一而再再而三地栽在诸葛亮手里，次次他都大呼不服，诸葛亮也次次都放他回去。直到第七次孟获又被擒住，诸葛亮还要放他走，孟获却不愿意走了，这次他是真的服了诸葛亮，承诺再也不生反叛之心。

诸葛亮擒了孟获七次，又放了他七次。诸葛亮放他走是因为有把他再抓回来的把握。每一次纵容孟获离开，实际上都是为了最后让其心悦诚服的归顺，这才是从根本上收服人心的方法。

【例证第 346 号】：帝王策：羊要养肥了再杀

由古至今，不论是历史上还是银幕上每一个成功的帝王无一不是善弄权术者。而欲擒故纵之术，诸位皇帝也没少用，这里就有几位个中翘楚。

淮阴侯韩信是西汉开国名将，"王侯将相"韩信一人全任。然而终究逃不过功高震主的下场，汉高祖刘邦对付他的方法就是，欲擒故纵。先是给其天下无二的恩宠，让其恃宠而骄放松警惕，最后一举擒之。

北周皇帝宇文邕对执掌大权的宇文护也使了欲擒故纵之计。宇文护独断专权，弑杀了两任皇帝。宇文邕登上皇位之后，深知自己力量弱小，无力对抗宇文护。便韬光养晦 12 年，在这 12 年中他对宇文护几乎言听计从，千依百顺。暗地里精心策划，终于一举铲除了宇文护。

康熙皇帝计除鳌拜也是如此，先是百依百顺，暗地里精心谋划，最后一击即中。

欲擒故纵是极好的韬光养晦之计，也是帝王常用之计，然而纵是为了随后擒之，切忌纵得太过火，最后养虎为患。

【例证第 347 号】：《精忠岳飞》

在 2013 年出品的电视剧《精忠岳飞》中，苗傅（李达饰演）因不满赵构昏庸，便发动兵变，囚禁了赵构。苗傅认为韩世忠是人才，便生出招揽之心。韩世忠便假意逢迎，称赞苗傅忠义，让苗傅错信其已经投靠自己，其真实目的为探听赵构的死活。最后在确认赵构是被囚禁之后，便一举擒住苗傅。

【例证第 348 号】：答题换奖品

在益智竞猜类节目中，选手通过答题赢取节目组提供的奖品。节目中，选手初始回答的题目都比较简单，能换取的奖品也相对价廉。选手的积极性也随着答题的晋级不断攀升，奖品的诱惑也随之加大，但是选手答题的难度也随之加大，终极大奖会有最难的题目护身，鲜有人能完成最后一击。有的节目会更决绝，如果冲击到最后一关失败，选手之前累积的奖品也会取消，选手只好带着安慰奖和虽败犹荣的心态扫兴而归。

世间没有天上掉馅饼的好事，节目中的奖品个个诱人，人们争相参与，想拿走却没那么简单。哪天选手若是捧得大奖而归，定是实力与运气的双重效力。

【例证第 349 号】：《非你莫属》

天津卫视职场服务类《非你莫属》2013 年 7 月 7 日一期中，中国政法大学法律系美女任晓宇前来应聘，在节目过程中，优胜教育总裁陈昊一直在问问题，似乎对应聘者很感兴趣，就在大家都认为陈昊会为应聘者留灯的时候，他却第一个就把灯给灭了。这是典型的欲擒故纵，先引导别人说出底线，抱有希望，然后出现一个大逆转。

三、欲擒故纵之"抑彼扬此篇"

这里用的是比较法，用一个人来做另一个人的陪衬，就如同《三国演义》第二回"张翼德怒鞭督邮 何国舅谋诛宦竖"里，把历史上刘备做的事安到了张飞的身上，翼德怒鞭督邮，彰显的是他的暴烈性格。而督邮这人上场一次挨了顿打，就此别过，再无戏份儿，可怜可悲。挨顿打也就算了，还有命在,在有些剧集或节目里,是要付出生命代价的。而且,往往是一开场就挂掉,也太悲催了。

【例证第 350 号】: 御驾亲征之飞行员

1996 年出品的美国电影《地球反击战》,说的是美国遭到外星人的猛烈攻击,空军在强大且庞大的外星飞行器面前,如同螳臂当车,丧失殆尽。总统夫人也在劫难中丧生。到这时,到这里,剧情已经到了最危险的时候,似乎外星人再努把力,就能把这里的一切化为齑粉。于是,终于轮到总统御驾亲征了,他要亲自驾驶飞机去撞击外星人飞行器,在电脑工程师戴维和飞行员史蒂文的帮助下大获全胜,外星飞行器土崩瓦解。

前边的铺垫是为总统的出场做引子的。这个就叫隆重出场。

【例证第 351 号】: 御驾亲征之自我救赎

1997 年出品的美国电影《空军一号》里,美国总统乘坐的"空军一号"飞机被劫持了。包括第一夫人及重要政府官员均被扣为人质。而被派去解救总统的"男一号"还没看清面目就"挂"了。于是,被解救的总统又被推到一线,需要靠勇气、智慧和体力来拯救家人、下属和自己,这又是一版特制的御驾亲征式的自我救赎。而且,这里同样采取了欲擒故纵、欲扬先抑的手法,大有置之死地而后生的架势,给总统留的也是一个限时游戏,好在总统有打通关的本事。

这类题材并不鲜见,2013 年又有同类电影问世,都是和白宫被攻击有关,翻译过来就是《白宫陷落》《白宫坠落》,总之,白宫经过这番折腾,不是该大修而是该重建了。

【例证第 352 号】: 主角开篇死去

2009 年出品的 30 集谍战电视剧《潜伏》第 1 集中,与男主角余则成一起去刺杀日伪特务李海丰的余的上司吕宗方被枪杀。其时,余则成作为男一号的脉络上尚不清晰。主角开篇死去,其实,就是为了余则成的正式亮相(虽已经出场,但不隆重)做了一个垫场。局面甚为惨烈紧张,节奏紧凑,但唯此才更引人注意。这种手法和前边电影《空军一号》有某种暗合。

四、欲擒故纵之"先关后开篇"

这里的"先关后开"指的是内容中的关键信息的释放,在层层解开的过程中,先死死封住,不透露半点风声,到结尾篇末点题,再告诉答案,就如同马三立先生的相声小段《挠挠》里说的,治疗皮肤瘙痒的偏方在纸包里,左一层,右一层,一层一层又一层,最后一张纸条写着"挠挠"。如果大字金匾写着,就泄气、卸扣了,也就没有了热点、燃点和爆点了。

在这类里,又根据情况的不同分为"抻节奏"和"卖关子"两个小项。

(一)抻节奏

所谓"抻节奏"就是故意拉长事件本来的时间长度,在时间轴上做文章,再穿插进其他信息,或放大、拉伸时间长度,放慢速度,让原本时间单位为1的事情拉伸几倍来展现。以体现细节、质感、美感或增强悬念性。电视节目中的慢镜头使用就是这个道理。

【例证第 353 号】:双枪老太婆点射甫志高

1965 年出品的国产电影《烈火中永生》中,双枪老太婆率队去营救被捕的江姐。未料狡猾的敌人从马家场一路将江姐秘密押送,刑车这路是虚晃一枪。但这一次也没有跑冤枉路,抓到了叛徒甫志高。老太婆审问过后,甫志高扭身逃跑,老太婆待他跑出几十米才开枪。而在李润杰的快板书《劫刑车》中则有另一个版本,在老太婆审问"魏不活"时,甫志高乘机跳入水中逃跑,华为报告信息,老太婆并不着急,还是审问魏,见魏犹疑,才抬手把甫志高揭了盖儿,现在叫"爆头"。也就是,让你再活一会儿。换句话说,就是"让子弹飞一会"。

【例证第 354 号】:"让子弹飞一会儿"

2010 年出品的电影《让子弹飞》中有一句经典台词:张牧之(张麻子,姜文饰演)打出一枪,六子(张默饰演)一见没有反应,说:"没打中。"张牧之说:"让子弹飞一会儿。"顷刻,目标火车命中。其实,这里用的就是欲擒故纵之法,就是不让你这么快看到结果。不是子弹飞得太慢,而是期望值太高。物理状态的命中目标是即发即中,而在电影中,是要分切成几个画面,而插入的画面无遗就给了子弹飞的时间。就有点儿像人物被击中时的闪回一样,其实也许是"立毙"的,但经过闪回,时间也就被拉长了,放大了,也就死得慢了。

【例证第 355 号】:我想飞得更高

中央电视台《东方时空》的《生活空间》栏目 1993 年 5 月 22 日至 27 日播出的连续节目,跟踪了一位农民造飞机的事。在例证第 007 号中做过说明。这里不再赘述。

而其方法就是典型的欲擒故纵。故事很简单,但过程很复杂,结果很纠结。如果直奔主题和结果,那一条新闻就可以解决了。而包了这么大的皮儿,将馅儿包裹得严严实实,就是因为馅太小了,直给太微观,很显缩水,于是,就放大过程了。

【例证第 356 号】:中国骄傲陈灿

央视 2005 年 10 月 28 日播出的《中国骄傲》节目,是以节目形式向评选出的见义勇为人士颁奖。如果是以往,一般是先请受奖人上台,简要介绍其事迹,最后颁奖。这次,却不是平铺直叙,而是充分发挥电视手段,将每一个英雄事迹做成资料片。恰恰是资料片叙述时序的设置使悬念凸显出来。舍弃了以往的倒叙,而是按照事件发生发展的时间顺序展开。如"陈灿救人"的故事就是这样。2005 年 7 月 1 日,四川省境内青川县因为连日降雨,山洪暴发。4 名妇女被困江心小沙洲,生命危在旦夕。这时,赶到救援的广元公安消防支队直属中队战士陈灿主动要求下水,因为水流湍急,陈灿数次下水,数次被汹涌的洪水冲走被安全绳拉回;就在最后一次救援的过程中,陈灿逐渐靠近了被困群众,但是洪水再一次把陈灿卷到了水底……陈灿自己的生命受到了严重威胁。陈灿被救出来的时候,已经停止了呼吸。岸上焦急如焚的人群中,有一个年过花甲的老中医,他迅速对陈灿展开了营救,并两次往返于救人现场和诊所之间,取来强心针,为成功挽救陈灿的年轻生命取得了宝贵的时间。后经医院急救,救人英雄昏迷了数天之后苏醒。

在这叙事过程中,至少形成了几个悬念:被困小沙洲的女工、陈灿三次下水、陈灿两次停止呼吸、老中医一取强心针施救未果、老中医被人架往诊所二取强心针施救、陈灿苏醒、陈灿最终获救、陈灿上台受奖、施救村民与陈灿台上相见。当然,不会忘记交代,4 名妇女最终全部获救。如果按常规,先让陈灿上台,那故事的精彩程度和吸引力就会大大降低。而按照顺序讲述经过就是将结果按下不表,让过程铺张开来,故事才有趣。

【例证第 357 号】:《等着我》

2010 年 12 月 18 日央视综合频道播出的《等着我》是一档跨越中俄两国、纵横 50 年的大型寻亲活动。20 世纪 50 年代末,随着中国和苏联关系恶化,越来越多的两国跨国的亲情、友情、恋情被迫拆散,天各一方。50 年后的今天,一次 4 小时的大型直播,为一部分找到了亲人友人的人们搭起了一个平台。在这个节目现场,黎远康与俄籍的母亲相见;徐本美与老同学拉丽萨重逢;陈诺见到了初恋情人依娜。具有戏剧性的是,朱育理在苏联留学时的班长就是他儿时崇拜的苏联飞行英雄、为中国抗日事业献出生命的库里申科的女儿,而更有戏剧性的一幕则在节目现场,当节目切入俄罗斯同质节目《等我》总制片人谢尔盖时,他执意要和朱育理直接通话。他叙述了很多"从句",说"我们可能问五个人,就可以找到我们要找的人,我们做这个节目,会给大家带来惊喜。当我知道您要找库里申科,战机坠落在扬子江,现在长眠于万县的飞行员,他就是我的外公。"他的一番话让朱育理激动不已,因为这个世界实在是不大,谢尔盖就是库里申科的外孙。有趣的是,谢尔盖是制片人,是电视人,很会做噱头,包袱抖得真好。原本一句话的事儿,被抻成了猴皮筋儿。

(二)卖关子

"卖关子"原指说书人说到紧要关节处中止,故弄玄虚,借以吸引听众继续往下听。在这里指的不是平铺直叙,在关键信息内容的释放和告知上讲究分寸和火候,不见鬼子不挂弦儿,不见兔子不撒鹰。

【例证第 358 号】：关友博好人耶坏人耶

2010 年出品的香港电影《枪王之王》中,一场实战射击比赛后,获胜的外汇投资经理关友博(古天乐饰演)还枪途中路遇劫案,为救交警,他开枪将 4 个劫匪中的 3 个打死。他成为市民眼中的英雄,且最终被判无罪。但却引起在射击比赛中输给关友博的警官庄子维(吴彦祖饰演)的怀疑。最终的结局是,关友博正是这一切的幕后黑手。

可见,先前所有的内容都是铺垫或真相的一部分,原来的好人英雄正是真正的凶手。

【例证第 359 号】：从胖神到瘦神

2001 年出品的香港电影《瘦身男女》中,Mini Mo(郑秀文饰演)因与黑川分手而由九头身美女变成肥婆。与黑川十年之约将至,Mini Mo 要瘦回从前,找来肥佬(刘德华饰演)帮忙。这两个"合肥"男女演绎了一场好戏。到影片结尾,"本版"(瘦型款)刘德华和郑秀文相会时才发现,这部近百分钟的电影,四分之三部分都是胖身男女,瘦版 Mini Mo 出现是在 70 分钟之后,二人同现瘦款则又在 90 分之后了。这故纵的结果,就让这两个人胖出了圈儿。可是,如果没有这个强烈的对比和反差,也就没有结果的惊艳了。

【例证第 360 号】：汤姆刷墙

在 2011 年出品的德国电影《汤姆·索亚历险记》(根据美国作家马克·吐温 1876 年同名小说改编)中(原著第二章"无奈刷墙,战绩辉煌"),汤姆·索亚(路易斯·霍夫曼饰演)一只手拎着一桶灰浆,另一只手拿着一把长柄刷子。要给 30 码长(一码=0.9144 米)、9 英尺高(1 英尺=0.3048 米)的栅栏刷灰浆(大约75.3平方米)。开始他很沮丧无奈。但后来,他的鬼机灵上来了,运用欲擒故纵的方法,将刷浆描绘成高智商的游戏,引逗得众多孩子要用东西才能换来这"被惩罚"的机会。他不仅变成了包工头和监工,而且换来了苹果、风筝、死老鼠、十二颗石头子、一只破口琴、一块可以透视的蓝玻璃片、一门线轴做的大炮、一把什么锁也打不开的钥匙、一截粉笔、一个大酒瓶塞子、一个锡皮做的小兵、一对蝌蚪、六个鞭炮、一只独眼小猫、一个门上的铜把手、一根拴狗的颈圈、一个刀把、四片橘子皮,还有一个破旧的窗框。汤姆卖个关子,就把惩罚当成游戏,把"水猫儿"变成"包工头"。

【例证第 361 号】:《铜人谜踪》

央视科教频道特别节目《铜人谜踪》(2005 年 5 月播出),以 3 集两个小时的篇幅讲述了宋代所铸的针灸铜人的故事,线索从宋天圣针灸铜人,追寻到明正统针灸铜人、清光绪针灸铜人,日本找到的铜人,俄罗斯找到的铜人等。让观众清晰地感觉到,随着寻找的深入,那铜人渐渐从"铜人"幻化成"人",俨然如同有了鲜活的生命一般,让人关注和牵挂。他跨越时间、地域、朝代的生命和命运也让观众和节目制作者在不知不觉中发生了"移情",他的踪影和"生死"成了最大悬念。虽然在俄罗斯找到的只是明代铜人,但可以告慰观众的是,毕竟有了一些线索和部分结果。

可见,欲擒观众之心,必知观众所想,却不能提前告知观众结果,要"纵"过程的叙述和延伸,哪怕是没有结果的答案也是观众所期待的。

【例证第 362 号】:大叔你是谁

益达口香糖的电视广告是比较惯于做连续式的微电影化的表现的。在第一季"兄弟"系列里,"彭于晏"先是在加油站遇到"兄弟""桂纶镁"(其实是女生),两人开始恋情,有拉面篇、糖葫芦篇,而后分手,在客栈重逢再聚首完结。而在郭晓冬和白百合系列里,大厨师徒又会有怎样的故事呢,未完待续。

故事情节像挤牙膏一样,还不是每天挤一点,因为电视广告制作周期不是很快,于是,一个轮次下来,怕要几年了。没有过日子的心还真等不及。

【例证第 363 号】:话题介入

《今夜有戏》是天津卫视于 2010 年 1 月 3 日推出的一档综艺脱口秀栏目,2012 年 10 月 23 日最后一期,之后停播。主持人郭德纲为了发起与嘉宾的聊天对话,常常提一些真真假假的问题,有时会冠以"我没想问,是他们非要问的",或者"你可以回答,也可以不回答,但最好是回答"等作为敷衍或铺垫,在主持人和现场观众的起哄下,嘉宾一不留神就被带沟里去了。

话题介入讲究方式方法，要给嘉宾说话的欲望，主持人的铺垫看似在迁就嘉宾，实则"牵着嘉宾"按照自己的意愿行事，最终给观众一个满意的答复。

第 17 计 抛砖引玉

原文：

"类以诱之，击蒙也。"

解读：

用彼此相似之物去诱骗敌人，使敌人上当并进行打击。

抛砖引玉作为以小额代价换取高额回报的智慧典范，关键不在抛砖者的动作有多优美，而在施以引玉的诱惑有多巧妙。以此为鉴，电视节目的最大成功莫过于在高投入、强竞争的环境下做到"以小博大"，于是节目多先以线索性的提示信息示人，使观众参而不透，然后利用预设悬念引诱观众紧跟节目进程，在好奇的驱使下可将观众长时间锁定在节目中，最终将不曾预料的结果宣布于众，使观众在大呼过瘾之时还能意犹未尽。这对电视台而言，不仅是节目的口碑，更是收视率与创收的保障。

在具体应用中，又可分为"陷阱式诱饵篇""引场式铺垫篇""模式化集群篇"三种类型。

一、抛砖引玉之"陷阱式诱饵篇"

看上去很美，但实际上就是陷阱和诱饵。狐狸要想得到乌鸦嘴里的肉，付出的是阿谀奉承。面对"便宜""诱惑""意外之财"，想想如何这天上的馅饼就会砸到自己的脑袋上。俗话说，"便宜就是当"。不贪是硬道理，不食香饵，金鳌就不会被钓到。

【例证第 364 号】：毛姆自己给自己当托儿

英国现代著名作家威廉·萨默塞特·毛姆成名前，常常囊中羞涩，山穷水尽。老兄想到一个妙招。他在多家报纸登了这样的别样的广告："本人喜欢音乐和运动，是个年轻而又有教养的百万富翁，希望能和毛姆小说中的主角完全一样的女性结婚。"广告一出，引得众多拜金女争相购买毛姆的小说，滞销书成了畅销书。

据说，毛姆做广告时，基本上倾家荡产了。但这相对而言，还算是小投入大产出了。这就叫孤注一掷，舍不得孩子(其实是鞋子)套不着狼：

许仙借一把伞换来个媳妇白娘子；

柳毅传书换来个媳妇龙女三娘；

刘彦昌题诗一首换回来三圣母；

张羽煮海煮出个媳妇。

看看，全都是低投入高回报的，还有零投入的，董永兀自走路，被七仙女"倒追"成功的。传说里，一切都有可能。

【例证第 365 号】：给点甜头尝尝

当下，用欺骗、哄骗、诱骗、诈骗等手段使人上当的事情不绝于耳。而要使人上当上套，除了对老年人进行恐吓说冻结、绑架等信息外，还有一些就如钓鱼一样，必先投之以饵。这"饵"无非就是利益。比如要拉人赌博，先让他赢钱，便很快下水。而一些获奖短信先告诉你得了几万块的大奖，再让你汇些税费，部分人一高兴就上当了。

可见，甜头不尝，便宜不要，"砖头"不接，你的"玉"就可能就不大容易被套走了。

【例证第 366 号】：10 元钱旅游游了什么

天津电视台都市频道《都市报道 60 分》节目 2012 年 10 月 28 日播出的节目《10 元钱旅游游了什么》里报道了天津一些招揽游客的广告这样印着：秋季一日游，游览 4 个景点，品尝纯正农家饭。而当记者跟随老人们一起体会这"十元钱旅游"的内容时才发现，这四个景点是寝宫（也就是墓地）、香油厂、灵芝种植基地、花卉市场，无一不是推销商品的地方。而纯正农家饭则是两个馒头、一袋咸菜和一根火腿肠。

这其中抛的是十元概念，而收获的则是大家的消费。

【例证第 367 号】：种钱的活做得

2002 年央视春晚小品《花盆儿》中，"黄宏"为藏私房钱，把钱藏在花盆里，而"巩汉林"却偏要买这一个盆。直至被要求能"种"出钱来。

当然，抛砖的是"巩汉林"，不是"黄宏"，种五块得十块当然是好事，"黄宏"做的都是赔本的买卖。自然，是戏法就可能会变漏。这游戏不好玩儿。还是真诚些好。纸里包不住火，盆里藏不住钱。

【例证第 368 号】：用口香糖钓上帅哥

"益达口香糖"系列电视广告中，第一季第一款就是"彭于晏"骑着摩托车到加油站加油，喊"兄弟""桂纶镁"给加油。可是突然发现，这是个女生。四目相对，刺啦刺啦地冒火星。而待"彭于晏"走时，油加满了，益达也满了。

于是，"桂纶镁"只用一盒口香糖就钓上个帅哥。师胜杰、冯永志合说的相声《恋爱历险记》中，甲因为花钱大手大脚，去赴约会口袋只有一毛钱,结果,就用这一毛钱赢得了女友吕芳的芳心。可见,恋爱这东西,钱不是决定性的,关键在智取。低碳环保节能的抛砖引玉法是很可以推广且屡试不爽的呢。

二、抛砖引玉之"引场式铺垫篇"

这种类型就如同大幕拉开的"帽戏",也就是开场戏,起陪衬、铺垫的作用,又像是大桥的引桥,是为通向高点服务的。

【例证第 369 号】:捧哏未必没有好嗓子

在相声表演中,以逗哏(甲)为主或曰戏份都在逗哏一方的叫"一头沉",可以多方面展现才艺和功底。特别在学唱类(行业术语叫"柳活")方面,捧哏(乙)往往成为逗哏的陪衬或曰反衬,以糟糕差劲的唱功来反衬逗哏的高富帅。但这都是设计好的,并不意味着捧哏就没有好嗓子。就好像《武松打虎》,在戏里是武松"打死"了"老虎"(有人扮演的),可不意味着演武松的演员的武功就比演老虎的强。

【例证第 370 号】:这些"门"该关上

近几年,某某门事件不再是别国专利,我们周边也开始出现"门"事件。而这里最应该关上的就是不雅事件门。问题的关键还不在于事件的曝光,而在于某些门的当事者,开"门"之后不以为耻,反而人气大增,行情见涨。事件有目共睹,本人出现则又会一睹真容。也许大家比过去宽容了,见怪不怪了。但对于当事者而言,果然是抛砖引玉了,因为对于某些人而言,开"门"如果可以获得高回报,还是乐于或舍得开的。堵上这"门"路实在是必要。

【例证第 371 号】:《樱桃》前传

天津卫视《今夜有戏》栏目 2012 年 4 月 12 日一期中,主持人郭德纲与徒弟岳云鹏先模拟做戏,师徒表演失散多年的父子,再引出《樱桃》剧组主创主演出场。原来,这冗长的表演不是无来由的"垫话儿"或普通垫场,而是为剧组出场做的铺垫,表演的内容也和《樱桃》剧情有一定关联。

可见,如果看见有一块砖,别急,没准儿就是谁抛出来引玉的呢!

【例证第 372 号】:《失恋 33 天》

2011 年出品的国产电影《失恋 33 天》,讲述了女主角黄小仙(白百合饰演)从遭遇失恋到走出心理阴霾的 33 天。这部片子的开场有几段情侣或是夫妻之间分手的小短片串场,客串出演的都是明星,比如姚笛、李晨、张默、陈羽凡、马伊琍等。这几段片与主片内容没有很大的关联度,但是在一定意义上也有宣示主题的作用。这些小短片会吸引观众更加快速地进入主题，为了引出主片而服务。这就是一计抛砖引玉，不过《失恋33天》抛出去引玉的砖头做的也十分精致，十分吸引人。

而比这部电影早9个月上映的电影《将爱情进行到底》的开头也有几番串场小短片。而这种表现形式似乎与1997年出品的国产电影《爱情麻辣烫》的表现手法不无渊源，似乎是《爱情麻辣烫》的微缩版（《爱情麻辣烫》由五段不同年龄人的情感小故事组成：《声音》《照片》《玩具》《十三香》《麻将》。由《结婚》的线索连接，构成了一个完整而丰富多彩的人生）。

【例证第373号】:《焦点访谈》

央视播出的《焦点访谈》是新闻评论部开设的电视新闻评论栏目，每天19:38在综合频道和新闻频道并机直播，栏目时长13分钟。2013年8月10日《焦点访谈》播出了一起"诈尸难还魂"，讲的是武汉炎炎烈日之下，几名男子在广场上设灵堂，扬言城管杀人了，要求讨回公道。让人啼笑皆非的是，在群情激扬之时，躺在木板上的"尸体"居然坐了起来，大呼"太热了"。在这期栏目之前，有一段配有文字的片段连提几个问题"披麻戴孝，他们为谁申冤？""惊天逆转？"等等。若干个问题和镜头清清楚楚地把重要的转折和引人之处直呈出来。这些小片段就是为了引出下面主片，所抛出来的"砖"，可以引出主片这块"玉"。

149

【例证第374号】:《饭没了秀》

《饭没了秀》是深圳卫视在2003年推出的一档以儿童语言为笑源的脱口秀娱乐节目。因为是成人与孩童间对话的平台，节目中常有童言无忌的猛料令大家啼笑皆非。以2012年4月21日的节目为例，节目组请来了一对长春的小活宝，女孩儿叫美兮，男孩儿叫阿正。阿正带着自己的玩具汽车作为礼物送给现场的观众，主持人强子哥哥拿着一部有轨电车模型说:"这得送给现场心里有鬼的观众"，阿正接着补道:"那就得去医院了，心里有鬼会做噩梦的"，美兮更是语出惊人:"心里有鬼就说明犯心脏病了。"

与小朋友聊天得注意引导与分寸，这"玉"引出来比"砖"还吓人，好在是童言无忌，并无恶意，只为博大家一笑。

【例证第375号】:"傻教授"的生意经

央视财经频道《生财有道》栏目2011年11月22日一期中，介绍了一位傻教授的致富经。陈文华教授原是一位考古学教授，2000年他发现在江西省婺源上晓起村有一座传统制茶作坊内古老的木质水力捻茶机。它是靠晓溪水流来驱动，不用电力和燃料，对环境不造成任何影响。这台水力捻茶机在中国已经是独一无二。为此，他租下农舍，修复机器，招引茶客。后来，他租下稻田请人晚半个月耕种，使其在"十一"黄金周还能有稻浪飘摇的景象，吸引了很多游客。不仅如此，他又以每亩600斤稻谷的价格承包了村里的田地种植菊花，经过几年不断试验，他种的黄菊最贵卖到5000元一斤。与其说这是"抛砖引玉"，毋宁说是"投桃报李"，是对投入的回报。

三、抛砖引玉之"模式化集群篇"

所谓"模式化集群"，也可以说是"模式集群化"，就是说不是个案或微观表现，而是一种宏观设计和样态，成为节目或栏目固定的模式，且具有一定的普遍性，也就可说是带有一定的规律性与合理性。在不同类型的节目中都有表现。

（一）在综艺类节目中

【例证第 376 号】：老毕常用此法

在诸多电视节目主持人里，毕福剑是比较敢于自嘲，大家也乐于嘲他的一个。如果用句相声界的术语，就是大家喜欢拿他"砸挂"。道理很简单，大家喜欢他。而主持人取得成功的重要一点就是真实和真诚，绝无造作和虚伪。大智若愚总比把聪明都写在脸上要来得好得多，反是那些总在刻意和特意表现和表演聪明的人会落得不堪。老毕多才多艺，但多而不专，广而不精，博而不渊。这些本事几乎全都制成板儿砖拍出去了，为的就是引出大家的玉来。从这个角度看，有点儿自毁形象的自我牺牲精神。但没有舍哪有得呢？

【例证第 377 号】：《星光大道》

央视综艺频道播出的大型综艺栏目《星光大道》栏目中走出了很多能歌善舞多才多艺的选手。在每一轮比赛之后，都会有一个观众投票选出优胜者和淘汰者的环节。每次到了这个环节，节目镜头都会开始扫拍各种观众的表情，但就是不直接抓拍大屏幕上的票数增长。在投票结束之后才会让镜头停留在投票结果上。这样是赤裸裸的"吊胃口"，在人们最想知道的结果，也就是"玉"被揭晓之前；栏目会先让你看看观众的表情、选手的表情，你心中难耐不断猜测，不得不看下去。这些镜头就是被抛出来吊胃口的"砖"。

【例证第 378 号】：《一站到底》

江苏卫视益智答题类节目《一站到底》中，每一个守擂者的面前都有一个屏幕,在擂主选中守擂者之后,屏幕上会出现若干个关键字,对守擂者进行提示性描述。如果想要了解得更多,对守擂者的能力有很可观的评估,就得一直看下去。这提示性的关键字就是节目设置的抛砖引玉,让零星的关键字吸引观众把节目观看下去。

【例证第 379 号】:导师们真下本儿了

浙江卫视《中国好声音》中,导师们为了抢到优秀学员,纷纷打出感情牌、利益牌、合作牌等来诱惑学员。有要给阚立文、朱克看孩子的(这两位歌手都是单身父亲,带着个女儿);有一直说要开演唱会邀做嘉宾的,刘欢只开一场,杨坤说开 32 场;又杨坤、汪峰、庾澄庆都说自己是创作型歌手,可以为选手写歌的等等不一而足。

导师们开出的条件都够优厚,这让人想起一个招聘保姆的节目,最后开出的价格和条件让人感觉不是来做保姆的,而是做太太的。但是,导师们肯定是不会做赔本生意的,一个字——值。

(二)在服务类节目中

【例证第 380 号】:货比三家

天津卫视求职公益服务类栏目《非你莫属》,每期有 12 家企业的负责人在节目现场招聘选手。而当两个以上老板选中同一选手,老板们便纷纷抛橄榄枝吸引对手,以职位、薪金、绩效奖励为诱饵,或是夹带非物质标准的待遇"老板亲授"等。而当选手留下的最后两位老板进入"谈钱不伤感情"时,也不时突破上限,拿出吐血标准的高薪以吸揽优秀人才。当选手做出选择时,中标企业老板欣喜若狂,落标者落寞不已。当然,其中还有其他老板敲边鼓还嫌事儿不够大的。结果,有的选手收获满满,不仅找到了称心的工作,还有酒店老板送婚宴;有珠宝老板送钻戒等等,车载斗量地回归了。

表面上看,老板们折本大出血,而实际上,他们看中的更是选手的潜质和可能为企业带来的高额回报和创造的价值。为了这个,抛点什么出去都是值得的,也是必需的。

这些手段,后来也被选秀节目借鉴过去了。

【例证第 381 号】:收藏背后的故事

《艺品藏拍》是天津电视台 2003 年 4 月开播的一档收藏类栏目,节目坚持走百姓路线,一直以"为百姓拍,拍百姓事"为理念,不仅有藏友以藏会友的参与以及现场观众的互动,还有以严肃认真、客观公正的态度对自己鉴定结果负责的专家评审。他们以节目现场的藏品为例,普及藏品的相关知识点,并为观众就收藏实用性做拓展讲解。节目的服务性到此并没有结束,专家评审还会分享平日里的收藏技巧和保存方法等收藏中的经验之谈,引导观众树立健康、成熟的收藏心理。

"收藏重在陶冶情操",绝不是趁机蛊惑人心。不论藏品真伪,大家都跟着开开眼界,以吸收知识为收获,"更在收藏爱好者的不断扩大中见证着健康、和谐、充实的生活方式"。

【例证第 382 号】:天气预报

不管是中央台的天气预报,还是每个地方台的天气预报,其模式都大同小异。都是在逐一播报完主要城市或地区的天气,然后会如同滚字幕一般报出其他与当地关联度不大的地方的天气预报。这种用法是"抛砖引玉"的反用"抛玉引砖",次重要城市的天气预报固然没有主要当地城市的天气预报重要,如果单拿出来播报可能并不会有人关注,但是如果放在比较重要的城市之后播报,这样就会让人顺带看下去。这种模式的重头在前面,带出来的东西像是尾巴,而抛砖引玉的模式是大头在后面,走在前面的东西像是引子。

(三)在法制类节目中

【例证第 383 号】:《天网》捞干的

央视社会与法频道播出的《天网》栏目,是以历史上的名案大案作为主要内容的纪录片栏目。在每一期栏目播出之前,这个栏目都会把每一集案子的精彩疑点先提出来放在最前面。这样的做法是对整个案子的提纯,也就是俗话说的"捞干的"。但是捞出来的东西是每个案子中的精彩疑点,并非案子的结果。这样既可以吸引观众继续看下去,又不会把案子的结果泄底。这一计的用法并非传统的抛砖引玉,它提纯出来的东西并非价值较小的"砖头",而是"抛玉引玉",以精彩内容引出精彩内容。

总之,在这一计中,既要考虑投入产出比,又得有"舍不得孩子套不着狼"的劲头,才可发挥出此计的特殊功效来。

第 18 计 擒贼擒王

原文:

"摧其坚,夺其魁,以解其体。龙战于野,其道穷也。"

解读:

摧毁敌人的主力,抓住它的首领,就可以瓦解其整体力量。好比把龙引诱到陆地上作战,它就会陷入困境和绝境。

杜甫在《前出塞》中写道:"射人先射马,擒贼先擒王。"只是这"王"哪有肯做出头之鸟的,在明处挨枪子儿,若想擒王只有先明确王的存在进而施以利诱使其现身,才能将其擒获。在电视中,擒贼擒王的使用大有头脑风暴之效,多种悬念的布置使节目的定论忽隐忽现,观众只有紧跟节目进程的变化,才可以顺藤摸瓜找到节目的关键点,如何突破关键点擒住最后的"王"便又成了吸引观众的悬念所在。只是擒贼擒王在电视中忌讳直来直去,直接说出结论而丢失了悬念。不要让"剧透"毁了观众的胃口。

虽然都是擒这"贼"中之"王",可这王也有分教,虽都为"首",也有首脑、首领、首要、首长、首席、首座、首相、首责与首恶、首犯之别,以及在不同领域和层次使用的差异。因此,在具体使用中,又有"打击国家首脑篇""狙击军队首领篇""直击关键首要篇"三种主要类型。

一、擒贼擒王之"打击国家首脑篇"

不论是古代还是当代,尽人皆知的道理就是在开打的时候就先把"一号人物"拿下,这是解决问题的要害和关键,是可以毕其功于一役的捷径。

(一)皇帝国王类

【例证第 384 号】:虚竹和段誉擒皇帝

在金庸先生的武侠小说《天龙八部》大结局中,诸路英雄豪杰为救萧峰会聚雁门关外。这时,萧峰已经脱险,但辽兵追得甚紧,且大辽皇帝耶律洪基也在其中。于是,萧峰的两个结义兄弟虚竹和段誉施展武功生擒耶律洪基好有个底牌。未料萧峰掌击兄弟二人将皇帝救下。而后胁迫皇帝发誓终身不侵宋地,再而后萧峰自杀。这是此书最为悲壮处。

而若从虚竹和段誉角度而言,确是个擒贼擒王的招数。从效果上看,也起到了决定性的作用。因为萧峰不可能自己去擒拿皇帝,他所能做的就是救下皇帝并让他承诺永不犯宋。但兄弟二人的举动确实在战略上有高度(有擒王的决策力)、战术上能实现(有擒王的执行力)、操作上二人又都是不二人选。实在是精彩。

【例证第 385 号】:杨过射死蒙哥

在 2005 年出品的国产电视剧《神雕侠侣》第 48 集大结局中,杨过(黄晓明饰演)为解襄阳之围前来助阵,射死蒙古皇帝蒙哥。皇帝一死,蒙古大军随即群龙无首,大举撤军,襄阳之围遂解。

其实,在金庸的武侠小说里,这个法子屡见不鲜:

第一部《书剑恩仇录》中劫持乾隆是;

《天龙八部》虚竹和段誉劫持大辽皇帝耶律洪基是;

《鹿鼎记》中多路人马都要到五台山劫持一个叫"行痴"的僧人,因为他是顺治,康熙皇帝的父亲等等。

可见,这实在是个一本万利、一了百了、一剑封喉的法子,也是具有战略意义的战术行动。

(二)总统类

【例证第 386 号】:首脑是首要问题

领袖和首脑对于一个国家和地区的作用不言而喻,不仅是领袖群伦,而且号令诸侯,天下景从。在现代社会,要颠覆、侵略或影响一个国家,也会选择在第一时间对其首脑发动闪电攻势,以快刀斩乱麻的速度解决。近年来的埃及总统穆巴拉克、利比亚总统卡扎菲、伊拉克总统萨达姆、基地组织领袖本·拉丹,都成为首要袭击目标。

154

古今一理,胜负都在顶层设计中。

【例证第 387 号】:反动傀儡政府的机理也是一样的

道理是相通的,作用力与反作用力是相等的。在战争中,由反动一方扶植起来的傀儡政府的机理是一样的,危害也是巨大的。比如二战期间,1943 年 9 月 12 日,希特勒派斯科尔兹内带领的特种兵实施"橡树行动",将被监禁在阿布鲁齐山大萨索峰顶的前意大利总理墨索里尼解救出来,扶植他在"意大利社会共和国"傀儡政府任总理。在中国抗日战争期间,日寇曾扶植起两个傀儡政权,汪伪政权和满洲国等。

方法如同武器,掌握在反动一方手里,威力相同,危害更大。

【例证第 388 号】:抓总统是首要任务

在美国反恐电影里,很多恐怖组织都把挟持总统当成第一任务或要务,比如 2013 年的《白宫陷落》和《白宫坠落》,以及 1997 年出品的《空军一号》都是这样的情节。恐怖分子把袭击白宫抓总统或劫持总统专机视为要件,由此展开情节。可见,反一号也懂得擒贼擒王的道理和招法。只不过,这些都是铺垫,都是为一位孤胆英雄的出场做个铺垫、拉大幕的干活。

【例证第 389 号】:《暗杀希特勒》

2008 年出品的美国电影《暗杀希特勒》讲述了一件真实的故事,1944

年 7 月 20 日，以施陶芬贝格上校为首的暗杀小组实施了暗杀希特勒的行动。炸药就放在希特勒座位旁，但阴差阳错，希特勒躲过了这次暗杀，而为此，一百多人受牵连被杀。

这一擒贼擒王的策略不错，但执行上有问题。这叫擒贼不成反被贼擒，后果严重。

二、擒贼擒王之"狙击军队首领篇"

古代战争中，最牛的本事就是百万军中取上将首级如探囊取物、反掌观纹，上述的例证是"使国乱"，这一类是"使兵败"。《孙子兵法·谋攻篇》说："不战而屈人之兵，善之善者也。故上兵伐谋，其次伐交，其次伐兵，其下攻城。"而若进入交兵状态，能直击军队首领，则可扰乱或摧毁其指挥系统，加速战争胜利。在这类里，又有真假之分，真的是战争案例，假的是军事演习。

【例证第 390 号】：鲁肃、关羽互用擒贼擒王之计

《三国演义》第 66 回"关云长单刀赴会 伏皇后为国捐生"中，鲁肃继任大都督，索要荆州不果。就计议骗关羽过江，要回荆州也就罢了，如果不成，便以擒王之计拿下关羽，再去攻打荆州。而关羽识破此计，将计就计，只带周仓等数人过江赴会。席间，关羽对鲁肃的明示或暗示均敷衍推托。而后伴醉揽着鲁肃径奔江边。一旁埋伏的吕蒙等不敢发作，只好任由关羽安然返回。

这里，鲁肃想用擒贼擒王之计扣住关羽，关羽则还以颜色，同样擒住鲁肃作为自己的挡箭牌。而若从这个角度考量，《三国演义》中使用此计地方甚多，再试举几例，就不再分列于其他类别中了。

董卓废汉少帝刘辩，立献帝刘协，裹挟迁都；

王司徒使连环计诛董卓；

曹操挟天子以令诸侯；

汉献帝联合国舅董承和刘备等发衣带诏诛曹操；

马超打曹操令其割须弃袍；

诸葛亮七擒孟获；

周瑜在赤壁之战前邀刘备过江欲除之，后又以招亲为名于甘露寺谋杀，招亲之后又欲以温柔之计软禁刘备等等。

【例证第 391 号】：西安事变扣留蒋介石

1936 年 12 月 12 日，西北剿匪副总司令张学良和国民革命军第 17

路总指挥杨虎城为劝谏蒋介石改变"攘外必先安内"的既定国策,停止内战,一致抗日,在西安发动兵谏,扣留了国民政府军事委员会委员长蒋介石,这也是一招擒贼擒王之计。而关键在于,在中共中央和周恩来同志的主导和斡旋下,蒋介石接受"停止内战,联共抗日"的主张而和平解决,促成了抗日民族统一战线的形成。

【例证第 392 号】:击溃坂田联队

在 2005 年出品的国产电视剧《亮剑》第 1 集中,男一号、独立团团长李云龙(李幼斌饰演)率部突围,遭遇日军坂田联队阻击。李云龙发现了敌军的指挥部,遂让部下以迫击炮将其指挥部摧毁,坂田也命丧炮下。这一桥段明显与发生在 1939 年黄土岭战役中我八路军杨成武部击毙日军名将之花阿部规秀中将的战例有着暗合与神似。都是擒贼擒王之法且出手稳、准、狠、快,这一"枭首"战法很是经典。

【例证第 393 号】:攻打平安城

在《亮剑》第 14 集中,日军山本一木大佐带领他的特种部队,在叛徒带领下,借李云龙新婚之际,偷袭其团部,并将李云龙新婚妻子秀芹劫走。李云龙为报仇,集合全团攻打平安城。最终,炮轰平安城,炮轰了山本一木,同时,秀芹尽节玉碎。而李云龙必将山本一木置之死地的原因很简单,就是因为只要山本存在,就会衍生出新的特种部队,必须斩草除根,以绝后患。而他也从中深刻认识到特种作战的作用。在小说《亮剑》中,他组建了第一支特种部队"梁山分队"。

消灭山本的部队是擒贼擒王的基础工作,消灭山本一木则是擒贼擒王的终极目标。

【例证第 394 号】:《精忠岳飞》

2013 年出品的国产电视剧《精忠岳飞》中,有一段岳飞(黄晓明饰演)与金军元帅粘罕(吴卓翰饰演)的决战,岳飞在金军营帐外叫骂,引得粘罕大怒追出营帐,策马狂追岳飞而去,结果中了岳飞的调虎离山之计,被围困在谷中。岳飞这一计策不但是调虎离山,同时还有擒贼擒王,不抓则已,一抓就要抓住其首领。

【例证第 395 号】:《画皮》

2012 年出品的电视剧《画皮之真爱无悔》,讲述了一段王生的后代王英(刘恺威饰演)与狐妖小唯(白冰饰演)、大唐公主李静(颖儿饰演)之间的三角恋情,同时还有为争夺金凰心窍所引发的一系列故事。在最后一集,为了争夺金凰心窍,异国大军兵临城下,王英与肖阳率军顽强抵抗。在最后,眼见败局难挽,王英使用轻功,越过大军,直插敌军的指挥台,抓住了敌军的首领可汗。威胁他若不退兵便要了敌军首领的命,最后敌军无奈退兵。这个擒贼擒王十分典型,抓住敌军中最重要的人物,自然就让自己的手里有了谈判的筹码,再要谈条件也就方便了很多。不过这部电视剧的惊天逆转还是太粗糙了些,前一秒还大军压境败势难挽,一瞬间又让敌军退兵,这百万大军中行走自如的功夫,委实玄乎了些。

【例证第 396 号】:周卫国端掉西军指挥部

2010 年出品的国产电视剧《雪豹》第 6 集中,男主角周卫国(文章饰演)将从中央军校第 9 期毕业,他被编入东军参加毕业演习。他带领小队意外获得西军布防图,发现东军败局已定。于是,周卫国产生了端掉西军司令部的想法。在他带领下,小分队突入司令部,将司令部所有高级指挥官俘获,包括蒋介石的德国军事顾问冯·拉特上将。他的举动深得冯·拉特的赏识,也因此获得了去德国深造的机会。

作为一个军人,他很懂得"兵无常势"的道理,战场上瞬息万变,他能顺势应时,胆大心细,实在是个将才。在这部剧里,他也确实是个集大成的人物:出身豪门,父亲是同盟会元老;杀日本浪人;考入中央军校;留学德国;参加淞沪会战;当山大王;参加八路军;组建特种部队;还是个独臂将军(他没有接受蒋介石发给他的少将旅长的头衔。而按照他在抗日战争中的作为,在 1955 年授衔时也必是将军之列)。

【例证第 397 号】:何晨光狙掉蓝军司令

在 2012 年出品的国产电视剧《我是特种兵 2 之利刃出鞘》第 13 集中,参加红蓝军对抗演习的红军铁拳团团长康雷(于和伟饰演)被蓝军特种部队"俘虏",神枪手 4 连战士何晨光(吴京饰演)在他所在的红军几乎全军覆没的情况下,只身战斗,爬上塔架,狙杀了蓝军司令高世巍中将(鲍国安饰演),为红军取得最终胜利添上了制胜的砝码。和上述例证里的周卫国一样,何晨光也是一个具有独到眼光的"兵人",就是不是以局部胜利和"杀敌"数量取胜,而是找取关键人物下手,一招致命,一剑封喉。

【例证第 398 号】:俘虏老丈人

2006 年出品的国产电视剧《垂直打击》最后一集中,特战大队在大队长杨亿(王新军饰演)带领下,在演习中长途奔袭,突击对方直升机分队成功,再去"接"谷振川军长(翟万臣饰演)。实际上,是杨亿第二次俘虏了谷振川,也用自己的实力赢得了军长的尊敬——军礼和兑现承诺,将自己的女儿嫁给杨亿。

还是那句话,射人先射马,擒贼先擒王。伤其十指,不如断其一指,伤其全身,莫如一剑封喉。在实际操作中,"斩首"行动尤为重要。在谍战和策反中,争取对方部队的一号人物是重中之重。可见,"王"的作用不可替代,擒王势在必行。

三、擒贼擒王之"直击关键首要篇"

这一类所不同的是,这些人可能不像首脑那么重要,而即便是擒获军队首领,那作战的方式也不是类似特种作战那样"狙"掉一号人物,而是要在千军万马鏖战后于乱军之中去找寻。这里所说的关键首要,是指对于事件起到决定作用的人物(有职位)、部位或单位。他们或者本身就是结果,或者可以影响结果。

(一)关键职位

这是指这些人的身份、地位、职务、岗位特殊或具有影响力与号召力,对结果有主导作用,因此,直取这个人或这些人至关重要。

【例证第 399 号】:卢汉起义擒王篇

在第 15 计调虎离山中,已经对卢汉起义例证做过分析。在"调虎离山"例证第 335 号中,卢汉将诸多重要将领调离其驻地使其对部队失控并使他们参加起义。而在"擒贼擒王"计里,视角变为,以当时情况,卢汉的力量不足以对抗在昆明周围的国民党部队。那"擒住"其部队的首要人物就成为关键和破敌的要点。这是战略统领高于战术操作的地方。

【例证第 400 号】:乱军之军寻上将踪迹

在解放战争中,在解放军和国民党军交锋的若干次对决中,有多次在交战后期甚至是战役结束后在乱军之中寻找军队首领的案例。比如辽沈战役锦州攻坚战中, 东北野战军参谋长刘亚楼向司令员林彪报告说,部队建制乱了,林彪说,这个我不管,只要找到廖耀湘就行。结果,部队按"矮胖子,白净脸,金丝眼镜湖南腔,不要放走廖耀湘"的"图样"漫山遍野呼喊,逼迫得隐匿在乱军中的廖耀湘自己现身。另外还有多人同样是如此被俘的:

在济南战役后,驻守济南的国民党第二绥靖区司令官王耀武逃到寿光市,因使用美国手纸如厕而暴露,在被县公安局局长审问时承认了自己的真实身份。

淮海战役后,徐州剿总副总司令杜聿明化名高文明混在被俘人员中,还试图自杀。后经审问破绽百出,最终承认身份。

【例证第 401 号】:名人效应

名人之所以成为名人,是因为他们在某一领域有过人之处,而且名人之所以能够成功,也是付出了相当的努力的。由于一般人对名人的信服以及崇拜心理,从而会对名人产生顺从的倾向,从而轻易地接受名人的暗示。现在的广告商便是深谙这一点,明白如果他们的产品征服了名人,依然也能轻易征服名人身后的一大批崇拜者与追随者。借助名人的影响力,来迅速地提高产品的知名度。这就是广告商们用得炉火纯青的名人效应,也就是擒贼先擒王。

【例证第 402 号】:主持人的特殊地位

一个主持人对于一档节目或栏目的重要性是不言而喻的。他不但是节目的主导和灵魂,还是吸引受众、提升影响力的关键。因此,很多节目也是以主持人为核心团队的。主持人也如同明星那样有了身价或转会标准。更有甚者,一档节目换了主持人,可能就会走下坡路直至消亡。从这个角度讲,挖到了一个好主持人,也就如同有了好演员就有了票房的号召力一样,也就有了收视保障而非收视杀手。

【例证第 403 号】:"梦想大使"周立波

2012 年,周立波因浙江卫视给出的"无法拒绝"的跳槽身价,从东方卫视转投浙江卫视,成为《中国梦想秀》的"梦想大使"。周立波和现场三百名大众评审一起帮助身怀绝技且执着追梦的平凡人实现他们的梦想。当选手展现才能时,周立波有权叫停或是允许全部展示完毕。如果顺利展示完毕,还要接受周立波的采访与互动,只有通过周立波的考验,选手们才能真正接受大众评审的投票决定。

周立波在节目中颇有大家长之范儿,直接影响大众评审对于选手表现的印象。不过《中国梦想秀》毕竟是公益节目,要客观公正,调动大众评审的力量才能避免节目成为周立波的"一言堂"。

【例证第 404 号】:放长线钓大鱼

在很多罪案里影视剧和专题或纪录作品中,都常见这样的情节:公安机关在本已掌握犯罪分子成员的情况下,并不急于收网抓捕,因为可能这次抓到的都是小鱼小虾,而非大鱼、大鳄、大佬。这又显然是欲擒故纵和擒贼擒王的合体。因为如果只抓一些马仔类的小角色,不会对其犯罪组织产生决定性和根本性的影响,而如果抓到源头祸首,那才是毁灭性打击,才是治本之法。钓大鱼既需耐心,又需技术,更需智慧,这就是擒王之道与擒贼之术。

【例证第 405 号】:"杀鸡给猴看"之杀一儆百

2001 年出品的国产电视剧《康熙王朝》第 23 集中,平西王吴三桂(曹永祥饰演)已经起兵反叛,跟随吴三桂灭亡南明永历朝廷的王辅臣为陕西提督,镇守平凉,这时却隔岸观火,又赶上察哈尔王率军叛乱。于是,康熙任命周培公(李明饰演)为抚远大将军,图海为副,招募王公贵族的家奴组成几万人的虎狼之师去平叛。周培公等命卯时初刻(大约早上7点半)报到,结果3个应征的家奴不仅迟到且酗酒闹事,被周培公当众斩首,这杀一儆百的招数还真管事。

而这个招数早在两千多年前就有人用过了,周培公不过如法炮制。

【例证第 406 号】:孙武斩吴王爱妃

1997 年出品的国产电视剧《孙武谋略》第 12 集中,公元前 514 年,吴王阖闾让 31 岁的孙武(师小红饰演)试训他的 120 名宫女。孙武将她们分为两队,分别由吴王两位爱妃蔡妃和陈妃任队长。结果,两人根本不听孙武号令,嬉笑侮辱。结果,被孙武下令斩首。由是,军纪整肃。这杀一儆百的法子就是好使。

【例证第 407 号】:杀"鸡"给"孩子"看

天津卫视职场服务类节目《非你莫属》2013 年 7 月 7 日一期中,第三个应聘者张强是哈尔滨工业大学世界经济学专业的硕士研究生,希望找到一份管培生的工作。在谈到他的工作经历中,他分享了一段管理儿童的经历。他说当孩子都开始胡闹的时候,最好的办法就是抓出其中闹得最凶,或者是带头儿胡闹的孩子,对其做出一定的惩罚,这样就能很好地制止孩子胡闹。其实这招儿大家在现实生活中也常用,只是张强在电视上分享了出来,其实就是杀鸡给猴看,擒贼要擒王。孩子天生有一种相互模仿的习惯,看别人这么做了没有受到惩罚,自然觉得自己也可以这么干。但是老师如果全部惩罚显然不太现实,毕竟法不责众;如果惩罚闹得最凶的孩子,自然就起到了一种震慑作用;让别的孩子认识到自己这么干是错的,再也不敢这么做,也就起到了擒贼先擒王的作用。

【例证第 408 号】:竖起靶子来

江苏卫视益智答题节目《一站到底》中,每一期都有一个或者几个擂主,在每个擂主被拼下去,或者自动离开之前,都是众位守擂者针对的靶子,也就是竖起来让众位守擂者攻击的靶子。这也是一种变相的擒贼擒王,只有擒住了王之后,其他人才能有机会取而代之。

(二)关键部位

这是指这些位置、点位或内容相当重要,牵一发而动全身,一团乱麻中,找到线头很重要,看准要害下手,如同朝着"练门"下手,才是关键所在。

【例证第 409 号】:我只要塔山

1948 年 10 月,为保障我解放军主力攻克锦州,阻止国民党东进兵团援助。东北野战军在辽宁省锦州西南塔山地区对增援锦州的国民党军进行了长达六天六夜的防御作战。我军负责指挥塔山战役的东北野战军第二兵团司令员程子华向东北野战军司令员林彪报告伤亡多大,林彪说,我不要伤亡数字,我只要塔山。

可见,塔山就是这样一个关键部位所在,扼住了这个咽喉,也就保证了整个战役的胜利。

【例证第 410 号】:《日本最长的一日》

1967 年出品的日本电影《日本最长的一日》(1962 年出品的美国电影《最长的一日》反映的是诺曼底登陆),反映的是 1945 年 8 月 15 日,日本天皇要发布乞降诏书。14 日,不想投降的一些陆军将校发动兵变,试图偷取天皇诏书录音带母本和副本。因为诏书不发,就不会有投降,他们就可以负隅顽抗。最终,叛乱被平息,一切如期进行。而这些陆军军官正是视诏书录音带为关键物件,直奔主题下手。只是大势所趋,势不可当,一日虽长,无碍大局,他们的叛乱不过是一场闹剧罢了。

【例证第 411 号】:炸桥有诀窍

1969 年出品的前南斯拉夫电影《桥》,说的是为阻止德军从南斯拉夫境内的一处跨越大峡谷的公路桥撤出其装甲部队,南斯拉夫游击队代号"老虎"的指挥员(巴塔·日沃伊诺维奇饰演)带领小分队执行炸桥任务。在设计这座桥的工程师的帮助下,圆满完成任务。这是因为工程师指出了炸桥的关键部位——桥眼。也就是说,他在设计这座大桥时就预留了一个可以"一剑封喉"式的炸桥点。这是电影,在我国杭州,就上演了一个现实版的造桥工程师自毁大桥的事情。1937 年 12 月 23 日,著名桥梁专家茅以昇亲手将历经 925 天建设、只使用了 89 天的钱塘江大桥炸毁。而在桥梁最后的建设中,他已经为炸桥预留了合适的炸点。

桥的炸点,就是要害、要点,用的也是擒贼擒王的法则。

【例证第 412 号】:体育转播中的顶层设计

在当今大型体育转播节目中,通常都会在场地布置数十个机位。这些信号传送到转播车后,是很难由一个导播将画面选择出来切出的。因为一双眼睛不可能兼顾数十个画面并发出相应指令。因此,大都采用分级控制的办法,由分导播从数个画面中选择一个,提供给总切换导演,再由总切

161

换从数个画面中选择一个切出,观众看到的就是这一个。也就是 1:6:36。足见,这里的擒贼擒王就是抓住重点、提纲挈领的意思。领会精神、领会精髓,活学活用才是王道。

【例证第 413 号】:抓主要矛盾

近几年来,地质灾害频发,从 2008 年的四川汶川地震,2010 年甘肃舟曲特大泥石流,到 2013 年四川雅安地震。在频发的灾难面前,媒体对灾难的报道也从之前的不成熟或者略带仓促,变得更加有条不紊、应对自如。灾难往往会危及人们的生命安全,造成经济损失,导致行政功能瘫痪等种种问题。在地震报道之时,媒体现在往往会首先关注人们的生命财产安全这一所有人都最关心,也最担心的关键点。这样的报道模式就是典型的抓主要矛盾,也就是一计擒贼擒王,把最亟待解决的问题放在最前面。

(三)关键单位

所谓关键单位,是指这个单位或建制在全局中具有举足轻重的地位,如有突破,则有普及意义和示范效果。

162

【例证第 414 号】:要擒就擒王中王

擒贼擒王的其中要义之一是消灭敌方主力,而如果能消灭主力中的主力、精锐中的精锐,就是百万军中取上将首级,善之善者也了。

1947 年 5 月,我华东野战军以 5 个纵队合围国民党整编第 74 师于孟良崮,外拒敌 25 师和 83 师之援。结果,全歼敌 74 师,毙敌师长张灵甫。整编 74 师是国民党五大主力精锐部队之首。这次战役的战略意义和战术意义都非常重大,极大地挫敌锐气,对敌"斩指"式的战役由此铺天盖地地展开了。

【例证第 415 号】:和平起义的那些地方

1949 年,随着解放战争的迅速推进,解放军如摧枯拉朽般席卷国民党统治区。但是为了尽量减少伤亡和战争带来的破坏,我党还是本着以和为要、以打促和的原则,尽量争取和平解放。随着北平和平解放,绥远、湖南、新疆相继起义,投入人民怀抱。而这其中,北平的傅作义、绥远的董其武、湖南的程潜和陈明仁、新疆的陶峙岳都起到了主导和关键性的作用。这些关键地区的和平解放,不仅加快了解放战争胜利的速度,也对新中国的建立和建设起到了不可估量的作用。这几个事件在多部影视剧中都有充分的表现。如:

2011年出品的国产电视剧《黎明前的暗战》反映湖南起义；

2002年出品的国产电视电影《绥远之光》反映绥远起义；

2011年出品的国产电视剧《断刺》反映绥远起义；

2009年出品的国产电视剧《北平战与和》反映北平和平解放；

2009年在央视电影频道播出的国产电影《和平将军陶峙岳》反映新疆和平起义。

第四套　混战计

"混战计"在于乱中取胜，既可利用已有的乱局乘胜追击，亦可制造乱局伺机取胜。如今，电视行业在大混战的背景下，多少节目使出撒手锏，在节目中设置多种悬念，示人以"混"而实则"清"，使观众摸不着头脑，然后引诱观众按照节目给出的提示信息保持收视兴趣，从而实现节目的制作价值，大有密室中寻求出口之感。在这一套中，包括釜底抽薪、浑水摸鱼、金蝉脱壳、关门捉贼、远交近攻、假道伐虢六计。

第19计　釜底抽薪

原文：

"不敌其力，而消其势，兑下乾上之象。"

解读：

两军对峙，不直接与敌人正面交锋，而是设法消减敌人的气势，这是易经中的履卦说的，下克上、柔克刚的道理。就是从根上去解决问题，解决上面的问题。

釜底抽薪说的就是一物理现象，锅里的水没有了锅底柴火的加热自然会变冷却。于是相对"扬汤止沸"而言，"釜底抽薪"是从根本上止沸，来得更坚决和彻底。所以，抓主要矛盾的主要方面便是釜底抽薪的关键。只是釜底抽薪于电视而言绝不是自残行为，不是给自己的节目泼冷水，而是充分利用节目中的核心信息制造悬念，这个核心对节目而言可能是唯一的线索，可能是唯一的手段，也可能是掩盖事实真相的假象等等，当这些核心通通被抽离打破的时候，将会有怎样的意外收获等待着大家，那自然是谁看谁知道了。

这里，"釜底"是实施计谋的具体方位和关键点，"抽"是手段，"薪"是客体,可能是具体的物化的人、物品,也可能是非物质形态的理念、方法、精神寄托等等。因此,在这类中,根据"薪"所指种类的不同分为"抽去依靠篇""抽去底牌篇""抽去希望篇""抽去退路篇"四种类型。

一、釜底抽薪之"抽去依靠篇"

这种依靠或是精神支柱,或是物质依赖,又或者二者兼而有之。抽取了这些东西,或者会使人放弃幻想,别做他图。

(一)对精神的依赖

人活着总需要一些精神的,神形兼备是上乘境界,神散则形难聚。如果在运用计谋时,抽调这种精神,形的支撑会发生较大困难。

【例证第 416 号】:我的兄弟叫顺溜

2009 年出品的国产电视剧《我的兄弟叫顺溜》塑造了一个经过战争洗礼,从一个具有枪神潜质的愣头"战士"成长为一名有信念、有智慧、富于正义感和理性的"战神"顺溜(王宝强饰演)。电视剧大结局中,日本投降,抗战胜利,但顺溜说他自己的战争还没有结束,他还要继续复仇。司令员陈大雷(张国强饰演)为顾全大局,全力寻找离队的顺溜。投降缴械后的日军要乘船回国了,顺溜的枪响了,他没有射向任何一名日本兵,而是敲掉了所有日军船上的太阳旗,面对曾奸杀自己姐姐的日军军官坂田,他扣动了扳机,他没有打死坂田,而是打碎了坂田抱着的日军华东总司令石原的骨灰盒,坂田最后切腹自杀。顺溜打掉的正是日军的精神支柱。

【例证第 417 号】:成年人的尴尬

《你比五年级生聪明吗》是美国福克斯公司 2007 年 2 月推出的一档益智游戏类节目。选手在节目中所答题目都是小学内容,所以节目中安排5 名小学生作为可以被求助的嘉宾。这就为主持人杰夫在节目中调侃选手埋下了伏笔。选手在场上为了夺得高额奖金,往往不敢贸然给出答案,杰夫会步步紧逼要求选手给出最终答案,"你知道有多少美国人就喜欢这一刻",这是杰夫经常调侃选手的一句话。结果选手在紧张时刻被"火上浇油",加之小学生的"挑衅"——小学生们早就给出正确答案,骄傲地看着选手。最终为了保得部分奖金,选手会弃权离开,并在节目中承认自己没有五年级生聪明。

失败离场已经很难为情了,还要在大庭广众之下承认自己不如小孩子聪明,这得有多大的心脏才能承受得住在山穷水尽之时还要被釜底抽薪的尴尬啊。

(二)对物质的依赖

这是指当事者需要物质保证和渠道支持，而抽掉了这些，如断粮断水，难以为继，会直接影响事件走向和结果。

【例证第 418 号】：火烧乌巢

在《三国演义》第 30 回"战官渡本初败绩　劫乌巢孟德烧粮"中，曹操与袁绍在官渡会战。曹操本已难以支撑了，恰好许攸来降，献上火烧袁绍粮库乌巢之计。曹操赤足迎接，并依计而行，大败袁绍，袁绍从此一蹶不振。从某种程度上讲，曹操袭乌巢也是一种"围魏救赵"，借以解官渡之围。但"围"是一种虚张声势，是伴攻伴动，非决战决胜和毁灭性的打击，"围"是为"解"，或围而不打，只要能"解"就不必再"围"了。而釜底抽薪则不同，抽薪则火灭，进而毁之。可见，这里是以消灭和战胜为目的的，不是虚张声势，是玩儿真的。

【例证第 419 号】：釜底抽薪封杀门

2013 年 11 月 19 日，北京电视台台长王晓东去世，次日，相声演员郭德纲在微博上发打油诗，被指暗讽逝者。12 月 2 日，北京台向中国广播电视协会电视文艺工作者委员会发函，要求强烈谴责郭德纲侮辱逝者行为，中广协电视文艺工作会委员会发出声明，强烈谴责郭德纲的过分言行，并强烈要求郭德纲向北京广播电视台以及王晓东台长和家人道歉。函中说，我们大众有权力放弃对他的关注，有权利撤销对他的封号。被网友称为"封杀门"，在这里，不去研判其中是非曲直，只探讨节目中的法则，不妨视作釜底抽薪之法。如果说演员及其表演是锅烧开的水，那媒体就是"釜底之薪"，火不旺，可能底薪不足，就会烧一锅温吞水。不过，这抽薪法是否适用，或是否管用，就不能一概而论，同日而语。如果，那锅水就不指望你这"杯水车薪"，抑或本就是用的燃气灶，估计抽不抽这薪也不大顶用，或无关结果。又或者，如果你是柴火棒里的一根，抽掉这一根无异于扬汤止沸了。可见，抽薪莫若灭火或兜头一盆凉水来的管用。

(三)对精神和物质的双重依赖

这一类里，精神和物质相互交融，兼而有之，很难分清。既是上层建筑，又是经济基础，撤掉这些，产生的影响更甚于前两种。

【例证第 420 号】：苏联撤走援华专家

从 20 世纪 50 年代开始,由于我国国内形势和国际格局的变化,中国和苏联之间的矛盾不断加剧,冲突升级。最终,苏联政府片面撕毁了同我国签订的 600 个合同,从 1960 年 7 月 28 日到 9 月 1 日,撤走全部在华专家 1390 名,终止派遣专家。苏联撤走专家时,带走了全部图纸、计划和资料,停供设备,使我国二百五十多个在建项目处于停顿、半停顿状态,给我国的经济建设造成了重大损失。由于从新中国成立之初,我们采取的是"一边倒"的外交策略,对于苏联方面从精神到物质,多有依存度。这次决裂,也更加促使我们甩掉从心理到物质的依赖坚持自力更生和自立自强的决心和信心,才有了之后的强大和发展。

【例证第 421 号】:满秋的苦心

2012 年出品的国产电视剧《满秋》讲述了一个励志母亲的故事。满秋(颜丙燕饰演)被丈夫抛弃,带幼子去城里打工,经过艰苦努力,资产达到上百万。可是儿子学坏了,满秋痛定思痛,认为是孩子对财富的心理依赖和物质依靠造成了这样的结果。她卖掉公司,携子回到农村老家,重过农民贫苦的生活,对儿子则说自己破产了。俗话说,家贫出孝子,母亲的苦心得到回报,儿子考上了重点大学。而满秋却到了癌症晚期。临终前,满秋将雪藏的百万元和真相都交给儿子。满秋做法有些极端,但让儿子脱离对既有的依赖,不做富二代,靠艰苦努力才能赢得未来,这种理念是对的,用心良苦,可怜天下父母心。

二、釜底抽薪之"抽去底牌篇"

"底牌"是指扑克牌游戏中还没有亮出来的牌,比喻留着最后动用的力量或方法。而这甲方最后的绝杀技(类似关公的拖刀计)如果乙方事先知道底牌并抽了去,那甲方断无胜算。这一切的基础是孙子兵法的"知彼知己",料敌于先,制敌于前,一切就尽在掌控之中。

且来看看以下 8 个"知底"的例证。

【例证第 422 号】:知底数:段王与马义互施抽薪法

1988 年出品的国产电影《黄河大侠》中讲述的是唐朝末年西北黄河流域段、柳、李诸王藩镇割据、相互残杀的故事。在段柳交战中,黄河大侠马义(于承惠饰演)救了险些丧命的段王(靳德茂饰演),后马义被李王(赵志刚饰演)毒瞎双眼,段王接马义入府并利用他先后灭掉柳李二王,而后再设计杀掉马义。后来马义被高僧所救并医好眼睛。马义找段王寻仇,两人在大殿内厮杀。段王说,你还有什么本事,你明眼的和瞎眼的本事我都见识过。马义此时并无胜算,于是,他锁闭大门,打灭了大殿内的火烛,这样,他就有了优势,因为段王不熟悉"盲打",最终马义手刃段王。段王摸清马义底数,设计陷害,而马义则制造于己有利的优势。强中自有强中手。

【例证第 423 号】:知底账:妻子揭了老底儿

2007 年央视春晚小品《花盆儿》中,丈夫(黄宏饰演)因为老婆(凯丽饰演)管得严,就到处藏钱,结果慌不择路,把钱藏到几个花盆里,恰巧有顾客(巩汉林饰演)偏要买藏钱的花盆。于是,他只好变起钱生钱的"魔术"。而妻子发现了其中的蹊跷,看了花盆的"底账"并起了底,"刨活"给拿走了。于是,丈夫的戏法就变漏了。当然,妻子还是好媳妇,并非不疼丈夫,虽非举案齐眉,倒也其乐融融。

【例证第 424 号】:知底细:绝杀旧主

2013 年 3 月 6 日,2012—2013 赛季欧洲足球冠军联赛 1/8 决赛次回合一场焦点战在曼联队主场老特拉福德球场展开争夺,最终曼联 1:2 不敌皇家马德里。皇家马德里队在落后一球的情况下逆转获胜,由原本是曼联当家球星,现已转会到皇马的 C 罗打进反超一球。葡萄牙人在自己重面旧主的首秀中上演致命一击,给自己的旧主上了一课,为自己的新主送了一份大礼。

想必时任曼联主帅的弗格森爵士肠子都悔青了,把当家球星卖给了自己最强大的竞争对手,关键还被卖掉的球员击败,折了球员,赔了比赛,这无疑是抽自家的釜底之薪啊。

【例证第 425 号】:知底本:传人传秘方

在加多宝红罐凉茶 2013 年夏季的电视广告片中,凉茶创始人王泽邦第五代玄孙王健仪再次声明:我是王泽邦第五代玄孙王健仪,我将祖传凉茶秘方独家授权给加多宝!喝正宗凉茶,请认准正宗配方!

这个广告的针对性不言而喻,加多宝不仅证明了自己的正身,还彻底揭晓了凉茶秘法的归属。广药集团赢了商标,却丢了产品,在这条广告面前彻底丧失了话语权。

【例证第 426 号】:知底货:《落叶归根》

2011 年,央视第八届电视小品大赛作品《落叶归根》以幽默方式诉尽了国人的买房之痛。小品中谢谢(王宁饰演)先生客死他乡的二大爷的骨灰回到了祖国,爱装门面、好面子的谢先生去坟场挑墓地。这不挑不知道,一挑吓一跳,售坟经理(常远饰演)极为热情地报价,最贵的四万八一平米,最便宜的四万七一平方米。加之专程从国外来送二大爷骨灰的外国友人亨利(艾伦饰演)告诉谢先生,遗产除了骨灰什么都没有了。谢先生是抱起骨灰就夺路而逃。后又被售坟经理拽了回来,有没有钱买坟不是最重要的,重要的是得有本地户口,否则得先死五年,五年以后凭个人完税发票再购买此坟。就在眼看谢先生二大爷无葬骨灰之地时,谢先生随手一扬骨灰,骨灰盒里掉出一张一百万美金的支票。谢先生立马雄风重振,带着骨灰去别处挑经济适用坟了。

一个人忙碌一生,倾尽所有换一斗室,没承想,就连过世后,也得被扒层皮,才能下得了葬。现在算是明白了那句老话"好死不如赖活着",原来是死不起啊。

【例证第 427 号】:知底价:老板们的争强斗狠

天津卫视的求职服务类栏目《非你莫属》栏目 2013 年 9 月 30 日一期中,40 岁的语文老师徐文以温文尔雅的谈吐和母性的贤惠赢得诸多老板的赏识,她在"天生我有才"环节后留下了通灵珠宝老板沈东军和咖啡之翼老板尹峰。两位老板开始给徐文开"工资"。两个人都势在必得。沈东军开出了 7000 元月薪的待遇,这时大家都在猜想尹峰可能会开多少。镜头推向尹峰,只见屏幕上写着"沈东军工资加一千"。

这一招堪比釜底抽薪的招儿还真管用,徐文最后选择了咖啡之翼。

【例证第 428 号】:知底气:机会在于争取

在 2013 年 8 月 4 日的《非你莫属》中,本是在嘉宾席就座的速 8 酒店高级副总裁徐钊先生,因为看到在台上求职的热娜极符合自己公司的选材标准,举手示意要参加与在座老板一起竞争这名人才。电视中不可预知的神奇在这一期上演,在最后的抢人环节中,徐总的竞争对手竟然是曾经从他手上抢走过人才的优胜教育的董事长陈昊,所以在节目中徐总竭尽全能展现自己公司与对方相比的压倒性优势,最终在与陈昊的较量中胜出。

老总不是好当的,除了会瞅准时机做投资,还得会做抓住千里马眼球的好伯乐,更得会把握机遇、敢于在竞争者面前"截胡"。

【例证第 429 号】:知底料:益智游戏"层层叠"

2013 年 2 月 10 日,炫动卡通频道播出一档游戏综艺类节目《全家游戏王》,节目中引进了当下极为流行的桌面游戏"层层叠"(用积木搭起积木塔后,玩家随意将塔身的积木抽出而不使积木塔坍塌),参与者需要抽取已经堆放成形的积木,并轮流放置在积木顶端,难度大大超过桌面版。节目中除了考验智力还要考验体力,由于积木从桌面玩具都变成了现场的游戏道具,全家游戏王的"积木"每块都达到了 90 厘米长,仅凭大脑的凭空想象,是很难完成这种对肢体协调要求超高的游戏的。

这是一个潜在破坏与突破的游戏,每一个参与者都在对积木塔"釜底抽薪",失败者亲手将积木塔的根基抽空,而胜利者,却可保住根基的同时制造新的奇迹。

三、釜底抽薪之"抽去希望篇"

抽去"希望"就是指当事者的希望、憧憬、指望或救命的稻草被抽去了,则事情、事件的走向只能是破灭、失败或成为泡影。

【例证第 430 号】:杜十娘沉的不只是百宝箱

《杜十娘怒沉百宝箱》是明代通俗小说家冯梦龙纂辑白话小说集《警世通言》中的名篇。名妓杜十娘想赎身从良,遂将终身托付太学生李甲,但李甲不敢带风尘女子回家,就转卖给孙富。杜十娘万念俱灰,遂将所藏百宝沉于江中而后自溺。李孙二人人财两空。先是李甲破灭了杜十娘的希望,而后杜十娘又沉掉百宝,也沉掉了贪财负心汉和阴狠贪色狼的如意算盘。

【例证第 431 号】:韩练成玩儿失踪

1947 年 2 月莱芜战役期间,国民党第二绥靖区副司令李仙洲所部被我华东野战军包围。李部突围之际,其 46 军军长韩练成建议推迟一天行动(因他的部队未完全集结),得到李仙洲同意。而突围时韩练成却失踪,致使 46 军群龙无首,失去有效指挥,最后李仙洲部 6 万多人全军覆没。而真正原因是,韩练成是我党潜伏在敌人内部的"隐形将军"。"失踪"也是刻意而为,目的就是造成部队的混乱。这一釜底抽薪之法很是奏效。

这种方法在战史上不胜枚举。

【例证第 432 号】:淮海战役中的两大起义

廖运周起义:淮海战役期间,国民党的黄维 12 兵团被围在双堆集。黄维计划以 4 个师同时突击以突破重围,其 85 军 110 师师长廖运周愿做先锋,率先突围。而廖运周是中共地下党员。1948 年 11 月 27 日,廖运周趁 110 师参加行动之机,率师部和两个团举行战场起义。随后,我军堵住缺口,使黄维兵团全部被歼。而更为有趣的是,被蒋介石重组的第 110 师少将师长叫廖运升,是黄埔军校第四期的学生。1949 年 5 月 4 日,第二个 110 师又在浙江省的义乌起义。而廖运升是廖运周的堂弟。兄弟俩导演了两个 110 师的起义。

廖运周起义 10 天后的 12 月 8 日,中共地下党员何基沣、张克侠率国民党第 59 军全部、77 军大部在贾汪、台儿庄地区起义,使徐州的东北大门敞开,为我军消灭黄百韬兵团创造了有利的条件。

这些起义的时机、地点相当重要,对于战略决战的最终胜利起到了决定性的作用,对于敌方而言,确实有釜底抽薪之效。

【例证第 433 号】:撕掉的是希望和善念

浙江卫视《中国梦想秀》节目 2013 年 4 月 29 日一期中,一个刚成年的女孩儿徐文婷先是跳了一段创意舞蹈。这时,很多观众都在猜想,如此的舞姿想从事演艺怕是困难,马上就有了答案。她不是来表演,而是以此为由,来寻找父亲,一个在她 4 岁时就遗弃她而去的父亲。正在和主持人交流的过程中,工作人员递给主持人周立波一张纸条,那是文婷父亲的电话号码。而是否可以拿到那个电话还需要得到现场半数观众的认可。可惜,也许观众觉得文婷不去见那个绝情的父亲也罢,所以,愿望没有通过。这时,主持人将写有文婷父亲电话号码的纸条撕碎,抛向空中。慢动作下,那纷纷飘落的纸屑像是被撕碎的心。

这番釜底抽薪的方法,也许并不能会或不能阻止文婷寻父的想法,或者以当下讯息的发达想要找到父亲并非难事,但撕碎希望和梦想是何等残忍的事。于心何忍?

【例证第 434 号】:腹黑的慈禧

慈禧原本想举办一个风光、宏大的六十大寿生日庆典。同时又忸怩作态,弄出一副不得已而为之的样子,是皇帝和臣下的孝心,并非是自己的主张。没想到光绪帝手下的重臣文廷式直接揭开慈禧虚伪的面纱,这彻底激怒了慈禧, 这也使得慈禧将心头不满的怒火引向了与自己貌合神离的光绪帝。谁也没想到的是,这次矛头虽直指光绪帝,但"中枪"的人却是瑾、珍二妃。珍妃是光绪帝的宠妃,被慈禧薄惩后,连降两级,贬为贵人。后来更是被慈禧软禁,远离光绪,最终被人投井杀害(一说是自杀)。

"今日令吾不欢者,吾亦将令彼终生不欢",这是慈禧的信条,她也是一直这么做的。可怜的光绪自身都难保,就别提保护自己心爱的女人了。可想而知,珍妃被慢慢地折磨死对光绪而言意味着什么。

四、釜底抽薪之"抽去退路篇"

抽去"退路"即打破你想后退的幻想和可能,退路堵死,只有前进是生路,后退不是被敌人杀死,就是被督战者杀掉。所以,只能横下一条心,一路前行。根据主客观情况的不同,又分为"自绝"和"绝他"两类。

(一)自绝类

"自绝"就是这断绝退路的事是自己干的,就是一条不可回头的路。正如《孙子·九地》中说的"投之亡地而后存,陷之死地然后生",简言之,就是"置之死地而后生"。

【例证第 435 号】:项羽"破釜沉舟"

《史记·项羽本纪》记载:"项羽杀了楚军统帅宋义,威名大振。他派遣当阳君、蒲将军率领二万人渡漳河救钜鹿,取得了小胜,陈余复请增援。项羽率全军渡过漳河,沉船、砸锅、烧营,只带三天干粮,表示定要决死一战,自绝退路。结果大败秦军,杀苏角,俘王离,涉间自焚。诸侯因此望影归顺项羽。

【例证第 436 号】:螳螂捕蝉,黄雀在后

2011 年孙俪主演的宫斗大戏《甄嬛传》中不乏心机深沉、诡计多端的后宫女子,然而要论起来腹黑、玩儿心眼最厉害的却是看似什么都不管的皇帝。年羹尧的妹妹华妃在从皇帝还是亲王时便入了王府。对皇帝痴心一片,也许是《甄嬛传》中为数不多真心实意爱皇帝的人。然而皇帝却因为华妃是朝廷重臣年羹尧的亲妹妹,为了防止年氏在后宫独大,影响朝政。皇帝便在华妃还是王府福晋的时候变借端妃之手,一碗落胎药打掉了华妃已经成型的孩子,并赐下含有大量麝香的欢怡香,让其终身不能受孕。皇帝这一招可谓釜底抽薪,这一碗落胎药、一份欢怡香便让华妃年世兰,也让年氏一族永远得不到有年氏血脉的孩子,便永远也不能起扶持有年氏血脉的子嗣上位废掉皇帝的心思。

这杀孩子是无意被动的杀,下一个却是有意主动的杀。

【例证第 437 号】:武则天杀死亲生女儿

在 2011 年出品国产电视剧《武则天秘史》第 10 集中,武则天(殷桃饰演)在唐太宗死后两年又回到皇帝李治身边,但备受王皇后和萧妃排挤。她生了小公主后,王皇后(蒋林静饰演)来探望,帮小公主披被角,孩子发生窒息,被武则天救活了。但她觉得这是嫁祸王皇后的机会,就势闷死了女儿。

【例证第 438 号】:荒野求生

《荒野求生》是美国探索频道的一个展现求生技巧的节目,2006 年开播第一季,直至 2012 年第 8 季结束后停播。主持人是英国冒险家贝尔,为了向观众讲述野外求生知识,帮助人们在危机的环境中获得更大的生存机会,节目组和贝尔会亲临荒野,模拟在极为恶劣和不适合人类生存的环境下,如何脱离险境保得性命。节目力求还原真实,取消一切外力救助,贝尔在节目中的付出是超乎常人想象的,在无外力帮助的情况下,于野外活

171

捉幼虫、蝎子等生吃,为了解渴甚至还从死骆驼的胃中或是大象的粪便里取水来喝。虽有不少镜头让观众观感不适,但其别开生面的求生视角还是换来一致好评。

见过给别人使绊子的,还没见过谁这么跟自己过意不去的。既然是求生,就是在被釜底抽薪时做最后一搏,贝尔的"现身说法",告诉观众求生不是理论,求生是突破自我的永不言弃。

(二)绝他类

所谓"绝他类"就是以釜底抽薪之法断绝他人的后路,使之丢掉幻想和依托,使其如象棋里的卒子,毫无退路。说是励志也可,说是狠手也行。

【例证第 439 号】:孟母断机

《三字经》中有"昔孟母,择邻处,子不学,断机杼"之句。孟子逃学,孟母气愤地剪断织布机上的布,说:"你荒废学业,就像这剪断的布。"孟子从中悟出了道理,也绝了退路,自此发奋,终成亚圣。

【例证第 440 号】:三聚氰胺事件

2008 年 5 月开始,三鹿奶粉被曝产品中含有三聚氰胺,从用户投诉到成为媒体事件和政府干预,其后至少产生了几个后续效应。一是使三鹿奶粉消失在公众视野,并和三聚氰胺一起成为毒物代名词;二是更多乳品企业成池鱼效应;三是给国外乳品企业进军我国洞开大门;四是因此事被追责的从企业直至政府官员甚多。

可见,此事件如止于微观,弱化处理,势必造成更多孩子成为受害者。快速和从重的处理犹如釜底抽薪,切断了源头,才会阻止流毒扩散。因为人命关天。

【例证第 441 号】:索命的孙悟空

不论是原著,还是影视作品,孙悟空见到妖魔鬼怪就是一顿"大棒"(金箍棒)伺候。大圣的棒法那是出了名的"稳、准、狠",就算是有后台而私自下凡作乱的神兽,若不是主人及时赶到将其带走,在大圣的棒法下也是差点一命呜呼,莫说那些鱼妖虾怪了,经得几下敲打后就变成了鱼干虾干,一夜回到解放前。

亏得孙悟空斩草除根,若留有残余,哪日碰上了个"复仇者联盟",这取经之路可就不止八十一难了。

【例证第 442 号】:《天下收藏》

《天下收藏》是北京卫视 2006 年 4 月开播的一档鉴宝类节目,2011

年更名为《收藏秀》。主持人王刚除了手中的话筒,还有"护宝锤"在手。节目中,护宝环节备受争议,只要持宝人所展示的藏品被现场专家评审鉴定为赝品,王刚就会举起手中的"护宝锤",当场将赝品砸碎。争议性也就在此,谁知道王刚这一锤下去,砸掉的就一定是"赝品"呢。

这还真是"一锤子买卖"。虽然节目组会和每个持宝人签订"生死书",使之具有法律保护。但是这一锤下去,即便是赝品,持宝人连个念想都落不下,若是再来个"冤假错案",持宝人哪哭去呢?

【例证第 443 号】:《大明天子》

《大明天子》是 2005 年播出的一部讲述明朝皇室恩爱情仇的古装剧。在第 19—20 集中,建文帝(高虎饰演)被燕王(申军谊饰演)逼得焦头烂额,好在徐妙云(俞飞鸿饰演)解了建文帝的窘境,先是让建文帝给北平的燕王长子朱高炽(丁充饰演)一道密诏,叫他归顺朝廷,使燕军祸起萧墙,不战自乱,以断燕王后路。尔后又让建文帝下密诏给大将陈亨(刘坫欣饰演),叫陈亨里应外合,同除燕王。

理想很丰满,现实太骨感。纵使建文帝有徐妙云相助,想虎口拔牙,致老虎(燕王)于死地。怎奈燕王气场强大,最终一口吃掉了建文帝,夺了皇位。

173

第 20 计　浑水摸鱼

原文:

"乘其阴乱,利其弱而无主。随,以向晦入宴息。"

解读:

趁敌人内部混乱之时,利用它没有主见的弱点从而控制它。就像人们随着时间变化而作息一样自然。

混战计在于乱中取胜,浑水摸鱼作为混战计中的一计,是一种人为制造的模糊、混沌的形势,于乱中取利的谋略。不过这"浑"是有方寸的,在悬念电视中是万万不能让局势混乱,让观众理不清头绪的。而是在节目中利用模仿或者去伪存真等手段借势生悬,就好似游戏中的"找碴儿",可以让观众聚精会神地去解开心中的疑惑,进而还会有一种收获感。这不正是"雾里看花,水中望月,你能分辨这变幻莫测的世界"嘛,观众便可在这云山雾绕中自得其乐。

在具体操作中,又根据"水"浑情况的差异分为"自娱篇""自在型""自为型"三类。

一、浑水摸鱼之"自娱篇"——现实版的"浑水摸鱼"

这种类型指的是回归"浑水摸鱼"这个词语或事件的本源意义,也就是一种自娱自乐的游戏。就如同民间的撞拐、踢毽、掰腕子等等一样。所不同的是,这个游戏需要场地和器材,场地就是水坑或水域,器材当然就是"鱼"了。在一些闯关游戏节目中,或有设计这种环节的。但毕竟还是比赛性质的,这里所说的不是比赛,而是现实生活。

【例证第 444 号】:现实版的浑水摸鱼

2012 年 7 月 26 日,天津遭遇了多年不遇的大雨。很多地方积水,成为泽国。而在这突如其来的大雨面前,天津人却表现出特有的幽默和洒脱。有人骑着摩托艇在大街里穿行,荡起一带水浪;有人划着用木板做的"筏子",像是电影《闪闪的红星》里的宋大爹;有人滑着单人双桨橡皮艇;有人干脆坐在大木盆里;更有意思的是更多的人在漫过堤坝的大水中摸鱼。这才是名副其实的"浑水摸鱼"了。

无独有偶,到了 2013 年 7 月 19 日,福建省厦门市也遭逢大雨,那里也同样上演了大规模的"浑水摸鱼"事件。

174　能够坦然、悠然、自然、泰然地看待这些不可抗力的灾害,是一种超然的心态。但是这里,有一个前提,就是没有人在大雨中丧生。如果真的有人,或者多人在这些灾难中遇难,那这种游戏心态和事不关己、超然物外的心理就很有些不近人情甚至是冷酷无情了。

二、浑水摸鱼之"自在篇"——浑水中的鱼

"自在"这里是指不因他物的在场或不在场而存在。说白了,这水本来就是浑的,是原生态的"浑水",不是被搅浑的水。当然,从宏观和本质意义上讲,凡是电视节目可能大抵不存在纯自在型的,因为,只要你呈现,你出现,或你再现,其实就是一种具有制作者"自为"或主观人为因素或意识在发挥作用。因此,毋宁说,"自在"是指节目或内容初始呈现在观众面前时的状态,是结果,是水已经"浑"了;而后面说到的"自为"则展现的是水"浑"即自清而浊的过程。换个角度看,节目所显现的情形也就是"自在"显示从浊到清,而"自为"则展现从清到浊。

【例证第 445 号】:滥竽充数

战国时齐宣王喜好音乐,喜欢热闹,爱摆排场,尤其喜欢 300 人合奏吹竽。南郭先生听说了齐宣王这个癖好,便觉得有机可乘,遂向宣王自荐,

谎称自己是有名乐师。宣王大悦,不加考察便爽快收入吹竽的队伍。南郭先生便每日在300人的队伍中摇头晃脑,就是不出声音地假装吹竽。想想,对口型是不是从这时就有了?后来宣王死,其子齐湣王继承了王位。湣王和其父的爱好不同,他喜欢听独奏,要求这300人逐一为其演奏。于是乎南郭先生再难以浑水摸鱼,只能连夜收拾行李逃之夭夭。

南郭先生的浑水摸鱼虽然有无才无德、投机倒把之嫌,但是不得不说其还是很有眼光和勇气的;再者南郭先生能够在乐队中浑水摸鱼那么久,也与齐宣王的不察有直接关系,这么看来,浑水摸鱼的前提条件就是有个不甚精明的老板;最后,南郭先生能够不被拆穿,与乐队同事的包庇、知情不举也是有很大关系的。这么看来,和周围同道中人搞好关系也是很重要的。也就是说,南郭先生之所以可以混迹其中,说明原本水就不清,给他存身提供了条件和可能。后来齐湣王搞了"清水"工程,想在"浑水"里混就不可能了。

【例证第 446 号】:盲听谁是原版

天津卫视频道2013年的大型季播明星互动模仿节目《天下无双》,每一期邀请一位知名歌手(称为"本尊")和5位超级粉丝模仿者,让他们同台演出,每一轮由评委背对选手盲听演唱并从5人里淘汰一名出局者。

这里,参选选手的目的是将水搅浑,扰乱评委的视听,借机上位。而如果没有能力,水是不会浑的,可能搅半天水还是清的呢。因此,捣乱也需捣乱功。而评委需要有一对透视的耳朵,能够滤清浊水,剔除搅局者。可谓斗智斗勇,看谁棋高一着、箭胜一簇了。

【例证第 447 号】:津夜嘉年华猜真假

《津夜嘉年华》是天津卫视2007年开始打造的大型综艺节目。其中有个板块叫《你说谁最瞎》,就是让嘉宾从台上4位选手中猜出谁才是某位嘉宾的配偶或兄弟姐妹。这不仅考验嘉宾的眼力,更多的是观察力和判断力,因为假作真时真亦假,而且那些假选手还会故弄玄虚、虚张声势地迷惑嘉宾,这就更增加了难度。试想,当年卓别林参加模仿卓别林大赛,也只拿到第三名。可见,并非本尊才是最被观众认可的。这里,假选手要将水搅浑,嘉宾们就要在这浑水里摸鱼。看谁更高明。

【例证第 448 号】:谁是沙子谁是金

1990年,央视新开办了两个栏目,都带"综艺"二字,一个在前,一个在后,在前的叫《综艺大观》,在后的叫《正大综艺》,后边的是冠名栏目。《正大综艺》至少出现过两个浑水摸鱼的子栏目,一个叫"世界真奇妙",一个叫"真真假假猜职业"。前者是由李秀媛、曲爱玲、谢佳勋等外景主持人到世界各地采风,在4个风俗或猎奇故事里,肯定有一个是假的,让大家选择。另外一个是在 1993 年前后用的一个子栏目"真真假假猜职业"。节目现场站定 4 位穿着某种职业装的人:海员、护士、火车司机等等。让嘉宾通过提问猜猜谁是真,当然,这里真的只有一个。

这里显然用的就是浑水摸鱼之法。如果寻根求源,那还得往《西游记》的六耳猕猴那里或者南郭先生那里去找。沙里淘金辨真假谈何容易,何况,往往越是假的越会使障眼法。

【例证第 449 号】:混进朋友圈里的伪朋友与陌生人

河北卫视播出的栏目《明星同乐会》所使用的手法也是浑水摸鱼。每期节目邀请一位明星,同时,邀请了他或她的十几位真假曾经的同学、同事、朋友。当然这些人不能是现在进行时的,否则难度系数太低了。明星背对大屏,里边诸位每人说一件和明星间的往事。明星要"听声辨器",从这些庞杂的信息中快速处理,分离出几个真正的朋友。其他都是蒙事的。

明星要从这浑水中摸出"鱼"来也挺不容易的,毕竟有的已经好几十年没见了,往事如烟,赶上内存小的,都清盘了,哪还都能拎得清呢。有摸不到鱼的时候,也有摸到虾的时候。

【例证第 450 号】:《泡沫》

176

《泡沫》是 BBC2010 年 2 月推出的一部基于新闻的综艺游戏秀节目。由于参加此节目的选手需要提前与外界隔离,所以节目组会将一周前的新闻编辑整理后再给选手们,选手们根本不知道哪条新闻是真正发生过的。这些新闻涵盖政治、民生、娱乐等方面,并且这些新闻都是大家熟悉的模式,用的都是大家熟悉的表达方式,因此,就算没有被隔绝的观众在看到这些新闻时也会丧失判断力。

"假作真时真亦假,无为有处有还无。"假新闻真是挺害人的,不仅迷惑了选手,也迷惑了大众。新闻有一定的娱乐性无可厚非,而新闻娱乐化就另当别论了。因为如果新闻的真实性被质疑,那就失去了新闻的本质了。

三、浑水摸鱼之"自为篇"——搅浑水的鱼

前边已经说过,"自为型"展现的是水从清到浊的过程,其实,或许在开始观众已经知道结果或结论,而要看的就是过程。这里又分为个体现象和群体现象。

(一)个体现象

所谓个体现象也就是一人一事。从中可见其把水搅浑再浑水摸鱼的

过程和能耐。

【例证第 451 号】：疯狂人物疯狂事

2011 年 8 月,疯狂英语创始人李阳被曝有家暴行为,那时节,他正在给 150 名家长讲家庭教育。在沉寂多日后,又接受央视等媒体采访,回应了记者提出的问题。当接受央视《看见》栏目柴静采访时,李阳说成立这个家庭是为了做家庭教育的实验,孩子只是一个实验品。类似这样的回答不仅让观众不满,也将平静采访的记者激得有些出离愤怒了。应该说,接受采访的李阳是坦诚的,他不隐晦自己的观点,也不隐瞒形成这种结果的原因,甚至还愿意当反家暴代言人。但如果将之视为他的危机公关的话,那如此的回应又不妨视为其在浑水中摸鱼的一种尝试,无论对错,但回应是必需的,而回答未必就是正确的。在危急或危机中能够做出正确的判断、选择是很难的。

【例证第 452 号】：特务编制过多的《冷箭》

2009 年出品的国产谍战电视剧《冷箭》说的是 1952 年西南地区第一支劳改公安部队在刘前进(黄志忠饰演)带领下,押解数万囚犯西进雷马屏中发生的故事。此剧特点就是地方特务太多,层出不穷,有名有姓的特务人数不在我方人员之下。直至大结局还有一个医院院长严爱华(代号穿山甲)最后浮出水面。当然,也属她藏得最深,瞒得最久。这就好像大家一起玩儿潜水,看谁能憋得更久,看谁最后浮出水面。可人数上的势均力敌并不代表可以等量齐观、不相上下、同日而语。因为我明敌暗,敌特使用的又都是暗算、暗杀、暗箭,因此,常令我方防不胜防、措手不及,处于被动。而就当时解放初期的总体形势而言,毕竟是"我众敌寡"。所以,敌人的目的和所能做的恰恰就在于扰乱军心,图谋反攻。而一旦可以水"扬清",就不能让他们再来把水搅浑了。可在特殊时期和特殊情况下,谁都是肉眼凡胎,没有火眼金睛,难辨真伪虚实善恶,那才叫观众揪心,恨不得替角色夺下那搅水的棍子。

【例证第 453 号】：仿真可以乱真

盲人歌手杨光有着超常的模仿力,在 2008 年春晚上模仿了文兴宇、曾志伟和马三立。在其他节目中,还模仿过闫肃、易中天、纪连海、李玉刚、周旋、佟铁鑫、罗大佑、臧天朔、周华健、刘欢、单田芳,演唱歌曲《真心英雄》时,分别模仿周华健、成龙、黄耀明、李宗盛四人。据说他在上盲校时就以模仿校长声音蒙过很多人。

一个人模仿另一个人的声音不难,难的是能够模仿很多人,还都挺像,这才是最难的。这浑水里,鱼还真多。

【例证第 454 号】：假冒伪劣总汇

刘宝瑞先生的一段传统相声《珍珠翡翠白玉汤》说的是朱元璋在元末时期大闹武科场逃出后偶感风寒被常先第和来兄弟俩要饭的救下，给他吃了一碗胡饭嘎巴烂、菜叶子、馊豆腐组成的"珍珠翡翠白玉汤"。待到他称帝后想起这道"美味"，找那两个当年的乞丐来做那道汤。二位"御厨"用了比当年更极端的原材料，米饭嘎巴、烂残叶、馊豆腐和泔水的混合物，放到阳光下曝晒再熬制，成为"珍珠翡翠白玉汤"。这是典型的浑水摸鱼，是反其道而行之的法子。因为再好的珍馐美味也不可能再让朱元璋觉得出色，只有这泔水汤会让他记住。有些东西是"相见不如怀念"，不可复制，相忘于江湖的好。

【例证第 455 号】："大忽悠"懂得兵法

2001 年和 2002 年央视春晚小品《卖拐》《卖车》是系列节目，说的都是大忽悠(赵本山饰演)凭借三寸不烂之舌，把个范厨师(范伟饰演)调理得不轻，先忽悠茶了，再忽悠瘸了。第一年弃车挂拐，第二年干脆坐轮椅回去了。其实，从这个角度看，大忽悠粗通兵法，略懂心理，他是先将水搅浑，让范厨师不辨真假是非，再"摸鱼"(骗钱)。只是这两年都是以骗子的胜利告终(虽然现实中这样的实例不少，具有一定真实性)，让大家觉得不爽。所以，到 2005 年，大忽悠终于败在了通过进修自学成才的范厨师手下。三年时间，范厨师估计学的也是兵法，主要是料敌之先，后发制人，将计就计，假痴不癫。也算是驾轻就熟的高手了。连大忽悠自己都承认，范厨师不研究菜谱研究兵法了，连"反间计"都没上当，够淡定，有大将风度和风采。只是似乎不是当年的范厨师，是"范师傅"的双胞胎哥哥，在部队待过的"范参谋"。

(二)群体现象

所谓"群体现象"是指具有普遍性或曰集体共识，形成了风潮、倾向和趋势，习惯成自然，也就有了接受和认同。但，存在不一定就是合理的。

【例证第 456 号】："热风"之后的"跟风"

近几年，每次有热播剧后，总有类似剧跟风出现：比如电视剧《亮剑》(2005 年出品)热播后，就有一批带"剑"的剧出现，如《利剑》《化剑》《冰剑》等；电视剧《潜伏》(2009 年出品)热播后，就出现了一大批谍战剧；1998 年出了个《还珠格格》，而后屏幕上清宫戏盛行，大辫子满眼飞。

问题是，跟风之作绝少佳品，大都是搭车借势浑水摸鱼，哪怕人家吃肉我喝汤呢。其实，只要想想，《亮剑》《还珠格格》《红楼梦》《西游记》等重拍剧的不成功或难以超越原版就已经说明问题了。其实，就技术层面而言，肯定是老版难敌新版，但是老版赢在精气神。观众都会记得孙悟空被压在五行山下那双渴望自由的大眼睛。而这双眼睛就算在原班人马拍的续集里也不见了。可见，精神产品还是需要一些"精神"的。缺少了这种"神"，就没了魂。就好像技术好，可能成为"大匠"，难成"大师"。

【例证第 457 号】：自欺欺人

在 2005 年至 2006 年，食品甲醛超标问题引起媒体关注，于是在一些啤酒宣传和广告中就有了"不添加甲醛"的卖点。那期间，笔者（第一作者）曾经碰到一位啤酒厂厂长，他说这就是个伪命题，其实是钻了消费者认知不够的空子。"不添加甲醛"强调的是"不另外添加"，而并不是"没有甲醛"，就是想说"即使含有也不是我加的"。"不加甲醛的啤酒"被误认为"不含甲醛的啤酒"则是误解。因为在啤酒生产过程中是会生成或含有一定量的甲醛的，如果不超标就是被允许的。本来就有，还用再添加吗？这便是以浑水摸鱼式的伪信息来换取消费者的信任。

【例证第 458 号】：《开门大吉》里也有赝品

央视 2013 年新开办的栏目《开门大吉》中，答题选手答对歌曲题目，就会仪门大开，歌曲"原唱"唱着走出来，远望疑似，近观恍惚，仔细一看，原来不是。从门里走出来演唱的不是歌星本人，都是他们的模仿者，代替本尊唱歌。其实，这也是一个模仿秀大集锦式的节目。

从本源上讲，这还不是模仿者本人的浑水摸鱼，而是策划者想混淆一下视听，因为赝品一看就会露馅儿，只是看能支撑多久才会穿帮而已。但就这"乍一看"唬人的感觉就足够了。

【例证第 459 号】："海选"：海大了，什么鱼都有

"海选"，是中国农民在村民自治中创造的一种直接选举方式，用四个字概括，就是"村官直选"。最早产生于吉林省梨树县双河乡平安村第二次村委会换届选举过程中。不过海选是"取之于民"，却不是"用之于民"的，从"超级女声"到"红楼梦中人"，越来越多的电视节目用这种方法对参赛者进行初次选拔。海选之所以称之为海选，既是因为参与者的人数巨大，林子大了什么鸟都有，海大了自然也是什么鱼都有的。真正唱得好的自然是有的，不过也有很多雷人的来浑水摸鱼，不过正是这参差不齐的素质，更是让选秀节目平添了一笔幽默之色，另外由于赛制的漏洞，贿选等这种不道德的浑水摸鱼事件也可能发生。前者的浑水摸鱼无伤大雅，毕竟只要符合比赛资格，人人都有尝试的权利；不过后者的浑水摸鱼，就是建立在不正当竞争的基础上的了，这是不合理也不合法的。

第 21 计　金蝉脱壳

原文：

"存其形，完其势；友不疑，敌不动。巽而止，蛊。"

解读：

为了脱离危险，表面上保持原来的态势，暗中却脱身而去，让友军不生怀疑，让敌人不敢轻举妄动，这就是《易经》所说的，隐蔽自己的企图，迷惑并且摆脱对手的办法。

大自然中，壁虎断尾舍小保大，却是一种自残；金蝉脱壳留虚保实，是一种无损的机智。金蝉脱壳的机智在于既可脱身于险境，分身于另一领域；又可升级换代，强大自身力量，可谓是金身不败。这样的金身实在让人着迷，因为神秘、机智、有悬念，若在电视中出现，节目的故事主体有了多种发展轨迹的可能：为何脱身，怎样脱身，脱身后又会生成怎样的分身形象等等，一系列的悬念与疑问会让观众有着更多的期待。只是这脱壳的时机要有所把握，绝不能真假之身同时曝光于观众面前，那岂不成了脱衣露怯的不堪之举。

这计金蝉脱壳，壳是个掩体，还是个障眼的寄居壳，放在那里既可以虚张声势，还为逃脱和退身赢得了时间和空间。

这里，又根据情况的不同，分为"言语篇""魔术篇""死遁篇""活遁篇""易装整容篇"五种类别。

一、金蝉脱壳之"言语篇"

所谓"言语"方式，就是凭借两片薄唇、三寸不烂之舌，口吐莲花，妙语连珠，就可以化解危机，全身而退，口舌之功相当了得。

【例证第 460 号】：袁鸣误读南新燕

1994 年年初，海南狮子楼京剧团成立，主持人袁鸣主持庆祝文艺晚会，介绍到请海南大学校长"南新燕"上台时，说成了"南新燕女士"，当这位"南新燕"走上舞台时，才知是位先生，台下嘘声一片。袁鸣忙说"哎呀，非常抱歉，我望文生义了。不过你的名字让我想起了一首古诗：'旧时王谢堂前燕，飞入寻常百姓家。'这可真是一幅充满诗意的美妙图画啊！同样，国粹京剧作为宫廷艺术，一直盛演于北方，如今随着狮子楼京剧团的成立，古老的京剧艺术也首次飞过了琼州海峡，到海南落户，这不也是一幅美妙的图画吗？"

这样一来，不仅为自己解了围，还为嘉宾出场做了铺垫，用"补白"方式为自己全身而退做了很好的诠释。

【例证第 461 号】:杨澜狮子滚绣球

1991 年 9 月 19 日,主持人杨澜应邀在广州天河体育中心主持第九届大众电视"金鹰奖"颁奖文艺晚会,在报幕到"中场"准备下场时,不小心被台阶绊了一下,"扑通"一声滚倒在地。这台可怎么下?人家有主意,当时她很淡定地站起来,对观众说:"真是人有失足,马有失蹄呀。我刚才的狮子滚绣球的节目滚得还不熟练吧?看来这次演出的台阶不那么好下嘞!但台上的节目会很精彩的。不信,你们瞧他们。"

本来的一场尴尬,如果径直下台而去倒也未尝不可,但那就坐实了尴尬,愿赌服输。而用"狮子滚绣球"来抖包袱,抖机灵,实际上就是一种自嘲,弄拙成巧,化尴尬为幽默。这种方式不仅让自己"脱"了摔跤之"壳",还自然引出了下面的节目。

【例证第 462 号】:《媳妇的美好时代》

2010 年出品的电视剧《媳妇的美好时代》中,毛豆豆(海清饰演)与余味(黄海波饰演)是一对经相亲认识的情侣。在两人相恋到结婚的过程中,余味遭遇了情敌李若秋(冯嘉怡饰演)的"偷袭",李若秋是毛豆豆的前男友,他对毛豆豆打感情牌、打资产牌,希望把余味比下去,重新赢得毛豆豆的芳心。好在毛豆豆是个出色的"公关型"好媳妇,虽然会因余味误会自己与李若秋的关系而与余味吵架,但是面对前男友的纠缠,她是能躲就躲,能闪就闪,甚至辞职、换工作单位,绝不给李若秋任何机会,用真心给自己的丈夫吃下定心丸。面对毛豆豆的无动于衷,外加余味的真情诉说,李若秋退出了余氏夫妇的生活。

好媳妇就是退得了前任,稳得住夫君,认得清谁才是自己真正的"真命天子",因此,毛豆豆的情商值得肯定。

二、金蝉脱壳之"魔术篇"

魔术也称为"幻术",就是在观众面前堂而皇之地撒谎、欺骗、造假和逃脱,而与金蝉脱壳之计关联的魔术就是逃脱术了。

【例证第 463 号】:魔术逃脱术

有一类魔术叫逃脱术,魔术师从封闭的水箱、冰箱或绳索、锁具、手铐、脚镣中逃脱。俗话说,戏法人人会变,各有巧妙不同。有变成功的,也就有变失败的，但这失败有时是以伤害身体甚至是丧失生命为代价的。虽然其中有机关和技巧，但凡有个失手，就会酿成惨祸。比如驯兽师就有被自己驯化的猛兽伤害的。所以，这类内容很惊险、很刺激、很诱人，又有很大的不确定性。这时人类挑战自我的极限运动，金蝉脱壳，如果没有脱开，就会卡死在里边。

【例证第 464 号】：《DERO！密室解谜逃脱》

《DERO！密室解谜逃脱》是日本 NTV 电视台 2010 年 4 月开播的一档解密逃脱类娱乐节目，挑战者使用自己的智力与体力，通过正确回答问题，逃出有各式各样的装置及陷阱的密室。挑战者会被困在各种不同主题的密室里，例如生命之棒的密室，挑战者需要站在长和宽都有一定限制的木棒上答题，在思考过程中木棒就开始缩短。如果挑战者及时且正确地回答完题目，便可进入下一密室；如果失败，挑战者会随着木棒彻底消失，掉进密室内的深坑。其他密室的闯关要求随主题而异，但奖罚方式都大同小异。DERO，在日文中的意思是"出去"。只是在密闭的空间里，"出去"就不再是简单的动作，而是对智慧的一种检验。挑战者在密室中只可智谋，不可强攻，就像金蝉脱壳的一瞬间，在有限的时间里集中注意力，爆发自己的能量。

【例证第 465 号】：死亡逃脱

河南卫视《魔亦有道》是国内第一档情景魔术秀栏目，在 2012 年 6 月 5 日的节目中，魔术师张云峰、佳子为观众带了一幕惊心动魄的"死亡逃脱"。张云峰双手被佳子用铁链拴住，铁链又被锁锁住，整个人被关在一个狭小的密箱内，只有被锁的双手露外面。此时的佳子手中拽住一根锁链，锁链的另一端是被削尖的钢管，一旦落下会直插关在密箱中的张云峰。就在现场观众为佳子放开手中的锁链而倒数到一的时候，张云峰大喊等一下，可是佳子已经放开了手中的锁链，钢管精准地插进了箱子，而张云峰露在外面的手消失了。观众的心都跳到了嗓子眼儿，担心张云出了意外。当佳子打开密箱，里面除了钢管并无他物。张云峰突然出现在嘉宾席，现场一片惊呼。

艺高人胆大，这是拿生命在表演啊。嘉宾在得知张云峰和佳子是夫妻后，一位女嘉宾如是点评道："这样的男人不能要，太滑溜了，抓不住啊。"

三、金蝉脱壳之"死遁篇"

"遁"，即逃跑之意。毛主席的词《西江月·井冈山》最末两句是"黄洋界上炮声隆，报道敌军宵遁"。说的就是敌人连夜逃了。从前有五行遁，金遁、木遁、水遁、火遁、土遁;现今有尿遁,就是假借出去撒尿逃避饭局买单。死遁,顾名思义就是借死亡逃避今生不能面对或者解决之事,从而开始一段新的生活。

"死遁"根据情况不一,又可分为"自死遁"和"被死遁"两种。

(一)自死遁

所谓"自死遁"是指这种死遁既是出于自愿,还是主动自觉亲历而为。就是"置之死地而后生"。先来看看几部有死遁情节的电影。

【例证第 466 号】:《乱战》

2007 年出品的美国电影《乱战》中,5 名劫匪抢劫银行,但他们要抢的并非金钱,而是要输入病毒程序,他们要用高科技手段套取 10 亿美金。警官科纳斯(杰森·斯坦森饰演)负责侦破此案,新警员德克(瑞恩·菲利普饰演)成为他的搭档。随着案情进展,多数犯罪嫌疑人纷纷毙命,而科纳斯也在一次追捕嫌犯中丧生。但是,德克经过缜密分析,发现科纳斯才是幕后黑手和大佬。科纳斯用同伙的尸体李代桃僵,从密道逃脱,在消灭了所有同伙以后,独吞 10 亿美金远走高飞。德克明白了一切,但一切都晚了。

【例证第 467 号】:《机械师》

2011 年出品的美国电影《机械师》中,职业杀手亚瑟(杰森·斯坦森饰演)接到一项新任务,暗杀自己的搭档哈里(唐纳德·萨瑟兰饰演)。哈里的儿子史蒂夫(本·福斯特饰演)为替父报仇,跟随亚瑟学习。在亚瑟训练下,史蒂夫逐渐成长为一名杀手。他设局要杀亚瑟,把亚瑟锁在汽车里,车里有定时炸弹。可当史蒂夫回到驻地,被亚瑟预设的定时炸弹炸死。而亚瑟则在汽车爆炸前暗暗从车里逃脱了,按中国的话说,叫"就地十八滚"。还是亚瑟老谋深算,始终对史蒂夫提防着。可见,亚瑟还是没有把自己的本事倾囊相授。而亚瑟觉得自己逃得神不知鬼不觉,但监控探头却记录下他逃脱的过程,他还做不到"踏雪无痕"呀。

【例证第 468 号】:《飞龙再生》

2003 年出品的香港电影《飞龙再生》讲述了这样一个奇异的故事,香港特警阿狄(成龙饰演)疾恶如仇,一直与偷运人蛇集团不断对抗。在一次执行任务中,阿狄被困在货柜中,不幸殉职。而当朋友们到停尸房来向他告别时,他又是"活体"的了,而躺在床上的阿狄正慢慢消失。从此他不但有"复活"功能,更有了自愈功能。真有想象力。

【例证第 469 号】:《孝子贤孙伺候着》

1993 年出品的国产电影《孝子贤孙伺候着》中,陈二小(陈佩斯饰演)是红白理事会乐队指挥。可他老舅却时常为别人土葬忙活,爷儿俩成了对头。陈二小的老娘(赵丽蓉饰演)生怕自己死后被火化,非要陈二小立下字据,保证死后一定土葬。为考验儿女孝心,二小娘决定假死并大办丧事。老太太躺在棺材里装死,听着,有时还看着外边发生的一切。当然,假戏真做总是要穿帮的,但这等活死人的闹剧实在荒唐。

再来看看几部有此类情节的电视剧里的情形吧。

【例证第 470 号】:妖精也会金蝉脱壳

在电视剧《西游记》(无论是 1986 年出品的老版,还是 2012 年的新版)中,都有使用金蝉脱壳计的。比如:

白骨精,把变身的老者、老妇、少女的肉身撇下,自己则化做青烟溜走;

黄风怪手底下的小妖用虎皮放在石头上蒙骗悟空;

托塔李天王的义女老鼠精也用过这招。

其实,悟空自己也使过,在车迟国与虎、鹿、羊三个"国师"比拼时,肉身原地不动,元神到了上界搬救兵去了。

可见,不论神鬼妖仙,都知道多掌握一门技能,关键时候是有用的。

【例证第 471 号】:《天龙八部》之死遁

184

《天龙八部》中就有两个人都是借假死来逃避现实,第一个是慕容复的父亲慕容博,慕容博谎称辽派高手入侵,召集中原豪杰在雁门关设伏。结果带去的二十名中原武林高手仅剩四人,并误杀了萧远山的妻子。后来武林人士发现这是一场骗局,慕容博便借假死逃避责任,隐居在自己家中的地窖中,等待风头过去。第二个便是雁门关大战的另一个主角,乔峰(即萧峰)之父萧远山。当年妻子被杀,他抱着妻子的尸体跳下悬崖未死,从此便隐居下来,乔装去少林寺藏经阁偷学武功。这两个人都是死遁,也就是金蝉脱壳之计,逃避用自己本来的身份没办法处理的问题。

【例证第 472 号】:韦小宝诈死

1998 年出品的根据金庸同名武侠小说改编的香港电视剧《鹿鼎记》最后一集,天地会众人捉了韦小宝(陈小春饰演)的几个夫人,要挟他带领去寻宝并掘去鞑子的龙脉。韦小宝设置了一个假宝山,但康熙信以为真,带大炮轰击。废墟之下,没有发现韦小宝的尸体。康熙命人寻找他赐给小宝的金饭碗未果,他据此判断小宝未死。当然,小宝只是诈死。更由此演绎出康熙六下江南的原因之一是为了寻找韦小宝的踪迹。

【例证第 473 号】:找个替死鬼

在 2007 年出品的国产电视剧《红蜘蛛 3 水中花之红粉帝国》第 21—

22 集中,做酒吧歌手的姐姐黎佳心(郑亦桐饰演)为给同做歌手的妹妹黎佳红(杨敏饰演)凑 200 万元出唱片的保证金,用了极其凶狠恶毒的一招儿"骗保",先购买了赔付额 200 万元的意外伤害保险,再到劳务市场找到一个和自己体貌相当的女孩儿做替身,将车开到郊外后将女孩儿打昏后焚尸。而后她妹妹在得知真相后选择了包庇姐姐,再去骗取保险金。当然,纸是包不住火的。法网恢恢,疏而不漏。这一花招儿终究被识破了,姐姐被判死刑,妹妹也被判 3 年有期徒刑。

这一金蝉脱壳显然不仅不高明、不道德、不善良。而且,姐妹俩太高估了自己的智商而低估了别人的智商了。

(二)被死遁

所谓"被死遁"就是这种方式对于当事人来说情非所愿,或主观上并不积极的。甚至在某种程度上讲,当事人是被安排死遁的,能做的就是服从安排。

【例证第 474 号】:杨六郎死犹未死

在评书《杨家将》中,杨六郎被发配云南,奸臣王强来取人头,任堂惠替六郎而死。杨六郎诈死瞒名,死遁后假冒任堂惠,直至"大摆牤牛阵"被佘太君识出其脑后胎记才说出实情。

【例证第 475 号】:《姚家井》中招弟赴死

在郭德纲演出的单口相声《姚家井》中,姚家井有刘子清和李子清,刘子清有儿子刘瑞子,李子清有女招弟,两家定了娃娃亲。刘瑞子 15 岁时因为偷了家里的二两银子怕挨打离家出走,6 年杳无音信,其间,父死母瞎。于是,李家把招弟又许配给礼亲王大厨赵三丰小舅子王豁子(兔唇)。正要成亲,刘瑞子回来了,他已经是两江总督刘坤一的三品副官。于是,两家打起了诉讼官司。负责审理此案的是南城司五品御史。他出了生死两条路:生路是让招弟一女两嫁,各住半月;死路是喝下鹤顶红,而后两家分尸而葬,御史也抵命。招弟选择了后者喝下了"鹤顶红"。结果,王豁子放弃了对死招弟的"所有权"。于是,"死尸"归刘瑞子。这时,"死尸"被冷水浇醒了,原来又是一个被死遁的例子。

【例证第 476 号】:《雪豹》中周文被置换

在 2010 年出品的国产电视剧《雪豹》中,富二代周文,也是个热血青年,打死了日本浪人,被判处死刑。但在他父亲和父亲的朋友(市长)的策划运筹下,用一个死刑犯和周文进行了置换,从此,周文"死"了,"周卫国"

诞生。

　　这一手法显然不是原创,在金庸先生小说《鹿鼎记》,韦小宝就为救茅十八,用冯锡范做了替死鬼。

四、金蝉脱壳之"活遁篇"

　　"活遁"是与"死遁"相对而言,也就是说没有虚张声势的"寻死觅活"的极端方式,而是用较为常规的方式在眼皮底下悄悄溜走。

　　【例证第 477 号】:《倚天屠龙记》

　　在 2003 年苏有朋主演的电视剧《倚天屠龙记》中也有两个用金蝉脱壳之计的角色,不过这两个人用的不是死遁,而是活遁:即没有传出自己的死讯,只是做了其他的装扮,换了身份而已。第一个是谢逊的师傅混元霹雳手成昆,当年成昆杀了金毛狮王谢逊全家,逼得谢逊狂性大发,四处杀人,寻找成昆复仇。成昆却施施然剃了头发,躲进少林寺当起了高僧圆真大师。后来更是诈死光明顶,暗中又与陈友谅联手为元兵所用。第二个是明教逍遥二仙中的范遥。英俊帅气的范遥向紫衫龙王黛绮丝求爱不成,伤了自尊,便从明教中消失。后来范遥更是自毁容貌,乔装成平民高手苦头陀混入元军内部,当了赵敏的师父,在暗中屡屡帮助张无忌。

　　【例证第 478 号】:《幸福来敲门》

　　《幸福来敲门》是天津卫视 2012 年推出的一档情感类电视节目,节目将婚恋和达人两种当下最火的节目元素相结合,邀请最热门的明星夫妻、全国范围内遴选各类达人共同参与。每期节目将会完成两个"委托人"的幸福委托,通过讲述、专家分析和沟通、签署幸福协议等方式让委托人达成愿望。在节目中签署的幸福协议有专业律师在场,具有同等法律效力。节目将欢乐和温情进行巧妙结合,通过荧屏把家庭矛盾和摩擦摆到桌面上,寻求家庭和谐,带领大家一起叩响幸福的大门。

　　当许多情感节目还在为"冤冤相报何时了"而纠结时,《幸福来敲门》杀出重围,以幸福的名义化解危机,以温馨与幸福示人,让情感节目不只是苦大仇深的情感纠结,也有了传递正能量的可能。

　　【例证第 479 号】:虚晃一枪的斯诺登

　　2013 年 6 月 25 日,全世界范围内的媒体都在关注"棱镜门"的主角——斯诺登的去向。早前有消息称,一名与斯诺登相同姓名的顾客预订俄罗斯国际航空公司机票,准备 6 月 24 日乘坐 SU150 航班飞往哈瓦那。从离境香港,到抵达俄罗斯,再到离开俄罗斯,斯诺登始终是一个"隐形人"，没让任何记者逮住真身。貌似这次媒体有了抓现形的机会，于是这次航班都快变成了媒体的包机，只是最终结果依旧是媒体扑空。不忍落空的记者，只好拿起自己手中的长枪短矩拍起了这次航班的机长，可怜的机长面对采访只有一句话——NO。

斯诺登虽不是亡命之徒，但在媒体的聚光灯下，他唯有躲避才能实现自我保护。就如斯诺登祖国的一部大片《亡命天涯》，就这个名字来形容斯诺登的处境再合适不过了。

【例证第480号】：上校带领一个班失踪了

在1965年出品的美国电影《音乐之声》中，年轻活泼的修女玛利亚（朱丽·安德鲁斯饰演）具有歌唱天赋，院长安排她到特拉普上校（克里斯托弗·普卢默饰演）家给7个孩子当家庭教师。玛利亚的真诚、善良感染了孩子们，也融化了上校尘封多年的心，他们相爱并结婚。但纳粹德国占领了他们所在的奥地利，他们想举家逃往瑞士。可还要完成音乐剧的演出。于是，他们在朋友们的帮助下，以智慧和勇敢完成这一活遁。

【例证第481号】：胜利者的逃亡

1981年出品的美国电影《胜利大逃亡》中，二战末期，纳粹在巴黎举办由德国国家队和盟军战俘队对决的足球赛，战俘们无心比赛，只想趁机逃亡。可比赛开始后，观众的鼓舞和输球的现状，激发了他们的斗志，他们改变逃亡计划，在球场上大败德国队。结尾处球王贝利漂亮的倒钩进球堪称经典。而结局是，由于战俘球赛的胜利，观众涌下看台，冲向赛场，战俘们融进了汪洋大海，逃亡升华为凯旋。

五、金蝉脱壳之"易装整容篇"

在这种类型里，逃脱使用的是变换装束和改变容貌，用以欺骗和迷惑对手。这种方法具有隐蔽性、安全性和特殊性。

【例证第482号】：易装就是不穿衣服

在2000年美国出品的电影《透明人》中，在一个高度机密的军事实验室，科学家以动物做实验成功实现了隐形术，傲慢的研究小组的头目塞巴斯蒂安（凯文·贝克饰演）在自己的身上做隐形术的实验，他成了隐形人。而隐形人隐形的途径就是脱下衣服。因为他的躯体是透明的。

除了上面这种极其特殊的形态，还有的就是换服装、换身份和换脸了。

【例证第483号】：赵刚易装突围

2005 年出品的国产电视剧《亮剑》第 8 集中,八路军独立团在团长李云龙(李幼斌饰演)和政委赵刚(何政军饰演)带领下分部突围。赵刚带领的一路遭遇一队伪军。将其缴械后,赵刚让战士们换上伪军衣服,大大方方地在鬼子眼皮底下安然脱险。

这里,赵刚是以"换壳"之法行"脱壳"之实,最后不战而胜。

【例证第 484 号】:《伪装者》换身份

从 1996 年开始出品的共播出 4 季的美国电视剧《伪装者》塑造了一个神童杰拉德(麦克·特里·维斯饰演)。从小被从父母身边带走,在"中心"受训,成为一名"伪装者",他能在很短时间内学习伪装成任何人。当他发现中心利用他做了一些坏事,就从中心逃脱了。中心开始"追逃"。但是,他总是能先中心人员一步逃脱,每次都能巧妙从中心人员视线消失。而这些技能也都得益于在中心的训练。可见,仍是"以彼之道,还施彼身"。

这里,先使李代桃僵,后用金蝉脱壳,如果可能的话,最后是走为上,是个精心设计的连环计。

【例证第 485 号】:《致命伴旅》

在 2010 年出品的美国电影《致命伴旅》(翻拍自法国电影《逃之夭夭》)中,美国游客弗兰克(约翰尼·德普饰演)在火车上邂逅了神秘女子伊丽丝(安吉丽娜·朱莉饰演),而弗兰克不知道,危险正一步步逼近。他和他所接近的伊丽丝正引来各方人马追杀。伊丽丝是一名国际刑警,在卧底犯罪组织时,与涉嫌一起 20 亿美元的金融犯罪嫌疑人堕入情网,而弗兰克因常伴伊丽丝左右,被误认为是她的男友被迫卷入追杀。但当弗兰克最终看似误打误撞地打开藏有巨款的保险箱时,伊丽丝才知道,原来弗兰克就是她的前男友亚历山·皮尔斯。皮尔斯花 2000 万美元做了整形手术(包括牙齿矫形、声带移植等)而后遁形,再以弗兰克身份出现在伊丽丝身边,最后两人全身而退。

【例证第 486 号】:换脸脱壳

2000 年出品的国产电视剧《重案六组 1》第 10 集有这样的情节,重案六组接到报案,南园支行查出 800 万被盗取,疑点集中在银行两个月前同时辞职的会计科的温宝华和人事科的邓贤身上。其后发现了温宝华的尸体,被通缉的邓贤投案自首,他交代一年前离职的同事吴飞杀害温宝华并提走全部钱款。重案六组警长曾克强(李成儒饰演)通过吴飞的情妇李曼顺藤摸瓜找到了已作整容并改名岳洋的吴飞。

吴飞的金蝉脱壳还真是个原本意义上的,整容就是"换皮",换皮如同脱壳。只是,吴飞虽然聪明,但还是留下了蛛丝马迹,让大曾找到了他的

"壳"，还抓住了他这只"蝉"。

第22计 关门捉贼

原文：

"小敌困之。剥，不利有攸往。"

解读：

弱小的敌对势力可以包围起来一举歼灭。如果让他们逃走还要穷追，就对我方不利了。

生活中，若是能关门捉贼，才能人赃俱在，大快人心。只是这贼不会笨到束手就擒，于是大家得先请君入瓮，尔后才能瓮中捉鳖。电视中的关门捉贼要针对节目的主体展开，成功的关键在于对主体的了解与熟知，然后施以利诱，引其上钩。同时，电视中的悬念设置体现为一种"合力"，现场的布置、人员的配备、环节的调控将节目的主体牢牢掌控。这又好比钓鱼，投放香饵引诱大鱼上钩，上钩后是不能生拉硬拽的，要有余地与其周旋。待到大鱼慢慢放松警惕，才能一网打尽。

关门捉贼与金蝉脱壳截然相反，前者是想方设法堵住来路，截住出路，而后者则是千方百计脱颖而出，杀出血路。前者如盾，后者如矛，如果这两者遭遇，肯定会有好戏大戏上演。

通常情况下，关门捉贼需要几个条件或几个步骤：一是空间感，就是需要一个非虚拟的空间来实施"捉贼"；二是关好大门，封死前门，堵死后门，来个关门打狗；三是需要好身手，条件都具备了，捉不住贼，让贼打败了，还让贼跑了，就前功尽弃了。

根据以上情况，将此计又分为"空间封闭的密道战篇""断绝退路的殊死战篇""斗智胜于斗勇的谋略战篇"三类。

一、关门捉贼之"空间封闭的密道战篇"

正如上述，这里提供或设置的都是空间相对封闭的密室、密道、山洞、城堡、地道等等。不是没有门，而是三转两绕就迷路了。这样一来，主动权就掌握在做局者也就是密道的主人手里了。主人在暗，闯入者在明，其实在这种格局下，胜负早已定，而主人享受的就是过程了。

【例证第487号】：密室逃脱

上一计"金蝉脱壳"中，曾将逃脱术列入。其实，事物往往是相对存在的。从魔术师角度而言，这就是"金蝉脱壳"，而从设局者而言，这就是"关

189

门打狗"。当然不是说魔术师或密室逃脱者变了物种。而是指这种手法的归类属于这一计而已。双方是对立统一的关系。一个是出题的或出谜的;一个是答题或解谜的。就看谁更高了。

【例证第488号】:电影《地道战》关门打狗

1966年出品的国产电影《地道战》至少有两处关门打狗的好戏。一是汉奸孙进财(谢万和饰演)带领几名伪军冒充武工队到高家庄想探知地道的秘密。民兵队长高传宝(朱龙广饰演)从这几个人只吃鸡蛋不吃窝头等一些蛛丝马迹中判断他们不是自己人。于是,将他们中的3人引入地道,而后"关起门来打狗,堵住笼子捉鸡"。利用地道翻板将几个汉奸一一收拾了。

第二处就是当鬼子和汉奸大队人马再度进入高家庄后,有12名鬼子下到地道后,被民兵拉下闸门,而后一一消灭。

【例证第489号】:《老枪》里的地道战

在1975年出品的法国电影《老枪》中,二战结束前的法国,于连医生(菲利浦·诺瓦雷饰演)为让妻子克拉拉(罗密·施奈德饰演)和女儿躲过纳粹德国的杀害,决定把家人送到巴黎乡下。几天后,当于连去村里看望妻女时,发现全村人都被杀害,他的女儿被枪杀,妻子被喷火器烧得焦黑。于连愤怒了,他找出尘封的父亲的老枪,展开了一个人的英雄壮举。在他的城堡里,他展开地道战、游击战、麻雀战,将入侵的德国兵一个个消灭。

【例证第490号】:《落经山》里的山洞战

在2013年出品的国产电影《落经山》里,哑巴(李正饰演)来到落经山,寄居在老僧人的寺庙,无意间,他到了一个神秘的山洞。后来,被哑巴从河里救起又放走的日本飞行员带领日军小队屠村。哑巴说话了,他带着日军进了洞。但是这里立时成了哑巴的主场。除了记录了这个过程的飞行员之外,无人生还。

【例证第491号】:《我要当八路》

2012年出品的电视剧《我要当八路》又名《狼牙英雄》。在第一集中,镇守皇陵的卧龙堂收到密电后得知日军前来偷袭,乔忠义(牛飘饰演)判断日军行动目的是夺取麒麟贴,麒麟贴是打开皇陵密道的图示和密码,为了保护皇陵里的宝物,乔忠义带人在皇陵准备把日军引入假密道,然后关门打狗。井上大雄(杜玉明饰演)率人进入假密道后,让盗墓贼王地鼠(崔鬼饰演)打开了一扇暗门,随之派一支小分队进入,没想到小分队全部被暗弩所杀。井上大雄随后又派人硬闯假秘道,怎奈机关多多,硬闯者全部丧命。趁日军人心大乱之时,乔忠义率人包围井上大雄。突然外面的日军将洞口炸开,井上大雄匆忙逃出。

看来皇帝们给自己的陵室铺设机关不仅可防盗,还可御敌。也算是助后人抗日一臂之力了。

【例证第 492 号】:活死人墓

在 1995 年古天乐主演的电视剧《神雕侠侣》中,有一处神秘的所在,就是小龙女(李若彤饰演)的家——终南山活死人墓。传说活死人墓原为王重阳的练功之地,后因打赌失败便送给了小龙女的师祖林朝英。墓口上设有千斤巨石——断龙石,一旦放下墓门即闭,从此阴阳两隔。王重阳当时抗金失败,修建活死人墓本来打的就是引来金兵,放下断龙石,与其同归于尽的主意。结果王重阳穷其一生也没有用这个法子,倒是被小龙女与杨过用来对付了李莫愁与洪凌波。这封上墓口的法子自然也是关门捉贼,不过这种情况下是敌人过于强大,自己已经不能全身而退,只能关门与贼同归于尽了。

【例证第 493 号】:梦立方

东方卫视播出的益智类游戏闯关节目《梦立方》中,所有选手的挑战活动都是在一个智能化的透明"立方体"中完成的。在这个立方体中,观众能够看到参赛者,但是参赛者却是在一个相对独立的空间中独立完成挑战任务的。这样的游戏模式,正可谓"关门捉贼"的变形"关门闯关"。

二、关门捉贼之"断绝退路的殊死战篇"

所谓断绝退路,就是封死后门。其实,所谓"门",亦实亦虚。所以,这里也就按实门和虚门来划分。

(一)关上实体之门

这里指的就是关上一扇实际存在的大门,也就是实体之门。当事者后无退路,前无生路,也只有硬着头皮一路往前了。

【例证第 494 号】:关门捉鳌拜

2001 年出品的国产电视剧《康熙王朝》中,1661 年顺治帝驾崩,8 岁的康熙即位,顺治帝遗诏,由索尼、遏必隆、苏克萨哈、鳌拜四大臣辅政。在康熙没有亲政的 8 年里,鳌拜逐步擅权。先后杀死户部尚书苏纳海、直隶总督朱昌祚、巡抚王登临与辅政大臣苏克萨哈等政敌。康熙先用欲擒故纵之计,使鳌拜不以为意。而后康熙训练"布库"(即满族摔跤手)。在第12—13集中,康熙八年(1669 年)五月,康熙召鳌拜入宫,身后大门重重关上,让这群少年布库与鳌拜"游戏",可是后来玩儿真的了,鳌拜也不是好对付的,几下就把布库们摆平了。其后,布库们以死相拼,终将鳌拜擒获。

【例证第 495 号】:请君入室

在每一期央视《谢天谢地你来啦》栏目中,由于演出环节是对参演嘉宾保密的,所以当主持人崔永元请参演嘉宾打开门进入未知的演出环境时,一切都变得身不由己。参演嘉宾在众人皆知唯我不知的情况下,任由节目中其他演员出各种难题考验自己,直至坐在台下的王雪纯按下手中的红色按钮,参演嘉宾才可结束表演。

这就如同请君入瓮,参演嘉宾在舞台上根本没法按套路出牌,平日里的表演技能不管有的没的,全都使了出来。恐怕参演嘉宾演出结束后,心中默念:谢天谢地我再也不来了。

【例证第 496 号】:《地雷战》

1962 年出品的国产经典电影《地雷战》中同样运用了关门打狗的招法。在影片临近结局部分,将鬼子放进赵家庄再打。在村里,到处都是地雷阵,到处都是鬼子的葬身之地,门板、墙头、箱子盖儿、酒坛子、筐、篮子、台阶、板凳等等地方,鬼子是沾上死,挨着亡。让鬼子站着进来,躺着出去。

所谓"关门打狗",关的自然是自家的门,狗自然也是外来的狗。进门来的狗肯定不是被邀请来的,不是咬人就是惹事,所以,是要教训一下的。

(二)关上虚拟之门

所谓"虚拟之门"是与上述"实体之门"相对而言,实体之门是可见的,虚拟之门也能是看不见的,或因为是在非封闭的大空间里,"门"就是一个概念,或是一路一地一山一城。但虚功需要实做,才能关得上,守得住。

【例证第 497 号】:刘伯承的口袋阵

新中国开国十大元帅之一的刘伯承便是一位关门捉贼的好手,1947年刘邓大军千里跃进大别山,蒋介石紧急召集重兵,企图在其未站稳脚跟之时聚歼共军。为了摆脱穷追不舍的蒋介石西北军精锐部队整编第 40 军,刘伯承决定在敌必经的、地形对我有利的蕲春县高山铺以东峡谷地带设一个"口袋阵"。一部分力量在高山铺的东、南、北三面占领制高点,布成袋形阵地。另有一部分部队摸到敌人后方,从后面扎紧口袋。战争打响后,敌军被围困在十里长谷中,东蹿西跳,人马炮车挤作一堆,许多人摔倒来不及爬起被活活踩死。刘伯承元帅这一招是典型的关门捉贼,把敌人引入口袋里,扎紧了口袋揍你。

【例证第 498 号】：平型关大捷

重庆卫视栏目《记忆》在 2011 年 11 月 13 日至 15 日的节目中,由主持人祝克非为观众讲述了平型关大捷。1937 年 9 月,日本军国主义穷兵黩武,精锐师团进犯山西,国军战士节节抵抗,晋北处处摆下战场,日寇狡诈迂回包抄,国军战场误判,仓促应战。危急之际,八路军 115 师在林彪、聂荣臻等人的率领下,利用平型关险要地形(平型关地势险要,古称瓶形寨,周围地形如瓶,易进难出),在平型关附近配合国军正面防御。然后从侧背打击进犯之敌,牵制与打击日军增援部队。战士们冒雨埋伏在平型关东北公路两侧山地,待机歼敌。当敌军精锐部队坂垣师团一部进入预伏地区时,八路军立即发起攻击。经过 1 小时激战,我军歼灭日军一千余人,击毁汽车一百余辆,并缴获了大量武器和军用物资,取得了抗战以来中国军队的第一个大胜。

平型关战役赢在智慧,胜在伏击。在恐日病和亡国论肆意流行的时候,用这样一场伟大的战役,粉碎了"日本不可战胜"的神话。

【例证第 499 号】：战锦方为大问题

《西柏坡来电》是河北卫视 2012 年出品的 40 集大型文献纪录片。在第 12 集中,东北野战军拉开辽沈决战的序幕,蒋介石调兵遣将重点守备东北地区。毛泽东选择锦州作为突破点,决定给东北国民党守军以致命一击。锦州是东北的门户和辽西走廊的咽喉,只要攻下锦州,可以把国民党几十万主力堵在关外,包围起来一个一个地收拾,还可以吸引华北国民党部队增援东北,减轻关内解放区的压力。当东北野战军突然出现在锦州城下时,国民党统帅部大吃一惊,不过国民党的将帅认为这不过是东北野战军围城打援,不必惊慌。此时的东北野战军马不停蹄地清扫掉了锦州外围的障碍,彻底切断了东北与关内国民党军队的陆地联系。东北野战军调集千门重型火炮,攻锦大战准备就绪。一时间千炮齐发,锦州瞬间变成了火海,敌军也就葬身于这火海之中。第二天一早,东北野战军各师就在市中心成功会师。

锦州一役打得漂亮,这一被毛泽东主席归结为"关门与打狗"之战让敌军抱头鼠窜,原本守城的国民党将领范汉杰也不含糊,也用了三十六计的一计——走为上,脚底抹油弃城而逃。

【例证第 500 号】：李云龙"包缘"军官参观团

在 2005 年出品的国产电视剧《亮剑》第 6 集中,独立团团长李云龙(李幼斌饰演)派政委赵刚(何政军饰演)率两个营保护总部,自己带一个营袭击华北日军军官参观团。仗打得干净利落,很快就将敌人大部消灭,只剩下一名少将旅团长（如和李云龙原型王近山在韩略村打日军参观团一伙做类比的话,这个人是服部直臣)和6名军官。李云龙这时接受对方提议,玩儿起"单打独斗"来,要一对一地"单挑"。当然,他的大队人马把这小股鬼子围在当中,就像拳击场的围栏,他们是跑不掉的,只是可以选一个死法。

【例证第501号】:美国航母的窘境

央视《防务新观察》2010年第50期的节目中,军事专家张召忠认为,虽然伊朗频繁的军演和美国航母的不断集结使这里的火药味愈加浓烈,但是美国不会轻举妄动。主要是伊朗的特殊地理位置,使得伊朗在与美国的较劲中不落下风。伊朗控制着波斯湾的咽喉霍尔木兹海峡,该海峡最狭窄处不到40公里,美国航母无法全速驶过,并且旁边还有一个归属伊朗的格什姆岛,足够伊朗囤积重兵。如果美国航母为打击伊朗而进入波斯湾,很可能会被伊朗当场拦截,直接关门打狗。

波斯湾自古以来就是兵家必争之地,这样关键的地理位置一直挑动着美国神经。伊朗虽占尽地理位置的优势,但不可掉以轻心,看看自己的邻国伊拉克,只能证明萨达姆当时太天真了。

三、关门捉贼之"斗智胜于斗勇的谋略战篇"

在这类中,不在于决战沙场与争勇斗狠,而在于谋略与智慧,也就是斗智胜于斗勇。虽然能勇也未必就是一勇之夫,但不战而却人之兵,或诚如孙子所说,上兵伐谋,那就无须劳师远征或血拼沙场。那斗智也就有了"四两拨千斤"的力量和效果了。

【例证第502号】:请君入瓮

《太平广记》和《资治通鉴》都记载了这个故事:有人告文昌右丞周兴和邱神勣串通谋反。武则天命来俊臣主审。来俊臣摆了个鸿门宴,挖个坑儿让周兴跳,问如果有犯人不招供该如何应对,周兴说,把人放在瓮里,架上火烧。结果,来俊臣如法炮制,周兴只好招认。不单是周兴,其实,狄仁杰也被来俊臣审过,狄仁杰光棍儿不吃眼前亏,一切全招,而后再偷偷托人将冤情上达天庭,得以解脱。可见,当处在"贼"的位置,且门关锁落,也就只好认命,愿赌服输。

【例证第503号】:揭老底儿战斗队来了

河北卫视的节目《明星同乐会》每期邀请一位明星和他(她)的同学、朋友、同事参与节目。这里,一是明星不清楚谁会来,二是不知道他们会爆出什么猛料来,三是猜不出来要被罚,还会让老朋友不高兴。可是,这里边有真有假,有滥竽充数、浑水摸鱼的。而对于真的老同学而言,是知道这人的底细,揭老底儿战斗队来了,可谓关此后门,几个人围追堵截,让你插翅难逃。只有从实招来。

【例证第 504 号】:瓮中捉鳖

在 1987 年出品的经典动物剧《动物王国窃案》第 5 集中,掌握王国地下珍宝库秘密的猩猩博士被黑帮绑架,好在猩猩博士在路上留下了标记被猴探长发现。为了不打草惊蛇,猴探长明确猩猩博士被困方位后,回到总部决定对犯罪分子一网打尽。此时,被关押在牢房的猴贼不甘寂寞,因为它的手中有珍宝库地图的底片,它想越狱后与黑帮接头,赚上一笔。猴探长借机欲擒故纵,利用猴贼越狱后把黑帮分子之一老 K 引诱出来,在它们接头交易的地方设下埋伏。这样一来,不仅再次擒获猴贼,还抓获了老 K。埋伏在黑风岭的狮大哥也成功解救了猩猩博士,彻底粉碎了黑帮的阴谋。

一群小动物拟人化的表演令人拍案叫绝。自作聪明的猴贼没想到,自己为猴探长客串了一把卧底,不仅把黑帮分子打包送上,还把自己重新送回了监狱,让猴探长一网打尽。

【例证第 505 号】:一对多的电视求职

在大型职场真人秀中,老板们不必再在人才市场中大海捞针,坐在演播间里就会有求职者主动"送货上门"。在老板们和现场主持人的"合力围剿"下,求职者在短时间内优劣之处一览无余。老板们一旦锁定目标,定会重金引诱,给求职者关上去其他公司的大门,绝不错失任何一个自己赏识的对象。

老板们以合力的方式与求职者的对战,战而不败者定是佼佼者。只是那些造假、不真诚的求职者,在这样的平台上定会原形毕露,招致批责。

【例证第 506 号】:电视人物专访

在电视谈话节目和新闻采访的基础上,产生了一种新的节目形态——电视人物专访。在这种节目中,主持人以演播间为家,将嘉宾视为客人,消除嘉宾录节目的刻意感,随着访谈的过程渐入佳境,让嘉宾自己爆料,主动倾诉,为观众还原一个电视外、生活内的真实嘉宾。

有时关起门来不是为了捉贼,而是为了说些悄悄话。电视人物专访是在访问中通过嘉宾的生活经历和人生感悟,发掘人性和生命的意义,从而给受众带来启迪和新收获。

【例证第 507 号】:缉拿毒贩

宾馆除了用来休息,还能用来干吗?深圳卫视都市频道《第一现场》报道了在2013年5月10日凌晨4点钟,一名形迹可疑的男子在宾馆里动起了歪心思。他手持装有毒品的黑色塑料袋进入宾馆短暂休息。后来宾馆服务员在他的房间内发现这个黑色塑料袋,并打电话报警。警方赶到现场,发现大量与毒品相关的物资,于是判断该男子还会回到宾馆。警方巧妙安排宾馆服务员给该男子电话,要求他回到宾馆续交房费。该男子信以为真,在下午5点左右又提着一些东西回到宾馆,他没有想到的是,这次打开门后,与他直接对话的是早已守候多时的警察。

这名男子确实有想法,只不过心思用歪的后果就是面临牢狱之灾。警察也很有想法,不轻易出动,而是请君入瓮,而后瓮中捉鳖。

【例证第 508 号】:《风声》

2009年出品的国产电影《风声》,讲述了一段革命先烈以鲜血捍卫国家的可歌可泣的传奇故事。日军及伪政府的高级将领屡遭暗杀,引起了日军的重视,武田(黄晓明饰演)展开了调查,要抓出潜伏在司令部中代号"老鬼"的共产党。当锁定了最有可能接触到电报的5个人,伪军剿匪大队长吴志国(张涵予饰演),伪军剿匪总队司令侍从官白小年(苏有朋饰演),伪军剿匪司令部译电组组长李宁玉(李冰冰饰演),伪军剿匪司令部行政收发专员顾晓梦(周迅饰演),伪军剿匪总队军机处处长金生火(英达饰演),武田把他们5个人软禁在了一个与世隔绝的地方"裘庄"。在这里武田使用各种手段甚至是残酷的刑罚来找出老鬼。这样把所有嫌疑人都关起来找,也是一种典型的关门捉贼。虽然武田从5个人中找出了"贼",但是让他没有想到的是,5个人中可不止一个贼,因而也没有改变行动败落的结局。可见关门捉贼,门关得要严实,贼的数量也得看清楚了。

第 23 计 远交近攻

原文:

"形禁势格。利从近取,害以远隔。上火下泽。"

解读:

当战事受到地理位置、战局形势的限制和阻碍时,攻打近敌有利,攻打远敌有害。火势向上,水势向下,使敌人们如同这两者关系,互为矛盾,趁机逐个击破。

不难看出,远交近攻是攘近安远、分化瓦解之术,其目的是为了逐个击破敌对的国家。悬念电视中一个有趣的现象就与远交近攻极为相似,节目中的元素经常会出现同性相斥、异性相吸，最后会出现一个终结者来搞定全局。抑或是逆用其思想，设法将各种信息同异并存，这正体现了电视的作用之一，就是要为观众们提供信息整合的方式，把已知的信息进行解读，把未知的信息进行披露，甚至是跨平台、跨领域合作，使"远"与"近"有机结合，打造全方位、立体化的电视信息。

这里根据此计涉及层级的不同，分为"顶层篇""中层篇""基层篇"三个部分。

一、远交近攻之"顶层篇"

所谓"顶层设计"是指从全局角度，对事物各方面、各层次、各要素统筹规划，以集中有效资源，高效快捷地实现目标。这里更多的是说其宏观意义和普遍意义。其外延包括政治、经济、外交、文化等诸多方面。

【例证第 509 号】：电视剧《西风烈》

2008 年出品的电视剧《西风烈》，秦军石城大捷后，秦昭襄王（鲍国安饰演）竟将石城归还赵国，这样就避开了其他六国的合纵连横，使他们出兵无名。秦国君臣利用赵国使臣求和大肆渲染，制造秦赵两国和议已成的假象，遍邀各国使节前来见证。秦王更是老谋深算，把原属于韩国的城池转手送给与赵国关系最好的魏国，以此离间六国。后在长平之战，赵军被围，向六国求援，但赵国使秦在先，各国早已冷心且不敢招惹秦国，拒绝援助，遂赵国大败。

秦国面前的六国既是一个大概念，也是一堆小概念。六国联合抗秦，秦国一统天下的路上将有一座难以逾越的大山；被逐个击破的六国，对秦国而言，就是一个个需要收拾起来的路障而已。

【例证第 510 号】：安倍内阁的"密集外交"

央视新闻频道的《环球视线》在 2013 年 1 月 8 日的一期中，日本在新年伊始除了一如既往地讨好美国外，日本内阁似乎把外交的重心全部都压在了东南亚，既要拉拢东盟更是意在中国：利用个别国家与中国的南海争端，牵制中国南海的战略格局；在东南亚建厂、做经济投资，这样造成未来东盟在经济上对中国具备某种竞争优势。安倍更试图筹划去俄罗斯进行访问，想借此缓解与俄罗斯在岛屿归属上的分歧，这不过是为了有助于应对来自中国在东海钓鱼岛的纷争。在这次密集的外交之旅中，中国是始终被排斥在外的。

司马昭之心，路人皆知。密集外交下的日本向各国示好，却难掩背在身后的"大棒"。

【例证第 511 号】：日本北兵南调

深圳卫视《直播港澳台》2011 年 11 月 1 日的节目中,日本大搞军事演习欲牵制中国,只是这次不同于以往的战略。日本政府在军事上的制华策略原本是倚重日美同盟,现在开始拉拢中国的周边邻国。日本和印度将会联合军演,主题就是应对中国在印度洋的战略渗透。印度政府积极响应,为日本海上自卫队舰艇提供停泊港口,并实施小规模的军事演习,加深两国合作关系,以便对中国形成一种制约。

敌人的敌人就是朋友,日本妄想用与中国有边境摩擦的印度来"绑架"中国,只不过"一个存有醉翁之意,一个有点心猿意马"。

【例证第 512 号】：电视剧《盐道》

2012 年出品的国产电视剧《盐道》中,清末民初,盐税苛重,社会各阶层为摄取盐利、喘息生存,不惜铤而走险,以身试法,染指私盐。四川的盐绅们也坐不住了。他们上下串联活动,酝酿仿效外省盐商组织盐业公会,企图抱团成势,应对盐局苛政。这其中,盐商郑广和、熊弼臣、万省三等,为争盐利,彼此钩心斗角,尔虞我诈。为了以后筹措盐银、左右盐价,盐商郑广和积极竞选盐业行会的会首,只是眼前的熊弼臣、万省三是他最大竞争对手,怎么办才好呢?郑广和以远交近攻之计,联姻拉拢万省三形成联盟。万省三有个弱智儿子,三十多岁了还未曾成婚。当媒婆表明郑家联姻意思后,万省三喜不自胜,当即答应。最终,有了万省三的郑广和提前控制了绝大部分的盐商盐贩,顺利击败熊弼臣,名正言顺地被推为盐业公会会首。

都说女儿是父母的贴心小棉袄,谁舍得用女儿的婚姻毁掉她的一生?当然也有奇葩,郑广和就把女儿当作筹码给交易了出去。郑广和是个只爱自己的商人,自然就是扼杀别人幸福的刽子手。

【例证第 513 号】：中欧光伏和解

央视财经频道《环球财经连线(晚间版)》2013 年 8 月 6 日的一期中,持续数月的中欧光伏贸易战终于尘埃落定。2012 年 9 月 6 日,欧盟委员会宣布对中国光伏产品发起反倾销调查。该案成为中欧双方迄今为止最大的一桩贸易纠纷,全球能源界为此一片哗然。为了应对欧盟挑起的光伏贸易战,在欧盟宣布初裁的当天,中国政府宣布启动对欧洲葡萄酒反倾销调查。此举正中要害,欧盟的葡萄酒出口大国法国、意大利恰好是这次对华光伏案的支持者。同时提出对从欧洲进口的豪华车提出申诉的威胁,而中国对欧洲的贸易牵制远不止这些。中国在欧洲大陆开展全方位各有侧重的"经济外交"，为冲突的最终软着陆提供外交支持。最为关键的是，国家领导高度重视，国务院总理李克强在不同场合多次表示，欧盟对华光伏产品双反案损人不利己，促使欧盟重新回到了谈判桌上，以各自利益的部分牺牲实现了中欧双方的利益共赢。

依靠外交的力量，中欧经济外交开创了解决贸易摩擦的新模式，更为中国光伏企业扫清了外患，也加速了盲目进取的国内光伏企业格局的重建和资源的优化组合。

二、远交近攻之"中层篇"

与上面的顶层相比，中层是中观层面，既是顶层的执行层面，又是基层的决策和领导层面，所谓上下勾连，承上启下，纵横捭阖，四通八达。具体而言，在这个类别里，指的是一些现象和带有一定规律和趋势性的内容。

【例证第514号】：电视与新媒体的远交

近年来，新媒体异军突起，唱衰电视之声不绝于耳。新媒体颇有大军压境、兵临城下之势。对此，电视既不会妄自尊大，更不会妄自菲薄。应是敞开胸怀，以主流媒体的姿态与新媒体在竞争中合作，在合作中竞争。于是，电视媒体与新媒体开展了广泛合作。而这种合作即属远交。就是说，对于电视而言，新媒体属于外邦和友邦，当是远道之客，适用远交近攻之法。

【例证第515号】：省级台与省会台的攻交之战

在一个省的省会城市，会有省级台和省会台之争。同城竞争，同域博弈，就这么大点地儿，就这么些事儿，市场份额总量是有限的，总会有先后之分、高下之别，又是同类媒体，竞争就是不可避免的了。又适用了"远交近攻"的"近攻"的要件和平台。这倒应了那句话，"鸡犬之声相闻，民至老死不相往来"（《老子》80章）。其实，竞争并非坏事，"鲇鱼效应"作用不小，同城竞争也许会争出两个同样出色的兄弟。现在常用"飙戏""飙歌"来形容比拼，结果是相得益彰。可以借鉴的哟。

【例证第516号】：类则争之，异则交之

这是说在媒体竞争中，同类报纸、节目往往奉行"同行是冤家"的原则，而非同类的则友好交往。这实在是与慈禧那拉氏的卖国"名言""宁赠友邦，勿与家奴"有某种暗合。而这是一种普遍现象，但存在并非是合理的。还是应求同存异，谋求共同发展。因为博弈的结果并非你死我活，而是"大家好才是真的好"，或者"他好，我也好"。

【例证第 517 号】：综艺评委也疯狂

不仅仅是求职服务类节目里行业老板们会阶段性发飙或结盟结对，在综艺节目里，也有"毒舌"类评委，或在节目中出现看似莫名其妙的口水仗。其实，水是有源的，树是有根的，评委们吵架是有原因的。浙江卫视的《中国好声音》栏目和其他同类选秀节目里也经常出现评委们相互"攻击""揭短""刨活""起底"等招数。但大体上也都是以"远交近攻"为前提和原则的，也就是"同行是冤家"，抢人是对头。每个人都有舍我其谁、包打天下的意思。只不过，因为有名额限制，你攒够了棒子，再遇到好的，只有干着急的份儿了。其实，若有"花开花落两由之"的豁达心态，也就没那么纠结了。

【例证第 518 号】：合作办台

从 2010 年开始，一向单兵作战的省级卫视之间，开始了更有策略的合作办台。先是湖南卫视带动青海卫视，青海卫视的台标也变成了醒目的"青杧果"，与湖南卫视的台标"黄杧果"成双成对。湖南卫视的品牌节目《天下女人》《背后的故事》等入主青海卫视，甚至用来串联节目与节目间的版面设置，也几乎跟现在的湖南卫视一模一样。再看东方卫视与宁夏卫视的合作，东方卫视把原属于自己地面频道的第一财经直接通过新版宁夏卫视面向全国播出，有了卫星平台的第一财经得以继续壮大自己的优势，同时为宁夏卫视提供了优秀的节目资源。

如此远距离的跨区域合作，意在远交近攻、"抱团"作战。借助"制播分离"改革的动力，强势的媒体集团通过外输优势资源，既满足了弱势媒体集团渴望翻身的诉求，也满足了自己"势力范围"的扩张和对荧屏播出资源的占据。

【例证第 519 号】：中国电视体育联播平台

2008 年中国电视体育联播平台正式开播，英文简称 CSPN（China Sports Programming Network），是中国唯一由众多省级电视台体育频道实现同步播出的跨省区域的体育专业联播平台。现由山东体育频道、新疆体育健康频道、重庆卫视等两家地面频道以及一个上星卫视频道携手神州天地影视传媒有限公司共同组成，联播网络伸向全国，覆盖 9 亿收视人口。CSPN 节目内容囊括国内外重大热点赛事的现场直播和实况转播，全球最新最快体育热点资讯的动态采集报道，泛体育娱乐类的竞技综合节目，以及为客户特别量身定做的各类形态体育专栏，观众不必再担心因电视台精选赛事资源而错过自己想看的比赛了。

曾经一家独大的格局在悄然变化，地方体育频道的合纵连横打破了体育转播的传统机制,央视体育频道正在遭受前所未有的全面挑战。

三、远交近攻之"基层篇"

所谓基层,指的是微观操作层面的具体节目或某种方法、桥段和精彩瞬间。电视节目由多种形态构成,以线性结构顺时播出,因此,也就形成了一时、一刻、一段、一个、一集、一天等不同细分条件下的具体的与远交近攻相交集的部分。尽管总体上应用不是很多,但足够典型。

【例证第 520 号】:老板们深谙此道

天津卫视的求职服务类栏目《非你莫属》中的老板们时常使用这种手法。这里的远近主要是指:一是行业或类型与自己"远",不搭界,不相交,则可交好示好,近则相攻相争;二是如果没有利害冲突则可"相敬如宾",如果成为争抢同一名求职者的竞争对手时则寸土必争,丝毫不让寸分;三是大家相识甚久,和原主持人张绍刚都还以礼相待,而老板们自己对掐。可见,老板们要"攻"要"交"也是深谋远虑、老谋深算、挑选对手的。目的是抢人,抢到极大欢喜,抢不到黯然神伤。而手段都是为目的服务的。

可见,远交近攻就是一种原则,是有效保护自己并结盟合作的一种方式。

201

【例证第 521 号】:《都市报道 60 分》

《都市报道 60 分》是天津电视台 2000 年打造的一档直播电视新闻节目。节目中有一个版块叫作"都市爱心行",栏目组向演艺明星发出爱心邀请,请他们从荧屏中走出来,参加到公益活动中。平时只出现在电视上的明星,释去光环来到百姓身边,身体力行做公益,为需要帮助的人送去温暖和关爱。

公益中的明星把荧屏欢乐带到了现实生活,在欢声笑语飘过后,还会有着一份沉甸甸的正能量在传递。

【例证第 522 号】:《微观博览》

《微观博览》是天津电视台都市频道 2013 年全新打造的一档日播(9月后改为周播)新闻脱口秀节目,主持人借助微博等媒介力量,实现了与百姓的远程互动,及时曝光及解决民生问题。借用观点、巧用段子、妙用方言,多途径、多手段反映民声,点评民生百态。在理性与感性间嬉笑怒骂,又不失深刻与风趣。

电视节目不能脱离观众而凌空存在,克服空间上的距离与观众交心,第一时间关注观众所关注的,还观众一个可倾诉、可互动的民生平台。

【例证第 523 号】:《城市之间》

《城市之间》这一大型趣味体育的游戏节目是法国电视台于 1962 年创办的。《城市之间》是以群众为基础,以体育为平台,以城市为卖点,来宣传城市的一档巨型游戏类节目。城市间、领导间的对话、城市宣传片、穿插城市特色节目的表演以及城市选手的风貌都能够充分展示城市特色。尤其是国际版,把不同国家的风土人情在游戏中就一并作了介绍,更像是一个大聚会。

《城市之间》把体育精神以乐观、健康和幽默的方式展现在广大观众面前,更巧妙的是,观众可能会因为一场体育竞技,爱上一座城市。

第 24 计 假道伐虢

原文:

"两大之间,敌胁以从,我假以势。困,有言不信。"

解读:

当一个国家受到另外两个强大国家的威胁与逼迫时,我方要趁营救之时营造利我的局势。但处于这种困境的一方,是不会单纯相信没有实际行动只有口头的友善。

假道伐虢的来由实在是阴险,晋献公的团队巧言令色(孔子说,巧言令色,鲜矣仁,出自《论语·学而》),又舍得宝贝相赠,以借道为名,完全掩盖了自己要吞并邻国的野心。这其中隐藏着一个巨大的悬念,殷勤"假道"为哪般。电视中不乏此类悬念,节目中的主体会以某种美好的名义吸引他人,然后借机"假道"与他人发生关联,这一步其实就是让自己渗透到他人的内部,不过要隐蔽"假道"的真正意图,等到"假道"成功后,他人会从主观意愿上倾向节目的主体,最终实现其内心真正的意图,但不至于像军事中那样过河拆桥,彻底消灭对方。

这一计的应用按照主体不同分为 "群体行为篇""个体行为篇""商业行为篇"三种类型。

一、假道伐虢之"群体行为篇"

所谓 "群体行为" 指的是事件或事物本身实施者或当事双方都是群体、团体或曰法人单位,而非个体或个人。因而,所牵涉的方面和利益就有所不同。关乎整体利益、全局利益和宏观利益。其事件大、规模大、气势大、来头大,肯定效果也是明显的。

【例证第 524 号】：刘备入主西川

在《三国演义》第 60 回"张永年反难杨修 庞士元议取西蜀"中讲到，东汉末年，益州牧刘璋杀汉中张鲁母弟，遂成仇敌。张鲁来攻刘璋，益州危急。刘璋派别驾从事张松到曹操那里求助。但张松和曹操话不投机，曹操看张松长得歪瓜裂枣的，很不待见。张松铩羽而归。经过荆州时受到刘备热情款待，张松遂将西川地图献上。才有后来刘备假途打张鲁名正言顺入主西川，打罢了张鲁就打刘璋。刘璋无奈，只得归降。

【例证第 525 号】：德国闪击苏联

1939 年 8 月 23 日，德国希特勒为了顺利地进攻波兰和芬兰时不让前苏联对其有军事援助，与苏联签订《苏德互不侵犯条约》是一个权宜之计。斯大林考虑到苏联还没有能力与德国较量，为了保证德国不对苏联进攻签订的。但当德国攻占芬兰后就已达到以签约实施缓兵之计的目的，下一目标就是苏联，因此而毁约实施"巴巴罗萨计划"侵苏。苏军一溃千里，皆因有心理准备而无物质准备。德国入侵波兰用的是假道伐虢，侵苏依旧是。

【例证第 526 号】：苏联的悍然入侵

《中苏外交档案解密》是上海电视台纪实频道《档案》栏目于 2011 年首播的系列纪录片，在第 15 集中，1968 年的捷克斯洛伐克兴起名为"布拉格之春"的政治体制改革运动，但在苏联看来，此举有脱离苏联控制的倾向。为了实行统一的"苏联体制"，苏决定对捷进行武装干涉。为了不打无准备之仗，苏军组织东欧四国（波兰、匈牙利、捷克、东德）参加代号为"波西米亚森林"的军事演习。演习的地点设在捷克斯洛伐克，目的是熟悉捷克斯洛伐克的地形。一日，苏军以"演习""故障"为由，先"假道"于捷克境内的机场，飞机一降落，数十名苏军突击队员冲出机舱迅速占领机场，之后数架运输机前来支援。而这批先锋部队，就是苏军之前在军事演习中使用的部队。在这之后的 6 小时内，苏军控制了捷克全境，几十万捷军全部缴械。

苏军的入侵行为虽为悍然，但入侵的方式却比较委婉。苏联借道捷克斯洛伐克，名义上是进行军事演习和迫降，实际是在避免硬碰硬的直接对话，悄然对捷克斯洛伐克做了包围之势。

【例证第 527 号】：新媒体运用电视

近年来，新媒体与电视之间的关系正在悄然发生着变化。一方面，电视作为形态和内容，在新媒体中被广泛地采用和使用。反之则未必尽然，就是电视中真正运用新媒体的不多。再一方面，传统电视媒体由于终端等方面的限制，其观众构成趋向老龄化，而新媒体正在广泛地吸纳年轻受众，将未来或已有的电视观众截留。还有，从业内到业外，都有一种"唱衰"电视的声音在弥漫，而唱衰电视的最大受益者是新媒体。再次，新媒体在完整或碎片化地使用电视节目和素材时，也是电视知识产权的流失和退让。新媒体在利用、使用、运用传统电视媒体的同时，又在蚕食、分化和吞噬电视。其实，从宏观和此计角度看，正是假道伐虢之策。

【例证第 528 号】：明星的跨界出走

"花无百日红"，许多当红圈里人为了自己的后续发展，纷纷跨界出走，做起了演艺界的复合型人才。一些当红花旦、小生搭着新戏高歌，即便唱功不敌专业歌手，但人气才是王道，戏演得好，有人夸赚人气，歌唱得一般，遭人批没想到更赚人气。而流行乐坛的大佬们，人们似乎已经习惯了他们的歌曲，尽管多年未有新歌，但是他们从未离开人们的视线，从唱片走进了银幕，成为电影里歌唱得最好的演员。那些我们熟悉的不能再熟悉的面孔在任何演艺场合出现，似乎都不为过。

有人出走，是为了给人们更多惊喜，借助自己原有的成功，通吃新旧两个领域；有人出走，给人们更多的可能是惊吓，捧着新饭碗却烫起了满嘴泡。

【例证第 529 号】："改嫁"的主持人

因各种原因，一些耳熟能详的主持人选择离开曾经深爱的舞台转投他家，有的则是厌倦舞台前的光鲜甚至选择离开，转行接新的挑战。先是周立波，因海派清口而有了"不可拒绝的价格"；再到朱丹，因在老东家得不到想要的自由而"想换个环境"；最后截至崔永元，四辞央视而摆脱自己对电视的绝望。一时间主持人的"改嫁"占据了各大媒体的头条，主持人的流动推动了节目乃至电视台的重新洗牌，同时也给观众带来新的期待与惊喜。

主持人的"改嫁"是一种"曲线救国"，在人往高处走的必然选择面前，借助自己已有的名气与实力，一切向"钱"看，"钱途"一片光明；或者互惠互利，电视台给主持人自由，主持人还电视台名气；终极者，名利双收后，远离主持，只为梦想而活。

二、假道伐虢之"个体行为篇"

所谓"个体行为"是指实施计谋之人或被实施者为个体或少数人，或双方均为个体或少数人，是一对一的"服务"，目的性强，针对性也很强，量身定制，"私人定制"。因为不是"群体事件"，其作用和影响也就受到局限，具有典型性而不具备普遍性。但若为负面人物所利用，那其危害也是巨大的,虽无广度但有深度。且看以下"六招"。

【例证第 530 号】:八戒的"忍招"

在《西游记》里,八戒到高老庄时,"耕田耙地,收割田禾,不用刀杖",还给高家"扫地通沟,搬砖运瓦,筑土打墙,创家立业"。说明:一是八戒是很能干的;二是肯吃苦的;三是为了高小姐心甘情愿的;四是一直忍着没露出原形。当然,这些就都为后边现原形做伏笔。而八戒所作所为,包括忍住不现形,只为高小姐。他的假途伐虢体现为一个"忍"字。到取经路上,他更是忍了猴哥的泼性和能干。在高老庄时踏实肯干哪怕是装的,以后也不装了,"忍"成"呆子"和"懒八戒"的形象是否有突出和让位给泼猴的意味呢?

【例证第 531 号】:大林的"狠招"

在前边第 3 计借刀杀人中列举了 2001 年出品的电视连续剧《命案十三宗 2——真相》第 2 集《误打盲撞》中张辉杀人案件。他同学大林杀人后将刀放到他手,此谓借刀杀人。而当张辉要结婚退出团伙重新开始生活时,大林说看好一家刚取了 10 万块钱,干最后一票后给张辉 6 万块算作贺礼而后就各奔东西。张辉觉得有诱惑,于是才去的。没想到,不仅没有拿到钱,还被栽了赃。从此计角度看,大林用的是假道伐虢的夺命"狠招"。

【例证第 532 号】:皇后的"杀招"

在电视剧《甄嬛传》中,皇后(蔡少芬饰演)面上看着倒是母仪天下,宽容大度,其实皇后自始至终城府极深,皇后虽不在意皇上宠爱某一个妃子,但是忌讳得宠的妃子在宫中的势力强大,皇后利用了出身卑微、急于在后宫中谋求一席生存之地的安陵容(陶昕然饰演)。安陵容不惜卖友求荣,当了皇后的扯线傀儡。一向飞扬跋扈、在宫中有着强大后台的华妃(蒋欣饰演)得知甄嬛怀有身孕后,怕自己地位不保,故意责罚甄嬛在烈日下罚跪,导致甄嬛意外小产。其实是安陵容利用舒痕胶给甄嬛疗伤致使甄嬛小产,安陵容利用自己与甄嬛的友情躲过了嫌疑,成功把仇恨引向华妃,皇后开始了坐山观虎斗。皇后借甄嬛对华妃的仇恨扳倒了华妃,但她也无法容忍甄嬛的得势,除去华妃后,在甄嬛被册封为莞妃的典礼上,设计使甄嬛误穿了已故的纯元皇后的吉服,而纯元皇后是皇上内心不能被触碰的禁区,结果惹得皇上盛怒,将甄嬛囚禁于碎玉轩,非召不得出。皇后又利用"纯元皇后吉服"事件铲除甄嬛,大获全胜。

皇后的险恶却是假道伐虢的经典诠释,由 A 向 B 出发,借 A 之势解决掉 B 后,掉头把 A 一并拿下。只可惜,这样的智慧却成了后宫争斗中的害人之举。

【例证第 533 号】:骗子的"骗招"

近年来,骗子的骗术也在日新月异,突飞猛进,不断变换花样,与时俱进,并紧跟时代步伐,使用高科技手段,令人防不胜防。有的是用电话、短信,引导你按几个键,钱就没了。2014 年 1 月,演员汤唯就被骗取 21 万元。有的是银行卡诈骗,几人合伙用障眼法,在你眼皮底下盗取你的银行卡而后卷包会。有的则是冒充名人,有的则是名人骗人,如作曲家苏越。其手法不外乎恐吓(说你银行的钱被冻结等)、利诱(说你中奖了)等。其实,对付骗就一个法儿,不信,八风不动。

【例证第 534 号】:老板的"诱招"——自信爆棚的教训

天津卫视《非你莫属》2011 年 5 月 22 日第 29 期中,来自清华大学的杨奇函开场就以"日出扶桑万树低,文科清华我第一"这样一句话作为开场白,引得众人侧目。杨奇函在整个应聘过程中高调且张扬,让现场各位老板既爱又恨,自恃过高、自信心爆棚的他被在场 BOSS 团评价为锋芒毕露的作秀表演。尤其是时任世纪佳缘副总裁的刘惠璞,在面对这样一位旷世奇才时表现得极为关注,做出各种试探,好像急于招入麾下。可就在老板们做出去留选择时,刘惠璞在最早的时间选择离开,离开的原因是要给这种在电视节目上秀且自信心爆棚的大学生一点教训。最终,杨奇函通过之后踏实稳健的表现赢得了一份实习工作。

在这样一个公开的舞台上,过于张扬的表现会让踏实求真的应聘打上很多问号。老板们除了借节目猎取人才,适时地打压选手的嚣张偏执,是对人才、对节目的负责,更是借助电视这个平台对社会负责。

【例证第 535 号】:导师的"夸招"——选择前的铺垫

在当下流行的导师制选秀中,选手面对天王、天后级的导师时,难掩激动与喜悦之情,在有限的时间里尽诉对每一位导师的崇敬与喜爱。不管说多少好话,选手最终只能选择一位导师从而开启新的赛程,所以,导师们在被选手夸赞之时不要喜出望外,很有可能只是客套寒暄,或是替家人朋友表达一下崇拜之情,只有在选手最终吐露他的选择时,选手的归属才会水落石出。从此,被选手特别选出的导师将与选手同行,一起续写这份经过铺垫的缘分的神秘色彩。

这番铺垫可是反衬、可是尊敬、亦可是作秀,无论怎样,被选中的导师在众导师面前定是最有面子的,选手的夺冠成名也因此有了保障。

三、假道伐虢之"商业行为篇"

这一类指的是当事人展开一些具有诱惑力和吸引力的活动和展示

等，来吸引受众的眼球。表面上看不到事情本身和商业之间的瓜葛和联系，似乎与利益和钱无关，但字里行间都是利益。就如同办个讲座，说好是免费，还有礼品、"试用装"，甚至免费备餐，当你满心欢喜地去了，发现到最后，还是会推销一些东西。而不少人又经不住诱惑和忽悠，胡乱买些，那里边都把送你的费用算进去了。

笔者（第一作者）曾在海南一个超市被赠一小杯咖啡，香浓顺滑，很是好喝，就买了一罐。回家一喝，没有那一小杯的感觉。后来想明白了，他赠饮的那杯就拇指大小，却放了一勺咖啡，岂能不甜？岂能味道不浓？自己配料时哪会那么奢侈，也太傻了吧。

【例证第 536 号】：电视购物

电视购物缘起 20 世纪 80 年代的美国，这一利用人们懒惰创造出来的市场营销模式随即风靡全球。电视购物是一种电视业、企业、消费者三赢的营销传播模式，企业借助电视这个具备公信力的大平台，专卖"新、奇、特"的产品，避开与常见日用百货的正面冲突，吸引消费者的眼球；当年一句"998，只要 998！赶紧拿起你手中的电话订购吧！"红遍大江南北，观众得到的不仅有商品介绍，还有如此劲爆的促销信息。企业把平日销售终端的环节全部集中在电视购物片对产品的介绍过程中，节省了大量的渠道、终端等各种费用，还做到了广而告之。消费者只需坐在家里，控制电视遥控器，看看电视就可以知道商品信息，打个电话就可以买到商品。

成也电视购物，败也电视购物。企业借助电视的广告效应，短（短期盈利最大化）、省（渠道成本最小化）、快（市场热销快速化）地完成产品推广与盈利。与此同时，浑水摸鱼的次等品借助电视广告粉饰自己，欺骗了消费者，也给整个电视购物带来了信誉危机。

【例证第 537 号】：楼盘微电影

楼盘微电影是房地产开发商一种新型的营销模式，通过微电影将楼盘信息以优质、趣味性的内容呈现，使得地产品牌营销活动的植入"润物细无声"，让购房者在轻松愉悦中择房、购房，从而打破购房者对商业广告内容的抵触和不满。在有的楼盘微电影中，更是在楼盘所在城市选男女主角来制造噱头，让业主来主演，引起更多潜在客户内心的共鸣。不论是前期的演员选秀，还是后期在楼盘现场的拍摄，影片的新闻发布，都是间接地对开发商、楼盘情况等做宣传。

没想到，原本被冠以"吸血鬼"称号的房地产商，现如今的吸金大法也变得如此文艺。不管购房者参与到微电影中有多感动，开发商只是为了打动你的心，松动你的钱。

【例证第 538 号】：借势取胜

《财富故事》是广东卫视 2004 年 6 月推出的一档财经人物专栏。在 2006 年《隐形冠军》系列节目展播中，讲述了有关中国风扇琴键开关大王胡文章的创业经历。在创业初期，商人胡文章遭受到专利侵权和工厂兼并的双重打击，但他不甘心，创办属于自己的工厂，专门为大企业做电器开关，真正开始了他在大企业的夹缝中借势成长的日子。人往高处走，伴着配套生意的做大，胡文章也开始拣高枝飞了。胡文章终于登上了美的这艘大船，伴随着美的的高速发展，胡文章的工厂也幸运地搭上了成长的顺风车。现如今，胡文章在中国的电器开关行业中，一枝独秀。

幸运的胡文章在沉浮的商海中，找到了得以停泊的码头，从而幸运地登上了大船。只是这借来的好处在商海突起的风雨飘摇中，能经得起多久的考验。

【例证第 539 号】："量身定做"的付费节目

随着有线数字电视在全国的推广，观众通过机顶盒可收视的节目成倍递增。虽然节目的数量增长了，节目的清晰度提高了，但能满足观众收视意愿的节目仍然有限，特别是面对众多频道的"同质化"内容，观众显得无所适从。于是，"量身定做"的付费节目便应运而生。付费电视针对用户需求提供更具针对性和实用价值的节目，使观众结合自己的兴趣和需要有指向性地选择收看。同时，付费电视"零"广告优势让现代都市人能节省大量"时间成本"，令观众感到物有所值。

付费电视虽是观众花钱买高兴，但是让观众摆脱了传统收视的束缚，以观众收视为导向，帮助观众实现了"我的电视我做主"。付费电视假道伐虢，既博名声又赚钱。

【例证第 540 号】：苹果的假期广告

在苹果公司 2013 年年末假期消费季电视广告中，苹果公司向消费者推销"苹果产品能够为消费者创造一个温馨的家庭圣诞节"的概念。广告片的主角是一名使用 iPhone 的少年，通过少年手机中的视角去观察普通人是如何度过圣诞节的。在如今信息大爆炸的年代，智能手机已成为大众的生活必需品，对此苹果公司抛开自己身为手机制造商的身份，化身公益力量，希望通过新的电视广告提醒观众不要将精力过多地放在自己的手机上，毕竟家庭和亲人才是人们最需要倾注感情的对象。

没有自我夸耀、没有对比炫耀，只有自然、温情与人性，就像乔布斯曾经说的"Just one more thing"，苹果只是广告片的配角，而真正的主角是那些使用苹果公司产品的消费者们。

第五套 并战计

　　"并战计",是指敌我双方势均力敌,军备相当,相持不下的一种对立状态。在这种形势下,其中任何一方都不存绝对的优势,因而也就没有速战速决的可能性,浑水摸鱼、乱中取胜的机会也十分渺茫,因此,这种状况更像是一种相对静止的持平状态。这一套中的计策,意在打破这种相对静止的僵持状态,有意识地努力创造出己方的优势地位,从而最后获得成功。在电视节目中,一潭死水、毫无悬念的状态是最要命的,想让节目在海量的信息素材中脱颖而出,推陈出新,在这套计策上下下功夫就是值得的。这一套包括:偷梁换柱、指桑骂槐、假痴不癫、上屋抽梯、树上开花、反客为主六计。

第 25 计　偷梁换柱

原文:

"频更其阵,抽其劲旅,待其自败,而后乘之,曳其轮也。"

解读:

　　古时作战,两军都要按照方位排兵布阵。从军事部署而言,阵中首尾相对为"天横",相当于阵的大梁;"地轴"在阵的中央,是阵法的支柱。两处皆为主力精兵之所在,也就是阵法的梁柱所在。房屋若失去梁柱便会坍塌,阵法被抽去主力也将分崩离析。抽去部队的精锐,让其自乱阵脚,趁机吞掉对方,这就是偷梁换柱的由来。后来也多来比喻以次充好、以假代真,用偷换的办法暗中改变事物的性质,以达蒙混欺骗的目的。无论是横梁还是立柱都是事物中最重要的地方,这两处被更换造成的反差将是巨大的。电视悬念中对于巨大的反差却是求之不得的,越大的反差越诡异的反转带来的是越悬的悬念。偷梁换柱也有欺瞒的意思,但是又不同于瞒天过海这种凭空制造假象的"瞒",而是有偷有换的"瞒",弄走了一个得有另一个补上来维持这种假象。所以,在电视节目中用偷梁换柱来制造悬念,替代双方必然得有某些相似或者相关联之处。以次充好,也得有个次的不是?偷龙转凤也得有个凤不是?如果不管双方关系生硬地制造悬念,恐怕就都成了科幻片,让人云里雾里跟不上溜儿。

这一计在实际操作中应用较多，表现上也是形态各异。因此，这里就分为"鱼目混珠篇""乾坤挪移篇""道具置换篇""冒名顶替篇""文字游戏篇""概念偷换篇""情境复制篇"七个类别。

一、偷梁换柱之"鱼目混珠篇"

"鱼目混珠"也就是以假乱真、以次充好，挂羊头卖狗肉，欺瞒和蒙骗大家。这里最重要的特点就是主观故意，也就是存心的，至少是将错就错、有错不纠，性质也就更严重了。

【例证第 541 号】：挂羊头卖狗肉

这句话很经典，一语道破了偷梁换柱的根本。而究其原因就是经济利益使然。有这句话或盛行这句话的时候，显然，羊肉贵而狗肉便宜。可这句话如果到了现今，恐怕又要变成"挂狗头卖羊肉"了。说白了，就是啥贵就拿啥做幌子、做招牌，抢眼，招人。

【例证第 542 号】：大杏仁是大桃仁

2012 年末，媒体纷纷爆出一则很吸引人眼球的消息，美国大杏仁根本不是"大杏仁"，而是"扁桃仁"，这一偷梁换柱式的欺骗一瞒就是四十多年。原因很难简单，和上述"挂羊头卖狗肉"一样，就是大杏仁可以卖得贵呗。本身也许是个阴差阳错，但是习惯性或故意性地将错就错，那就是利益驱动使然。

【例证第 543 号】：以耗子肉替代羊肉

这又是一款典型的冒名顶替、偷梁换柱的事例。用鼠肉代替羊肉做烤肉串，人吃了带耗子药的肉中毒身亡。当然，这件事里可能还有一些待商榷的地方。但凡做这种偷梁换柱的事情原因不外乎一是以次充好、降低成本，二是简便易行好操作。而用耗子肉冒充羊肉，耗子肉的采集是否可以形成规模化和产业化，靠零敲碎打可能总量难以保证。

还有一种冒充也是"障眼法"。常可在超市看到盒装的"涮肉片"，其实，可能未必是羊肉，也可能是其他肉。以低成本的投入带来高利润的回报，这才是这类偷梁换柱的根本。地沟油的屡禁不止也是同样的道理。

【例证第 544 号】：此蟠桃非彼蟠桃

在第三章中"悬而未觉"部分，曾举过《西游记》影视作品中均将"蟠桃"偷换成"水蜜桃"的例子，这里不再赘述。具体见例证第 19 号。但这里需要指出的是，第三章中所说的"未觉"是指观众的集体无意识，而在这里所说的"偷梁换柱"就是创作者主观故意或将错就错，将讹误进行到底。虽然不算是完整意义上的欺骗观众，但在某种意义上讲，还是误导了观众。

又，《西游记》里的偷梁换柱还不止这一处。还和桃子有关系。见后面【例证第 550 号】悟空玩的把戏。

二、偷梁换柱之"乾坤挪移篇"

这里所说的乾坤挪移，不是金庸先生武侠小说《倚天屠龙记》中男一号张无忌的招牌武功，而是指男女形象和角色的对调。乾指男，坤指女，也就是男扮女装与女扮男装的方式。

（一）男旦类

这类型就是男人扮演女性角色。主要指青衣类。

【例证第 545 号】：新老名旦

20 世纪 20 年代到 40 年代，出现了"四大名旦"（梅兰芳、尚小云、程砚秋、荀慧生）和"四小名旦"（李世芳、张君秋、毛世来、宋德珠），无论大小，都是男旦。而到了几十年后的今天，男旦现象卷土重来，甚或有蔓延及向规模化、职业化发展。且原来的"男旦"基本限于梨园甚至仅限于京剧界，而如今的"男旦"则向电影、电视、歌曲、舞蹈等方面全方位发展。其中，最有代表性的是李玉刚，堪称翘楚，他的扮相俊美，舞姿轻盈，雍容大气，是中规中矩的演唱，不仅开了个唱，还登陆了悉尼歌剧院。他演绎的京剧《新贵妃醉酒》《霸王别姬》；舞蹈《梦回唐朝》《十面埋伏》；歌舞诗剧《四美图》歌曲；《我爱你中国》等都是其代表曲目。其他还有如刘铮、杨云阁、邹开云等也都是个中佼佼者。真个是"乱花渐欲迷人眼"（唐白居易《钱塘湖春行》）。这些演员的扮相颇有乱真之感，号称是男人中的女人，比女人还女人。

可是，话又说回来，这种类型应该是"适度存在"而不必"发扬光大"或"鼓励振兴"。哪怕他真的很吸引眼球或光彩照人，是"悦目"而非"赏心"。而从某种程度上讲，沉湎于此，多少有取向上的偏差或"意淫"的感觉，不可小视，不可轻视，不可漠视。

（二）女生

男旦是男扮女装，那女生就是女扮男装了。所谓"女生"其实应该是"女老生"，孟小冬、王佩瑜都是过去和当下的佼佼者。而目前，这种女老生似乎不是个中主流,主流是"女小生",于是干脆叫"女生"。其实,说到底还是个中性造型。这在电影电视剧里倒是非常多见的,这里又分为女演员扮演男性角色和剧中人物女扮男装两种表现方式。

【例证第 546 号】:林青霞

在四部电影中女扮男装:1977 年《金玉良缘红楼梦》(扮演贾宝玉);1992 年《笑傲江湖 2 东方不败》(扮演东方不败);1993 年《东方不败之风云再起》(扮演东方不败);1994 年《刀剑笑》(扮演名剑)。在七部电影中有男装扮相:1986 年《刀马旦》;1992 年《鹿鼎记 2 神龙教》《绝代双骄》《新龙门客栈》;1993 年《追男仔》《六指琴魔》;1994 年《东邪西毒》。

【例证第 547 号】:叶童

因在电视剧《新白娘子传奇》女扮男装演许仙而闻名,此外,还在《乱世不了情》《新夔海花传奇》《笑看良缘》(三花系列)分饰周世显、王仲平、庄方羽,在《倚天屠龙记》中扮演赵敏,这个角色常常女扮男装。

而杨千嬅则演过《武十郎》。

当然,这当中,给人印象最深的还是林青霞的"东方不败"和叶童的"许仙"。如果说男旦给人的感觉是"惊艳",则女生给人的感觉是"俊朗",就算是相得益彰,打个平手吧。

212

【例证第 548 号】:剧中人物女扮男装

女扮男装这种事,在影视中可真不少见,便是用女的替男的出现在只有男的可以出现的地方。比如:

1959 年出品的国产电影《战火中的青春》里的女副排长高山(王苏娅饰演)。

在 2000 年罗志祥、梁小冰主演的电视剧《少年梁祝》中,梁小冰扮演的祝英台就是假借兄长的男儿身份,偷梁换柱的进入只能是男子进入的尼山书院读书,邂逅了同窗梁山伯,造就了一段千古绝恋。

1993 年电影《方世玉》中方世玉(李连杰饰)误以为雷老虎的女儿貌似无盐故意输掉比武。方世玉的母亲苗翠花(萧芳芳饰)也是化名子虚乌有的方大玉,偷梁换柱地赢了雷老虎的老婆李小环,还骗得李小环芳心暗许。

这种偷梁换柱其实很容易让人看出来,风险系数太高,不过很多时候是一个愿打一个愿挨,常常两个当事人乐得装糊涂。

(三)模糊性别

所谓模糊性别,就是很多节目中出现的演员特别是歌唱演员体现出

"中性"特点。这里,有男演员,也有女演员。

【例证第 549 号】:好声音安能辨我是雄雌

近年来,因为选秀节目的普及,很多性别特点不是很清晰或性别模糊的声音受到大家的关注。当然,如果这些声音没有特点或不是特立独行也不会引人注意。这里,男声有已经成名的张雨生、张信哲、林志炫、苏打绿。近来表现突出的有浙江卫视《中国好声音》的林育群、张欣等。而女声则以李宇春和曾轶可较为突出。

这类偷换似乎很难找到端倪,只是让人感到困惑的是,当你只闻其声,不见其人时,是很难辨雄雌的。

三、偷梁换柱之"道具置换篇"

所谓"道具置换"指偷换的内容或东西是表演中使用的道具。有趣的在于置换前后的高度相似性或差异性。

【例证第 550 号】:悟空玩的把戏

1986 年出品的国产电视剧《西游记》第 15 集《斗法降三怪》中,唐僧师徒到车迟国,这里因为国王宠信虎力、鹿力、羊力三个大仙,对僧人多有不恭。于是,唐僧队和三仙队进行捉对比拼,共进行 6 回合。

一回合,唐僧(徐少华饰演)和鹿力大仙在高台比坐禅,唐僧胜。

二回合,唐僧和羊力隔板猜物,悟空(六小龄童饰演)将乾坤地理裙变成破烂流丢一口钟,将仙桃吃成桃核(这是他的长项),将道童"剃度"为僧,唐僧胜。

三回合,唐僧与虎力比求雨,悟空动用他的人脉配合,唐僧胜。

四回合到六回合,虎力、鹿力、羊力就都被悟空算计死了。

这里,第二回合是典型的偷梁换柱,这点花活对于悟空来讲实在是小菜。前三番不过是热身,后三番就是杀身了。

【例证第 551 号】:除了房子都不是借的

2011 年央视春晚小品《新房》中,丈母娘(蔡明饰演)非要未来女婿(宋阳饰演)有房才让女儿(徐囡楠饰演)嫁给他,结果,女儿女婿迫不得已借房子蒙丈母娘。可除了房子是假的,其他都是真的,特别是感情。这让人想起来 1981 年出品的国产电影《邻居》中,建工学院顾问刘力行(冯汉元饰演)住在条件恶劣的筒子楼教职工宿舍里。忽然有国际友人来访,院方似乎觉得在这里接待外宾太寒酸,就给老刘借了套条件好的房子待客。结果,房子主人来信他却没法收取,很是尴尬。于是,还是把老朋友邀请到筒子楼做客,倒也真实亲切。可见,假的就是假的,那也不是你的。

【例证第 552 号】:有假的就不用真的了

2001 年央视春晚上的相声《得寸进尺》中,"郭冬临"耍大牌罢演,于是,"冯巩"一人演了两个角色。用的就是传统歌舞和戏曲形式中"老背少"模式(最早是由老一辈舞蹈家戴爱莲于 20 世纪 40 年代从广西桂剧中移植过来的,舞名《哑子背疯》,表现一位老者背着一位妇女外出游玩的情景),也就是"郭冬临"的"假人"(道具)在前,模拟背着"冯巩"。这时,真人版的"郭冬临"就在眼前,有假的,连真的都淘汰了。而其来源则是下面的例证。

【例证第 553 号】:此腿非彼腿

民间表演中,有一种借助道具一人演两角的表演形式。常见的有骑驴的女人(只有一个人表演,上身着女装。腰间带有毛驴状的道具和假腿,下面露出来的是演员的真腿,但是是化装成了毛驴的腿),还有猪八戒背媳妇(也是只有一个人表演,演员上身做女装化装成媳妇的样子,腰间绑着猪八戒的道具,后面坠有三寸金莲的假腿,下身着猪八戒的裤装)。在这种表演中,演员的腿可是"此腿非彼腿",很明显演员腿是被偷梁换柱了,看起来十分有趣。

【例证第 554 号】:魔术

在魔术中,常常看见把花变成手帕,把人换成鸽子这样的表演。这是一种很直观的偷梁换柱。不过观众关注,并且感到好奇的,并不是偷梁换柱的结果,而是"偷"和"换"的过程。所以在魔术中"偷"得悄无声息,"换"也得换得神不知鬼不觉,要不就得穿帮了。

四、偷梁换柱之"冒名顶替篇"

冒名顶替是指假冒别人的姓名,代其去干事或窃取其权力、地位。这里又可以分为被动型和主动型。

(一)被动或无奈型

这种情形是当事人处于被动或迫于无奈,才去冒名顶替的。或可叫作"被冒名"。

【例证第 555 号】:《冒牌总统》

1993 年出品的美国电影《冒牌总统》中,有两次典型的偷梁换柱。第一次,总统米切尔在和女秘书亲热时突发中风入院。大内总管鲍勃(弗兰克·朗格拉饰演)让长得和总统酷似的戴夫(凯文·克莱恩饰演)冒充总统,他好暗中操控并伺机夺位。但戴夫这个冒牌总统做得有声有色,勤政爱民,和鲍勃背道而驰。第二次,鲍勃气急败坏,揭发米切尔政府贪污内幕。戴夫为确保正直的副总统顺利接任,在演讲中"突发"中风,被送往医院救治,这时,被抢救的就又是真中风的米切尔了,米切尔死了。戴夫回到他的"原单位"(这期间算"借调")职业介绍所,但他并非一无所获,至少他赢得了前第一夫人的爱,还因为做替身做得有了感觉,搭班子开始竞选了。

【例证第 556 号】:冒牌军官

1966 年出品的法国电影《虎口脱险》里,油漆匠(安德烈·布尔维尔扮演)两次冒充德军,一次是和英国空军中队长在浴室偷了德国军官的衣服到歌剧院看演出,一次是和乐队指挥(路易·德·菲耐斯饰演)一起冒充德国巡逻队。这都情非所愿,有些迫不得已,他是一个谨小慎微、胆小怕事但心地善良,有正义感和幽默感的人。

【例证第 557 号】:陈强将陈佩斯换成陈裕德

在首届长春电影节文艺晚会(央视 1992 年 8 月 25 日播出)上,演员陈强表演了魔术《大变活人》(他也是"专业人士"啊,曾出演 1962 年出品的电影《魔术师的奇遇》中的魔术师陆幻奇),先变出了电影《二子开店》中的老伴儿,还有一口儿呢,于是要再变出一个喜剧演员、姓陈的,有这限定条件,大家自然料想要变出陈佩斯,待箱中之人慢慢转过身来,却是陈裕德(主演过喜剧电影《咱们的牛百岁》《咱们的退伍兵》《斗鸡》等)。对呀,条件都满足啊,喜剧演员、姓陈。可是,满足这两条件的却不只陈佩斯。而偷梁换柱是"大变活人"的惯用伎俩,也不足为奇。而如果陈强真的变出陈佩斯,那也就没有啥噱头,也就不那么好玩儿了。

【例证第 558 号】:父子同演一个角色

1984 年出品的国产电影《花园街五号》中,庞学勤扮演刘钊,李默然扮演韩涛,这部戏跨度几十年,他们年轻时的戏如果由他们自己扮演,就成了老黄瓜刷绿漆——装嫩(1980 年出品的国产电影《玉色蝴蝶》,其中的男女主角由项堃、王丹凤担纲。项堃出生于 1915 年,王丹凤出生于 1924 年。两个五六十岁的老演员偏得从青春年少演起,让人看了很难受)。于是,年轻时的戏就由庞学勤的儿子庞好和李默然的儿子李龙吟扮演。这就属于无奈的选择,同时,也是个有创意的选择。

【例证第 559 号】:双簧:偷梁换柱来救场

双簧本源于北京的一种民间艺术,前面的一个演员表演动作,观众看到的人其实并不是声音表演的人,而是藏在后面的一个人或说或唱,互相

215

配合,好像前面的演员在自演自唱一样。这双簧作为一种节目,是由慈禧太后定名的。话说慈禧太后赏识北京唱单弦的艺人黄甫臣。每每招其入宫表演,一日慈禧太后又想听,也是下旨招其入宫献唱,谁知偏偏不巧,这黄甫臣的嗓子正好哑了。他这不去吧是抗旨大罪;这去吧又发不出声音还是大罪。于是他百般无奈下便带着自己儿子进宫献唱了,他在前面表演,儿子在后面唱,两人配合得天衣无缝、惟妙惟肖。虽然后来还是被发现了,但是太后因看得分外高兴,便赦免了他们还赏了银子。一般演出中,表演和声音是一个人两个很重要的有机组成部分,而双簧这种表演方式把它们割裂开来,这种偷梁换柱能让适合当柱子的专心做柱子,适合挑大梁的安心挑大梁。

(二)主动或积极型

这种类型,是指当事人或主导设计,或积极配合。如果说上述一类当事者是被动的或从犯,那这类就是"主犯"了。

【例证第 560 号】:京剧音配像

这是一项从 1985 年开始的一项系统工程,是以著名京剧表演艺术家的录音版本为基础进行加工整理,再选择适当的配像演员,按照录音对口型配像,最大限度地展示和接近各位老艺术家的流派特色。原因很简单,就是那些艺术大师活跃的年代或艺术黄金时期,视频技术没有广泛普及,能够留下的视频资料甚少。音配像技术在一定程度上还原和再现了诸多京剧艺术大师的风格流派和艺术魅力。这里的偷换是指用配像演员(大都是艺术家的本门弟子或再传弟子)来代替"本尊"(录音中的艺术大师)来诠释和复原大师们的表演神韵,还是很值得称道的方法。

【例证第 561 号】:双簧式偷梁换柱

在 1987 年央视春晚上,葛存壮粉墨登场,"演唱"京剧《汉宫惊魂》中的刘秀。但是,他只是"前脸",是音配像的那个"像",真正的演唱者李光随即登场,让葛存壮的假唱穿了帮。4 年后,这一手法被电视剧《编辑部的故事》学了去,在第 11 集《歌星双双》里,姐妹花中,姐姐(刘蓓饰演)长相甜美,但是聋哑,妹妹歌声甜蜜,但是瘫痪。于是,姐姐在前边"配像",妹妹在后边"配音"。当然,后来在"编辑部同仁"的帮助下,姐姐能说话了,真是奇迹。

【例证第 562 号】:侯耀文扮演侯宝林

在央视《丰收大地——纪念毛主席<在延安文艺座谈会上的讲话>发

表 50 周年文艺晚会》(1992 年 5 月 22 日播出)上,侯耀文在小品《侯宝林与毛泽东》中扮演自己的父亲侯宝林,毛泽东由古月扮演。首先从形象和声音造型上,侯耀文已经占尽先机,化装出来冷眼一看,活脱就是侯宝林。

无独有偶,在央视《综艺大观》栏目第 59 期(央视 1993 年 3 月 27 日播出),侯耀文以同样的造型和装束与郭全宝合作演出了侯宝林的代表作《戏迷》。前边的小品《侯宝林与毛泽东》由侯耀文扮演自己的父亲,因为侯宝林年事已高,且重病在身,而后边的演出时因为侯宝林于 1993 年 2 月 4 日去世,也聊以这种形式作为对逝者的纪念。因此,这种偷换也是有理由和原因的。

【例证第 563 号】:八戒加入队伍前的两次偷梁换柱

在 1986 大陆版电视剧《西游记》"收八戒"桥段中,有若干段偷梁换柱。首先猪八戒化身壮汉在高老庄,赢得高老爷高夫人以及高翠兰的赏识,谁知在婚礼当日,猪八戒喝醉酒现出原形,吓得高老庄上下视其为妖怪。大怒之下猪八戒掳走了高翠兰关在后院之中,当唐僧与孙悟空到了高老庄,高老爷便央求孙悟空帮忙收妖。这便有了经典段子"猪八戒背媳妇"。悟空化成美娇娘,与猪八戒曲意逢迎。猪八戒背了一路的美娇娘,最后竟是一毛脸雷公嘴的猴子。孙悟空偷换了猪八戒的夫人,猪八戒可真是最受伤的人。

【例证第 564 号】:《西游记》真假美猴王

小说《西游记》第 57 回"真行者落伽山诉苦 假猴王水帘洞誊文"中,唐僧因悟空又打死拦路强盗,再次把他撵走。六耳猕猴变作悟空模样,抢走关文行李,又把小妖变作唐僧、八戒、沙僧模样,上演了一个山寨版的西天取经。真假悟空从天界打到鬼界,打到佛界,直到如来佛处,佛祖将六耳猕猴变回本相,六耳猕猴被悟空打死。

这里,六耳猕猴抓住机会,赶制盗版,具有极强的欺骗性,一是因为内部矛盾为他的介入和欺骗创造了条件,提供了空间;二是这盗版和原版太像了。所以,打击盗版从《西游记》就开始了。

【例证第 565 号】:《天生一对》

1998 年出品的美国电影《天生一对》中,荷莉·帕克(琳赛·洛翰饰)是一名 11 岁的小女孩儿,与父亲在加州快乐地生活着。荷莉的双胞胎姊妹安妮·詹姆斯和母亲住在伦敦,母亲伊丽莎白·詹姆斯是一位婚纱设计师。这对姊妹完全不知道对方的存在。在一次夏令营中,两姐妹偶然相遇了,在得知对方身份之后,两姐妹都非常想见素未谋面的父亲或母亲。于是两姐妹便偷梁换柱,用对方的身份回到了不曾见过面的另一个亲人身边。这一偷梁换柱能够成功的主要原因是,两姐妹是双胞胎长得一模一样,一般人没这先决条件还真不敢随随便便硬来;再者,这种为爱而撒个小谎的做法就算被当事者发现也不会被指责,只会觉得感动。

【例证第 566 号】:《舞乐传奇》

2013 年出品的国产电视剧《舞乐传奇》,讲述了骠国王子舒难陀(林更新饰演)带领献乐队伍前往大唐献乐,与女飞贼夜莎罗,顶级舞姬兰玛珊蒂,顶级高手夏游仙一路患难与共的故事。在故事开始,本是骠国王子舒难陀带领献乐队伍前往大唐,有谋权篡位之心的大将军伽罗那派阿蛮前去截杀乐团。结果拦下了乐团,正要大开杀戒之时却发现,马车上施施然走下了大将军伽罗那的儿子苏诀。原来舒难陀与苏诀深知伽罗那有谋反之心,不会让舒难陀顺利前往大唐修好,便提前定下偷梁换柱之计,让苏诀假扮舒难陀大张旗鼓地带着乐团出行,暗中舒难陀却召集其他人马在南诏与乐团会合。这一计偷梁换柱用得十分成功,直到苏诀走下马车之时,对方才知道上当了,果然是偷换得神不知鬼不觉。

【例证第 567 号】:毕福剑的模仿

中央电视台综艺频道的《星光大道》是一档大型综艺栏目。其主持人毕福剑也是一个多才多艺之人。在 2013 年 8 月 17 日的那期中,毕福剑便穿铠甲,模仿成龙在电影《神话》中的装扮,与女参赛者深情对唱。这样也算是毕福剑与成龙偷梁换柱在演唱《神话》。

五、偷梁换柱之"文字游戏篇"

这种类型是一种小把戏式的游戏之作,又是很轻巧,不费吹灰之力,就可以达到四两拨千斤的效果。比起其他形式的耗时、费力、伤财,这类是最经济的。

【例证第 568 号】:填字游戏的结果

1966 年出品的香港电影《审妻》中,隋炀帝杨广宣召大臣庄天栋女儿美容侍寝,庄天栋义女、刑部尚书王日成妻子素娘(朱虹饰演)冒名顶替美容入宫,想寻机刺杀杨广,为父母报仇,但事败入狱。奸臣金昌盛一直诱供素娘,让她交代是王日成主使。素娘思得一计,先承认王日成为主使并画押,而后示意看守向金昌盛索要酬金以吸引金的注意力。这时,素娘将"王日成"每字添笔,变成"金昌盛"。到了皇上那,王日成的那份供词(当然是写的主使为金昌盛)和金昌盛的一份完全相符,把皇帝气得直接把金昌盛杀了。文字上的偷梁换柱也可以杀人呢。

【例证第 569 号】：岳云鹏的"五环之歌"

相声演员岳云鹏、孙越在 2012 年天津电视台春节晚会上表演了相声《学歌曲》，其中最为可笑的包袱是演唱了《五环之歌》，歌词通俗易懂：

"啊，五环，你比四环多一环。啊，五环，你比六环少一环。也许有一天，你会修到七环。修到七环怎么办？你比五环多两环。"

看上去无惊无奇，缺盐少醋的，但配上蒋大为的成名作《牡丹之歌》的调子，再加上全场大合唱，就不同一般了。而歌词的改写其实就是典型的偷梁换柱。其实，这也是相声中常用的手法。在杨斌 1994 年出版的著作《电视幽默论》中，归类为"仿调"。比如在 2009 年央视春晚上，由马东、刘伟、周炜、大山、郑健等合说的相声《五官新说》中，周炜就仿《北京欢迎你》的调唱了酒驾的事儿等等。

【例证第 570 号】：保安变公安

2009 年央视春晚小品《吉祥三宝》中，保姆（徐囡楠饰演）喜欢上了保安（邵峰饰演），但她同样当保安的哥哥（孙涛饰演）却希望她找个"公安"，于是，二人合伙向哥哥"骗保"（骗保安哥哥）。因为保姆喜欢的这个保安名叫刘恭安，所以，就谎称是"公安"了。这不禁让人想起了一部电影。1999 年出品的国产贺岁电影《没完没了》，"傅彪"接了个"大活儿"，200 人的旅行团，他叫上"葛优"一起到机场接站，说是"人全到"，结果就来了一个人，这个人叫"仁权"，人家的意思是"仁权"到。这一偷梁换柱，害得"傅彪"伤财惹气陪盘缠。

【例证第 571 号】：如此鱼翅捞饭

在郭德纲、于谦合说的相声《我要闹绯闻》中，甲说到饭店点了个"鱼翅捞饭"。结果，用了三双筷子也没有找到"鱼翅"。于是，把厨师找来质问。厨师朗声答："我叫鱼翅。"这可能就是跟前人学的，不是嘛，有以人名命名的菜名，像"东坡肘子""东坡肉""王致和臭豆腐""太白鸭""宫保鸡丁"等等。只不过，他这个"鱼翅捞饭"没有人家那些菜声名远播，属于天知地知，但我知你不知的状态呢。

六、偷梁换柱之"概念偷换篇"

这种类型是指将一些貌似一样的概念进行偷换，实际上改变了概念的修饰语、适用范围、所指对象等具体内涵。不管这种偷换是小聪明还是大智慧，原则是虽为偷换，但无伤大雅，无关大局，无害大节，无碍大家。

【例证第 572 号】：大脚印是这样走出来的

2008年北京奥运会开幕式电视转播中,至少有两处使用偷梁换柱方法。一是29个奥运大脚印的"烟花"十分醒目,但它施放的不是烟花,而是信号弹。这个"大脚印"的设计,是由开闭幕式的核心创意成员及视觉特效艺术总设计蔡国强提出的用烟花制造出大脚印的形态。但离开幕式越来越近,还是不能实现。因为我们的烟花都是在空中绽放,而礼花弹一旦在空中散开,就很难保证大脚印形状的规整轮廓。这时,北京市民陈彦文提出了一个简单的设想,就是用信号弹而不用礼花,在地上按大脚印形状摆上多组大脚印信号桶,由统一点火装置启动后,发射到150米高空。用烟花百思不得其解,用信号弹替代一切迎刃而解。可见,关键在于路线对头。

第二个偷梁换柱是观众在电视上看到的大脚印不都是直播信号,因为航空管制和拍摄角度、计算是否精准等考虑,最后呈现在电视画面上只有最后鸟巢的脚印是实拍的,其余28个都是电脑合成的三维视频。当然,大脚印都发射升空了,只是大家看到的不是实景。眼见也不一定为实啊。

【例证第573号】:集结号是熄灯号

2007年出品的国产电影《集结号》,讲述了解放军某部九连连长谷子地(张涵予饰演)率部阻击敌人,以集结号为撤退号令。结果,全连只有他一人生还。之后,他历尽艰辛,终于为他的战友争得了应有的荣誉。影片结尾处,为牺牲的英雄们追授荣誉、哀悼,首长命令吹号。这时,司号员吹的是"熄灯号",而非"集结号"。原因很简单,我军107个号谱中根本没有集结号。它只是一个概念。这一偷梁换柱,柱折梁倒,替换得基本就是子虚乌有,令人难以置信了。因为如果要是真的吹集结号撤退,估计就得全军覆没了。撤退没有大张旗鼓地,一般都是一个反冲锋后悄然退去。可见,偷工减料要不得的。

【例证第574号】:有才大爷

在2007年央视春晚小品《策划》中,黑土大爷(赵本山饰演)家的公鸡能下蛋,白云大娘(宋丹丹饰演)还收了牛策划(牛群饰演)2万元的代言费。可是,那只那么具有附加值、从此可以开始辉煌演艺生涯的艺术范儿的鸡却被儿媳妇给炖了。被肢解的、炖熟了的鸡就在牛策划面前放着呢。于是,"有才"的黑土大爷开始了他的偷梁换柱,将一只"活鸡"从概念到肉体予以分解,还按鸡的不同方位明码标价,让牛策划自己吃了。真个是活鸡变死鸡,整鸡变散鸡了。大爷真是"太有才了"。

【例证第575号】:手电筒是家用电器

在1999年央视春晚的小品《昨天今天明天》中,一对"相约五八"的古稀夫妻白云大妈(宋丹丹饰演)和黑土大爷(赵本山饰演)与《实话实说》主持人崔永元唠起当年两人相识相知的过程。大妈说大爷当年家里啥有没有,穷得叮当乱响。大爷说别瞎说,家里还有家用电器呢。崔永元问有什么,大爷说,手电筒嘛。大爷说得也不算错,老虎还属于猫科呢,俗话说,照猫画虎嘛。只不过,手电筒是家用小电器而已。如果是高档手电筒,那可能价格也不菲,就好像一辆极品自行车的价格比低端汽车的价格不知要高出多少呢。又只不过,大爷的手电筒是低端1.0版的罢了。

七、偷梁换柱之"情境复制篇"

这种类型是指将此节目的形态、模式、情境或方法复制或平移到彼节目中,使得彼节目形异而神似,形散而神聚。这在幽默手段中,叫作"移就",在文字编辑时叫"块移动"。毕竟,很多形态具有广谱性、推广性和可复制性。

【例证第 576 号】:《龙门镖局》

2013 年宁财神导演的大陆电视剧《龙门镖局》,讲述了爱占便宜的平安票号少东家陆三金(郭京飞饰演)、粗鲁脱线镖局少奶奶盛秋月(袁咏仪饰演)、不会武功的镖师白敬祺(张瑞涵饰演)、一心嫁入豪门的名医邱璎珞、武功高强但是单纯的吕青橙、爱财如命的厨子蔡八斗、前女友遍天下的老镖头恭叔为了拯救濒临破产的龙门镖局发生的有趣故事。看过《龙门镖局》的人都会发现,很多现代的元素都被乾坤大挪移到了该剧中。比如现代广告被偷梁换柱成了古典元素,很多游戏也被处理进了剧中。这种偷梁换柱,会让电视剧变得很有趣,但是游戏广告元素泛滥,就有点儿四不像了。

【例证第 577 号】:歌手当主持

湖南卫视音乐真人秀栏目《我是歌手》集结了乐坛资深唱将、中流砥柱和新生代佼佼者。不过在整场比赛当中,都没有出现过专职主持人,主持人由歌手组合羽泉和张宇担当。这样在某种程度上也是一种偷梁换柱,偷了主持人的位子,让歌手来代替。这种偷梁换柱其实从浙江卫视《中国好声音》已经开始,由场上导师代行主持人职责。不过,这个换不是"偷换"的,而是"明换"的。

【例证第 578 号】:《非你莫属》

天津电视台求职类真人秀节目《非你莫属》的"藏龙卧虎"专题中,都会在节目现场模拟投资洽谈的全部现实场景。从前台预约,到进入会议厅,再到与投资者面对面的洽谈都被偷梁换柱转移到了舞台上来。这种偷梁换柱是现实场景与舞台情景的无缝对接,偷走的是舞台化生硬的场景,换上的是与现实一般无二的仿真场景。

【例证第 579 号】:《百变大咖秀》

2013 年湖南台节目《百变大咖秀》本来就是一明星模仿类综艺节目,在这档节目中不仅仅是参赛的明星会在每集做出模仿,就连主持人和观摩嘉宾也都会每集变换造型进行模仿。他们的模仿乍一看都是惟妙惟肖的,可以以假乱真,但是实际上没有一个是真的,都是被偷梁换柱了的。

【例证第 580 号】:《中国新声代》

《中国新声代》是湖南金鹰卡通卫视 2013 年度推出的儿童歌唱类节目。湖南台在推出《我是歌手》后,又有《中国最强音》《快乐男声》趁热打铁,但是一路上的竞争对手太多,收视情况并不理想。《中国新声代》虽同为选秀节目,但选秀对象却指向了儿童,孩子们新鲜未知的状态让观众眼前一亮。同时导师来自《我是歌手》,都是观众喜闻乐见、耳熟能详的一线明星。怎么看怎么像《我是歌手》的缩小版——《我是未来歌手》。

与其在成人选秀节目里杀得你死我活,还不如利用儿童的天籁开辟一条罗马大道。反正都是选秀,何必老扎堆、矬子里面拔将军呢。

222

【例证第 581 号】:《小人国》

2007 年 9 月,美国哥伦比亚广播公司(CBS)开创了一档以孩童为主体的野外生存真人秀节目。节目的设置与成人的野外生存没有太多的差异,就像是把成年人的衣服裁改成童装给孩子穿。每期节目中,会有 40 个 8 到 15 岁的小孩被放逐到一个无人小城(在这里孩子们的安全是得到保障的),让他们自给自足,自己负责生活起居,自己组织民主社区,同时还有一些竞赛。在无人小城里,孩子们按照成人设定的环境和规则,新创了一个没有尘埃的纯净的儿童世界,通过模仿成人世界,力图建立一个功能完善的社会体制。在这个过程中,无忌的童言闪烁着欢乐的童趣,这是成人真人秀所无法企及的。

在孩子的世界中,少了掩饰,多了纯真;少了功利,多了自然。可以说,这个节目中呈现出的虚拟世界完全是成人世界魂牵梦萦的"乌托邦",正是对人类历史的回溯和复原,刺激了成人世界的观赏欲望。

【例证第 582 号】:《舞出我人生》

《舞出我人生》是中央电视台 2013 年 4 月推出的一档公益明星舞蹈真人秀节目,节目中明星的星光用来照耀草根舞者的梦想,用配合、团结的力量彰显公益的魅力。只是观众看过后虽感新鲜,但总觉得某些细节像是在哪看过。在《舞出我人生》中，明星舞者的出现就像《舞林大会》中靠明星博眼球；草根舞者讲述梦想、实现突破，又透露着《舞林争霸》《中国达人秀》的色彩；所有的舞曲都由"好声音"学员现场演唱，大借《中国好声音》的东风。难怪有观众评价道：《舞出我人生》=《中国好声音》+《舞林争霸》+《舞林大会》+《中国达人秀》，原因很简单，这几个节目都出自一个制作单位——"灿星制作"。

在央视这个大平台下，《舞出我人生》成功地整合了当下综艺选秀的长处，呈现给观众一档更多元化、兼具可看性和社会正能量的电视节目。只是这种大杂烩式的"乱炖"，少了一份个性。

第 26 计　指桑骂槐

原文：

"大凌小者，警以诱之。刚中而应，险行而顺。"

解读：

强势者威慑弱势者可用威吓、警告的方法去诱导。适当的威严和强硬可以得到较广泛的应和，在危机时刻果敢的手段能让人敬服。在军事上更倾向于杀鸡儆猴，杀一儆百，用威慑的方法树立威信，严明军纪的对内计策。而在更多时候，指桑骂槐是一种指东说西的计策，在电视节目中也往往如此。电视从来都不是一个想说什么就能说什么的地方，可是不说又憋屈哪儿哪儿不舒服，也达不到节目效果。于是找另一对象借题发挥，明明说的就是你，偏偏就是不指名道姓，不管话有多难听，也得生生受着找不到回击的把柄。总之，就是避免了正面冲突，还达到了自己的目的，甚至比正面冲突的效果更好。指桑骂槐也是一个技术活儿，需要很高的语言天赋，说得太直白就是正面对冲；说得太隐晦，对方可能压根儿没听出来；指桑骂槐要的就是一种半遮半露恰到好处的度。听得出来意有所指，但没有留下让人攻击的破绽，气死人不偿命。

根据具体情况不同，分为"明贬篇""暗讽篇""误会篇"三类。

一、指桑骂槐之"明贬篇"——拐弯子弹

虽为明贬，但仍需借个力、拐个弯，不能过于直截了当，否则，就称不上是指桑骂槐而是指哪打哪了。这有点儿像打台球，不是用本球直接撞击目标球，而是找一个中介球借力打力。既可命中目标，还不会显山露水，还不着痕迹。

【例证第 583 号】：周总理的智慧

话说有一美国记者,在采访周总理的过程中,无意间发现总理桌子上有一支美国产的派克钢笔。于是乎那记者便用带有几分讽刺的口吻问道:"请问总理阁下, 你们堂堂的中国人, 为什么还要用我们美国产的钢笔呢?"周总理听了,便风趣地说:"谈起这支钢笔,说来话长,这是一位朝鲜朋友的抗美战利品,作为礼物赠送给我的。我无功受禄,就拒收。朝鲜同志说,留下做个纪念吧。我觉得很有意义,就留下了这支贵国的钢笔。"美国记者一听,顿时哑口无言。不管是美国记者,还是周总理都是在借一只小小的钢笔维护国家的尊严,都是指桑骂槐的高手,不过很显然还是周总理技高一筹,骂人不带一个脏字就削了对方的面子。

【例证第 584 号】：说事儿还是骂人

有这样一则传闻, 新中国成立前, 有家报纸的老总对蒋介石多有不满,但又无处发泄。恰巧蒋介石在清明节回浙江溪口老家给母亲扫墓,于是,他在导语中写道:"清明时节,蒋委员长自宁启程,回溪口老家扫他妈的墓。"标题是"蒋委员长回老家扫他妈的墓"。

这里的关节是这句话里带了一句疑似国骂。你可以理解成本意,也可以歪解成骂人。而作者正是借用了这句话的多义性,将自己的"意思"藏在里边。正如鲁迅先生在《狂人日记》里说的,字里行间都是"吃人"。

【例证第 585 号】：谭鑫培臭骂军阀

《百家讲坛》在 2009 年第 340 期讲到,京剧艺术家谭鑫培对袁世凯充满了痛恨与不屑,因此得罪袁世凯并被封杀。但谭鑫培仍然我行我素,只要逮着机会就一定会发泄对袁世凯和北洋军阀的不满。一次,谭鑫培在一处一般性的营业戏上准备唱一出《击鼓骂曹》,他发现台下坐着一批投靠袁世凯的军阀,这正好给了他发泄心中愤懑的机会。原来这出戏唱的是祢衡因受辱而骂曹操,曹操的部将张辽不堪自己的主公受辱,拔剑威胁祢衡。在曹操说出"张将军不要污了老夫的宝剑"后,这段戏就结束了。只是这一天,谭鑫培饰演祢衡,在原本该结束的地方,突然转身面向饰演张辽的演员骂道:"他叫张辽,乃吕布帐下一名偏将,只因白门楼吕布失败,他就归顺了曹操,似你这样贪生怕死、卖主求荣,可算得是三姓家奴……"在骂的过程中,谭鑫培转身冲着台下骂,台下观众听出了弦外之音,纷纷将目光锁定在台下军阀的身上,这让军阀们在众目睽睽之下坐立不安。

这真是大快人心,军阀若走,就是在承认自己是三姓家奴;不走,如坐针毡,只好厚着脸皮接受人们的无声谴责。

【例证第 586 号】：店大欺客

在中央电视台2013年"3·15"晚会上，记者曝光了美国苹果公司在中国的售后服务耍小聪明，苹果手机在中国的售后服务是整机交换时保留后盖，按照苹果规定，由于更换回的新手机还保留了旧手机的后盖，新手机将仍然沿用旧手机的保修期。就这样，小小的后盖竟然成了苹果拒不执行中国三包规定的挡箭牌。接下来，又把苹果公司在其他国家的售后服务情况与国内的情况做了对比，对比后发现，苹果公司的做法远没有耍小聪明那么简单，苹果公司在执行双重标准，是在蔑视中国的法律，是对中国消费者的不尊重。

经央视这么一报道，现在想想苹果公司的商标为何缺了一角，原来是羞于售后服务的不公平对待，缺的是一块企业勇于承担责任的良心。

【例证第 587 号】：都城="堵城"？

2011年央视春晚上的小品《新房》讲述了父亲（刘威饰演）为了儿子的婚事"借房"骗亲家，结果被识破引发了一系列有趣的故事。在节目中，丈母娘（蔡明饰演）说了一句意味深长的话，"昨儿个就出门了，今儿刚到"。这一句话讽刺意味浓重，明着说是解释为什么自己来得早了，实际上却是在讽刺北京的交通太堵了。这一计指桑骂槐中，固然使用了比较夸张的语言，不过也可以从一方面表现出人们对交通情况的忧心。

二、指桑骂槐之"暗讽篇"——拐弯抹角

暗讽比明贬要隐蔽、隐晦、隐秘、隐匿得多，更为曲折和委婉，更可以明确和明显地看出"桑"的存在和价值。换言之，就算"桑"是个替身，那戏份也是不少的。这个类别里又可根据"桑"的属性分为"语言类"和"非语言类"。

（一）语言类的"桑"

就是说所涉及的事件中都以人物语言、台词为介质来表情达意，借古讽今或隔山打牛。具体来看，又有"指人"和"指事"之分。

1.指人——指鸡骂犬

所谓指人，就是说，所涉及的"桑"或"槐"的出发点和落脚点都是人，骂的是人。这里的骂也不一定就是谩骂与恶骂，也有反讽或劝解、影射之意。

【例证第 588 号】：贱人就是矫情

2011年出品的国产电视剧《甄嬛传》在第34集中，失宠的甄嬛（孙俪饰演）为了重获皇帝（陈建斌饰演）的喜欢，用计引蝴蝶吸引皇上。皇帝眼

见蝴蝶围绕甄嬛纷纷飞舞,美不胜收,即刻为其倾倒,甄嬛得宠翻身。甄嬛欲擒故纵,对皇上欲迎还拒,反而更得皇上的眷顾。同为失宠的华妃(蒋欣饰演)在得知自己最大的对手复宠后,恶狠狠地扔下一句"贱人就是矫情!本官就是瞧不得她那一脸的狐媚样"!

这话虽不点名道姓,但话里话外都是刺儿,怎么听怎么难受。只有一法儿,千万别对号入座,任凭骂人者嘴上痛快就是了。

【例证第 589 号】:还记得皇宫内苑的"小燕子"吗?

央视财经频道和光线传媒打造的中国版《超级减肥王》是一档励志减肥真人秀节目,在节目中有不少明星助阵,也曝光了不少减肥秘方。在2013 年 8 月 3 日一期《超级减肥王》的预热节目《超级减肥王星级男女》中,《新还珠格格》中五阿哥的扮演者张睿前来助阵分享自己的减肥经验。在节目现场,张睿还调侃《超级减肥王》的"胖胖提问团"成员都长得像赵薇,暗讽赵薇当了导演之后变胖了,不复当年"小燕子"的风采。如此看来爱情和体重是成反比的,就连当年的五阿哥也受不了当年皇宫内苑的"小燕子"变成"肥燕子"。

【例证第 590 号】:穿越穿越,拯救一切!

226

2012 年央视春晚小品《荆轲刺秦》说的是,某剧组拍摄穿越电影《荆轲刺秦王》,由于临时演员未找到,饰演小太监的邵峰请为剧组送盒饭的父亲(黄宏饰演)来顶替,彩排时与导演(沙溢饰演)闹出许多笑话,最后诠释出穿越剧不可乱改历史的呼声。在整个小品中,该剧组都以篡改历史为乐,不尊重中国的历史事实,最后经由"黄宏"嘴说出如此篡改历史不利于中华民族文化的传承,更不利于少年儿童正确地接受中国文化。这个小品的指桑骂槐在于,看起来是在自己说自己,实际上也是在讽刺中国电视节目中最近兴盛一时的穿越剧很多时候不尊重史实、胡乱更改历史人物的做法。穿越不能拯救一切,有历史积淀和厚重感的东西才有传承的价值。

【例证第 591 号】:《街头卫士》

2008 年央视春晚小品《街头卫士》中,交警庄严(周炜饰演)执法严明,而酒鬼(句号饰演)撒娇卖萌,又感动于庄严的正直,在等庄严下班时主动提出帮忙,不幸的是句号越帮越忙,而且与违章人马露莎(韩雪饰演)发生口角。在小品中,"酒鬼"对"马露莎"(意思就是马路杀手)说,"您这还真不是开得太快,您这是飞得太低! 妹妹,您开的这是波音 747 吧",这段对白明着说的是马露莎的车牌子,实际上在讽刺的却是超速行驶的违章驾驶,车开得像飞机。

【例证第 592 号】:官与民,针与线指桑骂槐不一定全是不好的,也有一种中性的用法,这就是借喻。在央视播出的一组最美村干部评选的公益广告中,有一篇用的是华阴老腔。在广告中,他们把官员比作一根针,而群众比作万丝线。借此比喻说明村干部对于群众来说,既是带头人又是让群众凝聚在一起的人。

【例证第 593 号】:咖啡与大蒜

周立波拒绝和郭德纲同台,说是地域文化有"咖啡"和"大蒜"之别。"吃大蒜只管自己吃得香,不管别人闻得臭;喝咖啡是把苦自己吞下,把芳香洒向人间",以此讽刺郭德纲是熏人的"大蒜",二人因此交恶。郭德纲在相声《你要高雅》中做出还击:"说听交响乐高雅,听相声就低俗;听明星假唱高雅,看网络原创低俗;看人体艺术高雅,两口子讲黄色笑话低俗;喝咖啡高雅,吃大蒜低俗。高尔基先生教导我们说:去你奶奶的爪吧……好多个高雅的人喷着香水我都能闻出人渣的味儿来……文言文说得好,竖子不足与谋也,再次重申高雅不是装的,孙子才是装的。"

郭德纲如此犀利的语言意欲何为,大家一目了然。明贬暗损齐上阵,不知对方能否消化得了啊。

2.指事——旁敲侧击

所谓指事,也是相对而言,就是说,可能所言之事不对应具体的或个体的人,而是泛指,有的可能也很难找出具体的犯罪嫌疑人。所以,就笼统地"打击一片"了。其实,所谓"对事不对人"是不可能的,肯定有人对号入座。想想 2013 年末发生的某相声演员暗讽某台领导逝世一事不就是一个指桑骂槐,一个对号入座吗?

【例证第 594 号】:我没说是谁

在 2013 年的音乐类节目选秀大战中,也不乏这类"口诛"类的口水仗。这个节目说自己的节目"没有修音"(修音是利用后期技术将声音调整得更完美),就暗指其他节目是有修音的呢。而另一个节目又说自己的节目是最公平、最公正的,又将其他类似节目排除在"公平公正"之外。总之,就像大数据时代一样,你总会找到一些对自己有利的角度和数字来说明。别人从 10 增长到 11,涨幅 10%,你从 1 涨到 2,增长 100%,同样的 1 的绝对增长,却出现了差距巨大的幅度落差。所以,老百姓有句话说得好,会说的不如会听的。我们听着呢。

【例证第 595 号】:不吃油炸食品

在"五谷道场"方便面电视广告中,演员陈宝国在片场推开工作人员递来的一碗方便面时说,"我不吃油炸食品"。意思是说这一款面是以油炸方式制作的,而他要代言的这一款不是。可是,谁就真能完全拒绝油炸的

227

食品吗？炸油条、炸麻花、炸春卷、炸丸子、炸油饼、炸面窝、炸薯条、炸面包、炸薯片、炸排叉、炸茄荚，甚至炸冰棍儿等等，除了擀面棍儿都能炸。都能排斥在外实在是一种境界。其实，这里在"扬此"的同时又在"抑彼"，指桑骂槐。完全拒绝油炸并非不可能，但可操作性很小，还是渐行渐远好承受一些。

【例证第 596 号】：《手机》

在 2010 年 5 月播出的电视剧《手机》中，总有一些人、一些事让观众感到似曾相识。在第 4 集中，《有一说一》节目组到严家庄录节目，黑砖头（范明饰演）一上来就和费墨（陈道明饰演）套近乎，甩出一句："费教授，咱们聊点儿家常吧，家父还好？"雷得费墨目瞪口呆。严守一（王志文饰演）马上替哥哥解释："费老，我哥说话我还必须得给你翻译，他那意思是问的令尊。"与朱军在主持节目时曾把嘉宾父亲误称为"家父"如出一辙。第 33 集，严守一的儿子因为长期喝某品牌奶粉，导致肾结石住院。这不禁让人联想到"毒奶粉事件"，奶粉、牛奶中三聚氰胺超标在电视剧中也得到了关注。

228

虚构的剧情中，总能看到现实生活的影子。"影射"帮助观众再度还原社会中那些曾经的焦点，陡然给这部剧增加了很多看点，不失为一种吸睛大法。

【例证第 597 号】：《笑谈人生》

2005 年央视春晚小品《笑谈人生》，内容是围绕朱军的节目《艺术人生》展开的，冯巩受邀来做节目嘉宾，结果一出场就把朱军给调侃了。冯巩对朱军主持《艺术人生》做出经典概括："一共四招，套近乎、忆童年、拿照片、把情谈，只要钢琴一响，就让你哭得没个完。"冯巩来这没别的，就是找碴儿，让朱军在自己的节目中也哭一回。

如此看来，朱军的《艺术人生》其实就是"哭谈人生"。看到这，大家就明白了，小品名称虽为"笑谈人生"，其实是在暗讽朱军的节目形式单一且泪点低。

【例证第 598 号】：世界起源在那国

2013 年出品的国产电视剧《龙门镖局》第 4 集中，邱璎珞（钱芳饰演）中计被当成诱饵，收拾行李负气出走。在马车上邱催促马夫快点儿走，马夫说，"岭南马跑得不快，但是岭南马跑不过别的马就会说别的马都是它生的"。不由让大家想起来最近，某亚洲国家说李时珍有该国血统，就连中国人过了千年的端午节也是源于该国，统称"世界起源在那国"。在《龙门镖局》终究是借说岭南马，讽刺该亚洲国家。在《龙门镖局》第 14 集中，陈圆圆唱《爱的供养》,讽刺在 2012—2013 跨年演唱会中跑调跑到西四环的某女歌手。这两个例子都是指桑骂槐,很多有意思却不能直说的东西,便都放在这种更含蓄婉转的例子中抖搂出来。

(二)非语言类的"桑"——含沙射影

与上述语言类相比,非语言类的"桑"更多的是通过画面或镜头语言或剪辑手法来展现和体现的。也就是说,这些内容或许无须解释和说明,就能让观众明晰所指"槐"是什么。

【例证第 599 号】:诸葛瑾之驴

据《三国志·诸葛恪传》记载,诸葛亮的胞兄诸葛瑾,字子瑜,脸长,和后来的苏轼和朱元璋有的一拼,属于一种脸型,还有点儿像 1997 年央视春晚上的小品《昨天今天明天》里赵本山的台词,"正经的猪腰子脸"。一日,孙权大宴群臣时要拿诸葛瑾开心,让人牵出一驴,在驴头上书写一签——"诸葛瑾",这个包袱肯定爆响。诸葛瑾的儿子诸葛恪见父受辱,乃从容在标签"诸葛瑾"续上"之驴"二字,即成"诸葛瑾之驴"。孙权想"指桑骂槐",而诸葛恪"顺手牵羊",这一回合,诸葛恪完胜,且秒杀。

【例证第 600 号】:茜茜公主接见厨娘和门房儿

229

1957 年出品的德国和奥地利合拍电影《茜茜公主》第三部《皇后的命运》中,皇后茜茜(罗密·施耐德饰演)证明了自己能出色地处理国家大事,她陪同皇帝弗兰茨访问奥地利统治下的意大利。她用笑容赢得了意大利贵族与人民的尊重。她屈尊降贵,忍受无理的对待。当她要会见贵族时,贵族们为羞辱她,不仅全部缺席,还纷纷派出厨娘和门房杂役等"强大阵容"去见她。而茜茜皇后却耐心体面地接见他们。贵族想借此"桑"来给皇后难堪而无地自容,但是,皇后的接见却使贵族们的"指桑骂槐"来个"反坐",搬起石头砸了自己的脚。

这个桥段的精妙处在于,顶包来的山寨贵族们在隆重庄严的外交场合开始肆无忌惮,接见时举止失措,而皇后从容淡定,不动声色,佯作不知,以静制动。此时画面的冲击力远胜言语。

【例证第 601 号】:普京的生日礼物

凤凰卫视《凤凰早班车》在 2012 年 10 月 8 日的节目中报道称,俄罗斯总统在过 60 岁生日的当天,有民众在普京行政楼外示威,其中一名叫玛雅的女子更为普京准备了三顶绒线帽,这三顶帽子代表三名因反普京被捕的暴动小猫乐队成员,作为讽刺性生日礼物送给普京,谴责普京没有实现诺言。当天,在莫斯科广场也有民众示威,有人带了包括老花镜和假牙等礼物,要求普京退休。

普京也够不幸的,过个生日不被祝福反还要遭受指桑骂槐。这真是,当个总统真不易,祝福没有反被批。

【例证第 602 号】:张绍刚旁敲侧击

在天津卫视求职服务类节目《非你莫属》创办前三年里,主持人是张绍刚。他以敏锐、率直、睿智见长,也多有在节目现场与老板和选手理论甚至对掐的情形出现,但这似乎并不影响老板们对他的尊敬。而他也不时在节目中使用些旁敲侧击甚至是指桑骂槐的把戏,暗指一些现象或一类人。节目编导对这些似乎早已经心领神会、心有灵犀,当张绍刚说到某些现象或情形,镜头疑似无意地瞄准老板中的某人,停留在他们那或尴尬憨笑、或淡定从容、或假痴不癫的表情上,让观众心照不宣地接受了这种对位编辑的有趣。

【例证第 603 号】:就是让你大吃一惊

在 1997 年的央视"3·15"晚会上,曝光了某电子的售后服务质量问题。但从始至终,节目中没有主观评价和批评,用的都是暗访和记录。看似平实而直观的记录,好像没有态度、观点和倾向。看到片子临近结束时,忽然出现了某明星为该产品品牌代言的广告,报纸广告赫然印着:某某电子的售后服务就是这样让你大吃一惊!原来,态度都在过程和编辑的方式和手段里。可见,态度作为一种角度,不见得非得跳到前台张牙舞爪,也许只需非常轻巧的方式就可以起到四两拨千斤的效果。

而这里作者用的正是这样的一个"指桑骂槐"的方法,甚至是《韩非子》中"自相矛盾"里的问话:"以子之矛,陷子之盾,何如?"或者是金庸先生的武侠小说《天龙八部》中的"以彼之道,还施彼身"的方法,不用他杀,是你自杀,自己挖坑自己跳。

三、指桑骂槐之"误会篇"——矬人短话

这类属于因信息不对称而产生的误会,说者无心,听者有意,但瓜田李下,以讹传讹,南辕北辙。说白了,我无意伤害你,是你错会了意。不过,产生误会也有根由,而之所以误会有"指桑骂槐"之嫌,那估计会有错会、歧义,搞不好就是当着矬人说了短话。水是有源的,树是有根的,发生误会肯定是有原因的。

【例证第 604 号】:蒙哥马利评论穆桂英

230

英国陆军元帅蒙哥马利1961年9月再次来中国访问。在洛阳,蒙哥马利随意到了一个剧场看演出,舞台上正演出豫剧《穆桂英挂帅》。蒙哥马利得知剧情后在幕间休息时就退场了。他说:"这出戏不好,怎么能让女人当元帅呢?"陪同接待的熊向晖说:"英国的女王不也是女的吗?按照你们的体制,女王是英国国家元首和全国武装部队总司令。"蒙哥马利不吭声了。后来,周恩来总理据此换掉了原来准备的折子戏《木兰从军》(又是一个女元帅的戏,要是再来个《佘太君》《梁红玉》,那就更给力了),改成杂技和口技。蒙哥马利很喜欢看。而若再真给他看《木兰从军》,蒙哥马利会以为我们是在故意刺他。

【例证第605号】:为何关公战秦琼

侯宝林先生的相声《关公战秦琼》说的是戏班子给山东军阀韩复榘的父亲唱堂会。戏码是《千里走单骑》,关公戏。可韩爸爸不爱听了。紧急叫停,质问为何山西人到山东来打仗,他是阎锡山的队伍,要唱山东好汉。到这里还算有一定道理,狭隘的地方保护主义也是可以理解和接受的。可是,韩父给出了个题目,说个新词就是穿越格式——"关公战秦琼",马上实现,否则就饿你体肤。想来,这个剧团也是没有研究目标观众的收视心理,如果一开始就演《瓦岗寨》《响马传》,就不会因误会而挑刺儿了吧。

第27计 假痴不癫

原文:

"宁伪作不知不为,不伪作假知妄为。静不露机,云雷屯也。"

解读:

宁可装作不知道而按兵不动,不要自作聪明轻举妄动。韬光养晦不露真实的动机,就像云势压住雷动一样。常言道,木秀于林风必摧之。任何东西太过于锋芒毕露,必然成为众矢之的,有所折损。假痴不癫,重点在一个"假"上,在情况不利于自己时,佯装痴癫,实际上却心如明镜。是在总揽全局的情况下,做出来的麻痹对手、保存实力的计策。在电视节目悬念的设置中,假痴不癫可以是假装疯癫、假装愚钝、假装不知、假装不济,就是营造出一种与内里不同或者甚至是相反的假象,隐藏越深制造出来的悬念越大,揭开真相的时候达到的效果也越好。善于装傻藏拙,也是在逆境中破局而出的良方,这样的人物往往更加丰满,更吸引眼球,可以赢得更多的观众。不过假痴不癫一定是"假痴",要把握一个度,心里要明白;不要弄假成真,最后成了"真傻"可就不妙了。

假痴不癫,虽然说是假痴,但必须在表面上造成"痴"的假象,内心的"不癫"是本质,必须藏得严丝合缝,否则会有杀身之祸或无妄之灾。于是,"装"就是必备、常备、自备的素质,且必须拥有强大的内心和坚韧的意志,否则很难坚持,会露馅儿或露马脚。因此,这一计中就以"装"为切入点,分为"装疯篇""装傻篇""装无知篇""装无辜篇""装无能篇"五类。

一、假痴不癫之"装疯篇"

"装疯"不是真疯,但装得必须像,言语行止都需依循"疯"的逻辑和轨迹,即非常、超常、反常。装疯的前提是不装就有可能有杀身之祸,是不得已而为之,因为装疯付出的代价是很大的。

【例证第 606 号】:史上那些装过疯的人啊

战国时期的孙膑为了躲避同学和对手庞涓的迫害装疯,还得吃猪粪,终于寻机逃到齐国;明朝燕王朱棣为了麻痹已经即位的自己的侄子朱允炆,装精神病,还在夏天烤火,蒙骗了建文帝。后燕王起兵,取代了侄子成为明成祖。

【例证第 607 号】:"疯"而"不疯"

以上两则是可考的。还有一个人在正史上没有记载,却在演义里装过疯的,这就是祢衡。在小说《三国演义》第 23 回"祢正平(祢衡字正平)裸衣骂曹操 吉太医下毒遭刑"中,说到祢衡一直自称疯病拒见曹操。后来见了,一是"袒见",二是"骂见"。这个狷狂愤青,以疯为借口,以骂为利器,逞一夫之勇,图一时之快,引杀身之祸。他是借装疯而显示不疯,只是借疯的表象而已。

【例证第 608 号】:王子和疯子

在莎士比亚的名著《哈姆雷特》中,塑造了一个忧郁王子哈姆雷特的形象。哈姆雷特因父亲的死而压抑抑郁,而他不让他叔叔知道他已经知道他父亲的死因,为了迷惑对方,他也玩起了假装疯癫的把戏,只是最后弄假成真。而在罗广斌、杨益言的小说《红岩》中,华子良根据领导指示,在刑场陪绑行刑时借机装疯,忍受了常人难以忍受的痛苦和心理的折磨,最终越狱成功。《红岩》里的华子良的人物原型是韩子栋,现实中他装疯也曾被军统少将处长沈醉识破。1985 年 5 月 17 日,《红岩》里"华子良"和"严醉"的原型人物——韩子栋和沈醉见面。沈醉谈起了这段往事:"有次我来渣滓洞视察,路过院坝的时候,看见有个犯人在扫地,我回头看了他一眼,他也回头看了我一眼,我便问身旁的监狱长,这是个什么人?监狱长告诉我说，一个疯子，陪杀场时给吓疯的。我说，不，这个人在装疯! 疯子的眼神不可能那样灵活，稳妥起见，还是把他关起来吧!"韩子栋恍然大悟道："那次我突然被送回牢房，心里还在犯嘀咕，是不是被监狱发现了什么? 今天才晓得，原来是这么一回事! 唉，凭你一句话，我一关就是两年，后来因为监狱人手不够，监狱长见我仍然疯疯癫癫的，就又把我放出来当杂役。直到抗战胜利后，我利用有次随看守到磁器口买菜的机会，逃跑啦! "

可见，"假痴"是跳进阶段，还得回归"不癫"状态，王子没有走出来，而韩子栋可以跳进跳出。

【例证第 609 号】: 张成装疯

1996 年出品的国产电视剧《宰相刘罗锅》第 23 集中，刘墉参了皇上，被降为三品工部巡察，督办钱塘海堤。还限他三天交印，四天腾府，五天离京。和珅又使坏要诬陷刘墉贪污(说是拨银万两，实际多送了一万两)，皇上派和珅和八王爷、九王爷给刘墉送银子，到了刘墉家却被锁在屋里，刘墉的管家张成还拿棍子打了和珅和俩王爷。这下祸惹大了。于是，刘墉就让张成装疯，拿刀砍另一管家刘安，还吃屎(其实是麻将拌白糖)，这才躲过了一场杀身之祸。在这场装疯戏里，刘墉、张成、刘安是知情者、实施者，而和珅和俩王爷一直被蒙在鼓里。

233

【例证第 610 号】: 大腕装疯

2001 年出品的国产贺岁电影《大腕》中，尤优(葛优饰演)为好莱坞大腕级导演泰勒在中国拍摄影片《末世皇朝》的工作过程拍一部宣传纪录片。后来由于泰勒(唐纳德·萨瑟兰饰演)突患重病，又改为策划葬礼。正当葬礼一切就绪、广告招商都一切就位时，泰勒却奇迹般的康复了。大家的发财梦破灭了，尤优不知怎样面对众多广告商也装病住进了精神病院。住进精神病院的症状自然是疯了，是逃避风险、规避责任的法子，当然不是真疯，也不是真傻。

【例证第 611 号】: 济公

"济公"是中国家喻户晓的神话人物，屡次被搬到荧幕上。济公，原名李修缘。其父为浙江台州府天台县李善人，平生乐善好施，常常救济穷人。这李善人老来得子，取名修缘，谁知这修缘竟与佛门结下了不解之缘。在自己成婚当天，不辞而别出家当了和尚，法号道济。话说道济出家之后，破帽破扇破鞋垢衲衣，不受戒律拘束，嗜好酒肉，举止似痴若狂。但是却好打抱不平，扶危救困，除暴安良，神通广大。济公是一位形若疯癫，却心如明镜的人物。常常在貌似胡闹的行为间，将事情化解，这样四两拨千斤的高招，怎能说是真的癫狂之人能做得出来的?

【例证第 612 号】："老顽童"周伯通

在金庸的小说《射雕英雄传》及《神雕侠侣》中,老顽童周伯通都是其中最有性格、最吸引人的角色。周伯通为中神通王重阳的师弟,天性纯真,爱捉弄别人,被人称为"老顽童"。可就是这位大家都认为成事不足败事有余的老顽童,不但练成了"九阴真经",自创了 72 路空明拳及双手互搏术,还在大理皇宫拐走了南帝段智兴漂亮的贵妃瑛姑,还让瑛姑一辈子对他情根深种不离不弃。这周伯通看起来疯疯癫癫,行事乖张情商不高,实际上却是个过目不忘、智商极高的人。周伯通的假痴不癫是因为他心思单纯,很多事情都不按常理出牌,行事异于常人。

二、假痴不癫之"装傻篇"

"装傻"是指通过装出傻相、说出傻话、做出傻行来使别人忽视自己或产生麻痹,从而掩盖自己的真实状态或意图。而装傻的原因又可以分为"身处险境"和"心有隐情"两种,简称"险情"和"隐情"。

(一)身处险境

当身处险境,以弱智、低智、不智体现出来,是以退为进、以守为攻的方式。

【例证第 613 号】：史上那些装过傻的人啊

在历史上,有 N 多的人出于安全的考虑要假装疯癫,或装疯卖傻,或做藏锋式的放浪形骸。比如:

春秋时期的越往勾践被吴王夫差打败,他为复国,在夫差面前装瘪三,还为夫差尝便诊病。终于麻痹了夫差,同意他归国,而后打败吴王复国;

战国时范雎被同僚须贾陷害,被打个半死,他干脆装死躲过大难;

三国时期的司马懿更是一位能装会骗、玩通"痴术"的高手,他在上司曹爽面前装傻,在皇帝曹芳那装病,把二人骗得死死的。结果,等皇帝一出城扫墓,就搞个兵变,一举成功;

唐宪宗李纯第 13 子李忱生性"愚钝"却深得宪宗喜爱,因此也成为几个在任皇帝的防备,在穆宗李恒、敬宗李湛、文宗李昂、武宗李炎在位的 27 年里,不断试探、戏弄他,甚至被武宗置于粪池而无动于衷。而当因此被权臣推为傀儡皇帝后,却判若两人,罢相除宦,减负攘外,成为唐朝中兴之君。

可见,先期的"痴"是掩人耳目,躲避险境,收敛锋芒,蓄势待发,"痴"和傻、疯都是装的,是大智装愚。一旦天平转向了自己一方,那就当仁不让,回复常态,反客为主,一举成功。

【例证第 614 号】:玩儿个"二过一"

在 1966 年出品的法国喜剧电影《虎口脱险》中,德军上校阿哈巴审问帮助英国飞行员的乐队指挥(路易·德·菲耐斯饰演)和油漆匠(布尔维尔饰演)。指挥已经看到了飞行员的中队长等人,他知道中队长会来营救他们的,于是,他和油漆匠说,"要和他们拖时间"。他俩就和上校玩儿起二过一的"假痴不癫",先是油漆匠咳嗽吐痰擤鼻涕,然后指挥给上校讲了一个乱七八糟的故事,用上校自己的话说,就是把他当猴儿耍了。指挥和油漆匠俩人矛盾不断,纠结不断,但到了生死关头和大是大非上,还是头脑清楚、配合默契的。

【例证第 615 号】:杜丘装傻

1974 年出品的日本电影《追捕》中,检察官杜丘冬人(高仓健饰演)被诬陷犯有抢劫、强奸罪。杜丘一边躲避追捕,一边追查真相。他潜入精神病院探秘,在那里找到了诬告自己的横路进二。可横路已经被药物弄傻了。为此,杜丘也装病住进这家医院。幕后主使药厂经理长冈了介逼迫杜丘服药,想让杜丘也变成横路。影片结尾处,长冈诱导杜丘自己跳楼。有段台词相当经典:"你看多么蓝的天呢!去吧,走过去,你可以融化在那蓝天里,一直走不要朝两边看。"可当神情恍惚的杜丘走到楼顶尽头时忽然回头,又恢复了那个刚毅果敢的杜丘。原来,杜丘每次在服药后都呕吐出来,但为了迷惑对方,他一直玩儿假痴不癫。最后,长冈被矢村警长击毙。

【例证第 616 号】:先真傻后装傻

1989 年出品的香港电影《赌神 2》中,高进(周润发饰演)是著名赌神。在一次赌赢后意外摔伤头部造成失忆,被刀仔(刘德华饰演)所救,开始了一段失忆生活。当他被堂弟追杀后,头部再次被撞,却又意外恢复了记忆。但这时他开始假痴不癫,伪装成继续失忆状态,直至抓住凶手堂弟(还杀害了高进的女友)时才露出本来面目。

化用郑板桥《难得糊涂》的话,"不癫难,假痴难,由不癫转入假痴更难"。因为真傻容易装傻难。而周润发这类角色并非个案。

(二)心有隐情

这是说心里有隐情或不可告人的心思,外表只好装傻充愣。就作品而言,似乎只有他自己心知肚明,但其实观众早就明晰了。

【例证第 617 号】:八戒的智慧

名著《西游记》里的八戒毛病不少，好吃懒做，恋色贪财。可是，他也有师哥师弟没有的优点：

一是人脉好，大师兄的人脉是打出来的，大家帮他多半出于怕他，而八戒原来在天界是天蓬元帅，也是中层干部，比起沙师弟的"卷帘大将"（疑似是门卫的工作）要高出几个层级，人脉自然不可同日而语。

二是会和领导搞关系，唐僧待他如子，他视唐僧如父，嘴甜，会奉迎。

三是心理素质好，多危机的情况也能照吃照睡。

四是其实他是团队的黏合剂，这个团队只有撵走大师兄，没听说开除八戒。而且往往是要悟空出局时他还会说泼猴的好话，且去花果山请悟空回来他的胜算更大。

五是虽然悟空一口一个呆子地唤他，其实很多时候，悟空是禁不住呆子的激将法的。可见，骨子里，八戒颇有些假痴不癫，至少是半痴不癫的。何况，不论是过程还是结果，八戒都是利益既得者呢。

【例证第 618 号】：贾媛媛装残疾

1994 年出品的情景喜剧《我爱我家》的第 77 和 78 集《妈妈只生我一个》中，贾志国（杨立新饰演）、和平（宋丹丹饰演）两口子为了要个二胎指标，就让自己的女儿贾媛媛（关凌饰演）装残疾。肢体的疾患尚可造假，但唯独难以欺骗的是眼睛。贾媛媛那明亮亮、水汪汪的大眼睛很快和她健全的身体一起露了馅儿。

【例证第 619 号】：傻人傻福

脑白金电视广告从 2002 年的"今年过年不收礼，收礼只收脑白金"开始，大剂量在电视中出现。后来又有了"孝敬爸妈"的主题，还让一对老人跳舞助兴。看似又傻又俗的广告，观众并不感冒，且有反感。但似乎创编者并不理会，且似有变本加厉，大有将傻俗进行到底的架势。可有意思的是，产品的销量不小。这不禁让人想起 30 年前的"燕舞收录机"的广告。苗海忠（当时是高中生，后来做了职业演员）边弹吉他边唱，"燕舞，一曲歌来一片情"，被大家视为最不喜欢的广告，但又是全国销量第一的收录机。可见，观众也有人格分裂，收视取向和消费取向是分离甚至是背离的。从另一个角度讲，创作者真是熟谙了这种现象和心理，以假痴不癫之法，达到了傻人傻福的效果。

【例证第 620 号】：徒弟装傻

在 1991 年央视春晚的相声《训徒》中，师父马季带来一个堪比诸葛亮的徒弟。其实，这是传统的"文训徒"段子。只不过这次带来的是个"洋徒弟"史可达。徒弟看上去傻呵呵的，问"贵庚了"，答，吃的炸酱面；属相是驴；今年十八，明年十六。最后气得师父不让他说话了，可是到底包袱，说到师父问他怎么不说话呢，这时傻徒弟答，你不让我说的。可见，徒弟是很知道哪里需要说话，哪里不用说的。这个段子里徒弟的基本定位就是假痴不癫。虽然壳很厚，装得很傻，但骨子里"良心大大的坏了"。

【例证第 621 号】：你以为我真傻呀

1998 年央视春晚小品《王爷与邮差》中，王爷(朱时茂饰演)带着邮差二傻(小名儿傻瓜，陈佩斯饰演)去参加万国运动会。王爷是领队，二傻是运动员。王爷让二傻慢点儿，二傻就是不会。发令枪响后，二傻"一不留神"跑了个第一。王爷说让二傻接受大家的欢呼去。二傻迈着"慢长锤"的方步缓缓而行。王爷不解：你会慢呢。二傻说，你以为我真傻呢。原来是一直在装傻，逗你玩儿呢。

【例证第 622 号】：《落经山》的哑巴

2013 年出品的国产电影《落经山》讲述了这样的故事：一个逃难的哑巴(李正饰演)来到一个世外桃源式的小山村，被老僧人收留，在美景中生活并与一位善良年轻的单身母亲互生感情。当他进入一个巨大神秘的洞穴后，知道了一个惊天秘密，传说唐僧师徒取经回来一部经书散落于此，取名"落经山"。随后，一架侵华日军飞机坠落河里，哑巴救起了飞行员，而后又放走了他。而那个飞行员也知道了一些洞穴的秘密。几天后，飞行员带领鬼子血洗村庄，哑巴和单身母亲的小女儿成为幸存者。哑巴说话了，他带着寻宝的入侵者走进了那个无底洞。后边的事情就像 1975 年出品的法国电影《老枪》一样，一个看到乡亲和家人都被杀害的普通人复仇的故事。可是，影片并没有给出哑巴为何装聋作哑，之后又去向何方，结果如何。但这已经不重要了。

【例证第 623 号】：六王爷闭关

1996 年出品的国产电视剧《宰相刘罗锅》中有个六王爷(李丁饰演)，也就是剧中刘罗锅(李保田饰演)的老丈人。在整个剧集后半程里，老王爷除了胡吃闷睡就是一句"皇上圣明"，整个一个老糊涂加老滑头。其实，这种自我弱化、矮化、淡化的方式其实也是一种生存之道。否则，你是高大上，那就离死不远了。

三、假痴不癫之"装无知篇"

这个"无知"肯定是假的。正好套用郑板桥所说的，"聪明难，糊涂难，由聪明转入糊涂更难"。这就是典型"揣着明白装糊涂"。装无知都是有目的的,目的何在,看结果就知道了。

【例证第 624 号】:请你示范

央视记者董倩曾经采访一位科技副县长,谈的是该县示范田作物。而这个县其实是将县里的几乎所有良田都种植了这些作物。当董倩每次发问,副县长都以"你不懂,这是科技问题"堵回来了。于是,董倩就让副县长敞开来谈,自己仔细倾听。直到副县长说得尽兴了,董倩这才问,示范田在一个县里应占多大比重,这是示范田还是示范县等问题。副县长无言以对,拂袖而去。

对话时,如果针锋相对,不仅不能得到有用信息,还有损形象。于是,记者采用了假痴不癫方法,故作不知,诱敌深入。最后一个核心问题从"藏锋"中脱颖而出。

【例证第 625 号】:我们听不明白

2003 年 12 月 12 日央视《艺术人生》栏目《无间道》专辑中,该片两大主演刘德华和梁朝伟面对主持人的煽情并不领情,并不动情,而是自说自话,有时甚至把主持人放在一边,两个人自己对起话来。当主持人问,你们在《无间道 3》当中,你们的合作是第几次合作。两人说,听不懂。再问及"一山不容二虎"的问题,也被梁朝伟见招拆招,以演员互动而非较劲化解了。问刘德华对梁朝伟得到香港金像奖影帝是否舒服,也被刘德华自省和调整化解。可见,中间的问题设计不乏芒刺和挑逗,锋芒针对个体,挑逗想激发二人对掐,但这二人不会给坑就跳,三拳两脚就把这些不靠谱的问题礼送出境、原物奉还。这里不乏假痴不癫的影子,俩人假作不知、自说自话、配合默契,就好像经过排练一样。和上述《虎口脱险》里指挥和油漆匠二过一玩转阿哈巴上校颇有些神似。

【例证第 626 号】:会念故意不念

在 1990 年央视春晚小品《相亲》中,徐老蔫儿(赵本山饰演)和马丫(黄晓娟饰演)是青年时的恋人,因家庭反对而未能在一起。如今,俩人都丧偶了,两人的一对儿女成了男女朋友,特意撮合二人再续前缘。俩人还给老人写了封信:"二位老人辛苦半辈,为了儿女受尽苦累,今日安排二老相会,希望二老成双配对。"而当老蔫儿念到"成双"时不念了,故意问马丫,马丫说,"配对",老蔫儿才说,我认得。成心发坏,装傻充愣,其实,心里跟明镜似的。I 服了 YOU。

【例证第 627 号】:谁更健忘

在小品《健忘散》中,"侯耀华""黄晓娟"夫妇开饭馆,购得"健忘散",给顾客"张国立"拌在饭里吃了,还张罗着让张国立把带来的箱子锁在了桌子腿上。吃完饭"张国立"走了。夫妻俩正高兴地以为张把箱子这事儿给忘了，正从桌子那取箱子呢。这时，张去而复返，轻松地取走了箱子。夫妻俩很纳闷，他怎么没忘点儿什么呢。"侯耀华"忽然记起来，他吃饭忘记给钱了。原来一个想算计骗人家箱子，一个以牙还牙，装傻骗吃。看谁更健忘了。从性质上看，当然是夫妻俩的更恶劣一些。

四、假痴不癫之"装无辜篇"

"辜"者，罪行，"无辜"就是清白。装无辜，就是"做清白秀"。而这里的"装"就是一种"描"，往往越描越黑，欲盖弥彰，此地无银三百两。而"装无辜"的类型无疑就像着重号一样，更加引起注意。

【例证第 628 号】：乐不思蜀的刘禅

蜀汉后主刘禅留下了几个词语，都不怎么正能量：

一句是"扶不起的阿斗"，指老板能力太差，员工再强，也没有业绩；

二是"乐不思蜀"，是说乐以忘返或乐而忘本，无故国故土之思。刘禅投降后被送到洛阳，被司马昭封为安乐公，生活安逸得很。刘禅登门致谢，司马昭设歌舞酒宴款待。当演奏蜀地乐曲时，蜀汉旧臣们人人满怀伤感，个个泪流满面。唯刘禅却无动于衷。司马昭问刘禅："颇思蜀否？"刘禅说："此间乐，不思蜀也。"刘禅旧臣郤正听到后对他说："王若后问，宜泣而答曰：'先人坟墓，远在岷、蜀，乃心西悲，无日不思。'"司马昭果然又发问，刘禅如复读机一样重复了郤正的话，司马昭说："何乃似郤正语邪！"禅惊视曰："诚如遵命。"左右皆笑。这段文字历来都被视作刘禅弱智无能的表现。而其实，其中倒是表现出他超乎他人的"保命智慧"。他的无动于衷是故意的，他的如是回答更是故意的，否则，也不会让皇帝觉得"我无忧矣"地让他寿终正寝。而会像李后主那样"被死亡"的。虽然这些伎俩称不上智慧或能力，否则就可以保家卫国，不至于开城乞降。但在相对弱势的条件下，能够有这样的善终就已经是上善之选了。

【例证第 629 号】：拿准老丈人当老谭打

在 2007 年央视春晚小品《考验》中，"黄宏"被准媳妇"牛莉"要求去弹一个钓鱼老头儿脑锛儿。他不知道那是他未来老丈人。为了显示他会听未来媳妇的话，三次弹了老头儿。为了找到个合理的理由，只好当认错人，把老头儿错认成"老谭"。而这条线索(老丈人和媳妇合谋考验姑爷，虽然媳妇不大情愿，但拗不过父亲)观众知道，就瞒着姑爷，就看他如何装傻应对了。

【例证第 630 号】:"赖账的"李云龙

2005 年出品的电视剧《亮剑》第 16 集中,晋绥军 358 团的物资被土匪谢宝庆(张国荣饰演)抢了,正好八路军新二团团长孔捷(由力饰演)率骑兵路过,替晋绥军 358 团夺回了物资。后来孔捷打算将物资归还晋绥军 358 团,路过八路军独立团的防区,团长李云龙(李幼斌饰演)邀请其喝酒,并得知了此事。李云龙在征得孔捷同意的情况下,故意将该批物资扣留,以此作谈判筹码,逼晋绥军 358 团团长楚云飞(张光北饰演)将其部队撤出大孤镇!楚云飞指责李云龙有意制造摩擦破坏抗日统一战线,要求其归还物资。李云龙表示:物资并非从晋绥军 358 团手里取得,而是从新二团团长孔捷处取得,说破大天,这只是八路军内部的事情,并认为该批物资跟楚云飞没有关系,358 团无权要求其返还!后来,胜券在握的李云龙干脆装作不知情,假意要先与上级汇报再做定夺。如此推三阻四,一直干耗到楚云飞的部队粮草皆断,被迫率先撤兵。

知而示之不知,装傻卖呆你奈我何;能而言之不能,根本不给商量余地。掉进李云龙嘴里的肉指望他吐出来,只有两个字:"没门儿!"

五、假痴不癫之"装无能篇"

"装无能"就是把满身武艺和能耐都藏起来,藏锋收爪,示弱于人,或等待时机条件成熟后爆发,或隐忍不发,苟求性命于乱世,乞求怜悯和同情。

(一)韬光养晦型

【例证第 631 号】:韬光养晦的君王们

春秋时期的楚庄王为避免杀身之祸,三年间沉湎于酒色之中,不问政事。但三年后,审时度势,不飞则已,一飞冲天,不鸣则已,一鸣惊人。

秦末的刘邦本为亭长,成事前一直花天酒地,放浪形骸,形同小混混儿。但一旦举事,便与楚庄王一般。终成开国之君。

刘邦的后代刘备也懂得韬光养晦之道,在曹操面前像个躬耕田亩的农夫,一旦时机成熟,便天高鸟飞,割据一方。

清朝康熙面对专横跋扈的鳌拜,也使此计示弱,让鳌拜认为康熙是个贪玩儿无能的孩子,逐渐放松戒备,最终,康熙在自己训练的"特种部队"的配合下,一举擒拿处置了鳌拜,得以亲政。

【例证第 632 号】:周润发装残疾

在 1991 年出品的香港电影《纵横四海》中,阿海(周润发饰演)、阿占(张国荣饰演)和红豆(钟楚红饰演)三人是养父、黑社会头子(曾江饰演)收养的孤儿,长大后成了帮他赚钱的艺术品大盗。在盗取名画《赫林之女仆》后,被养父设下陷阱派人追杀灭口。数年后他们重聚时,阿海已经瘫痪,养父还怕是假的,将阿海推下台阶。可到结尾处,养父用枪向阿海膝盖连发数枪,谁想到,阿海却从轮椅上蹦起来,施展拳脚,终将养父打死。原来,阿海使用了装无能的法子,伪装成瘫痪,以麻痹养父,此计煞是好使,把观众和阿占、红豆都给骗了。

【例证第 633 号】:大心脏的乔治

1990 年出品的美国电影《绿卡》中。男主人公乔治(杰拉尔·德帕迪约饰演)的大心脏简直快要女主人公布朗蒂(安迪·麦克道威尔饰演)得了心脏病。一天,布朗蒂受邀到朋友家中做客,巧的是,布朗蒂想得到的花园的树木正属于朋友的母亲,所以她在朋友家格外小心。席间,大家邀请乔治弹奏一曲助兴,乔治只是假冒音乐家,面对钢琴他只好即兴发挥了。乔治一顿乱弹,让人大跌眼镜。就在布朗蒂绝望之时,乔治轻弹简单的和弦,再朗诵了一首小诗,立刻扭转了局面,让大家以为这是一种新的音乐风格,报以热烈的掌声。

为了追求艺术效果,艺术家们往往欲扬先抑,怎奈乔治不是真正的艺术家,所以也就没必要按套路出牌,来个欲抑先扬,一通混乱之后,哪怕是再简单的和旋,也都是乐音。

(二)乞求怜悯型

【例证第 634 号】:硕果仅存的汤和

明朝朱元璋一朝,几乎全套班子都被收拾了,徐达、李善长、刘基、胡惟庸、蓝玉、叶升、冯胜、宋濂、傅友德等等都未能幸免,而居功至伟、官至统军元帅的汤和之所以能活到 70 岁,得以善终,就是因为他有功不居功,急流勇退,自求归隐,归家后低调做人,遵守法纪,善待乡邻,吃酒下棋,游山玩水,含饴弄孙,让有着疑心和杀心的朱元璋放了他一马。这种自我打压式的乞怜虽不壮烈,却也智慧。

【例证第 635 号】:刘元装瞎

1998 年出品的电影《不见不散》里,移民美国的北京人刘元(葛优饰演)遇到另一个同类女孩儿李清(徐帆饰演)。这俩人实在是犯相,李清只要和刘元遇到一起,不是有入室盗窃,就是遇到劫匪,要么就是被卷进非法的案子。李清视刘元为克星,拒刘元于千里之外。这天,刘元给李清打电话,说自己失明了,要和李清说说心里话。在咖啡馆,两人推心置腹,说到动情处,窗外来了个金发碧眼的姑娘,刘元眼睛溜了号。李清一句"这是谁的钱包啊"就让刘元露馅儿了,还说,"我又能看见了,这是爱情的力量"。刘元是和李清开玩笑,但也是"假话真情",有乞求同情的动机,但最后,两人终成眷属,之前的就都是美好的过程和回忆了。

【例证第 636 号】:"天天兄弟"

"天天兄弟"是湖南卫视脱口秀节目《天天向上》主持群的代称,节目中固定成员是汪涵、欧弟、田源、钱枫、金恩圣,偶有客串是俞灏明和矢野浩二。自 2008 年《天天向上》开播以来,天天兄弟也因"五个男人一台戏"成为节目的代言,在节目中亦庄亦谐的团队主持风格更是独树一帜。主持团队离不开核心,汪涵是团队的老大哥,是引领者,在节目中抛砖引玉,给兄弟们制造话题,却不幸被损太老;欧弟负责搞怪,一切话题皆从他这点燃,却不幸被损太矮;田园和钱枫则是真正的勇士,完全是牺牲自我,取悦他人。他俩的存在是被调侃的对象,自然也就是戏耍和玩笑的底线,这才是真的不幸;来自韩国的金恩圣,外表帅气,但也因语言的障碍,成了其他兄弟趁机报复的软肋,却不幸只能充当花瓶。就是这样一个互不相同、互不协调的"男人帮",上演着一幕幕"假痴不癫"。

【例证第 637 号】:一元一件布

2003 年出品的国产电视剧《大染坊》讲述的是印染业奇才陈寿亭(侯勇饰演)的奋斗故事。在第 15 集中,满怀真诚的陈寿亭去上海找林祥荣(周野芒饰演)合作,林祥荣却因陈寿亭曾经是一名乞丐瞧不起他,一连几天故意拖着不见。陈寿亭看林祥荣真的无意合作,就索性把自己打扮成过去乞丐的样子,装傻卖呆地去林祥荣的零售铺,店铺伙计见是乞丐随口打发,"这布一元一件你也买不起",这可让陈寿亭抓住了口实,他真的就用一元一件的价格,买走了零售铺八千件布,让林祥荣损失了几十万。

待人谦和,尊他方能尊己,尤其在摸不着头脑时,看似文静却虎视眈眈的 Hello Kitty,很有可能就是即将发威的猛虎。

第 28 计 上屋抽梯

原文:

"假之以便,唆之使前,断其援应,陷之死地。遇毒,位不当也。"

解读:

故意露出破绽，给敌人提供便利。诱使敌人深入，然后切断其前应和后援，使其陷入绝境。就像巧妙地搭设梯子，诱使敌人登梯上屋，然后抽走梯子断其后路，使情况全然在我方的掌握之中。要上屋抽梯自然先要设梯，这也是本计的精髓所在，也就是先给予一些便利，下一些诱饵，让对方自愿上钩。在电视节目中自然不用真的架梯子上屋子，只是需要达到某种效果而已。这个"梯子"可以是语言上的逗引，也可以是动作上的暗示，甚至是某些道具等等，都是用来设置一个引子，也就是"口袋阵"上留出来的口子。这个梯子也就是悬念的线索，是诱饵也是揭开悬念的线头。使用上屋抽梯，那么就一定得确定对方要上梯子，要是对方不上去可能没让对方陷入绝境，倒让自己腹背受敌进退不得。

上屋抽梯从某种程度上讲，是抛砖引玉和釜底抽薪的结合。抛砖引玉和上屋抽梯比，前者是以抛砖为手段，以引玉为目的，利益为先，而后者更多是以目的为要。前者见好就收，后者则下手狠，口味重。如果从手段看，上屋抽梯前提是引诱对手上钩、上当、上船，而后再下手抽梯。诱敌可以是诱惑或迷惑，诱可有利诱、色诱、权诱、酒诱等，方法可有拉、打、吓、劝、哄、逼等。明朝方孝孺说，"不安于小成，然后足以成大器；不诱于小利，然后可以立远功"。上屋抽梯之所以可以得手，就因为很多情况下当事人是"诱于小利"了。

243

以下，根据方法和目的的不同分为"难法篇""惩罚篇""骗法篇""灭法篇""考法篇"五种类型。

一、上屋抽梯之"难法篇"

这里的"难"是为难、刁难、发难对方的意思，同时也是使动词，也就是使对方"难"。采取的方式自然是先礼后兵、先易后难、先恭后倨。对于当事者而言，是出水才见两腿泥，中间是难以自拔的。

(一)综合类

这类型是和后面的综艺益智类节目相对而言的。显现的是典型的完整的"诱""抽"结果的流程。共同特点是"难"而非"恶"，这和后面的"灭"一类有本质的区别。

【例证第 638 号】：原生态式的上屋抽梯

在小说《三国演义》第 39 回"荆州城公子三求计 博望坡军师初用兵"中，荆州牧刘表大公子刘琦因为担心父亲废长立幼而遭继母蔡氏迫害，向刘备求救,刘备让他求计于诸葛亮。于是,刘琦问计于孔明,可孔明不想蹚浑水。但刘琦还留着一手,他骗孔明说有一本古书,打中孔明要害,这叫投其所好。等二人上楼后,立刻有人撤梯,真是原生态、典型版的上屋抽梯。经此一计,终于逼得诸葛亮说了效仿重耳一事,让刘琦主动外放江夏。其实,以孔明的心机,即便抽梯也不怕下不了楼。他还是有意出主意的,因为后边还是用得到刘琦的。

【例证第 639 号】:唐僧来啦

在《西游记》唐僧取经途中,"唐僧肉"成为一个概念和目标,其中想要和他结秦晋之好的有,这是要他的人;但大多数都是奔着他的肉来的,是来要他的命。可见,唐僧要数十次地面对同样主题和命运。放到现在就好了,如果真能延年,唐僧可能乐得捐献一些干细胞或进行骨髓移植啥的。当然,虽然每一次唐僧被置于相对危险之中,但都绝对安全,有惊无险。可唐僧却蒙在鼓里,自己如何上的屋,又如何下来的全然不知。而从八十一难的角度看,则是设置诸多场景,安排角色植入,只唐僧是个局外人。这样看来,1998 年出品的美国电影《楚门的世界》是否就是从中得到的灵感呢?

【例证第 640 号】:残酷任务

在 2012 年出品的国产电视剧《我是特种兵 2 利剑出鞘》中,何晨光(吴京饰演)、王艳兵(徐佳饰演)、李二牛(赵荀饰演)等人被狼牙特战旅参谋长范天雷选中参加特种兵入选考验。但范天雷给他们布置了相当不靠谱的任务,到车站找到接站人后,拿到一个包,里边有枪,很快警察就开始"围捕"。他们既要突出重围,还要按时到达集结地点。一些人被警察包围,只好缴械,束手就擒。而何晨光、王艳兵、李二牛都是化装之后才到达的:何晨光化装成韩国人;李二牛装成农民工;最惨的是王艳兵,他是和乞丐换了衣服一路"乞讨"到达的。

范天雷用的就是上屋抽梯之法。给候选的战士布置了任务,但同时,又将他们置于危险环境中,当然,警察的围捕也是配合部队进行的演习。但选手并不知道,下不来屋的就束手就擒,退出战队。只有安全抵达终点才能有出线的机会。此法虽残酷却是必须的,因为实战远比演习更残酷。

【例证第 641 号】:"危机"提问

在电视求职真人秀节目中,不管选手出于何种原因的失误表现,都会引来现场老板们的关注,从而产生老板对选手的评价危机。老板们出于对人才选拔的负责,会对选手的失误进行"危机"提问,以此来考察选手的应变与反思能力,进而断定选手的失误是个人闪失还是个人缺陷。

找工作不是仅靠学识那么简单，还要有胆识的支撑，否则在"危机"提问的面前，就不只是上屋抽梯式的考察，而是趁火打劫，甚至釜底抽薪了。

【例证第 642 号】：《沧海》领导帮下属带孩子

2009 年出品的国产电视剧《沧海》第 12 集中，由于国际形势风云变化，中苏关系交恶，苏联撤走了全部专家和设备，已经筹备上马的中国核潜艇和长波台工程建设被迫中止。王山魁(尤勇饰演)邀请马建成(何政军饰演)加入工程建设队伍并担任总设计师，可是马建成觉得总设计师的担子太重，怕承担不起，于是以小女儿无人照顾为由谢绝了邀请。王山魁一听此言，立刻冲到马建成的住所，抱起马建成的小女儿就回到自己家中，把孩子交给自己的妻子许锦云(郑卫莉饰演)照料。这种安排让马建成立刻哑口无言，没了借口和退路。随后王山魁乘胜追击，对马建成晓之以理，动之以情，很快就强攻下马建成这一山头，为自己赚到一员大将。既然已经被总理亲自签发的命令分配至研发基地，马建成也就安下心来，背水一战，拼死完成党和国家交给自己的任务。

找借口时一定要没有破绽，一旦被对方封死退路，就只有乖乖就范了。

(二)综艺益智类

这种类型中，"诱"不是最重要的部分，或已经成为约定俗成的共识及游戏规则，无须特别赘述和说明，看点是当事者被"难"和解"难"的过程。

【例证第 643 号】：《谢天谢地你来啦》

《谢天谢地你来啦》是央视 2011 年"十一"开播的一档邀请嘉宾明星参与的真人秀栏目，由崔永元主持。嘉宾进入不同的主题场景后，会遇到诸多突如其来的状况、人物和情节，都要靠演员凭借智慧和临机反应应对。"一切都是未知"，他们没有剧本，没有台词，对自己将要扮演的角色和对手、情节都毫不知情，演员面对任何问题都只能说"是"。

这相当于把演员撂到旱地，典型的上屋抽梯。其可笑性在于演员的无助、无奈、无措、无语，最大的悬念在于不知后边要发生什么和演员如何应对这种变化。对于这些不知和演员的不可预知就构成最大的看点，观众都愿闻其详。在第 22 计"关门捉贼"中，也将这个案例列入。比较而言，总体架构是属于"关门捉贼"，而具体操作则是上屋抽梯的。

【例证第 644 号】：小冯巩的现身

2010 年，天津卫视《快乐转转转》白凯南和贾玲的专场中，二位遭遇最囧环节。当由小演员扮演的"冯巩"老师惟妙惟肖地出现在他们面前的时候，节目现场立即爆发出一片笑声，贾玲和白凯南也被这小小的"恩师"逗乐，小冯巩的出现不仅仅是表演这么简单，还是对白凯南和贾玲的考题。小冯巩以师傅对徒弟的口吻对他们两个百般刁难，让贾玲和白凯南应接不暇还不敢造次，留下各种窘态而让观众笑声连片。

小冯巩能对两个比自己还大的"徒弟"吆五喝六，爽了；真冯巩在家看着自己有返老还童的替身，美了；白凯南和贾玲被上屋抽梯，哭了。

【例证第 645 号】：临危受命

《正大综艺·墙来了》2012 年 9 月 16 日一期中，本该队长王彤面对的队长墙，被王彤直接让给了释小龙，功夫小子释小龙临危受命。王彤见对手总分反超自己的队伍，心想接下来让身手矫健的释小龙替自己闯关，这样可以至少保证本队不丢分，就在王彤窃喜之时，节目组为释小龙派上了史上最难通过的墙。这面墙中间的镂空图形打远处看除了不规则，实在是想象不出该摆出何种动作才能通过。就在大家都为释小龙担心时，有着扎实武术功底的释小龙以一招金鸡独立式的醉拳招式化险为夷，全场一片惊呼。

原本想讨便宜的王彤差点害了队友，是他把释小龙送进了难关，而节目组顺势换墙，用最难的系数考验释小龙。结果答案只有一个，失败的上屋抽梯只会让释小龙更帅。

二、上屋抽梯之"惩罚篇"

所谓"惩"就是惩罚、惩戒、惩处、惩办、惩治对方。但是，并不是大开杀戒式的"惩"，只是象征性的"薄施惩戒"。就如同京剧《断桥》一折，青蛇白蛇再遇许仙，小青要对许仙上演"全武行"，被白娘子拦住，白娘子以手指戳向许仙脑门儿，当许仙向后倒时，她又不忍，伸手去扶，活脱的欢喜冤家。

【例证第 646 号】：落井割绳

叙利亚民歌《姑娘你好像一朵花》中唱到："姑娘你好像一朵花，美丽眼睛人人赞美它。姑娘你和我说句话，为了你的眼睛我到你家。你把我引到了井底下，割断了绳索就走开啦，你呀，你呀，你呀！"姑娘很有分寸，没有落井下石，只是割断了绳索。只是从歌曲里没有看出姑娘是喜欢小伙而搞得恶作剧或逗你玩儿，还是通过这种方式让小伙儿死了这条心呢？

总之，这叙利亚姑娘用了中国的上屋抽梯的"翻版"，上屋抽梯是向上、向海拔以上发展，而姑娘则是向地下发展，是一种"镜像"效果，不论上天入地,好使就行,活学活用嘛。其实,这里也有点儿多此一举,直接把绳子扔下去不就得了。

【例证第 647 号】:"王小贱"的贱招

2011 年出品的国产电影《失恋 33 天》中,大龄女黄小仙(白百何饰演)被男友陆然(郭京飞饰演)抛弃。同事"王小贱"(大名王一扬,文章饰演)给她很多安慰和帮助。在他们一起参加朋友婚礼时,王小贱让陆然和黄小仙再拥抱一次,尽弃前嫌,好离好散。可当陆然刚一抱到黄小仙,王小贱就发难了:"放开她,嘛呢,嘛呢,我有没有告诉过你,不要再纠缠黄小仙!什么什么意思,上班路上拦,下班家门口堵,不接你电话,你就改写信,你丫够古典啊,平时也就算了,还闹到这来,就算你不懂法,她边上还站一喘气的你瞎啊!(陆然指王小贱)指,指什么指啊,大学老师没教过你要尊重人啊,小学老师没教过你要讲文明懂礼貌啊,小仙儿为什么和你分手,那点儿破事儿你心里没数啊,我们都懒得提了,你不害臊,小仙还替你丢人现眼呢。(陆然要打王小贱)威胁我呢?抢婚那?记错日子了吧,今天不是我跟小仙办事儿,我们两个办事儿的时候一定叫你。今天是别人大喜的日子,打电话问问你爸妈这么做合适吗?"

"王小贱"这算是典型的上屋抽梯,打了陆然措手不及又有苦难言。他以自己的真诚和包容赢得了黄小仙的爱。

【例证第 648 号】:《化蜡扦》的惩戒

刘宝瑞先生的单口相声《化蜡扦》中,"狠老太太"的三个儿子均不孝顺,使老太太身心疲惫。于是,老太太的女儿出主意,将锡器化成元宝状让老太太缠在腰间让儿子们误以为老太太腰里有"硬通货"。于是,仨儿子展开了孝顺争先赛,直到老太太去世才知道是假的。而这真相大白之时也正是对仨儿子兑现惩戒之机。

【例证第 649 号】:《西游记》惩戒八戒好色

古典小说《西游记》的第 23 回"三藏不忘本 四圣试禅心"和 1986 年出品的国产电视剧《西游记》第 8 集《坎途逢三难》中,都讲述了为试验师徒西天取经的决心和诚心,梨山老母变作老妇人,观音、文殊、普贤菩萨变作少女,梨山老母出主意让师徒四人和她们 4 个婚配,后又变成"撞天婚"。唐僧装聋作哑不作声;悟空看穿了戏法不上当;悟净一心向佛不动心;唯有八戒上了套。不过,他不仅没撞上天婚,还被捆成了粽子挂在树上,算是惩戒。那树上还留个柬帖:"圣僧有德还无俗,八戒无禅更有凡。从此静心须改过,若生怠慢路途难!"以菩萨的洞察力不用试就看得出八戒禅心不足,这既是对八戒薄施惩戒,也是做给唐僧师傅看,以儆效尤,下不为例。

三、上屋抽梯之"骗法篇"

所谓"骗"就是欺骗,以利益、色相、便宜等相诱惑,使当事人上当。这里,使当事人"入套"是关键,不上当就无从行骗。这里,因投入的"成本"不同来分类。

(一)以"利"诱之

利用人们贪财的心理进行诱惑,如当下捡拾钱包发现金戒指约你平分,让你掏几百,金戒指归你,钱归他,其实,金戒指是铜的。比如打电话告诉你中大奖了,再让你先把税金打过来。等等。

【例证第 650 号】:温柔的圈套

央视综合频道《今日说法》2012 年第 249 期中,一名化名李贤之的退休教师,想在晚年寻求婚姻幸福,却因此损失了 9 万余元,这是怎么回事呢?原来李贤之在报纸上看到征婚广告,其中一名身为总裁的女子让他很满意,老李通过中介在电话中与对方聊得非常投机。有了感情投入的老李非常渴望见到真实的对方,只要是中介以见面为由的收费要求,老李都乖乖地交纳了。此时的老李已经投入近 7 万元,但是在老李看来这些都值得,因为他在与对方的通话中精神上得到了极大的安慰,在中介的要求下,老李只要再交最后一笔 2 万余元的爱情保障金,他们这对天各一方的鸳鸯就可团聚了。可老李怎么也没想到,这笔钱竟成了他支付与对方谈感情的最后一笔电话费了。失落的老李报了警,警察在调查中发现,对方是一伙诈骗犯,专拿感情为借口骗钱。最后,警方通过调取视频录像侦察,成功实施了抓捕。

一群无耻之徒,以情骗财,不仅伤了被骗人的财,更伤了被骗人的心。必须以法律的名义,给这种无耻之徒一些颜色看看。

(二)以"益"诱之

这里的"益"指的是"益处"、好处与善意,错会了这东西,就会吃亏不浅。

【例证第 651 号】:大忽悠用的就是上屋抽梯法

在央视 2001 年、2002 年和 2005 年春晚舞台上,赵本山分别推出了小品《卖拐》《卖车》《功夫》等大忽悠系列三部曲。通过卖拐,他把范厨师

(范伟饰演)忽悠瘸了;卖车把范厨师忽悠茶了。到了《功夫》就不好使了,因为范厨师把他研究透了。下面看看这三番的用法。

在《卖拐》中,大忽悠反复强调和强化范厨师的腿有毛病,在他的循循善诱和有效引领下,范厨师的腿"顺其自然"地瘸了。而后大忽悠明示他要挂拐,用一副拐骗来32块钱和一辆自行车。

在《卖车》中,大忽悠长能耐了,用脑筋急转弯来绕范厨师,这次是暗示(诱惑)范厨师脚离开地面就可以了。于是,范厨师自己就投入了轮椅的怀抱,还被骗走300块钱和一块手表。

到了《功夫》中,他先抛出(诱惑)那几百块钱和手表,要还给范厨师,并要砸了"耽误"他俩感情的轮椅,惹得范厨师要"收藏"。但此番范厨师长了心眼儿,不仅不上当,还会把大忽悠使的苦肉计、欲擒故纵计、反间计等一一识而破之。

(三)以"廉"诱之

所谓"廉"就是便宜,让你觉得物有所值,或者物超所值,所以,赶紧出手,于是上当。

【例证第652号】:便宜就是当

在1987年央视春晚上的相声小品《拔牙》中,"赵连甲"来找常驻街口的江湖"摊"医"王刚"拔牙。要价一块六,还价八毛就给拔了。之后,就上演了拔牙变拔河,又演变成用绳子把目标牙拴在桌角,让赵去点"麝香",其实是炮药,一点一蹦,牙就带掉了。瞧瞧,多大工程。

(四)以"色"诱之

这种类型就是女性以色相作为诱饵,骗得目标人咬钩,再开始骗钱骗物骗情报。不论是旧社会的"蜂麻燕雀"的"燕",还是色情间谍的手段,都如出一辙。近年来,又有如雷政富等人因不雅视频曝光引出新型"色诱"手段。鉴于这些事情和方式都见不得阳光,遂不再赘述。

四、上屋抽梯之"灭法篇"

所谓"灭"就是以消灭对手为目的的上屋抽梯之法。但常规手段和招数难以奏效,对方不会按照你的设计出牌而自取灭亡。于是,需要设置圈套和计谋,使对方因为难以舍弃这到嘴的肥肉而走进圈套。

【例证第653号】：孙膑首秀的计谋

2003年出品的国产电视剧《孙子兵法与三十六计》第1集的名字就叫《上屋抽梯》。战国时期，奇人鬼谷子教出两个著名的徒弟，孙膑(仇永力饰演)和庞涓(杨洪武饰演)，庞涓先出山当了魏国元帅。鬼谷子将失传的《孙子兵法》独传孙膑。庞涓与魏王率军久攻楚国不下，派谋士公孙阅向鬼谷子求计，鬼谷子转包给孙膑。孙膑献"上屋抽梯"之计：引诱城内楚军出击，然后截断后路，消灭了楚军。楚国被迫割城认败。

【例证第654号】：悟空后发制人

在小说《西游记》第45回"三清观大圣留名　车迟国猴王显法"中，车迟国国王尊道抑佛，将虎、鹿、羊三位大仙尊为国师。悟空与三仙打赌PK。在前三轮比赛里，都是无关性命"友谊赛"：

第一回合，云台显圣比坐禅，唐僧胜鹿力；

第二回合，隔板猜物，悟空用偷梁换柱法，唐僧胜羊力；

第三回合，比求雨，悟空调动人脉使唐僧胜虎力。

后三轮比赛就是性命攸关的"死签儿赛"：

第四回合，悟空与虎力比砍头，虎力被砍头时悟空变一狼狗把头衔走，虎力死；

第五回合，比开膛剖肚，鹿力剖腹，悟空变一鹰叼走其内脏，鹿力亡；

第六回合，滚油锅，悟空破了羊力的"冷龙"，羊力死。

在后三番里，悟空都是在对方将本事完全释放后，堵死后门，使之成为不可逆的游戏，有去无回。

【例证第655号】：李向阳诱松井上钩

在1955年出品的国产电影《平原游击队》中，游击队长李向阳(郭振清饰演)为歼灭日军中队长松井(方化饰演)部队，需要引蛇出洞。于是，他派"双面间谍"吴友贵(他是日军委派的"保长"，实际上是中共党员，向游击队通报情报)到鬼子据点说小李庄藏有粮食，正在往山里运。于是，松井集结部队开往小李庄。到了村里，不见粮食，也不见了吴友贵。吴友贵正跑向地道，被松井打中手臂。结果，进入小李庄的鬼子有来无回，最后，松井也被李向阳击毙。

【例证第656号】：叙旧下套绝退路

2010年出品的国产电视剧《决战南京》第4集中，蒋介石(沈保平饰演)准备还都南京，国民党上下决心"肃清"南京环境，于是南京特别市长粟裕(刘旭饰演)就成了国民党的眼中钉。在一次酒席上，戴笠(毕海峰饰演)借酒尽诉他与梁一桐(郭广平饰演)的同窗之情，梁一桐(我党以叛逃为假象的苦肉计安插进敌人内部的地下党)不敢怠慢,小心应对,此刻马虎不得。阴险狡诈的戴笠偏偏抓住这一点,故意在酒桌上透露要攻打粟裕,无奈手下没有能对付共产党游击作战的高手,借机观察从共产党"叛逃"出来的梁一桐作何反应。梁一桐为表效忠党国的决心,咬牙接下了任务。戴笠在旁诡异地一笑。

戴笠的心思缜密,只是用错了地方,变成了害人害国的阴谋。

五、上屋抽梯之"考法篇"

这里所指的"考"是"自考",也就是自己给自己出难题,要超越自我、突破自我,而其实也是彰显自我能力和价值,没有自信不敢自考;没有自能无法自考。所以,这是对当事人心理素质和综合实力的考验。

【例证第 657 号】:有主题变奏

有这样一种演奏模式和方法,就是只给演奏者几个音符或说出一个主题,让他来演奏或演绎一段乐曲。像古琴演奏家李祥庭和盲人歌手杨光等,都有这样的演绎。也可以把它叫作即兴演奏。这不禁让人想起 1998 年出品的意大利电影《海上钢琴师》中的"1900"(蒂姆·罗斯饰演),他是即兴演奏的高手,每次在轮船上的协奏不出一会儿就会因 1900 的即兴演奏而变成他的独奏。在唱片公司为他录制唱片时的那个桥段又堪称即兴演奏的经典,他开始无精打采地弹着一些音符,而当一个朴素而迷人的女孩帕多安走到舷窗前时,他的演奏开始充满深情和韵味。

可见,对于一部分人而言,即兴演奏是上屋抽梯,而对于像 1900 这样的演奏家而言,即便是"抽梯"也不在话下:

帕格尼尼的小提琴只剩下 G 弦也可以演奏;

京胡演奏家杨宝忠在京胡两根弦断了一根弦时还能坚持完成那个段落的伴奏;

1990 年央视春晚上陈佩斯、朱时茂表演小品《主角与配角》时,道具枪的带子断了,朱时茂就一边说台词,一边把带子打结接好,由于短了一截儿,因此,戴在陈佩斯身上时枪就横在胸前,更显滑稽可笑,比设计得还好。

总之,不论梯子是人为撤走,还是意外"损坏",都是对演员的极大考验。

【例证第 658 号】:李祥霆的即兴演奏

著名古琴演奏家李祥霆擅长即兴演奏,也就是说,在演奏了一些规定的名曲后,他会邀请现场观众当场出题,可以是具象的,比如他演奏庄周

梦蝶、狐狸追天鹅、旧金山飞机场,吟唱周杰伦的歌词等。还有一次一个
10岁的孩子命题"喜羊羊和灰太狼",可李祥霆没看过这部动画片。问清
楚以后,他用琴声表现出"狡猾凶猛的狼"与"智慧善良的羊"这样两个形
象,获得了观众热烈掌声。李祥霆认为,"这种弹奏,是将观众的乐思转化
生成为直接的音乐,是与观众的一种合作,是思想的流动和灵感的链接,
这也是古琴艺术的一个重要方面,展现了古琴艺术的本源"。虽说李先生
是复原了这种古代已有的演奏方式,但也不是谁都能复制的。

【例证第 659 号】:自己给自己撤梯子

2011 年出品的国产电视剧《借枪》中,中共天津地下党潜伏人员熊阔
海(张嘉译饰演)要刺杀天津日军宪兵司令加藤(涩谷天马饰演),并在报
纸上向加藤下战书。他制定了连环计。于挺和老满预先前往恩光医院将手
枪暗藏在担架车底下,熊阔海用苦肉计自伤住进恩光医院。再用反间计
让裴艳玲向加藤告密说出熊阔海藏身之地, 日本宪兵逮捕熊阔海时熊被
扮作医生的于挺和老满放在藏有手枪的担架车上, 熊阔海随即将枪抓在
手里。当熊阔海和加藤在火车站见面时,熊连开数枪,加藤当场毙命。熊阔
海也壮烈殉国。

这一切都衔接紧密,天衣无缝,但这里边其他人都在中间环节搭梯下
屋,全身而退,而熊阔海唯独没给自己留后路,抱着必死之心,破釜沉舟,
慷慨赴死。

252

第 29 计 树上开花

原文:

"借局布势,力小势大。鸿渐于陆,其羽可用为仪也。"

解读:

借助别人形成的局面布成有利于己的局势, 自身气力不足但阵势磅
礴。就像鸿雁在翱翔天际,它丰满华丽的羽翼让它更加有气势。树上开花
原意是指,本来开不出花的树,可以用彩色的绸子剪成花朵粘在树上,假
花靠树枝立足,而树枝也因绢花的点缀更美丽。这一计的实质就是借势造
势,在电视悬念设置中也无例外。这里的"树",是被借来布局的东西,可能
是实体的,如人或物;也可以是无形的,如舆论、声势等。搭配方式也可以
是多种多样的,可以是强强联合,也可以是虚张声势、狐假虎威。不过不管
如何,树上开花一定要顺势而为,不可逆势而行。正如俗话说的,水往低处
流,人往高处走。想要飞上枝头也要拣个高枝儿。

"树上开花"一计在原案中有三个要点：一是"布势"，二是"剪粘"，三是"威敌"。而用到电视节目中，则"威敌"很难体现，可能更多的是借机"布势"、虚张声势、拉开架势，甚或相互借势。

其实所谓"树"，就如同寄居壳的蟹，需要母本和宿主。要想在树上开花，首先要找到这棵树，而且被允许借窝下蛋；其次，你必须是个花蕾，有些天赋；其三，机会机遇。爱因斯坦曾说，成功是1%的天赋加99%的努力，但这1%是决定性的。俗话说，机会只留给有准备的人。歌曲《真心英雄》里唱到，"不经历风雨，怎能见彩虹，没有人能随随便便成功"，都是一个道理。

据此，将这一计分为"人和篇""地利篇""天时篇"与"三合一篇"四类。

一、树上开花之"人和篇"

《孟子·公孙丑下》中说："天时不如地利，地利不如人和。"《孙膑兵法·月战》中说："天时、地利、人和，三者不得，虽胜有殃。"可见，人和在成功诸多要素中的地位和作用。这里人和的作用是保举、助推和依靠。从以下例证就可略知一二。

【例证第 660 号】：从师承关系看发展

师徒关系在中国是很重要的人际关系，俗话说，名师出高徒，师徒如父子，一日为师终身为父。而师父在徒弟人生轨迹里的作用也是至关重要的。仅从下面这几个人的关系谱就可窥见一二。清末重臣李鸿章（官至直隶总督兼北洋通商大臣，授文华殿大学士），拜师曾国藩（晚清"中兴四大名臣"之一，官至两江总督、直隶总督、武英殿大学士，封一等毅勇侯），曾国藩的师父是穆彰阿（历任内务府大臣、步军统领、兵部尚书、吏部尚书、大学士、军机大臣等职，权倾内外）。老师对弟子的提携之功不可忽视啊。

【例证第 661 号】：头牌老生的起点

当今京剧头牌老生于魁智1982年从中国戏曲学院毕业后在中国京剧院工作。1985年，他随团长袁世海到鞍山演出，剧目是《华容道》，可是演关羽的演员因故不能演出了，袁世海点名让于魁智演关羽。于魁智用很短的时间进行了排演，结果大获成功。其后，又夺得多个京剧大奖赛的金奖，逐步成为头牌老生。当时，若非袁世海举荐，可能不会有当下大红大紫的于魁智了。

【例证第 662 号】：祺贵人入宫

2011年出品的电视剧《甄嬛传》第41集中，刚入宫的祺贵人（唐艺昕饰演)放着好端端的储秀宫不住,特意请示了皇上和皇后要搬到偏远的碎玉轩与甄嬛(孙俪饰演)同住。祺贵人的小嘴能言善道,几句话就讨得甄嬛喜欢,拉近了与甄嬛的关系。别看这祺贵人年纪小,心计却够大。身边的奴婢不解自己的主子为何选择偏居,原来是祺贵人的一计,找个清静的地方避开枪打出头鸟,更重要的是跟在皇上宠妃甄嬛的身边不会吃亏,更不会被皇上冷落、忘记。

舒婷的《致橡树》中有这样一句话,"绝不像攀援的凌霄花,借你的高枝炫耀自己"。如果换做祺贵人来写,就变成了《致莞嫔》,"就像攀援的凌霄花,借你的高枝树上开花"。

【例证第 663 号】:背靠大树好乘凉

天津卫视《今夜有戏》于 2010 年 1 月开播,是一款为郭德纲量身定制的脱口秀节目,郭德纲在节目中火力全开,一展自己"郭氏"语言特色和幽默魅力。毕竟郭德纲是德云社的"班主",节目中自然少不了德云社的身影,岳云鹏就是其中一位。身为郭德纲的弟子,岳云鹏在《今夜有戏》中也成了重要的支点,在节目中不仅为师傅郭德纲跑前跑后,还身兼相声、情景剧演员和少量的提问采访,是一个有着戏份的私人助理。看点不止这些,岳云鹏的发型、体型,打远处模糊看去,活脱一个小郭德纲,由此,节目中经常上演德云社二胖对阵嘉宾的桥段。

过去戏曲界有"榜角儿"一说,就是为主演配戏,给主演搭戏,搭得好自然也是大绿叶了。

【例证第 664 号】:专属情歌

江苏卫视《非诚勿扰》栏目 2012 年 6 月 10 日第 239 期中,作为《非诚勿扰》舞台上"白富美"的邢星,终于找到了自己的"白马王子"。相貌平平却拥有黄金履历的蒲顺菲专为邢星而来,在感人告白过后,蒲顺菲唱起了他为邢星写下的专属情歌,尽管他天生五音不全,却决定在现场勇敢高歌。就在邢星已经幸福地泪奔时,电梯门突然打开,情歌王子曹轩宾现身!随后,曹轩宾帮助男嘉宾完美演绎了他写给邢星的专属情歌,惹得邢星梨花带雨。在曹轩宾的动人歌声中,两人浪漫牵手。

真情告白,专属情歌,明星助唱,在这样的爱情攻势下,再平凡的男人也会在此刻绽放。

【例证第 665 号】:金枝玉叶借他人搏出位

2011 年出品的电视剧《金枝玉叶》第 7 集中,一心想做大明星的玉琪(张萌饰演)最终还是没摆脱潜规则带来的不公,她参加的选秀比赛无缘三甲,而自己的竞争对手却爆冷夺冠,这让玉琪更加深刻体会到了比赛的黑暗。就在冠军选手开心地接受媒体采访时,玉琪突然出现道贺,向记者暗示自己和地产大亨金庆元关系密切,大抢风头。第二天,玉琪上了报纸头条,成为大街小巷的热门话题。

好在只是借他人之势博出名,若是搏出位,那就过分了。

二、树上开花之"地利篇"

所谓"地利",指的是多借助或寄居的空间、平台、基础或母本。央视有一则公益广告中说,心有多大,舞台就有多大。身未动,心已远。可怕的是理想丰满而现实骨感,如果平台不够大、不够好,那只能是希望多大,失望就有多大。

(一)真实布势

【例证第 666 号】:韩信的两个舞台

韩信在项羽帐下做执戟郎,不过是排级警卫员,连沙盘推演的资格都没有。而到了刘邦那里,在萧何保举下(还是离不开"人和",当然,后来韩信还是毁在萧何手里,谓之有"人"而无"和")登台拜帅,就按现在的军衔算,从少尉到元帅,连升十级。不但运筹帷幄,还可攻城略地,决胜千里,有运动战的暗度陈仓;有心理战的四面楚歌;有谋略战的釜底抽薪(派大将吕天成化装成渔人,将项羽枪马骗走)。从指挥几个岗哨加警卫的执戟郎,到指挥千军万马的元帅,平台翻了多少倍呀。虽然和后来的诸葛亮一样,都是到新老板这面试成功,但没有实际工作经验,可老板都给了很大的舞台和空间。把那句广告语改一下,心有很大,舞台也给了很大。骄傲啊。

【例证第 667 号】:全城吃面

央视 2013 年 2 月 1 日《新闻联播》头条报道了"一碗面感动一座城市"的故事。郑州一家小面馆老板李刚身患骨癌,他在网络上发消息,说不要别人的捐助,大家可以到他的小面馆吃碗面,他要靠自食其力解决自己的困难。一时间,来自郑州以及其他地方的人们纷纷来到这家面馆吃面,有人根本不吃面,放下钱就走,有的当起了志愿者。正是由于网络媒体和传统媒体的联动,使得原本个人化的事情转化为集体行为,真情传递大爱。借助媒体平台,小事演成大爱;借助媒体传播,小爱汇成大爱。

【例证第 668 号】:《幸福来敲门》,梦开始的地方

天津卫视的《幸福来敲门》栏目,是一档以达成"委托人"的幸福愿望为内容的节目,在一个更广泛的范围内来定义幸福。各个年龄段、不同职

业、不同角色的人都是节目的服务对象,最主要的是完成他们的幸福"委托"、心愿梦想,就像 1997 年出品的冯小刚的电影《甲方乙方》所描述的"好梦一日游"。

这其中的关键在于如果以委托人一己之力无法、也无力完成这一心愿或期盼,因此,借助平台的力量就成为一种选择。而这些心愿并非完全物质化的或为委托人本人的。比如一位没有双臂的山村教师想为山里的孩子过一次生日,却不是为自己安装假肢。但节目组在完成了老师心愿后,无偿为老师配制了假肢,从此,老师不用再将粉笔装进特制的套子里给孩子们写板书了。可见,节目以委托人的心愿为依托,传递的是社会正能量。

【例证第 669 号】:《老板是怎样炼成的》的借力

《老板是怎样炼成的》是天津卫视 2012 年 8 月开播的一档职场创业类电视节目,该节目别出心裁,虽节目班底与同台金牌节目《非你莫属》大致相同,但《老板是怎样炼成的》最大核心竞争力还是在于选拔全国的求职者直接成为老板。这样既避开了与《非你莫属》的自我重复,又借《非你莫属》的优势资源在全国职场节目中独树一帜。

资源是共享的,收益却是各自的,这不失为一种很好的电视创作模式。

【例证第 670 号】:电视对电影的接力翻拍

随着市场规模的逐步扩张,影视剧互相翻拍一直呈现上升趋势。从《手机》到《手机》,从《将爱》到《将爱》,电影火了就抻长故事拍电视剧,电视剧受欢迎就浓缩剧情拍电影,整个影视界流行起这种省钱、省力、省时的影视"接力"模式。只是苦了观众,不知选择哪版才能看他个原汁原味。

虽都是借前作而发家的树上开花之举,但究其结果还是有差异的。高质量的翻拍自然是趁热打铁,而低水准的翻拍无异于趁火打劫了。

【例证第 671 号】:加多宝的冠名广告

只要是收看《中国好声音》的观众,在回味每期经典歌曲时,总有华少那条"中国好舌头"在捣乱,尤其是这句广告语"正宗好凉茶正宗好声音欢迎收看由凉茶领导品牌加多宝为您冠名的加多宝凉茶中国好声音",成了多数人的梦魇。当然,就再也挥之不去了。

再好的东西,也经不起这么念叨。不过有意思的是,听多了、听顺了,广告的威力就显现了,敢情好声音是喝加多宝喝出来的。不信,您多读几遍。

【例证第 672 号】:电视节目变小品

在1999年和2006年的春晚舞台上，崔永元的电视节目《实话实说》《小崔说事》分别被改造成了小品《昨天今天明天》和《说事儿》。小品借着这两档电视节目的名气引出了小品故事，白云(宋丹丹饰演)、黑土(赵本山饰演)更是借着做电视的由头风光了起来，白云有名言，"秋波是啥？秋波就是秋天的菠菜"。就这样的学问还没事儿就张罗着写书，"还有十万多字就截稿了"，这部大作不得上百万字的巨著啊。

(二)虚张声势

这就类似"狐假虎威"式的假借势。但往往并不妨碍其屡屡得手。

【例证第673号】：抗日神剧

近年来，抗日题材的电视剧越来越多，但质量良莠不齐，有的甚至出现穿越、雷人的虚构场景，抗日英雄都可以化身成为刀枪不入的宇宙超人，因此被网友称为"抗日神剧"。"抗日"逐渐简化为一种故事背景，其抗日精神的内核被悄悄替换成武侠剧、偶像剧，不再是为了宣传教育，而是变为纯粹的娱乐品，用一切不可能挑战着人们对不可能的底线的认知。

日本的极右翼势力不可篡改侵华历史，我们的文化影像作品也不可扭曲抗日历史，历史真相需要尊重，需要真实还原。

257

【例证第674号】：大师的忽悠术

辽宁卫视《老梁观世界》2012年1月6日一期中，主持人梁宏达揭露了培训大师们的真实面目。这些大师借着资深的名头、耀眼的噱头兜售着属于自己的"歪理邪说"。为了这些"歪理邪说"能够自圆其说，大师们会打着国学的幌子、大学的旗子，通过歪解国学和心理暗示作用忽悠学员们，使学员们处于对自己疯狂膜拜的麻痹意识，其目的就是掏净学员身上的血汗钱。

这些大师的丑行套用一句歇后语，癞蛤蟆上高速——愣充迷彩小吉普。像这种违规"小吉普"就该依法取缔，并加以严厉的处罚。

【例证第675号】："气功大师"王林

央视新闻频道《面对面》栏目2013年7月28日一期中，通过记者张寒的采访，人们逐渐认清了"气功大师"王林的庐山真面。王林，男，江西萍乡人，自称"气功大师"。他用变蛇和隔空取物的"绝活儿"以及为元首治病的传说，其实这些都不过是封建迷信和以讹传讹，再加上对人心理的精于琢磨，保持着他的神秘和吸引力。通过不断被引荐，他成为众多明星和某些官员拜访的对象。这种拜访为他搭建了一个属于自己的圈子。在圈子里,他运用各种手段,整合资源,找到了自己生存和获利的空间。而这一切,无非都是靠虚张声势骗来的。

王林的成功是可怕的,只有人们丧失科学信仰时,才会相信面前的树上开花是真的繁荣。

【例证第 676 号】:清水退劫匪

央视 2013 年 2 月 15 日的《法治在线》春节特别节目——"防骗 36 计"中,一名女老板只用一杯清水就吓跑了一名持刀的劫匪。一晚,这位 36 岁的金店王女士正准备带孩子打烊回家,店里突然闯进来一名持刀歹徒进行打劫,急中生智的女老板在稳定劫匪的过程中,看到了桌子上还有一杯用来清洗金属的盐酸,转身泼出一杯盐酸震慑住了劫匪,之后女老板拿起一杯清水再次转向劫匪,声称这是硫酸,已经被盐酸伤害的劫匪落荒而逃,金店女老板和孩子有惊无险地躲过一劫。

没想到,一杯清水就能吓退穷凶极恶的劫匪,看来智慧才是最强大的防身武器。

【例证第 677 号】:言过其实的菜名

之前听过一个短笑话,说是有一位兄台为图方便,一头扎进自己家旁边的一个小饭馆,打算随便吃点果腹就行。这一看菜谱吓一跳,别看这店面不大,菜品的名字和价位却都声势雷人啊。犹豫再三,点了一汤——猛龙过江,点了一菜——母子相会。等菜上来以后,才是这兄台真正傻眼的时候,猛龙过江就是清汤漂葱,那母子相会就是黄豆炒黄豆芽。不知道这兄台还吃得下去吗。而这些事例也都反映在相声作品中。在常贵田、王佩元合说的相声《改名》中,一些普通的菜都"上档次"了:俩松花——小二黑结婚;猪耳朵炖口条——悄悄话。而 1996 年春晚上的小品《打工奇遇》中,"巩汉林"开的酒楼把二锅头兑白开水叫"宫廷玉液酒",把青萝卜、胡萝卜叫"群英荟萃"。这比起老菜名"霸王别姬"(王八和鸡)、"凤还巢"(鸽子、鸽蛋和蔬菜)要逊色多了,少了文化和内涵。

【例证第 678 号】:嘚瑟的理由

央视春晚上,由赵本山和宋丹丹塑造了两个很出彩儿的人物形象:黑土和白云。1999 年的小品《昨天今天明天》、2006 年的小品《说事儿》、2007 年的小品《策划》、2008 年的小品《火炬手》一共有 4 对"白云""黑土"形象。从 1999 年白云 71 岁,黑土 75 岁计算,到了 2008 年,白云 80 岁,黑土 84 岁,都是耄耋老人了。如果说在《昨天今天明天》中的白云大妈还有些质朴的话,那到《说事儿》时,就有些嘚瑟了。用黑土大爷的话说,"你大妈已经不是你以前的大妈了"。而之所以大妈有变化,就是因为上了一次

《实话实说》，就有些膨胀了，借着这个平台"树上开花"，把个"人名"孵化成"名人"，自我炒作，穷人乍富，不但不可爱，都有些可气了。

三、树上开花之"天时篇"

这里的"天时"不仅是指有利于攻战的自然气候条件，更是指时间上的时机概念，也有机遇、机制的意思。也就是促成事情、事件发生的条件、环境等。

【例证第 679 号】：生若逢时

作文怕文不对题，做人怕生不逢时。常有人会有此感叹。《三国演义》里周瑜临终大呼"既生瑜何生亮"。十几年前，外国运动员与伏明霞和高敏同时代去比赛女子跳水，都会有觉得生错了年代。有的人，生来就是会领袖群伦、出类拔萃，如果遭遇孤独求败的他们，也许很多人都必须习惯做千年老二，或干脆退出江湖。

【例证第 680 号】：事不过三

青年歌手刘和刚参加过 4 届"青歌赛"，其中，第二次和第三次都是歌唱部分得分第一，结果因素质考题失利而无缘问鼎冠军。直至 2006 年的第十二届，才因为素质考试满分而如愿以偿得到冠军。也正应验了"事不过三"的道理。

自然，参加这些比赛并不是逐届累加积分，或像体育赛事选手的世界排名那样要以各种赛事成绩的累加决定排名。但是，"钉子户"比生面孔还是多些胜算，实力自是决胜要件，可经年施肥，今年开花也是可以的。何况这种现象并不鲜见。

【例证第 681 号】：平民选秀，实现自我价值

近年来，选秀节目风起云涌，蔚然成风。而平民参与的选秀节目更是受到观众的特别关注，因为这些"草根"们不论是有幸登陆央视春晚，还是通过明星模仿秀参与栏目录制，还是经过层层关卡取得选秀优胜，都是很接地气的类型。而如果没有相应的平台支持，没有更新的观念支撑，就算有参选者自身具有的能力和水平做支点，也撬不动铁板一块的舞台。

可见，电视的舞台打开一扇门，门槛降低了，草根们也进来了，也给屏幕增添了新的亮色，平民在电视中开花，或电视节目在平民中开花，都是可以的，且枝繁叶茂花正红。原因很简单，因为电视本就是以普通百姓为消费对象和传播对象的大众媒体，如果表现的对象或客体失去了普通人群，那就不是"唱衰"而是真衰了。

【例证第 682 号】:中国梦,汽车梦!

2012 年 11 月 29 日,新一届中央领导集体在国家博物馆参观《复兴之路》展览过程中提出了"中国梦"这一概念,代表了新一届政府对于建设富强民主文明和谐的社会主义现代化国家的目标和信心。"中国梦"成了人们讨论关注的热点。东风日产汽车的电视广告,便借"中国梦"的壳子,提出了"汽车梦"。"汽车梦"随着"中国梦"的强大影响力更加贴近观众,以增强广告的效力。

四、树上开花之"三合一篇"

这"三合一"也叫"三合油",就是说,很多情况下,都很难说是单一因素起的作用,就如前述案例,也只可说是其中的某一因素起的作用更大或更明显一些。其实,正如前述,能在树上开花,需要诸多条件,且缺一不可。从这个角度讲:

天时部分最怕"生不逢时";

地利部分最怕"走投无路";

人和部分最怕"所托非人"。

260　　所以,能开花,就是"十项全能"而非单项第一。在这类里,又可根据"树"对"花"开的"贡献"分为"雪里送炭"和"锦上添花"两类。

(一)三合一之"雪中送炭"

雪中送炭是急人所需,而非雪后送伞。如果说雪里送炭是零起步 1.0 版的话,锦上添花则是升级换代的 3.0 版了。

在树上开花之后,也就"成名"了,所以,这里以"成名"为题,说说开花后的"三名"。

【例证第 683 号】:一战成名

这里指的是古今战例中那些通过一次战役或战事而一飞冲天的军队和将领。

楚霸王项羽以视死如归的破釜沉舟在巨鹿一战中打败秦军,令诸侯望风归顺,成为真正的"霸王"。

《三国演义》这样的战例更多:

关羽温酒斩华雄,出色完成了一件时间紧、任务重、压力大的任务(前边华雄已经秒杀五将),关羽因此名扬天下;

张飞当阳桥前一声吼,喝断当阳水倒流,吓死曹操手下夏侯杰。这有

些夸张,但用疑兵之计吓退曹兵也是真的。也让曹操对张飞更加忌惮;

赵云大战长坂坡,怀揣阿斗,斩将55人,杀兵数百,夺青釭剑,七出七入,乃单兵作战战绩最优者;

张辽在逍遥津一战成名,更可致小儿止啼,在曹营时日不短,此番绽放可圈可点;

在现代战争中,经典战例也是不胜枚举的:

孙立人及刘放吾在1942年4月17日至20日缅甸仁安羌一战中,以一团兵力力敌日军四千余人,以自伤五百代价歼敌一千二,解救英美联军八千,使得二人一战成名,史称"仁安羌大捷";

1948年10月,梁兴初率领东北野战军第10纵两万人队阻击廖耀湘率领的十万西进兵团,歼敌于黑山一线,俘敌廖耀湘及以下25名高级将领,刚刚组建一年的10纵一战成名,史称"黑山阻击战",梁兴初后来任军长的38军更是在朝鲜战场上打出了"万岁军"的名头。

秦基伟带领15军在1952年10月至11月朝鲜战争上甘岭战役中,击溃"联合国军"的"金化攻势",以自己伤亡一万余人,杀伤敌军两万五千人创造了我军历史上所没有的坚守防御成功的范例。15军一战成名。

1943年9月12日,德军特种部队头目奥托·斯科尔兹内上尉受命营救出被解职囚禁在大萨索山山顶的意大利前总理墨索里尼而成名。后来被晋升为上校,被称为"欧洲最危险的男人"。

261

【例证第684号】:一举成名

"一举成名"原指通过科举考试而闻达天下。元朝高明《琵琶记》中写道:"十年寒窗无人问,一举成名天下知。"而这里所说的"一举成名"是指通过当下的各类比赛和选秀节目涌现出来的优胜者和获奖者。而他们也并非全草根的"苏珊大妈",或更确切地说,是未经琢磨雕刻的璞玉。如今山高月小,水落石出。

选秀节目如近年来央视的《中国好歌曲》《舞出我人生》;浙江卫视的《中国好声音》;湖南卫视的《超级女声》等等,都催生出很多明星,如吴莫愁、廖智、李宇春、张靓颖等等。

而在其他类别的比赛里也是群星闪耀,最适合这个词的就是举重项目了,很多举重运动员"一举成名",如占旭刚、曾国强等。而奥运会上走出的刘翔、锦标赛上走出的台球"神童"丁俊晖等等,不一而论。

【例证第685号】:一夜成名

和上边说的通过"赛"来成名不同,"一夜成名"没有比赛和考试,而是通过演艺节目和影视作品来实现,且往往是通过一部或一个作品就可以一夜之间家喻户晓,红透天下。原本这些人如"女居深闺,酒藏深巷"而不得识,而今"莫愁前路无知己,天下谁人不识君"(《别董大》唐朝高适)。

美国电影明星奥黛丽·赫本以 1953 年出品的电影《罗马假日》中的安妮公主角色不仅一夜成名,还获得奥斯卡女主角奖;

我国电影明星李连杰以 1982 年出品的电影《少林寺》的觉远和尚而风靡天下,成为一代功夫明星。

再来看央视春晚走出的明星:

1983 年,李谷一人独唱合唱 9 首歌,至今无人能及;

1984 年,张明敏以一首《我的中国心》成名;

1987 年,费翔以《故乡的云》《冬天里的一把火》红透全国;

1990 年,赵本山以小品《相亲》首秀央视,至 2011 年,共参与 20 届春晚,成为常青树;

2009 年,小沈阳以小品《不差钱儿》首秀央视春晚,成为新生代里最能体现和体会一夜成名的小品演员。

一夜成名属于猛药厚味的急火快炖,自然也有小火慢炖、渐入佳境的,并无高下之分,也没贵贱之别,只是机缘巧合,能否和良机撞个满怀,而不是追尾。

262

(二)三合一之"锦上添花"

这种类型,是指当事人并非白丁素颜,而是带艺之身,或已经成名,再加以机会或平台,既是锦上添花,更是如虎添翼。不过,从某种意义上讲,"雪中送炭"是"锦上添花"的必由之路,"锦上添花"是"雪中送炭"的更高阶段。或曰,"雪中送炭"是"标配",而"锦上添花"则是"高配"甚至是"顶配"了。

【例证第 686 号】:咋端"春晚"这碗

自央视从 1983 年开办"春晚"以来,几乎成为最为人们关注而又广受诟病的节目形态。这道坎,既是跳跃考级的"龙门",又是块烫手的山芋。于是,便有了很多集合了天时地利人和诸多因素的变数和变通之法。归结为一点,开门办春晚。

招数一,向社会和兄弟台敞开大门,遴选优秀节目和人才。

招数二,通过节目方式进行选秀,如《星光大道》《我要上春晚》,将才艺之士聚集春晚。

招数三,通过互联网等平台遴选人气演员,近年来的大衣哥、任月丽、旭日阳刚组合都是通过这种渠道推荐上来的。

招数四,广纳贤才,不拘一格,2014 年更是邀请影视导演冯小刚担纲总导演,张国立充任主持人,赵本山、沈腾等统筹语言类节目,带来了一点新气象。

如此种种,都是敞开胸怀(人和)、搭建平台(地利)、提供机会(天时)诸多因素的综合体现,集大成啊。

【例证第 687 号】:这也算三巨头

在 2012 年伦敦奥运会开幕式上,3 个表演嘉宾引人注意:足球明星贝克汉姆、电影明星憨豆先生、原披头士乐队主唱麦科特尼。而开幕式的后半段也几乎成了麦科特尼的小型演唱会, 当唱起麦科特尼的著名歌曲《嘿朱迪》时,几乎成了全场卡拉 OK。这三巨头,应该是当今英国最为著名的明星了,而从年龄上看,麦科特尼 70 岁,憨豆 55 岁,贝克汉姆 37 岁,正好是老中青三结合,有典型性和代表性。这个平台需要这样的角色,而他们也需要这个平台,可谓相互借势,相得益彰。开幕式因他们而增色,他们因这个平台而加分。

【例证第 688 号】:《百家讲坛》成就学术明星

央视科教频道的《百家讲坛》第三版 2003 年 9 月 15 日开始后,邀请了很多专家学者对很多学术问题进行通俗化、评书化、趣味化解读。如:刘心武揭秘《红楼梦》、阎崇年解读"清十二帝疑案"、易中天品《三国》、毛佩琦解读"明十七帝疑案"、于丹讲《论语》、王立群讲《史记》、纪连海说和珅、蒙曼说武则天、鲍鹏山新说《水浒》等等。

从这个角度讲,是新的《百家讲坛》平台成就了这些学术明星,反之亦然,是这些学术明星撑起了这个平台,二者相得益彰,互为依托,良性循环。孰为树、谁是花已经不重要了。

第 30 计 反客为主

原文:

"乘隙插足,扼其主机,渐之进也。"

解读:

趁着对方有漏洞的地方就赶紧插足就去,直刺其要害,掌握其首脑机关,巧妙地循序渐进,达到自己的目的。客人就是客人,主人就是主人,反客为主,是一种性质身份的根本改变,有鸠占鹊巢的意思。在军事运用中,有喧宾夺主、先发制人的含义,换句话说也就是"先下手为强,后下手遭殃"，自己主动创造有利的形势。在电视悬念设置中，也常常需要"客"与"主"这样身份或者性质的转变。不过在电视悬念中，客人抢了主人的活儿，这种喧宾夺主的行为也是有的。但是还有一种是客随主便，展现出来一种并非主人、却在行使主人职能、帮助主人更好地完成节目的行为。反客为主，客人既然要装主人就要装得像做得好，否则客非客，主非主，就是把自己架在火上烤了。

从本质上讲，反客为主就是一种"易位"，是主客双方情愿或非情愿、主动或被动、自发或自觉的一种对调与互换。根据具体情况的不同，又可以分为"尊卑易位篇""主辅易位篇""主客易位篇""长幼易位篇"四种类型。

一、反客为主之"尊卑易位篇"

人人平等是通用法则，但是毕竟人与人之间还是有身份、地位差异的。因此，也就有了所谓"尊卑"之分。这种区隔因为"反客为主"被打破，格局就大相径庭了。这里又分君臣、主仆和师生三个小类。

（一）君臣易位

这是指君臣易位或是乱了三纲之首的"君为臣纲"，龙位易主；或是一时之间君臣之前平起平坐论起了哥们儿。

【例证第 689 号】：赵匡胤黄袍加身

赵匡胤原本是后周殿前都点检、归德军节度使大将。公元 959 年，周世宗柴荣崩，8 岁的周恭帝柴宗训即位，赵匡胤等掌握了兵权。960 年正月初一，赵匡胤手下众将把黄袍披在赵匡胤身上，拥他为帝。随后进京胁迫周恭帝退位，赵匡胤建立宋朝。从这个意义上讲，赵匡胤和周恭帝调换了"座位"。

【例证第 690 号】：甄嬛上位

2011 年出品的国产电视剧《甄嬛传》，描写了甄嬛（孙俪饰演）无心入宫却阴差阳错成了皇上的"常在"。在经历了后宫腥风血雨的争斗后，她开始以恶对恶，以恶制恶，先后扳倒了华妃和皇后，终于上位。后因儿子即位，被尊为皇太后。就后宫而言，皇帝的女人分为皇后、皇贵妃、贵妃、妃、嫔、贵人、常在、答应等级别。甄嬛从"常在"最后受封"皇贵妃"，未能成为皇后，但皇后已死，已经算是混到头了。就相互关系而言，她已算是反客为主了。

【例证第 691 号】：诸葛亮和刘备耍大牌

不论是正史，还是演义，或者是影视剧，说到诸葛亮，都会把"三顾茅庐"视为必须浓墨重彩书写的一笔。既表明刘备的礼贤下士、求贤若渴,又说明和彰显孔明的特殊地位。其实,不妨视为孔明为自己出山设计的精彩"亮相"。一共有四次隆重推介:

一是刘备马跃檀溪后遇到水镜先生司马徽,司马徽告诉刘备,伏龙凤雏得一而安天下;

二是徐庶辅佐刘备一段时间后被曹操诓去见母,复返告诉刘备,诸葛亮高于自己,这让刘备有了要见和请诸葛亮的心理准备;

三是到"顾茅庐"走马请诸葛,第一次没见到,返途中遇见诸葛亮好友崔州平,崔自然会对孔明点"赞";

四是几天后,刘关张二顾茅庐。去途中遇到诸葛亮好友石广元、孟公威,返回时遇见诸葛亮岳父黄承彦,又是一番好评;

待到三顾茅庐,诸葛亮倒是在家(若还不在,刘备可能就不会再来了),但睡大觉呢。刘备拱手立于阶下,直到诸葛亮醒后才见到。"三顾"前的两番是"举荐","三顾"的前两顾是"忽悠",使得真的相见不是"不如怀念",而是"恨晚"。这就叫"用结果证明过程"。其实,说不准都是诸葛亮自己编导演的好戏,前两次没准儿就在村口的歪脖树下看着这些亲朋如何在刘备面前"歌颂"自己呢。当然,这些铺垫也不是谎言和欺骗,只是烘托气氛、彰显气势而已,"隆中对"在更加"隆重"的气氛中进行,有气场。

【例证第 692 号】:蒋介石替李湘南打牌

在 1989 年出品的国产电影《开国大典》中,有这样一个桥段让人记忆深刻。1949 年 4 月末,我军将进行渡江战役,蒋介石(孙飞虎饰演)视察江防要塞。这时,江宁要塞司令李湘南正在和下属打牌。说了很多丧气的话,都被蒋介石听见了。蒋介石问:"谁输了?"李湘南答:"黄埔七期少将李湘南输了。"蒋介石于是替李湘南打牌,结果赢了一大笔钱,他把钱都给了李湘南。说:"打牌你不行,打仗我不行。长江天险能否守住,全靠诸位仁兄了。拜托了!"

这里,蒋介石来了个反客为主,替李湘南打起牌来,而其醉翁之意不在酒,不是打牌,而是借牌说事,由此及彼,一味高压已经无济于事,就来点儿怀柔和低调的方式了。当然,大厦将倾,独木难支(还是蒋介石自己说的),大势已去,这招儿也不灵。

(二)"主仆"易位

这个"主仆"带引号,是说二者之间有"主仆上下"之分,并无"高低贵贱"之别，只是分工不同。而就是这分工，也是可以置换和对调的，不是终身不变的。

【例证第 693 号】：高俅借业余爱好上位

在《水浒传》里，高俅靠踢球打弹做到太尉、京营殿帅，是和蔡京、童贯等沆瀣一气的奸臣。而在历史上，高俅本是苏轼的书童。后又被苏轼推荐给王诜处。一次，携书信物品送到当时做端王住潜邸的赵佶（后来的宋徽宗）府上，正遇上赵佶手底下人在蹴鞠，就是踢球。估计水平也就在业余体校水平，高俅不由得笑出来，被赵佶发现，就让他上场秀了一段。结果，赵佶派人给王诜回了信儿，"东西和人我都留下了"。就这样，高俅随着赵佶的即位而发达，因为没有功名才从武。不过，他本人并不像小说里的人品那么糟糕。比如在他的旧主苏轼因乌台诗案而倒霉的时候，他不但没有落井下石，还提供了不少帮助。从苏高二人的相互关系看，高是后来居上、反客为主了。

【例证第 694 号】：马蒂因为改变了过去从而改变了未来

1985 年出品的美国科幻电影《回到未来 1》中，高中生马蒂（迈克尔·J·福克斯饰演）和热衷发明的布朗博士（克里斯托弗·洛伊德饰演）是忘年之交。但母亲罗琳保守死板，父亲乔治则懦弱无能，常受上司比夫的欺负。他借助布朗博士的时间机器回到 30 年前的 1955 年，并运用自己的智慧和勇气改变了父亲当年的性格和境遇。当他回到 1985 年的家早上起来，发现父亲是充满自信的成功人士，而比夫则成了擦车的佣人。就马蒂的父亲和比夫而言，主仆倒置，但他们都不明白这一切都被马蒂回到 30 年前"调了包"。

【例证第 695 号】：杨白劳和黄世仁换岗

在 1950 年出品的国产电影《白毛女》中，黄世仁为债权人，杨白劳为债务人，黄世仁逼债逼死了杨白劳，喜儿被迫进入深山，成了"白毛女"。而在黄宏、范伟、娄乃鸣表演的小品《黄世仁与杨白劳》中，却发生了关系倒置，现实中的黄世仁扮演者（黄宏饰演）借钱给杨白劳的扮演者（范伟饰演），不是欠钱的被逼，而是要账的得求着借钱的还些钱，甚至不惜将自己的女儿倒贴。从戏里忽而跳到戏外，戏里戏外对立矛盾，反差强烈。黄世仁和杨白劳这本为主仆的关系倒挂了。

【例证第 696 号】：小保姆 1

1991 年出品的国产电视剧《编辑部的故事》第 8 集《小保姆》中，小保姆米继红（马晓晴饰演）因受到雇主虐待而求助《人间指南》编辑部。经过"指南"以后，再看继红同学，在新雇主家却成了个姑奶奶，然后又摇身一变成了明星，等到杂志社要搞活动人家还得看着曾经帮助过她的面子优惠一下。小保姆也有春天呢。

【例证第 697 号】：小保姆 2

广西卫视《警戒线》栏目 2012 年 1 月 4 日一期播出了栏目剧《反客为主的保姆》与上述的米继红有如孪生姐妹。保姆许娟受雇于张妈妈家，许娟爱听悄悄话、传舌头，她得知张妈妈的女儿张潇找了一个离婚男士，就在张妈妈面前说张潇找了一个有妇之夫，挑拨张氏母女的关系。最后真相大白，还想将张家来个卷包会一走了之。哪有那么便宜的事。

（三）师生易位

尊师重教、师道尊严、一日为师终身为父，这些都是我们对"师道"的诠释。但也不乏师生易位的事情。不仅过去有，现在也有。

【例证第 698 号】：吴省兰先为师后为徒

清朝的吴省兰乾隆二十八年（1763 年）中举人，后在咸安宫官学教书，在那里他教出了一个出色的学生——和珅。乾隆四十三年（1778 年）他中进士，而和珅这时已是权倾朝野，且任翰林院掌院学士，担任主考，这样就自然成了进士的老师。不论是主动延揽，还是投怀送抱，总之，这先师后徒的做法终是有些不可告人的目的，至少不是唯一的选择。怕是一个"心甘"，一个"情愿"，相得益彰，心照不宣，皆大欢喜，都不吃亏。只是让人觉得不齿。

【例证第 699 号】：十年河东，十年河西

有一位中学老师，文凭学历有些欠缺，但课教得很好，他教出了很多优秀学生。十几年后，当他要评职称时，碰到了学历的瓶颈，于是，他到外面求学补文凭，而这时教授他课程的就是他曾经的学生。这种易位与上述不同，情非所愿，恐怕也是双方都不愿意看到和遇到的，多少有些尴尬。

【例证第 700 号】：选手选老板

天津卫视求职服务类栏目《非你莫属》，每期有 12 位 BOSS 团成员参加，求职应聘者经过自我展示及和主持人、老板们的沟通后，老板们开始对选手进行选择。如果在最终环节只有一位老板选择这个选手，则可以进行一对一的"谈钱不伤感情"阶段，就是谈工资薪酬和其他待遇，而后由选手决定是否到该老板那里工作。而如果到最后环节有多个老板同选一人时，求职者就反客为主，可以先灭掉一些老板的灯，只留下两位老板开始"竞价"，让选手"反选"其中一位或说再见。

这里，在最后阶段，其实已经不是老板招聘员工，而颇有些选手选择老板的意味。因此，当遇到优秀选手时，老板们也会抛出不同类型的橄榄枝吸引选手，毕竟大家都是求贤若渴嘛。可见，这里很有些反客为主的感觉。

【例证第 701 号】：选手评老板

天津卫视求职服务类栏目《非你莫属》2014 年春节特别节目（天津卫视 2014 年 2 月 3 日播出）中，常态节目中坐在老板席上的老板们这天都变成了演员，尹峰跳"小天鹅"；史晓燕跳斗牛士舞；陈昊反串"杨贵妃"；姚劲波和刘佳勇说起了相声等等。而此番坐在评委席上的却都是以往参加节目求职成功与企业签约的选手。这样，老板和选手们就有了一番"反客为主"。当然，这也是"一过性"的，或是"封箱反串"似的联欢形式与性质的节目。点评权限时使用，过期作废。

【例证第 702 号】：选秀节目里的反客为主

在很多选秀节目中，如音乐类，也会出现类似多个评委或导师拼抢一位歌手的情形。如浙江卫视的《中国好声音》，会出现 4 位导师都为一名歌手转身的情况，央视《中国好歌曲》也会出现 4 位导师同时推杆的情形。这时，歌手便反客为主，拥有了"反选"导师的权利。当然，这个权利也就拥有这么一次、一会儿。真到了导师团队后，选择权就又回到导师手里了，直至最终决定谁将是走到决赛的人。可见，主客之间的转换是像接力赛的棒子一样，你可能只是其中的一棒而已。

二、反客为主之"主辅易位篇"

所谓"主辅易位"指的是当事者双方或多方是有主要和辅助、主要和次要、主角和配角、"主犯"和"从犯"之分或定位的，一旦施以易位之法，格局将是颠覆性的。

【例证第 703 号】：《论捧逗》里的穿梭易位

传统相声《论捧逗》原来叫《八不咧》，就是因为里边有口头语"不咧"。而在整个构架中，捧逗双方不断交换位置，互为捧逗，互为主次，比能耐，争高低，拼输赢，抢主次。结果不重要，主要看过程。

【例证第 704 号】：不是你的想得也得不到

1990 年央视春晚小品《主角与配角》中，陈佩斯扮演汉奸，朱时茂扮演八路军武工队长。陈对此颇为不满，认为自己绝对有演正面男一号的才能，只是没有机会。因此，陈在表演中，常常抢位、抢镜、抢戏，抢了本该属于朱时茂的戏份,这是第一层陈佩斯的反客为主。

于是,朱时茂成全他让他演一回主角,二人置换,这是第二层,陈佩斯的反客为主,从配角反为主角。

但是,当二人换装换角色后,陈佩斯一不留神又把自己的角色演回汉奸去了,这是习惯使然,也是朱时茂往沟里带的结果。这是第三层反客为主,是朱时茂从客位又返回主位。

这不禁让人想起 1999 年出品的国产电影《不见不散》的主题曲中头两句唱到的:"不必烦恼,是你的想跑也跑不了;不必苦恼,不是你的想得也得不到。"陈佩斯扮演的这个角色想演正面一号不算非分之想,不想当将军的士兵不是好士兵。可是,当将军要下功夫、吃苦头、做预案,否则,就像屠龙刀、倚天剑,在你手里也会被人拿去;就像青釭剑,就算由夏侯恩掌管,不还是给赵云预备了吗?可别有心杀贼,无力回天。

【例证第 705 号】:《大米·红高粱》

在央视 1990 年元旦晚会上的小品《大米·红高粱》中,"吴刚"本是唱美声的,可"杨蕾"团长非让他唱通俗,且要找到"破脸盆"的感觉,这让吴刚力所不逮。而换大米的"郭达"却能从容自如地从秦腔的"黑煞"(黑头,就是花脸)唱腔转化成通俗唱法,唱出了"妹妹你大胆地往前走"。于是,"郭达"就从客位的"换大米的"反为主位,唱"红高粱"去了,而"吴刚"则主退客位,下岗替"郭达"换大米去了。这看似简单的"易位",如今看来,未尝不可以看作是草根明星上位开先河者呢,如果让"吴刚"和"郭达"对唱,那可是要比 2006 年春晚上吴雁泽、戴玉强、阿宝的民族、美声、原生态唱法合唱《草原上升起不落的太阳》要早 16 年呢。不可苛求前人,时辰未到。

【例证第 706 号】:"丫鬟"变"格格"

1998 年出品的台湾电视剧《还珠格格》里,范冰冰扮演紫薇格格的丫鬟金锁,那时还是个 16 岁的孩子。她的轨迹就如同剧中的小燕子一样,从一个市井丫头变成格格,那当然是假的,是在戏里。而在现实中,剧中的"丫鬟"现在荣升为"格格"了,范冰冰今时已成为一线女星了。

【例证第 707 号】:配角变主角

"反超"有时是因为你比别人速度快,有时是因为别人停在服务区,而你还在高速上跑。我们常见"排名不分先后",那是骗人的,既然有先后如何能不分,那就叫主次了,但排在前边的能说是次要的吗?如果说大多数人都是从龙套熬成主角,从队尾挤到排头。那也有数量的限制和速度快慢之分。

2000年参演电视剧《像雾像雨又像风》，因剧中饰演的阿莱一角而成名，2003年出演电视剧《征服》中的反一号刘华强，2009年，拨乱反正，扮演电视剧《潜伏》里的正面一号余则成。

不论范冰冰，还是孙红雷，不是唯一或第一案例，但是比较具有典型性和代表性。可能他们的星途轨迹是很多人心向往之，而更多的人做着格格的梦，演着丫鬟的戏，跑着龙套的路。而一部分人的易位是成功地，转身是华丽地。

三、反客为主之"主客易位篇"

这可说是比较典型的反客为主的类型。客人抢了风头，越俎代庖，总会有原因或借助一些条件，散布在不同类型的节目当中。据此，又可以分为以下两小类。

（一）主持类

"主持"，就是由主人把持主动权和话语权。再早用有线话筒时，简单判断嘉宾或受访者有反客为主倾向或端倪的动作就是"抢话筒"，但凡愿意或坚持自己手持话筒的嘉宾都是潜意识里想占主位和主动权的人。主持类的主客易位又可分为两种表现方式。

一是主人让位形成的客人越位。

主持人有意无意的谦让、退让、忍让、容让，使客人有机可乘，得寸进尺，从到位而越位，"彼可取而代之"，这是极端的例子。

【例证第708号】：严守一让位

2003年出品的国产电影《手机》中，严守一（葛优饰演）是电视谈话栏目《有一说一》的主持人，他有妻子于文娟（张瞳饰演），但又有在杂志社当编辑的情人武月（范冰冰饰演），当妻子得知真相后和他离了婚。随后他又和戏剧学院的女教师沈雪（徐帆饰演）交上了朋友，但武月仍和他保持着情人关系。直至最后武月提出让严守一把主持人位置让给她。难说武月粘着严守一从一开始就有如此"反客为主"的目的，但最终她还是做到了。当然不光是武月想要挟，也还是因为严守一被各种压力挤对得做不了自己的"主"了，因此，这里，既有武月的反客为主，也有严守一的退主为客，一退一进，一个让位，一个上位，顺水推舟，水到渠成。

【例证第709号】：发哥主持主持人

在央视《艺术人生》2009年12月3日一期中，邀请了电影《孔子》剧组主创和主演做客。当孔子扮演者周润发上场后,先是以主持人与主持人父亲的事情为引,堵住了主持人想煽情的路,而后就开始反客为主,主持起主持人来,他让"小吴"关灯,而后引导主持人向观众行起了古代跪拜大礼,还面对朱军行起了磕头礼,再跪下对话。着实令朱军措手不及,尴尬还礼之余只得无奈苦笑:"你饶了我行吗?"而当主持人问发哥平常是什么样的人时,周润发说,平时很闷,就喜欢看看主持人主持的节目。

到这里,观众早就明白,周润发这里几番狠招:反客为主、笑里藏刀(面带他那招牌式的微笑)、顺手牵羊(自己主动下跪,不由得主持人不跟着下跪)、假痴不癫(看上去似乎很无厘头、不靠谱,但其实目的明确,第一不上套,第二要把主持人往沟里带)。这几招看似稀松平常,漫不经心,且还很真诚,但主持人其实从一开始就"被主持"了,以煽情为利器和撒手锏的主持人搬起石头砸自己的脚,被周润发以彼之道还施彼身了。

可见,真诚、善良、尊重是很重要的素质,特别是在谈话节目中,缺了这些,被反弹和反坐就是十分合理和正常的了。

【例证第 710 号】:笑谈人生

2005 年央视春晚上的小品《笑谈人生》里,当朱军拿出《艺术人生》老四样——套近乎、忆童年、拿照片、把情煽来对付冯巩时,冯巩早有准备,还不时提醒"该起钢琴了"。当有人"刨底"时,这戏就不好演了。到后来,当冯巩说起去看望朱妈妈时朱妈妈托付冯巩照顾朱军的环节时,更是反客为主地忽悠起朱军喝酒。

【例证第 711 号】:撒贝宁晾了老毕

在 2007 年央视《梦想剧场》"暑期七天乐"节目中,邀请了央视法制节目主持人撒贝宁担任嘉宾。在这期节目中,如果真的量化计算撒贝宁和主持人毕福剑二人话语量的话,可能会达到 99:1 的悬殊比例,也就是说,在这期节目里,基本上是撒贝宁"一头沉"的活,老毕歇菜了。就像一局斯诺克台球比赛,一方选手"一杆挑"极限峰值 147 分,对手只有在一边当观众的份儿了。

在这期节目中,撒贝宁叙说了自己如何被保送北大,如何在北大演话剧、打篮球、当"歌星"等辉煌的过往。整个过程疑似单口相声,老毕的戏份可以忽略不计,甚或有时撒贝宁还抢了老毕主持人的戏,完全把这里当成了他的主场,而老毕像个小厮。

【例证第 712 号】:实话实说的遭遇

央视曾经的栏目《实话实说》的《神童》一期(1998 年播出)中,原中国科技大学少年班学生宁铂在节目进程中突然"发飙",有点刹不住车,越说越激动,针插不进,水泼不进,主持人崔永元站在那等到花儿都谢了,对方还没有停下的意思,搞得崔永元只好找个观众席歇会。直至宁铂忽然找不到主持人这个"地标"了才打住。看来,主持人"失语"也有无奈啊。

【例证第 713 号】:《鲁豫有约》如何变成了《希拉里有约》

2013 年 5 月 23 日,美国国务卿希拉里·克林顿与美国财政部长蒂莫西·盖特纳抵京,参加第二轮中美战略与经济对话之前,共同接受了《鲁豫有约》的独家专访。这是他们首次联袂做客中国电视访谈节目,亦是这次中国行接受的唯一一个电视专访。然而访谈节目播出之后却遭到了很多网友的质疑,大呼《鲁豫有约》如何变成了《希拉里有约》,认为鲁豫在节目中没有很好地掌握节目气氛和节目流程,反而被希拉里反客为主,牵着鼻子走。采访开始不久,希拉里就接连向鲁豫抛出了 4 个问题,让这专访一度变成了希拉里与鲁豫之间的"互访"。虽然鲁豫用"专业"来描述希拉里,但是也扭转不了自己没能 hold 住全场,被希拉里反客为主的现实。

【例证第 714 号】:我按自己的牌路打

自然,不论是主持人还是记者,不是所有的提问或访谈都充满善意和友好,有时有些八卦,甚至是带有挑衅和恶意。

有一位海外记者问我国一位国家领导人,你们总是讲团结,是否就表明你们内部不团结。这个问题不论逆向否定还是正面肯定都是陷阱和"套"。结果,我们的领导人不假思索地反问:"我说祝你身体健康,难道你身体不健康吗?"以彼之道还施彼身,真高!

二是截然相反的例子,即主人越位,客人退位。

就是说,主持人雀占鸠巢,包办代替,挤占了客人的时间和话语空间,犯了话痨病。

【例证第 715 号】:对不起时间到

在 1995 年 12 月央视《一切为了你》晚会中,主持人之一的姜丰负责采访电视剧导演张绍林。张绍林曾执导电视剧《杨家将》(1991 年)、《水浒传》(1997 年),参与执导电视剧《三国演义》(1993 年)等。在采访张导之前,姜丰自己"表述"了很长时间,好容易轮到张绍林说话了,刚说几句,对不起,分配给你的采访时间到了,就此打住。张导本就紫红的脸膛都黑了。

主持人越俎代庖、包打天下的说话方式大概与其参加过大专辩论会有关(还得过"最佳辩手"的称号),抑或会将采访对象当成"对方辩友"看待,那就容不得对方开口了。可采访不同,如能以最短的提问换取对方的回答,当然为好,至少不是反客为主、封对方的口吧。

(二)小品类

上述例子里,多半是现实节目存在的情况,而在这类里,都是艺术创作的类别,在小品里,反客为主的事情也不少呢。

【例证第716号】:将心比心

在1999年央视春晚小品《将心比心》中,"高秀敏"大妈到"范伟"的小摊儿买衣服,被"范伟"忽悠得买了一件一个袖子长一个袖子短的衣服,可是"范伟"忘了,他把刚赚的三千多块钱装在那件衣服里了。他去追大妈的工夫,大妈发现了兜里的钱去而复返,却被"范伟"媳妇(黑妹饰演)以为大妈要退衣服,非要发货票,可大娘没票。而当大娘拿出那钱时,"黑妹"又拉住大娘不让走了。大娘这时反客为主了,她问黑妹,这钱不是你的,是那小伙子的。"黑妹"说,那是我老公,我们是亲两口子。大娘问,有发货票吗?当然,大娘本来就是送还钱来的,只是要给小夫妻俩讲讲道理而已。她从买东西变拾金不昧,虽然买了次货也并没有埋怨,还是用真心说话,凭良心办事,多好的大娘。

【例证第717号】:"实诚人"不实诚

2006年央视春晚小品《实诚人》中,石诚仁(谐音"实诚人"郭冬临饰演),到同事小宝子(魏积安饰演)家送小宝子的体检报告,小宝子介绍自己的爱人小于(黄晓娟饰演)。从此,就着了实诚人的道儿。"实诚人"先是夸嫂子好看,大哥寒碜,而后顺坡下驴留下吃饺子,还要醋要蒜要酒,吃饱不算,还替大哥去看演唱会,外带向大哥要打出租车的钱。这小石也太不拿自己当外人了。

可是,这反客为主的"实诚人"实在是不实诚。至少在这里表现出来的是不懂事(到人家吃饭自己吃让主家看着)、不识趣(看出人家有事还赖着不走)、不厚道(占便宜、吃人家饭、拿人家票、讨人家钱),而且还似乎很理直气壮,还说人家不实在(他指摘人家明明是芹菜馅儿的非说是韭菜馅儿的)。不是实在,是无赖,是个"四蹭"分子(蹭吃、蹭喝、蹭票、蹭钱),碰见这种人,就俩字,玩儿去。在传统相声《白吃猴儿》里就讽刺过这类人。其实,这个小品里真正的实诚人是小宝子,就是有点儿死要面子活受罪。

【例证第718号】:名字就叫《反客为主》

这个小品名字就叫《反客为主》。妻子(黄晓娟饰演)请老乡金亮(潘长江饰演)来家做客,这时,丈夫周杰(范伟饰演)回来了,金亮"热情招待",就像在自己家一样,搞得周杰像客人。而金亮之后的"所作所为"变本加厉了。把周杰任厂长的工厂生产的产品说得一文不值,且指出了生产流通各环节存在的问题。原来,他早就潜伏在周杰的工厂进行了调查,此番是来和周杰谈合资合作的。看来,金亮是要将反客为主进行到底了,问题是周杰不怒反喜。估计除了不把媳妇抢走其他啥条件都可以商量。

【例证第 719 号】:从客人到主人

从 2012 年开始,开心麻花团队开始进军央视春晚,2012 年上演了两个小品《天网恢恢》和《今天的幸福》,2013 年又上演了两个小品《大城小事》和《今天的幸福2》,2014 年在仅存的 5 个语言类节目中占一席,上演了小品《扶不扶》。尽管数量质量都可圈可点,但毕竟以前都还是客人。而到 2014 年,开心麻花团队的核心人物沈腾作为语言类节目策划人入驻春晚。这不仅是作品里的反客为主,更是一种理念和姿态上的反客为主。当然,比他更大的反客为主就是 2014 年央视春晚的总导演冯小刚了。

(三)歌唱类

这类有明显的"鸠占鹊巢""客居主位"的意思,业余的干了专业的事,或是学唱的抢了"原唱"的饭碗。

【例证第 720 号】:首唱者让位于唱红者

有不少歌曲在首唱或原唱推出后,寂寂无名,默默无闻。而后,经过另一歌手的演绎后大红大紫,这就有一定成分的反客为主的意味。比如:

歌曲《同一首歌》,原唱刘畅,由蔡国庆和毛阿敏唱红;

歌曲《故乡的云》,原唱文章,由费翔唱红;

歌曲《冬天里的一把火》,原唱高凌风,由费翔唱红;

歌曲《我的歌声里》,原唱曲婉婷,由李代沫唱红;

歌曲《在那桃花盛开的地方》,原唱董振厚,由蒋大为唱红;

歌曲《十五的月亮》,原唱董振厚,由董文华唱红;

歌曲《爱我中华》,原唱韦唯,由宋祖英唱红;

歌曲《绿叶对根的情意》,原唱金炜玲,由毛阿敏唱红;

歌曲《敢问路在何方》,原唱张暴默,由蒋大为唱红。

【例证第 721 号】:蔡明反客为主

央视综艺频道《音画时尚》栏目 2004 年 5 月 15 日播出了蔡明专辑,演唱了 20 首歌曲,都是模仿诸位歌星。如田震、关牧村、孙悦、李娜、郭兰英、莫文蔚、殷秀梅等。更为有趣的是,被模仿的歌星之一的田震就坐在观众席里,看着反客为主的蔡明,田震却喜不自胜,是最有力的支持者。本来,就歌唱而言,蔡明是"客位"的外行。但在这个节目里,却正是一个"主客换位"的尝试,歌者为座上客,客人粉墨登场,一展风采。这"票一把"的事情常有,而"票一场"就不同了,就是因为有个"金刚钻儿"才"揽瓷器的活儿"。只可致敬,难以学习,不可复制,不能推广。

【例证第 722 号】:老同志也当仁不让

在北京卫视 2014 年 1 月 31 日播出的春晚上,三位平均年龄 79 岁的老歌唱家李光羲(85 岁)、刘秉义(79 岁)、杨洪基(73 岁)演唱的却都是很年轻的歌曲:杨洪基演唱的是《冷酷到底》;李光羲演唱的是电影《大笑江湖》主题歌《江湖啊,江湖》;刘秉义演唱的是《雨一直下》。而有趣的是,他们演唱时,《冷酷到底》的原唱羽泉、《江湖啊,江湖》原唱小沈阳就坐在眼前。这不是太过明显的反客为主了吗?当然,年轻歌手可以"做旧"翻唱老歌,老艺术家自然可以"扮嫩"唱新歌了。

(四)其他类

这是为数不多的物质类的反客为主,其他类中都是关于"人"的反客为主,这一类则是"物"的反客为主。

【例证第 723 号】:反客为主的菠萝蜜

央视七套《每日农经》2013 年 5 月 31 日一期中,主持人带领大家一起领略了世界上最大的水果菠萝蜜的风采。菠萝蜜源产于印度,传入我国海南已有上百年的历史,在儋州的乡村,几乎家家都有菠萝蜜树,菠萝蜜在当地的种植很有规模,种植和打理都比较简单,最重要的是创收效益也不错。菠萝蜜在海南不仅是一种经济作物,还是人们饭桌上不可或缺的一道食材。果核可以做成盐水小菜,果肉可以做菜、炖汤。可以说,菠萝蜜浑身是宝。

菠萝蜜作为外来物种,却养育了一方人民,随着菠萝蜜的种植推广,菠萝蜜在百果争艳中也会占据一席之地。

【例证第 724 号】:入乡随俗的外国快餐

美国的麦当劳、肯德基是纯正的外来物种了,主要售卖汉堡、薯条、冷热饮等快餐品种。作为一种标准化、模式化的快餐业形态和品类自 1990 年 10 月 8 日内地第一家麦当劳餐厅在深圳开业,就开始铺天盖地地在全国开了几千家店。但细心的人会发现,近年来,这两家一直在撕扯打拼的兄弟俩纷纷卖起中式快餐,盒饭、油条、豆浆、皮蛋粥、大饼。想来是入乡随俗的本土化策略和两家竞争带来的结果。而本是"客位"的外来快餐业到中国抢了自己的饭碗,成为中国快餐的主力;而不自觉间又被中国饮食文化和习俗同化,客随主便。岂非有趣?

四、反客为主之"长幼易位篇"

我们一向崇尚长幼有序,尊老爱幼。有个词叫十恶不赦。在"十恶"中,有关亲孝的就有:4.恶逆,殴打和谋杀尊亲属;7.不孝,子女不事父母;8.不睦,亲族之间互相侵犯;9.不义,卑下侵犯非血缘尊长等四条,其重要性不言而喻。所以,在电视节目表现中,对此多显慎重,正能量更多些。大致分为四种表现。

(一)无意抢镜

【例证第 725 号】:小朋友等不及了

2013 年 2 月 6 日,央视《新闻联播》播出了这样一条新闻:中共中央政治局常委、国务院副总理李克强在内蒙古包头市、兴安盟考察,看望返乡农民工,走访棚户区居民和山区贫困农牧民,探望光荣院老战士,慰问各族干部群众。当李克强副总理视察包头北梁棚户区,随机走进高俊平一家时,他的孙子先是从被子里躲到了柜子中,后来又从柜子里溜出来迅速钻回到被窝中,其间还闪出了光屁股。

这真实的场景让观众觉得很新奇,光屁股小孩儿反客为主的抢镜让人觉得很真实,很实在。

(二)假意换位

【例证第 726 号】:《我和爸爸换角色》

这是 2003 年央视春晚小品。孩子爸爸(郭冬临饰演)因常在外陪酒,很少关心孩子,见了如果成绩不好,还会有暴力事件。儿子(小叮当饰演)写不出作文《我的爸爸》引得老师(金玉婷饰演)家访。老师让爸爸和儿子换角色。这一换,因换位思考"唤"出了父子真情,换回父亲身心回归,换得老师泪奔,换得爸爸管儿子叫爸都顺嘴了。

(三)善意反哺

这种类型的动机是好的,是孝的,但方法有问题,是形而上学而教条的,不可取,好在只是做法的问题,好调整。

【例证第 727 号】:父女易位

1999 年央视春晚小品《爱父如爱子》中,父亲(严顺开饰演)在家里本应该是一家之主,尤其是在老伴儿去世之后,儿女们就应该"以顺为孝"才对。可是,大女儿(凯丽饰演)却反客为主,将老爸当儿子教训,把老爸训得跟孙子,不,还是说学生差不多,因为大女儿是老师。因为女儿固执地认为,"老小孩儿",人老了就像小孩儿,就要像对待孩子那样对待,要爱父如子。这爹当得也够悲催的,"犯错"还得写检查,堂堂一家之主落魄到如此境地。而大女儿的反客为主可能也是职业习惯使然,而这职业习惯让她产生了推演、推及和推广的意识,以为是个颠扑不破且"放之家里也皆准"的普遍真理,这都是形而上学的反映啊。

(四)弃恶从善

这种类型是从错的起点出发,到达了正确的终点,所谓弃恶从善,中间走了一段弯路,而后浪子回头。

【例证第 728 号】:可怜父母心

1995 年央视春晚小品《父亲》中,乡下的父亲(郭达饰演)来看望在城里当歌星的女儿海伦(蔡明饰演)。但女儿嫌弃父亲老土给他丢脸不愿意让大家知道这是她的爹,而非要说爹是从海外回来的大老板。搞得最后父亲忍痛说自己是女儿的老乡,并恳请记者高抬贵手,不要爆料。好在海伦迷途知返,当堂认爹。虽显生硬唐突,缺乏过程和心路历程,但迷失的心归航总还是好的,是可以原谅的。

第六套 败战计

"败战计"虽"败"字在先,却不意味着只有在失败中一味地回避退让。败战计重在审时度势,在极端不利的条件下,把握有利时机,甚至创造转机,从而转危为安。败战计的存在,给了电视节目可持续发展的可能。把脉观众,攻其所好,迷其所痴,才好对症下药。在节目中把握时机巧卖关子,不仅让观众喜,还可让观众奇,大有"山重水复疑无路,柳暗花明又一村"之势。这一套中包括美人计、空城计、反间计、苦肉计、连环计、走为上计六计。

第 31 计 美人计

原文：

"兵强者，攻其将；将智者，伐其情。将弱兵颓，其势自萎。利用御寇，顺相保也。"

解读：

对强大的敌军，要制伏他们的将领；对有智谋的将领，要削弱他们的斗志。将领斗志衰退，士气消沉，战斗力自然下降。要利用敌人的弱点抵御敌人，顺利地保存自己。

美人之计在于投其所好，是实现某种目的的辅助手段，就像今日生活之中，各种以俊男美女为主角的电视节目充斥着荧屏，轰炸着人们的视觉。在这种吸睛大法之下，观众会跟随"美人们"一起完成节目的环节设计，最终实现的是节目的传播目的。只是在美人计中，"安能辨我是雌雄"这样的异类或中性美却是不可取的。

这一计根据具体使用的情况分为"手段篇""形态篇""操作篇"，美人计之"美男篇"四类。

一、美人计之"手段篇"

作为手段和计谋，美人计古已有之，而且屡试不爽，不算百发百中，也是十发九中。俗话说，英雄难过美人关。美人计在开始实施时是计，美人一到，已无计可施，就看美人如何见机行事。可见，过去使用美人计的初始目的大多是间谍身份或作用，或做情报工作，或离间，或监视，或分裂，或涣散对方斗志。总之，用特殊方式瓦解对方直至消灭对方。

【例证第 729 号】：十发九中的美人计

美人计古已有之，如果说百发百中可能有些夸张，但十发九中总是有的：

尧帝将女儿娥皇、女英嫁给舜的双保险美人计；

勾践把西施献给夫差；

汉元帝把王昭君远嫁匈奴；

王允把貂蝉放在董卓和吕布之间巧使连环计；

周瑜使计以招亲孙尚香为名骗刘备过江；

近现代的谍战中广泛使用美女间谍，美人计屡见不鲜。此计屡屡得手不外乎几个原因，一是"英雄难过美人关"，二是既然叫美人计，那美人不但美,还有心计,能够胜任瓦解敌方斗志、激化敌方矛盾、松懈敌方警惕等作用。光有漂亮身段和脸蛋儿是美人,能当间谍才算美人计。

到了当下,因为有了盗摄装置,所以,先施美人计,再来个笑里藏刀、趁火打劫,往往事半功倍。比如层出不穷的贪腐案件就是典型的例证。中于美人计,倒在石榴裙,美人计在这些人身上屡试不爽不在于计策本身,而在于疏于防范,甚或一个投怀送抱,一个正中下怀。

虽然美人计十发九中,但那些不中枪的也大有人在。且看以下诸公的英雄本色。

【例证第 730 号】:拒绝色诱的关羽

《三国演义》的第 25 回到 28 回,记述了关羽在曹营的经历。曹操先后打出了五张牌:

亲情牌:拉近乎,赠袍子;

装备牌:赠送赤兔马;

金钱牌:赠金赠银;

官爵牌:封汉寿亭侯;

美人牌:送十名美女。

袍子、赤兔马收了,曹操知关羽走追到灞桥再次赠袍,关羽恐怕有诈,遂以刀挑袍,谓之"灞桥挑袍";第三第四项走时挂印封金留袍;美女送给二家皇嫂当丫鬟使了。真真的小姐身子丫鬟命。

【例证第 731】:拒绝色诱的唐僧

在《西游记》里,唐僧遭遇的艳遇或色诱可真不少。至少包括"四圣试禅心"(梨山老母和观音、文殊、普贤菩萨化装成母女三人,要招赘师徒 4 人,这四位联手出招,阵容够强大的)、女儿国国王、蝎子精、杏仙、老鼠精、琵琶精、玉兔精等等。这几个精怪不论是否以结婚为目的,但总是要破唐僧的戒的。而其中,要数琵琶精与唐僧对话最精彩,堪比大专辩论会,双方一辩出场。

女怪道:"我枕剩衾闲何不睡?"唐僧道:"我头光服异怎相陪!"

女怪道:"我愿作前朝柳翠翠。"唐僧道:"贫僧不是月阇黎。"

女怪道:"我美若西施还袅娜。"唐僧道:"我越王因此久埋尸。"

女怪道:"御弟,你记得宁教花下死,做鬼也风流?"

唐僧道:"我的真阳为至宝,怎肯轻与你这粉骷髅。"

他两个散言碎语的,直斗到更深,唐长老全不动念。

总之,唐僧没有让领导失望,没有这个门那个门的,经得起考验和诱惑,出色完成了任务。

【例证第 732 号】：拒绝色诱的武松

《水浒传》第 24 回"王婆贪贿说风情 郓哥不忿闹茶肆"中,武松打虎遇兄,回到家里与嫂子潘金莲相见。金莲见武松比他哥哥威猛得很,便调戏武松,被武松痛骂。引发了后来潘金莲在王婆撮合下勾搭西门庆,毒杀武大,武松斗杀西门庆。都是色诱惹的祸。

【例证第 733 号】：拒绝色诱的岳飞

2013 年出品的国产电视剧《精忠岳飞》在第 50 集中,宋高宗赵构(丁子峻饰演)在将五万淮西军划归岳飞(黄晓明饰演)之前,试探岳飞是否意图不轨,先是赠豪宅,岳飞不为所动。接着,赵构又借扬州一行赐给岳飞"江南第一美女"(颖儿饰演),酒席间,岳飞推脱不掉,只好以缓兵之计答应见过此女子后再做定夺。"江南第一美女"身着绿衣红襟,略施粉黛,一登场便是低头轻抚琴弦,甚是娇美动人,岳飞见过不禁赞道:"绝色佳人,世所罕见。"只可惜妾有意而郎无情,岳飞最终因为对妻子的忠贞不贰,婉拒了"江南第一美女"的心意。

用人不疑,疑人不用。一国之君居然以财色买人心,只因岳飞清廉与忠心就不得其信任。碰上这样的庸君,南宋的颓败已是大势所趋与势在必然。

【例证第 734 号】：拒绝色诱的乔峰

金庸先生的武侠小说《天龙八部》第 24 回"烛畔鬓云有旧盟"中有一段丐帮副帮主马大元夫人康敏色诱帮主乔峰的描述,在之后拍摄的电视剧,1997 年黄日华版、2003 年胡军版、2013 年钟汉良版,都有涉及。乔峰坚辞不受,引来康敏的报复。

二、美人计之"形态篇"

所谓"形态篇"就是指将"美人计"作为一种模式或结构方式来设计栏目,而非局限在一人一事的手段和操作层面。这里,主要指的是在电视节目模式和形态方面,都是以"美人计"作为出发点和落脚点去发散的。即在谋篇布局时已经筹划好,美人无处不在。

【例证第 735 号】：选美

电视中的选美节目不乏其数。不论名字是叫"选美大赛",还是叫"世界小姐""亚洲小姐""中国小姐"抑或叫"模特大赛",都是一个路数,是选高挑、漂亮的。尽管其中也有素质、气质等方面的考量,但美丽是不可或缺的。在这里,漂亮不是万能,但不漂亮是万万不能的。

这种美丽既然是要"示众"的,那不论过程,还是结果,都是美人计的一部分,也是可以共享的女性美的一部分,尽管不是全部。

【例证第 736 号】:车模

现下时常有车展的电视报道和活动。每逢此节,常是人头攒动,可人们大抵看人的多,看车的少。也就是说,与其说是车展,毋宁说是车模展。而主办方的意图也再明白不过,无非是靠车模吸引观众眼球。车模和车之间本无必然的联系和对应关系,但是一旦被固化为一种模式,或曰被发现这招式灵验好使,何不发扬光大?何乐而不为?而这车模里男模寥寥,因此看车的也就男性居多,且多是长枪短炮装备齐全,一副伪摄影师架势。拍的不是车,都是车模。而这美人计煞是有效。常常有人气的展位不是车有多大优惠力度,准是车模漂亮所致。

【例证第 737 号】:跳水

2013 年,不光椅子很忙,跳水馆也热闹起来。不止一家电视台开办了明星跳水节目。这类项目本来是专业性很强的,即便是专业运动员也难免会有闪失。1988 年美国运动员洛加尼斯在奥运会决赛时也曾失误平拍在水面上,皮肤拍得通红。韩愈《师说》云,"闻道有先后,术业有专攻"。玩儿不转的最好别玩儿。而在这类节目的具体操作中,大体上是,男星走难度,女星拼尺度。当然,美人计如果循规蹈矩是没效的。而尺度体现在着装、镜头和语言上。当然,尺度就是分寸,分寸过了也就该画休止符了。

【例证第 738 号】:相亲节目

在当下众多的相亲类节目中,多数是以男女比例为 1:N。较之上个世纪末那股相亲节目热的阶段,显然男女比例严重失调。那时,基本上都是数量对等的,或 6:6,或 12:12。方式比较循规蹈矩、中规中矩。而现在的则是一班美女全员满员上线,偶有被帅哥牵手而去的,再递补上去。总之,思来想去,还是疑似因为一大群美女远比一群男生养眼。对于观众而言,大体也不会因为有美女与帅哥牵手而愤愤不平或羡慕嫉妒恨。因为你施美人计,我隔岸观火。距离产生美,有距离地看美,美上加美。

【例证第 739 号】:电视广告

在电视广告中,美人计更是无处不在,比比皆是。特别是化妆品、装饰品、服装、日用品、女性用品等专属类型中,美女们更是争奇斗艳,各领风骚。美得毫不客气,美得令人窒息,那是百里挑一、千锤百炼的精品甚至极品。否则,所代言的产品也就缺乏吸引力和竞争力了。女人、动物、儿童是电视广告所要表现的三个永恒主题,所以,有这样的表现手法也在情理之中。只是在这些广告中,就委屈了女人们的另一半。在一些化妆品广告中,美丽的女性脸庞占据了大半篇幅,男同胞只会露出半个背影或一边肩膀、一只耳朵。只需告诉你，这样的"你值得拥有"就可以了。作为陪衬式的背景音乐存在是必要的，但不能冲淡主题，不能抢了主角的风头。万花丛中，男同胞甘当绿叶也是应该的。从这个角度讲，男性的存在也是广告美人计中的一部分。

【例证第 740 号】："电视花瓶女郎"

美女越来越成为电视台赢取收视率的公开武器，电视女郎也因此成为电视行业的"半边天"。究其原因，漂亮的电视女郎不仅养观众的眼（特别是满足男性观众的视觉审美），还可以让观众因此更留意该节目。当然，更博观众喜爱的还是美貌在先，随后才有才智相伴。谦和的心态、敏捷的才思是一个电视女郎的内核，依托外在美，绽放在电视荧屏。正是这样，电视女郎才是花，不是瓶。

美女之于电视，正如鸡精之于菜肴。掌握适度原则，不仅能发挥自身的优势，还能为电视带来整体效益。若是以美色作诱，只会在视觉冲击后给观众带来审美疲劳，终将被市场淘汰。

三、美人计之"操作篇"

所谓"操作"实际上是手段的延伸，"手段"重在谋划，是"运筹帷幄"，而"操作"则属于"决胜千里"的实施阶段。与上述的"形态篇"比较，操作篇更注重个体和个案，更为微观和具体。

【例证第 741 号】：邦女郎

007 系列电影风靡全球，成功打造了詹姆斯·邦德这位救世主的形象，其中很大一部分功劳要算在"邦女郎"的名下。"邦女郎"，指曾在 007 系列电影中扮演与詹姆斯·邦德有着情感纠葛的女性角色。她们既不能解决战斗，也不能维护和平，顶多是邦德的好伙伴，甚至还会给邦德添乱。从第一位"邦女郎"现身银屏起，"邦女郎"就成了性感美丽的代名词，也奠定了"邦女郎"在 007 电影中的重要地位。因为全世界的影迷都在期待，詹姆斯·邦德定会带着美女出现。

邦女郎如同美丽的花瓶，即便不插花、不装饰，都让人忍不住多看几眼。邦女郎已然成为电影中不可或缺的特殊符号，深深地刻在每一个 007 影迷的脑海中。

【例证第 742 号】：《现代美人计》

《现代美人计》是由华娱卫视与广州现代医院 2009 年合作推出的美丽时尚节目。在美女主持的带动下，每期节目会围绕不同的美丽主题阐发不同的美丽心得。更为对美不自信的女性制定美丽变身计划,满足个人对于美的心灵诉求,从内到外重塑一个美丽、自信的女性,让爱美女性们亲身体验自己的精彩蜕变。节目现场的医学专家会帮助观众解读"美丽变身"的全过程,与观众朋友共同分享蜕变后的美丽故事,尽显现代女性独特的审美情趣和多彩的美丽人生。

把美人计拆开解读——美化人生的计策。美人计便不再是害人的阴谋,而是献给爱美女性的礼物。

【例证第 743 号】:《我们》

《我们》是天津电视台 2007 年重点打造的大型女性谈话节目,巧借英文单词"Woman"的谐音而得名。节目中会邀请到中国乃至世界文化、艺术领域卓有成就的女性代表,主持人和女嘉宾一同探讨流光溢彩的都市生活中最受女性关注的热点话题。以时尚轻松的形式,为都市中面对快节奏、强竞争的时尚女性开辟出属于自己的心灵空间。

谁说女子不如男,谁说女子享清闲。《我们》不仅展现了新时代女性的精神风貌,也向男同胞们传递了女性的正能量。

【例证第 744 号】:《全美超模大赛》

美国 UPN 电视台 2003 年推出的《全美超模大赛》是一个给参赛者争夺超模头衔及化妆品合约的美国真人秀节目。爱美之心人皆有之,节目组很好地利用了女人们的心态,通过"模特比赛+真人秀"的方式吸引了成千上万怀有模特梦的普通女孩儿前来参加,希望能实现自己的天鹅梦。节目包装大走时尚前卫路线,引导了时尚的潮流,影响了人们的审美观念,使得这个节目的收视率一路飘红。

这完全是时尚界的一次饕餮盛宴,不仅以美吸引男性观众的眼球,更以树立美的标准赢得了女性观众的认同。

【例证第 745 号】:太太美容口服液

在太太口服液系列广告"中秋篇"中,由超模林志玲代言并饰演一位年轻貌美的太太,她的丈夫在中秋时节赶在第一时间回家与她团聚。虽已是老夫老妻,但当丈夫看见妻子时,仍被妻子的美貌吸引而愣神。这时妻子看见丈夫送给自己的礼物——太太美容口服液,娇嗔地说"都是我的。爱我,就送我太太美容口服液"。最后,画面定格在丈夫一脸幸福的笑容上。

早在 1993 年,太太口服液就有一个惊世骇俗的广告语——每天一个新太太。或许这话就足以诠释丈夫那满脸幸福的笑容了。

四、美人计之"美男篇"

"美男计"是美女计的男人版。如果说美女计是给男人用的,则美男计则是男女通吃。不过,男人长得太好看了也是个麻烦,西晋时的美男子卫口长得帅呆了,酷毙了。他一出门万人空巷,争先恐后一睹玉人风采,比现在的天皇巨星有过之而无不及。可是,他承受不起这生命之重,活活被大家看死了,享年27岁。可见,美男有风险,入行需谨慎。且看下面给不同人群看的美男们。

【例证第 746 号】:给男人看的美男

《世说新语·容止》有这样一篇:"魏武将见匈奴使,自以为形陋,不足雄远国,使崔季珪代,帝自捉刀立床头。既毕,令间谍问曰:'魏王何如?'匈奴使答曰:'魏王雅望非常;然床头捉刀人,此乃英雄也。'魏武闻之,追杀此使。"是说曹操要见匈奴使节,觉得自己长得太糙,就叫崔琰做替身,自己提溜把刀往旁边一站冒充跟包。完事,差人一问,人家说魏王是个花架子帅哥,提溜刀的是个英雄。曹操怕泄露机密,杀了使节。由此留下个词"捉刀"。应当说,使节好眼力。这是给男人看的美男。曹操在这里用的美男计也是很有计较的。首先曹操想用威仪样貌慑人的功效,既可以让使者折服,又能让自己美名远播。只是千算万算没算到,这个匈奴之人却是个口味"独特"的人,不但不耽于美色,还独具慧眼。这曹操也够无赖,自己计谋不成便用最简单粗暴的方法害人性命。可见,说实话也是有生命危险的。

【例证第 747 号】:给女人看的美男

古典小说《水浒传》第81回"燕青月夜遇道君 戴宗定计出乐和"和各个版本的电视剧都有这段情节:宋江带燕青去见李师师,通过李师师疏通宋徽宗的关系,谋求招安。而李师师与宋江估计是没啥双方共同关心的话题和谈资,虽不像林黛玉和焦大般的反差,但总不是一类人或同路人。而李师师与燕青不一样,志同道合,在电视剧里,还给安排了两人远遁的结局,就如同勾践故事的大结局里,范蠡带着西施去做陶朱公,总还是留给人一些美好与圆满的念想。而宋江自己没有这雅兴和资质,但他手上有燕青这张牌就够了,牌面不大,可管住李师师足够了。

【例证第 748 号】:男女通吃的美男 1——婚恋类节目

婚恋类节目从20世纪90年代末开始在内地风行一段后沉寂,近几年又死灰复燃,轰轰烈烈地在屏幕上大谈恋爱。不论是早期的男女嘉宾1:1的对等、平等、均等的设计,还是现在12:1或24:1的不对称设计;不论是男多女少还是女多男少，其实，路数没变，就是俊男美女的零误差与大逆差的对比；情理之中与意料之外的对比；大众认可与两情相悦的对比等等。这里，美男自然也是一个看点，型男、猛男、帅男是主菜，了无生气也就了无人气。在经过了 20 世纪末的丑星泛滥、糙男盛行之后，美男的春天来了。

【例证第 749 号】：男女通吃的美男 2——偶像类节目

偶像，就是崇拜或仰慕的对象，这种崇拜或仰慕带有一定的盲目性和阶段性。即追星族大体在青春期前后，虽然不乏超越这里年龄的狂热的"超粉"，但就如同青春期终将逝去，追星也会渐渐褪色，安心过自己平淡且真实的日子。不过，偶像类节目总会有"适龄"人群，有需求、有市场。《流星花园》《转角遇到爱》《花样少男少女》《王子变青蛙》等电视剧里，都充斥了太多的美男。虽说男女通吃，但没有偶像只有男主角的，那就各取所需好了。

【例证第 750 号】：男女通吃的美男 3——选秀类节目

当下的选秀节目，对于男生而言，不论是音乐类、语言类，还是舞蹈类、杂技魔术类，几乎都是兼收并蓄、广揽博收的，不排斥有真实和特殊才艺的不以形象取胜的，也更欢迎那些色艺双绝的师奶杀手。80 后和 90 后的崛起更映现出一种特征与趋势，当下的男生多少有些"伪娘"倾向，而女生则有些"女汉子"倾向。这自然与各类选秀节目或偶像节目里该类男生的走红或受青睐不无关系，于是，大家投其所好。但是，归根到底，男生要向男人进发，既不能过于奶油，也不能过于优柔、阴柔、媚柔，更不能趋向男色甚至男风。

第 32 计 空城计

原文：

"虚者虚之，疑中生疑；刚柔之际，奇而复奇。"

解读：

我方兵力虚弱却故显虚弱，使敌方产生疑惑而不向我方发动攻势。在敌众我寡的情况下，这种用兵之法显得更加奇妙。

《三国演义》里孔明鸣琴退仲达，大摆空城计才化险为夷。此计若用于电视，不失为一种韬晦之策。一个"空"引人无数遐想，到底是外实内空，还是外空内实，甚至是内外皆空。在悬念电视中，外实内空，算得上是在已知中求未知；外空内实，其实就是因不知而欲知，寻求到答案的过程；内外皆空，因为没有参照所以不得而知，也有可能就是真的啥也没有。

285

在具体实践中,"城"既是一个物理概念或物质、物化概念,也是一个抽象或虚拟概念。而仅就"空城计"物理概念也就是从军事意义上理解而言,当时这"城"必然是空,内无兵,外无援,守城之主帅或主将有胆有识,兵行险招使用此计,这是此计第一要件;其二,这种情况是暂时的权宜之计,坚持不了多久,敌方哪怕久困城池也会难以支撑和招架;其三,守城主帅必然用空城之缓兵之计误导对方而为自己赢得一定时间的同时,必然要重新部署或紧急调兵驰援,否则就是坐以待毙;其四,敌方主帅是一个疑心重且至少一时间多谋少断,若赶上李逵式的莽撞人,怕是不大好使,只好自认倒霉,无计可施了。

在这一计里,根据对"城"的理解即其外延的延展程度分为"现实篇""演绎篇""外化篇""升华篇"四类。

一、空城计之"现实篇"

这里的"现实版"指的是现实存在和发生过的一城一地,一时间兵力空虚,而敌军压境,兵临城下,守城或守地主帅临机采取的缓兵与疑兵之计。要点在于,将己方之虚再行强化、夸张和放大,而想给对方造成有疑兵和伏兵的假象,本"无"而虚拟或示之以"有",关键在于分寸和火候,表演得过分"真实"或表演时心虚胆战都会让对方看出破绽,从而功亏一篑,满盘皆输。从这个角度看,"现实版"玩儿的就是心跳。

【例证第 751 号】:叔詹的空城计

春秋时期,楚国的令尹公子元,在哥哥楚文王死后,欲图嫂子文夫人,但对方就是不点他的灯。他便想以功业和能耐讨得梦中情人的欢心。公元前 666 年,公子元亲率兵攻打郑国,连克数城,直逼郑国国都。郑国国小兵弱,难以抵御楚国强敌。上卿叔詹献计,一是固守待援,向齐国求救搬兵。二是以"空城计"退敌。于是,郑国上下依计行事,士兵全部潜伏,大开城门,放下吊桥,店铺照常开门,不露声色,摆出了一副不设防的架势。公子元赶到后觉得疑似有诈,于是按兵不动。而齐国接报便联合鲁、宋两国火速救郑。公子元得到信息,便见好就收,也使用"空城计"悄然撤退,空余族旗烈烈。这是中国历史上第一个使用空城计的战例。

【例证第 752 号】:李广的空城计

西汉时期,飞将军李广任上郡太守,防御匈奴。一天,皇帝派到上郡的宦官外出游猎遇匈奴兵袭击受伤。李广决定反击,率兵一百孤军深入追击。将三个当事人杀两捉一,正待凯旋,忽见数千名匈奴骑兵追至。这时,有些麻秆儿打狼——两头儿害怕:李广不敢以百敌千,对方以为李部是诱敌的前锋。所以双方都在观察对方。后李广更是出怪险之招,下令全体下马休息。此招令敌军很是纳闷,派人打探,还被李广射死。匈奴部将见此情形,更疑心附近定有伏兵。于是在天黑以后撤兵。这可算是李广职业生涯里的一处亮点,有心的仗打得无声无息、没滋没味儿的,这无心插柳倒是有声有色。

【例证第 753 号】:延安的两次空城计

在 20 个世纪 40 年代,陕西的延安上演过两次空城计。第一次是 1943 年 6 月,蒋介石命胡宗南闪击中共中央所在地延安。这个情报被胡宗南的机要秘书,也是我党埋伏在胡宗南身边的地下党熊向晖秘密发往延安。当时的延安只有三四万的留守部队,若遭遇国军大举进攻,后果堪忧。可就在预计发起进攻的前五天,胡宗南接到了朱德总司令发给他的明电,将他的进攻计划暴露无遗。同时,延安方面还将这一消息送达美英苏等驻华使馆及中外记者,置蒋介石于舆论焦点,最终,蒋介石只好取消了这次行动。

第二次是 1947 年 3 月,蒋介石再次命胡宗南进攻延安,这时熊向晖已经不再胡宗南身边,却又被临时召回继续担任机要秘书。自然,情报又传到了延安,为我党决策撤出延安赢得了宝贵的时间。等到胡宗南占领延安后,得到的只是一座空城。延安两唱空城计,可谓神来之笔。但同时也都是兵行险招。

【例证第 754 号】:傅作义偷袭西柏坡

无独有偶,到了 1948 年 10 月,坐镇北京的傅作义奉蒋介石之命要偷袭中共中央所在地西柏坡。这个作战计划很快被我情报机关截获。而当时西柏坡的部队只有一个警卫连,形势相当危机。毛泽东一边谋划歼敌退敌之策,同时,在 10 月 25 日、26 日和 30 日连发三篇稿件《蒋傅匪军妄图突击石家庄,我军严阵以待,决予歼敌》《华北各首长号召保石沿线人民,准备迎击蒋傅军进扰》《评蒋军傅匪军梦想偷袭石家庄》,通过新华广播电台向全国播发。特别是 10 月 26 日晚播发的一篇,更是详细披露了敌军的兵力部署和作战计划。此文一播,引起敌方恐慌,加之随后党中央紧急调动周边部队对来犯之敌予以迎头痛击,遂将这一计划彻底粉碎。毛主席巧施空城计一文退敌十万兵。这又堪称是现代版空城计的典范。

【例证第 755 号】:空城莫斯科

谈到拿破仑,似乎兵败滑铁卢已经成了他人生中最大的败绩,然而拿破仑进军莫斯科也是他军事生涯上的一处硬伤。1812 年拿破仑与库图佐夫交手获胜之后,9月14日至15日,拿破仑便进驻了莫斯科。梅内瓦尔对拿破仑进驻莫斯科这样描绘:"这里没有以前攻占一座大城市后所受到的热烈的夹道欢迎。所有的街道都非常安静,只听得见炮车的车轮声和士兵的脚步声……我们经过的街道两旁华美的建筑物,但却都门窗紧闭。"这就说明拿破仑占领的莫斯科已经人去楼空,俨然一座空城。15日晚上俄军更是一把大火把这做古老的都城烧得七零八落。面对被毁的一塌糊涂的莫斯科,拿破仑才知晓大约他是中了俄国人的空城计,他们明知自己的军事力量不能与拿破仑硬碰硬,便奉上一座空城。让拿破仑莫名其妙地当了守门人,激起了俄国人强烈的复仇心理,又让拿破仑蒙蔽在了占领俄国的美梦中,同时又让他们无处补给,最终让拿破仑的几十万法军,埋葬在了俄国的冰天雪地中。

二、空城计之"演绎篇"

所谓"演绎篇"是与上述"现实篇"相对而言,现实版是实际发生的"真实新闻",而"演绎版"则是子虚乌有的"文艺作品"。但有趣的是,演绎版比现实版的知名度要大得多,也因为是虚构的作品,创作空间大,所以,似乎更加生动传神。这里,以《三国演义》里诸葛亮的"空城计"最为有名,是典型的一款避敌大法。这里,又根据内外虚实分为两类。

(一)内虚而示之以实的"避敌"之法

【例证第 756 号】:《三国演义》里的空城计

在罗贯中的小说《三国演义》第95回"马谡拒谏失街亭 武侯弹琴退仲达"中,诸葛亮识人有误,差马谡和王平去守街亭。结果,马谡不听王平意见偏要在山顶扎营,结果造成惨败。司马懿率领15万大军一路杀到西城,此时诸葛亮在西城只有老弱残兵,但他临危不惧,摆下空城计,将城门大开,命老军打扫街道,自己在城楼饮酒抚琴,一副逍遥自在却隐含杀气的模样。司马兵到,看到如此情景,司马懿犯了经验主义的毛病,未敢轻进,恐中埋伏,自退20里。等他醒过味儿来,赵云已经回援,战机已失。孔明挥泪斩马谡那是后话了。其实两个人都走看了眼,孔明看错了马谡,失了街亭;司马看错了孔明,失了战机。前者胆子过大,后者胆子过小。如果中和一下结果如何?

【例证第 757 号】:京剧《空城计》里的"龙套"

侯宝林、郭启儒合说的相声《空城计》里,说到甲有次参与到名家侯喜瑞的班底参演《空城计》，侯喜瑞扮演司马懿，因为其中一名配角闹时令病，上吐下泻，于是，让甲救场，在里边演四个跟班打旗的龙套之一，因为他是个"棒槌"，就是外行，于是让他排在第四个出场，也叫"四旗"（前边叫头旗、二旗、三旗）。甲机械地执行侯老的指示，"跟着三旗"，本来应该四个龙套一边站两个人，结果因为他和三旗站到了一边，就成了一边一个一边仨。闹得司马懿上场后把台词儿都忘了。最后改了唱词把甲给拉过来了。

【例证第758号】：京剧《空城计》里的"套装"

在常宝霆、白全福合说的相声《诸葛亮遇险》，说的是某京剧团要排演《空城计》。很多青年演员都要争取参演机会，团长说分多组轮番上场演出。本来是可以分成若干"套装"轮番上场排演的，可是，这些演员故意曲解，结果闹成了"同场上"，满台都是"西城"老军。最后，"司马懿"看出西城实为空城和虚城，要杀入城里活捉诸葛亮。扮演诸葛亮的演员临时改词儿，率领老弱残兵投降司马懿了。这出戏比上一出还要荒诞离奇。

从某种程度上讲，在现实版也好，演绎版也好，因为敌我力量对比悬殊，又近无援兵，断无胜算，且可能全军覆没，才迫不得已使用"空城计"这个"退敌""避敌"之计，是被动使用或无奈之举。从本质上讲，是内"虚"而示之以"实"，虽然摆出空城的架势，其实真实和终极目标是想让对方以为是"实"。而另一种则正好相反，是内实而示之以虚的"诱敌"之法。其手段与"欲擒故纵"或"抛砖引玉"有相似之处，但因为有"空城"的外壳包装，因此，放在这里更为贴切。

（二）内实而示之以虚的"诱敌"之法

这种类型，"城"内密织罗网，严阵以待，而设局者故意示之以虚，让对方造成误判，以为可以行事，却正好进入设局者的圈套陷阱。

【例证第759号】：《警察故事之较量》的诱敌法

2010年出品的电视剧《警察故事之较量》中，缉毒英雄、山城缉毒二支队支队长梁立勇（姜武饰演）一直在追捕贩毒头目钱猛（刘晓明饰演）。在第8集，他让钱猛的女友小兰给钱猛打电话，让他来医院来看望自己（小兰因宫外孕大出血，血型是RH阴性AB型，极为罕见，梁立勇的女友罗芳正是同样血型，她用自己的鲜血挽救了小兰的生命，小兰才配合警方）。其实，警方在医院布下罗网，只等钱猛上钩。可当警方擒获进入病房的人时，发现只是个探路的替身，钱猛又一次逃脱了。于是，梁立勇又以自己和罗芳的婚礼为诱饵钓钱猛，这次，钱猛终被擒获。

289

【例证第 760 号】：《枪王之王》里的圈套

2011 年出品的香港电影《枪王之王》讲述了基金经理关友博(古天乐饰演)参加射击比赛夺冠后携枪离去,途中"巧遇"劫案。为"拯救"交警徐伟光,开枪击毙 3 名劫匪。而警官庄子维(吴彦祖饰演)经过调查发现关友博是这个事件的策划者和凶手,而那名交警徐伟光也是他开枪杀的(因为他认识关友博)。而其实已经脑死亡的徐伟光就成为诱他进入罗网的线索(关以为徐伟光活着,他不能留着这个活口),于是,庄子维说服交警家属以徐伟光为诱饵,引关友博来杀徐伟光,关友博果然上钩,当关友博开枪"打死"徐伟光后,发现自己处在重重包围之中。最后,他死在徐伟光双胞胎弟弟徐伟国的枪下。

【例证第 761 号】：《飞虎队》王强误入圈套

1995 年出品的国产电影《飞虎队》演绎的是山东枣庄一带赫赫有名的"铁道游击队"的故事,但故事脉络和人物走向却和 1956 年出品的国产电影《铁道游击队》大相径庭,人物的悲剧结局令人唏嘘不已。电影里,飞虎队大队长刘洪(刘威饰演)率队员击毙了洋行新大掌柜山口司令,消灭了特务队长岗村和他的特务队。新特务队长松尾起用了铁杆汉奸秦雄拉起假"飞虎队",以剿灭真飞虎队。他利用叛徒赵老板设陷并杀害了飞虎队副大队长王强(李雪健饰演)。而王强误入大院的桥段就很符合这一类型的"空城计"。

三、空城计之"外化篇"

所谓"外化版"就是说,"空城计"不再是仅仅用在军事和涉案类题材里,总是和打打杀杀、死去活来有密切的联系。而是"去军事化",将这种计策或手段外化或延伸到其他领域,但还和"城"有关,还是关于"城"空、如何"空"与为何"空"的事情,由军事转入经济,不再那么血腥了。

【例证第 762 号】：春节用工荒

在央视《焦点访谈》2011 年 2 月 12 日的节目中,"春运"高峰过后,留下的一座座空荡荡的城市。在城务工人员纷纷回家过年,城市突然清静了许多,但是人们也会突然感觉到,一向正常的生活出现了种种不便:无处理发;无处洗车;找不到家政;发不出快递……春节用工荒让人潮退去后的城市显得无助。

春节用工荒的凸显,其实是城市化进程中归属感的匮乏。将进城务工人员融入城市,给予他们平等的权利与空间,一座城才不会上演"空"的寂寥。

【例证第 763 号】：无法承受的城市之"空"

央视《经济半小时》栏目在 2010 年 8 月 1 日和 2 日两天的节目中，接连播出了北京京郊和天津上演的空城计。记者调查了北京大兴、河北燕郊和北京昌平的房屋入住率，发现很多小区一到夜里就黑乎乎一片，房主多为投资买房。天津的情况也不容乐观。作为中国内地最早由开发商打造的"新城"——京津新城，计划这里将有 8000 座别墅，可供 50 万人生活。但目前的情况是，一些入住率最低的别墅区还不到 3%。

这城市那么空，这楼市还那么汹，这既荒诞又令人心酸事实，是对我们房产制度的严峻拷问。

【例证第 764 号】："空摆设"的垃圾桶

珠海电视台民生新闻节目《民生大搜寻》在 2013 年 6 月 12 日一期中，经市民报料，记者发现在明珠北路的城轨站周围，马路边上设立的垃圾桶竟然全都没有内胆，市民在往里面扔垃圾的时候，跟直接扔在地上没有什么分别。这严重影响了周边的卫生和市容市貌，不仅给市民生活带不便，更是平白无故给环卫工人增加了额外工作量。

估计这垃圾桶很委屈，本想为城市美化多吞垃圾，没想到被人陷害，误唱了一出影响自己工作评估的"空城计"。

四、空城计之"升华篇"

所谓"升华篇"则彻底与"城"无关，其超脱和远离还要比第三类更甚些。它是将"空城计"作为一种抽象出来的计谋与对策使用，而不再局限于"城"的微观和具象的概念，而作为手段使用。就如同现在使用"叶公好龙"与龙无关使用"邯郸学步"与走路无关一样，只是一种比喻和形态，而不能过于教条和形而上学。

【例证第 765 号】：考古发掘之"空棺计"

2000 年 8 月 20 日，央视直播节目《老山汉墓探秘》，虽然创作者想了不少点子，资料准备十分充分，直播前宣传声势浩大，技术手段先进，但由于考古工作进程缓慢而枯燥，使得那些抱着急迫的寻宝心态而对深奥的考古学并不感兴趣的观众们对这场直播不大看好。老山汉墓的开掘，最为吸引观众的就是等待目睹开棺的时刻了。观众期待的心情急迫，但由于进程缓慢，第一次直播不得不中断。以后又因过早发现了盗墓洞，也过早地推断出此墓可能是空穴，使观众兴味索然，悬念几乎丧失殆尽。原计划的第二次直播也因为后来发现棺椁已经被盗，棺内已经空空如也不得不取消,发掘成了"空棺计"。

【例证第 766 号】:考古发掘之"空镜计"

无独有偶,2002 年 9 月 17 日,央视进行埃及胡夫金字塔开掘的现场直播和观众开了个"逗你玩儿"的玩笑。当观众耐着性子等待打开一道石门后,发现还有一道,直到直播结束时,出现在大家面前的还是一道石门。当然,这不是主动要使用空城计,应是意料之外,只是观众被"空城"了一把,希望放空。

【例证第 767 号】:香尸谜案

2012 年 8 月 3 日开始,央视《走进科学》栏目播出了一部《清代香尸谜案》共 5 集的专题片。节目一开始就说 2001 年 3 月的一天,在安徽省砀山县梨园小区的建筑工地,挖出一口红漆大棺材。棺木打开之后躺着一位身着一品官服的清代女士,女尸容貌秀美,体带异香,且随身带有贵重的随葬物品,颈部却带有一个足以致命的 T 形伤口。女尸已经出土,大家便众说纷纭,有人说这位美人是被皇后因嫉妒杀死的皇帝的女人,也有人说这是乾隆皇帝的香妃等等。对女子颈部的 T 形伤口节目也是做出了个人中推测,说是谋杀,说是盗墓者所为,各种悬念,各种推测,结果最后却说这个伤口是在女尸出土后,人们哄抢女尸身上的随葬物品所致。栏目给观众摆了一场空城计,遮挡专题片最大的悬念包袱,一层层剥开之后居然是一个空包袱。虽然悬念能让人更有欲望看下去,但是这样的结局难免让人有大失所望的感觉。

【例证第 768 号】:大粪当白银

2000 年出品的电视剧《大宅门》第 19 集中,生意越做越大的白景琦(陈宝国饰演)想收购沿河的 28 家作坊,只是这收购谈何容易,没有两千两银子根本谈不拢。倔脾气的白景琦还不肯求助提督府的堂姐,非得凭自己的本事发家。诡计多端的他计上心来,只见他在家把什么宝贝拿封条封好,得意地搓搓手,只是将手放在鼻前闻了闻,似有异味,但并不妨碍他的好心情,末了用红绸黄缎把这宝贝里三层外三层的裹了起来。原来他拿的是"传家宝",去当铺以此来当两千两银子。白景琦与当铺掌柜约好,不可以开封验货,否则本利分文不给;半年后本利齐还,赎回"传家宝"。半年后,白景琦带着两千五百两的银票如约而至,就在掌柜请求看一眼传家宝为何物时,白景琦扬手一扔,将传家宝掷出窗外,说了一句让众人惊掉下巴磕的话,"要不说怎么不让你们看呢,这里面装的是我拉的一泡屎"。

白景琦这出戏可谓空手套白狼,只是招儿实在太损。看完后才明白,怪不得白景琦在闻手时,表情不自然,一盒秽物换谁谁都受不了。

【例证第 769 号】:险酿大祸的刘星

在 2007 年出品的电视剧《家有儿女》第四部之空城计中,刘星(张一山饰演)家里的防盗门坏了,刘星被安排在家看门守户。妈妈临行前特意叮嘱刘星要认真看家,不得马虎。耐不住看家寂寞的刘星还是选择了与小伙伴儿外出玩耍,他灵机一动,学起了诸葛亮的空城计,把房门大敞四开,虚张声势。不料,刘星刚走,两个小偷儿就来到了门口,他们果然中了刘星的"空城计",未敢擅闯。其间,刘星赶回家查看情况,发现一切安然无恙,于是更得意地外出玩耍。出门前还来了一计树上开花,大放音响,进一步虚张声势。只是这次没能骗过小偷儿,两个小偷儿长驱直入,在刘星家中翻箱倒柜。玩够回家的刘星竟稀里糊涂地把小偷当成了防盗门修理工,小偷儿借机演起戏来,顺势逃离。好在最后保安将小偷儿擒获,为刘星家挽回了损失。

打这看得出,空城计不能瞎用,可不是家门大开,主动迎贼,开门揖盗。到头来,搬空家底给别人,剩个空城留自己。

【例证第 770 号】:不见主人的满月酒

深圳卫视电视新闻节目《直播港澳台》2011 年 7 月 9 日一期中,因不雅视频一直成为台湾话题人物的璩美凤再一次成为媒体焦点。打算为儿子办满月酒的璩美凤,携老公一起在酒店公开亮相,并参加了记者见面会,大秀一家三口的甜美幸福。没回答几个问题,一家三口匆匆离去,满月酒还未开始就已结束,等到餐厅管理人员赶到包厢,发现早已是人去楼空,餐厅跟着白忙活一场不说,就连最基本的场地费都没收着。

一场"乌龙"满月酒,让璩美凤一家完成了见面,也赚足了人气。不管出于什么原因,给出什么解释,给承担酒席供应的餐厅唱空城计,不给钱就走,总归是不礼貌的。

【例证第 771 号】:虚拟主持人

虚拟主持人是继虚拟场景、虚拟演播室后又一虚拟技术的应用,它是计算机图形学、计算机动画等技术发展的结果。2004 年,我国首位三维虚拟电视节目主持人"小龙"在央视电影频道《光影周刊》栏目正式"上岗"。"小龙"几乎与真人无异,肢体微动作细腻暂且不说,他还能根据说话的内容配合相应的手势,甚至边主持节目边闲庭信步、摆弄摆弄手边的相框,举手投足间颇有大牌主持人的风范。他更有着真人主持不可比拟的特异功能——时空穿越术,随时化身成为电影中的某个人物,让情景再现不再流于想象。虚拟主持人的出现给我们现有的主持人格局带来一个全新的诠释,注入了新的血液,开创了新的传播空间,在一定程度上淡化了内容的主观性,使信息传播显得更有客观价值,同时也给"真人版"主持人带来了压力、敲响了警钟。

虚拟的背后离不开现实的操纵，科技力量决定虚拟演示的水平，虚拟主持人也只能是现实电视主持人功能的延伸，现在探究以后的主持谁是主导还为时过早，把答案交给时间，到时自有定论。

第33计　反间计

原文：

"疑中之疑。比之自内，不自失也。"

解读：

在疑阵中再布疑阵，借势将敌军的间谍为我所用，保全自身内部稳定，控制外来离间势力，即可获胜。

"非圣智不能用间"，反间计不是谁都能驾驭得了的。施计者不仅作为当局者掌控全局，还要有着旁观者的清醒，能识破身处的迷阵。而后借助借力还力的反弹效应实现"以其人之道，还治其人之身"，反间计之效正是如此。《孙子兵法》专门有一篇《用间篇》，指出有五种间谍：利用敌方乡里的普通人作间谍，叫"因间"（也叫"乡间"）；收买敌方官吏作间谍，叫"内间"；收买或利用敌方派来的间谍为我所用，叫"反间"；故意制造和泄露假情况给敌方间谍，叫"死间"；派人去敌方侦察，再回来报告情况，叫"生间"。

节目中的反间计常让观众看得心都提到了嗓子眼儿里，随着剧情逐渐明晰才放松了神经，看来这种悬念玩儿的就是心跳。

这一计根据情况的不同，分为"真实事件篇""间谍潜伏演绎篇""临时起意篇""电视栏目篇"四个类型。

一、反间计之"真实事件篇"

这一类是指在历史上真实发生的事件。在事件中，甲方使用反间计致使乙方自断股肱，算是以反间计借刀杀人。不论是个体事件，还是群体事件，都是乙方做了亲者痛而仇者快的事。乙方犹在杀之后快，甲方已经弹冠相庆。属于"不战而屈人之兵"的不战而胜的上兵伐谋的典型模板。

【例证第772号】：袁崇焕间接死于离间

1630年，时任蓟辽总督的袁崇焕被崇祯皇帝凌迟处死，市人争啖其肉，尸骸只剩头颅被佘姓下属偷偷掩埋，其情可悯、可悲、可叹。究其原因，其一是说死于皇太极设下的反间计，崇祯听信了袁崇焕通敌的谣言；其二，袁崇焕说了五年收复辽东的大话而未能兑现，还耗费了大量人力物力;其三,袁崇焕用尚方宝剑杀了总兵毛文龙,做了件亲者痛仇者快的事,不仅崇祯耿耿于怀,也导致了毛的部下耿精忠、尚可喜降清;其四,袁崇焕与后金谈和,而当后金偷袭北京又回援不利,崇祯对袁崇焕既有怀疑,又有积怨;其五,崇祯是个生性多疑之人,除了杀掉了袁崇焕,还杀过薛国观、陈新甲、周延儒、郑崇俭、范志完、王洽、孙元化、刘策、杨一鹏、熊文灿、杨镐等高官。这就为李自成攻进北京鸣起丧钟时无人应答(只来了贴身太监王承恩)做了很好的注解。即便不能确定,但这其中,反间是起了一定或间接的作用的,至少在多疑的崇祯那里,多少还是起了效的。

【例证第 773 号】:计杀图哈切夫斯基

1936 年到 1937 年,德国盖世太保第二号人物海德里希伪造了苏联最年轻的元帅图哈切夫斯基"叛国"的情报,先是将这些信息通过捷克和法国传递给苏联,而后海德里希派出亲信、党卫军头目贝伦斯还是通过捷克把情报以 300 万卢布卖给苏联。苏联方面随即展开行动,图哈切夫斯基元帅被杀。当然,还不止于此。1937—1938 年间,苏军全军有 80% 的高级军官被判死刑,5 名苏联元帅被杀 3 名,15 名集团军级将领被杀 13 名,85 名军级干部被杀 57 名,195 名师级干部被杀 110 名,406 名旅级干部被杀掉 220 名,这种恶行直接导致了 1941 年苏德战争展开初期,苏军无将可用、节节失利的严重后果!这几乎和朱元璋建国初期大杀功臣,导致燕王朱棣起兵夺权时朱允炆几乎无将可派如出一辙(虽然原因不同,朱元璋没中别人的反间计,他是有预谋、有意识、有步骤地屠杀功臣)。苏联方面起于反间,祸在株连。而德国方面,起于反间,借刀杀人,顺手牵羊,不费吹灰之力,为后来的闪击苏联做了铺垫。真是惨痛的教训。

二、反间计之"间谍潜伏演绎篇"

前边说到,"用间"在双边或多边的战争与外交中司空见惯。在艺术作品里,此类作品目前叫"谍战片",在二三十年前叫"反特片"。间谍的作用一是潜伏;二是获取情报;三是离间敌方。在影视作品的精彩演绎下,谍战又会比"实战"更加扑朔迷离、跌宕起伏,几乎涵盖了孙子所说的乡间、内间、反间、死间、生间等各种类型。这里又分"长期潜伏"和"短期植入"两种。

(一)长期潜伏

所谓长期潜伏很简单,就是长期(至少数年)潜伏在对方阵营。但潜伏不一定都是做间谍,而做间谍就必须要潜伏。

【例证第 774 号】：李侠的假双面间谍

在 1958 年出品的国产电影《永不消逝的电波》中，1939 年，我党派李侠（孙道临饰演）从延安到上海地下电台工作。太平洋战争爆发后，李侠被日军逮捕，但怀疑他是重庆国民党方面的间谍，遂将他释放。出狱后，国民党拉李侠下水为其工作。李侠假意答应以获得合法身份，因而获取了更多的敌人情报，并将敌人重庆的谈判内幕在报上揭露。临近解放，他被出卖暴露了真实身份，在他向延安发完最后的电报时，已被敌人包围。他镇定地吞下电文，发出"同志们永别了"的深情呼唤。最后，慷慨就义。李侠的原型是李白，但双面间谍桥段属于演绎。

【例证第 775 号】：余则成的潜伏

2009 年出品的国产电视剧《潜伏》可说是新生代谍战剧的典型代表。而余则成（孙红雷饰演）这个人物又是多种形象的融合，他作为军统特务奉命潜入汪伪特务机关而后伺机杀了其"政保总署"电讯处处长李海丰，而后他又被刺，再被我党特工所救，由此走上革命道路。作为潜伏敌营的特工，他不仅出色完成了递出情报的工作，还陆续除掉了米志国、陆桥山、马奎、李崖等特务。而除掉这些人大多用的是反间计。

在第 24—26 集中，诡计多端的谢若林（曹炳琨饰演）为摸清翠平（姚晨饰演）的底细，找到了曾经当过八路军的汉奸许宝凤（孙岚饰演），想让她演一出好戏，从涉世未深的翠平的嘴里套出些实情。许宝凤化妆成受伤的八路军战士，得到了翠屏的救助，许宝凤用谢若林提供的情况作诱饵，翠平很快就向她暴露了真实身份，而许宝凤利用事先藏在皮箱中的微型录音机录了下来。谢若林则把录音带卖给了一直想置余则成于死地的李涯（祖峰饰演）。自以为做了好事的翠平高兴地向余则成（孙红雷饰演）汇报，余则成却说翠平中了圈套，好在事情还有挽回的余地。听过录音的站长（冯恩鹤饰演）下令逮捕余则成夫妇。暗中得意的李涯没料到余则成和翠平早有准备，面对李涯审问的翠平滴水不漏，余则成通过拼改李涯和许宝凤对话的录音，把李涯的录音证据全盘颠覆，又把早已死去的谢若林嫁祸为始作俑者，来个死无对证。最后余则成反客为主，以不学习先进的间谍知识为名狠狠地批评了李涯。

以其人之道还治其人之身，一招反间计，让余则成挽回了局面。

【例证第 776 号】：《黎明之前》

2010 年开播的 30 集谍战剧《黎明之前》中，国民党军情第八局上下都在搜捕代号为"水手"的中共地下党段海平（陆剑民饰演），可是任务总是失败，第八局内部也出现了各种分歧与不信任。就在一次抓捕中，让第八局找得好辛苦的"水手"被抓获。"水手"已是囊中之物,第八局局长谭忠恕(林永健饰演)却有着更进一步的打算:他要通过"水手"把自己内部的地下党找出来。谭把审讯"水手"的工作交给总务处长刘新杰(吴秀波饰演)、行动处长李伯涵(田小洁饰演)两人,而自己暗中观察。李伯涵急切地要找对刘新杰不利的细节,把"水手"的审讯变成对刘新杰的攻击。刘新杰则像往日一样迟钝,反而把李的攻击化解无形。刘新杰不知道,这一切都是"水手"为保护他,照顾大局而设计的反间计。其实"水手"是主动被捕的,以此遮人耳目,用以引谭忠恕上当。虽同为地下党,但刘新杰毫不知情,所以他的反应没有漏洞。"水手"最终成功地使得谭忠恕相信,李伯涵才是中共在第八局的卧底,李伯涵所执行的"木马"行动是帮助共产党布置下来对付他的。尽管"水手"牺牲了,但他成功地保护了刘新杰,也摧毁了整个"木马"行动。

这一计用得悲壮,用得荡气回肠,不惜用生命的代价,迷惑敌人的判断,也正是这样,才保证了我方始终有一把无形的匕首隐蔽在敌方的心脏。

【例证第 777 号】:《色戒》

2007 年李安执导的电影《色戒》中,20 世纪 40 年代,女大学生王佳芝(汤唯饰演)与一群有志报国的大学生定下美人计。由王佳芝化身麦太太,利用美色接近汉奸头子易默成(梁朝伟饰演)。起先让佳芝成功接近了易,却阴差阳错在最后时刻鱼儿脱了网。后来香港沦陷,同学邝裕民(王力宏饰演)重提刺杀易默成的计划。于是王佳芝又被安排在了易的身边,成了易的情妇,在他身边传递消息。最终王佳芝对易动了真情,沦陷在易的爱情攻势中,出言提醒易。然而易默成却在逃出生天之后,决定对王佳芝等人赶尽杀绝。王佳芝是爱国人士安插在易默成身边的间谍,但是他们的刺杀计划却最终断送在了他们这个重要的间谍身上。

【例证第 778 号】:《无间道》

2002 年刘伟强导演的电影《无间道》是一部谍战戏。电影以"无间道"命名,便是佛教中最八大地狱中最痛苦的一个,喻示两个被褫夺了真实身份的人在苦苦挣扎。三合会成员刘建明(刘德华饰演)听从大哥韩琛(曾志伟饰演)的安排进入警校学习,成了卧底。而同时警方也将表面上强迫退学的学生陈永仁(梁朝伟饰演)安排进入三合会当卧底。两个人同时进行卧底行动,一个步步高升成为刑事情报科的一员,另一个取得了韩琛的初步信任。然而在一次毒品交易中,双方都发现各自内部俱有内鬼。然而最终的结果却是陈永仁死在另一个三合会卧底的枪下,刘建明被捕。在这部电影中两方人马都使用了反间计,然而看似三合会的反间计更高明一下,因为其在警方渗透了不止一个间谍,最终让陈永仁死在自己手上。

(二)短期植入

所谓"短期植入"比之"长期潜伏"要省时得多,一般就是当事人临时奉命以卧底身份打入对方阵营,或传递假情报,或为将对方一网打尽做内应。但在过程中,往往会碰到与同样在己方做内应的对手"遭遇"的情形,或者是遇到了对方里知道自己身份的人,一时间将自己推到危险边缘,因为这样才有戏剧冲突或显示当事人的急智与果敢,且看当事人如何应对。

【例证第 779 号】:曹操中了周瑜的反间计

在小说《三国演义》第 45 回"三江口曹操折兵 群英会蒋干中计"中,周瑜通过夜探曹操水寨,觉得曹操的水军并不容易取胜,当采取擒贼擒王之法除掉曹营水军都督蔡瑁、张允。正巧曹操派蒋干来劝降周瑜,周瑜将计就计,特意装醉邀请蒋干同榻而寝,故意让蒋干盗取伪造的蔡瑁、张允与东吴结连的书信。蒋干回营将书信献给曹操,曹操下令处斩蔡瑁、张允。曹操不愧为帅才,一会儿就醒过味儿了,他中了小周郎的反间计,可是悔之晚矣。当然,《三国演义》的反间计不止这一处,还有曹操离间马超和韩遂、诸葛亮离间司马懿和曹睿、曹操离间吕布和刘备、曹操离间吕布和陈宫等等。

【例证第 780 号】:杨子荣威虎山遭遇栾平

在 1958 年出品的国产现代京剧电影《智取威虎山》(根据曲波小说《林海雪原》改编)中,1946 年,我军某部团参谋长少剑波率领 36 人的追剿队准备消灭牡丹江一带的座山雕匪帮。侦察排长杨子荣从土匪一撮毛身上获得绘有土匪秘密联络地点的"联络图",又审讯土匪栾平核实了情况。经过商议,决定派杨子荣化装成土匪胡彪假借献图,打入威虎山,里应外合,消灭座山雕。大智大勇的杨子荣取得了座山雕的信任,并通过了座山雕的试探,将搜集到的情报送下山冈。但意外发生,栾平逃到威虎山并指认杨子荣。杨子荣在这生死成败关头,机智勇敢,步步紧逼,问得栾平哑口无言,最后将其置于死地。在"百鸡宴"上,杨子荣和追剿队全歼匪众,活捉座山雕。

杨子荣的这招急智很是经典和精彩,被后来一部电影致敬般地化用了。

【例证第 781 号】:《A 计划》里打海匪

在 1983 年出品的香港电影《A 计划》里,水警队长马如龙(成龙饰演)

化装成与海盗有"业务往来"的老板周永龄去见海盗头目罗三炮,并取得了罗的信任。这时,罗的下属李初九跑回,而他认得马如龙。马如龙像连珠炮似的发问和抢白一时间说得李初九不知如何应对。这时,水警队攻入海盗总部,李初九死在水警枪下。冷眼一看,这一桥段与《智取威虎山》杨子荣见栾平何其相似。

【例证第 782 号】:《康熙王朝》小毛子也会使反间计

在 2001 年出品的国产电视剧《康熙王朝》第 21—22 集里,康熙发现自己队伍里有人私通假"朱三太子"杨起隆。于是,假意鞭笞司茶小太监小毛子并派他打入杨起隆处卧底,还带去了"康熙已死"的假情报以引诱杨起隆出动好一举消灭。这时,被杨起隆收买在康熙那里卧底的太监黄敬出场与小毛子对峙。小毛子祭起反间计,令杨起隆一时真假难辨,将小毛子和黄敬一并关押。小毛子又忽悠黄敬做他的"底托"把他顶上窗户逃走向康熙报信。

【例证第 783 号】:《小兵张嘎》

2004 年谢孟伟、张一山、王莎莎等主演的国产电视剧《小兵张嘎》以 1934 年的白洋淀为背景,描述了失去奶奶的嘎子,为了梦想参加八路而展开的故事。在故事中,有一段是鬼子使用反间计。后方特派员流言肩负使命路经白洋淀被伏击,流言不知下落。日本人便借这个机会派出间谍石磊假扮成特派员混入区队。日本鬼子的计谋倒是设计得不错,挑的时机、用的身份都是和流言严丝合缝的,怎奈保密工作做得着实不怎么样,被嘎子等一群小孩子无意间发现了石磊的真面目。

三、反间计之"临时起意篇"

与前边的真实版与影视演绎的谍战不同,这类"临时起意"的反间计不是经过长期谋划或精心设计,或是临时起意,或就是一个片段或过场,分量不重,比例不大,对结果产生影响,但只是因素之一,而不似前边两类的决定性作用。

【例证第 784 号】:白骨精三使反间计

小说《西游记》第 27 回"尸魔三戏唐三藏 圣僧恨逐美猴王"中,白骨精先施美人计,变作村姑挑逗八戒劝唐僧走出悟空划定的"防空警戒区",亏得悟空及时赶回,打死了白骨精的化身。唐僧要赶悟空走,悟空死说活说才没被除名。而后,白骨精又变作村姑的妈妈和爸爸再度离间唐僧和悟空。最终,虽然,白骨精付出了生命的代价,但她的反间计也算成功了一时。唐僧赶走了悟空,其实也就是个"停职反省"的处分。其后,唐僧师徒3人(少了悟空)到宝象国后被黄袍怪捉住,唐僧被变作白虎,猪八戒等不敌黄袍怪,猪八戒到花果山智激孙悟空去战黄袍怪,救出唐僧,撤销处分,恢复原职。

【例证第 785 号】:李云龙使反间计

2005 年出品的国产电视剧《亮剑》第 20 集中,李云龙率部与楚云飞部在淮海战役中遭遇,双方都损失惨重。李云龙派兵摧毁楚军炮兵阵地,并俘虏炮团的肖参谋。第二天,李云龙释放了这个参谋,并让其捎张战略地图给楚云飞。这时,野战军司令部决定换下李云龙的部队改由炮击。楚云飞看到参谋带回的地图,将信将疑,加之周围军官也都莫衷一是,让楚云飞脸上挂不住,迁怒于肖参谋,把他给毙了。这其中,自然有李云龙反间计起的作用。

【例证第 786 号】:《功夫》里的计谋对决

在 2005 年央视春晚小品《功夫》中,大忽悠(赵本山饰演)带俩徒弟到范厨师(范伟饰演)那里要再卖给他轮椅兼"担架"。结果一计不成。二徒弟遂转头倒戈拜范伟为师。范厨师忙不迭地去给新徒弟包红包。徒弟将红包拿到手交回大忽悠那,说道:"师傅,拿下。"原来使的是反间计加诈降。但范厨师不学做饭学兵法了,人家还留了一手,打开红包一看,是副对联:拐一下悠一下缘分啊,吃一堑长一智谢谢啊。横批:自学成才。这范厨师肯定遇到高人了,否则智商加情商不能提高得这么快,从弱智到大智,跳了好几级。要么就是像郭靖那样忽然开窍了。总之,在以一敌三的不利情况下,还能完胜,实在是得益于大忽悠给他的反向激励,范厨师才好见招拆招,从容应对,把大忽悠打回原形,而这才是大忽悠和大忽悠们的应有下场。

【例证第 787 号】:《美人心计》

后宫美人的尔虞我诈,一直都是很多电视剧的看点。2011 年出品的电视剧《美人心计》更是展现了一连串的反间计。一面各附属国都向汉廷派出间谍,以作收集消息之用。其中,周亚夫的妹妹子冉便是代国送到汉廷的细作,然而多疑的吕媭却未让她近身,借着向代王赏赐美人的机会,顺水推舟地送走了身份可疑的子冉。另一面吕太后又向各国分派细作。代国的两任王后便都是吕媭的人,然而吕媭防他国的间谍很有一套,对自己的细作却是太不了解。她派出去的细作都背叛了她转投到了代国的怀抱。

【例证第 788 号】:受委屈伙计装叛变

2006 年出品的章回体古装情景喜剧《武林外传》第 12 集中,怡红楼的老板赛貂蝉(刘敏饰演)为了日后在与竞争对手同福客栈的较量中占得先机,交了重税换回一块名誉牌匾,结果心理失衡,为报被迫缴税之仇,使出反间计,分别利用同福客栈伙计在假期、造型、知识等方面的需求,一下子挖走了白展堂(沙溢饰演)、郭芙蓉(姚晨饰演)、吕秀才(喻恩泰饰演)和李大嘴(姜超饰演)。甚至连佟掌柜(闫妮饰演)的小姑子莫小贝(王莎莎饰演)也想去怡红楼吃点心。正在佟湘玉心灰意冷、泣不成声的时候,赛貂蝉再次气急败坏地找上门来。原来,众伙计为教训挖墙脚的赛貂蝉,在怡红楼什么也不做,将计就计而已。

人间自有真情在,反间计只能钻虚情假意、伪善的空子,在真情面前根本不值一提。

【例证第 789 号】:完败的牛芬芳

2014 年 1 月开播的国产电视剧《美丽的契约》第 16 集中,刘得意(范明饰演)与花美丽(宋丹丹饰演)大办婚礼,为的是让外人看不破他们的假婚姻关系,尤其是针对高度怀疑他们婚姻关系的牛芬芳(迟蓬饰演)。牛芬芳是民政局的办事员,在同一天给刘得意办理了离婚手续,紧接着又为刘得意办理了与花美丽的结婚手续,牛芬芳觉得蹊跷,于是通过各种途径侦查刘与花的婚姻关系。刘得意借婚礼证婚人的环节,突然邀请牛芬芳上台证婚。本来来参加婚礼就是尴尬、难为情后的选择,这忽地又被邀请发言更是盛情难却,只好硬着头皮在台上读起由刘得意写好的证婚词。证婚结束后,刘得意极为得意地感谢道:"刘大姐的证婚词字字千金,铁证如山,再次谢谢牛大姐。"

私下的怀疑变成了公开的支持,更何况铁证如山,若想翻盘,只能背负挑拨离间、拆散姻缘的恶名了,此番交手,牛芬芳完败。

四、反间计之"电视栏目篇"

电视栏目中的"反间计"不似谍战中的那样血雨腥风、刀光剑影、你死我活的。一是具有游戏的假定性;二是没有那么强烈的冲突。所以,虽然具有一定的真人秀的"限时"和"现实"的真实,但终究不必当真,风险仅高于"零"一点点。

【例证第 790 号】:爱情反间计

《生活麻辣烫》是重庆电视台 2002 年开播的王牌方言节目,在"爱情反间计"一期中,男主人公温开水(温亮饰演)通过相亲认识了女主人公张星星(张新饰演),结果温开水因脸上的麻子遭女孩星星鄙视,相亲失败。弟弟小伟(陈伟饰演)得知后决定替哥哥教训一下张星星,其实小伟更多的是为了以此来冲抵自己欠温开水的钱。小伟开始主动追求星星并假恋爱,对星星骗财骗色。蒙在鼓里的张星星一直对小伟言听计从,这让老实忠厚的温开水实在看不下去,他不想让原本只是一场玩笑变成一场骗局,于是匿名向张星星打电话,在电话中温开水假扮女生向星星揭发小伟在赌钱,帮助星星识破了小伟的骗局。

若不是善良的温开水及时拆台,被蒙在鼓里的张星星怎会反间成功,到头来定是人财两空。这场三人行中,一个图财,一个图色,只有一个图实在的却受到奚落。

【例证第 791 号】:孤军奋战

《赢在中国蓝天碧水间》是由江苏卫视联合优米网共同打造的商业明星公益真人秀。在 2013 年 11 月 11 日第 9 期节目中,节目组要求蓝天队和碧水队的队员们互换,明为换队员实则是交换了队长,这轮任务对蓝天碧水两队队长考验尤其严峻。重新组合在一起的蓝天队成员一时间没有习惯队长袁岳的领导风格,外加对田宁布置的任务有抵触情绪,使蓝天队陷入前所未有的困境。好在蓝天队里姚劲波挺身而出,带头为队长打开了局面。碧水队的队长夏华迅速作出判断,断定蓝天队的完美开局完全依赖姚劲波,于是向姚劲波发出友情攻势,挫败刚换到蓝天队的姚劲波的斗志。陷入进退两难的姚劲波干脆离开蓝天队的工作室,结果这一举动有如地震,蓝天队的成员纷纷离席,碧水队队长夏华却很快将新换来的队员统一思想,一举拿下蓝天队孤军奋战的队长袁岳。

军心涣散外加对方的感情攻势,纵使袁岳三头六臂,也敌不过被对方撬了家底,输得惨啊。

【例证第 792 号】:X-MAN

《X-MAN》是韩国 SBS 电视台 2003 年 11 月 8 日开播的一档综艺节目。节目开始前,会在参演嘉宾里面选出一位 X-MAN,这是唯一的特殊身份,只有他自己知道,其他人都不知道。节目进行当中,X-MAN 的任务就是让自己所在的队输掉游戏。到最后自己的队失败的话,X-MAN 的任务才算完成,而且不能被别人识破。最后由大家根据各人的表现猜,谁才是真正的 X-MAN。

节目的最大看点在于 X-MAN 与他人的过招拆招,反间计与破反间计是他们之间最大的较量,怪不得单看节目的名字,就有一种谍中谍的感受。

第34计 苦肉计

原文：

"人不自害,受害必真;假真真假,间以得行。童蒙之吉,顺以巽也。"

解读：

人在一般情况下是不会自我伤害的,若受到伤害就一定是真的;借助这种认识便可以假当真,使对方相信是真而不假,以此实现离间计。因此,要善于利用对方的同情心,顺势开展自己的活动。

苦肉的行为想想就让人发瘆,可是为了能博得别人的同情,进而赢得别人的信任,我们不得不佩服于施计者假戏真做的勇气。周瑜打黄盖看似是愿打愿挨的你情我愿,内在却是玄机重重:一是皮肉的适度苦罚,不伤元气、假戏真做;二是公开进行,博人同情、引人注意,使旁人不作他想,寻不出破绽;三是以"苦肉"做障眼法,隐蔽自己以达成目的;四是以自伤而非自残为掩护,借机将伤害转嫁他人,也就是嫁祸于人。切记,嫁祸只适于剧情,而不适于直面观众。电视中的苦情之秀无外乎此。

从受苦的客体来看,有人和物之分,但物与人是无法相提并论的。因此,这里所说也契合本计本源意义,就是以人的肉体伤害为出发点和"看点"。而这一计的关键在于"苦肉"是手段和过程,而非目的本身,否则就成了自虐。如果仅限于"苦肉"而目的没有达成,就是"自作自受"了。

这里因具体情况不同而分为"关乎群体篇""关乎个体篇"之一——自愿或自伤、"关乎个体篇"之二——受托或被迫、"个体受伤篇""电视栏目篇"五个类别。

一、苦肉计之"关乎群体篇"

所谓"关乎群体"是指,"苦肉计"的客体,即受伤害的是一个群体,涉及很多人的生命。而为了更大的更宏观的利益,这是需要做出的艰难的抉择和"必要"的牺牲。通常情况下,被"苦肉"的一方是不知情的。

【例证第793号】:英国牺牲考文垂

1939年8月,英国情报机关获取了"英尼格码"德式先进密码机。经过长时间努力,这个"超级密码"最终被破译了。1940年11月12日,希特勒命令德军空军,对英国内陆的考文垂城实行轰炸,一是考文垂是英国主要工业城市;二是德军空袭伦敦屡遭失败,也使希特勒开始怀疑"英尼格码"的保密性,想借此验证。英方在截获了这一情报后,丘吉尔为保护"超级机密"而"丢卒保车",考文垂不做防御疏散。此次空袭,考文垂遭到毁灭性打击,死伤五千多人。但损失是有回报的。英情报机构利用"超级机密",多次截获重要情报,给予德军以沉重的打击,最终迫使希特勒放弃了在英国登陆作战的"海狮计划"。1942年11月,蒙哥马利将军打败德国隆美尔的非洲军团,仅13天,德军就损失6万人和500多辆坦克。这还是密码战的作用。

【例证第 794 号】:美国疑似"苦肉"珍珠港

1941年12月7日凌晨,日本飞机突袭美国太平洋舰队的基地珍珠港,随即美国对德国、意大利、日本等法西斯国家宣战。对于珍珠港遭袭是因为美国对日本侵略野心估计不足而引发的,还是当时的美国总统富兰克林·罗斯福给美国人所施的一个苦肉计?至少目前的史料和证据不足以说明孰真孰假。但有几点是清楚的,一是当时任国民党军政部所属"军用无线电台总台第43台"主任池步洲破译了日本情报,经蒋介石转达给罗斯福;我党战略情报专家阎宝航也获知了这一情报,经苏联转达美国,说明对这件事美方事先知道;二是美方高层在获知这些情报后似乎并不在意,并未做必要的有效防备,其实至少有备无患嘛;三是原本在珍珠港的太平洋舰队的航母却奇怪地在遇袭时离开基地,未受打击;四是袭击发生后,美国国会很快通过了对日宣战,似乎是万事俱备只欠东风。等等。如此种种,至少疑似有苦肉珍珠港的可能。

二、苦肉计之"关乎个体篇"之一——自愿或自伤

与上述关乎群体的集体行为或组织行为类型不同,这类"苦肉计"关乎个体或个人,基本上都是个人行为,而且都是出于自愿或干脆就是自伤。自愿类最为典型的就是周瑜打黄盖了。

【例证第 795 号】:周瑜打黄盖

说到苦肉计,可能十有八九的人第一反应就是《三国演义》中的周瑜打黄盖。以至于都有了一句歇后语"周瑜打黄盖——一个愿打,一个愿挨"。其实,这句话不尽全面。周瑜不愿意打,黄盖脑子没进水,没有受虐倾向,也不会把挨打当有趣。关键是周瑜思得诈降计,需要一个可靠且有分量的人去执行。老将黄盖在军事会议上故意顶撞周瑜,甚至表现出有轻视之意,于是周瑜下令将黄盖斩首,众臣皆言黄盖是东吴老臣,纷纷为其求情。于是周瑜将处罚改为鞭笞,将黄该打得卧床不起。诈降到东吴的蔡中蔡和看了个正着,于是佐证了阚泽为黄盖献上的诈降书,曹操便深信不

疑。而苦肉计只是这连环计中的一部分,之后才有阚泽下书,诱蔡中蔡和传递情报,庞统献连环,黄盖诈降,用几艘装满易燃易爆物品的船烧掉了曹操连在一起的战船,火烧曹营,成就了历史上有名的以少胜多的战役。而后来所有的一切都源起苦肉计。苦肉计的关键又在于选对了人,戏做得真,否则吃苦不讨好。

不过这毕竟是皮肉之苦, 与下面这几个人的遭遇比就是小巫见大巫了,洒洒水小意思了。以下五人都是自伤的。

【例证第796号】:卞和与他的"和氏璧"

春秋时,楚人卞和在荆山上砍柴偶然见到凤凰落到石头上,觉得那肯定是一块上好璞玉。卞和想将此美玉进献给楚厉王,楚厉王让王宫里的玉石匠切了两刀辨别, 结论是这是一块普通的石头。厉王认为卞和有意欺瞒,下令砍去了卞和的左脚。武王登基后,卞和又进献宝玉,经过鉴定,维持原结论:普通石头一块,武王又下令砍去了卞和的右脚。文王登基后,卞和这次学聪明了,不再贸贸然抱着宝玉前去进献,而是抱着璞玉在荆山下哭泣,三日三夜。泪流尽继而流出鲜血。于是文王使人问之(太有好奇心了),然后派工匠又多切一刀,这次,类似赌石的结果显现了,结论是:一块价值连城的稀世珍宝,文王感动于卞和的坚持,命名美玉为"和氏璧",后将此玉做成"传国玉玺"。和氏璧遇到卞和才能幸而没有落得明珠暗投,如果没有卞和的坚持,悲鸣三日三夜甚至哭成血人,恐怕这绝世美玉也不能呈现于世人面前。

【例证第797号】:王佐断臂

在评书《岳飞传》中有一个精彩章节,就是王佐断臂劝降陆文龙。陆文龙本是宋朝潞安州节度使陆登的儿子,金兀术攻陷潞安时陆登战死,兀术将陆文龙收为义子。宋金两军于朱仙镇交战,陆文龙连胜宋军数阵。岳飞苦思不得良策。王佐断臂后找到岳飞自请到金营顺说陆文龙。王佐到金营后被称为"苦人儿",寻机劝说陆文龙反正归顺宋营。

【例证第798号】:"赤"复仇

春秋时铸剑名师干将为楚王铸剑,三年才铸成雌雄两剑,楚王要杀他。干将有预感,此时干将妻子镆铘即将临产,干将对妻子托付后事并告知藏雄剑的地方在南山石头上松树背上。干将携雌剑见楚王。楚王果然把干将杀了。镆铘生的儿子叫赤,赤长大后寻到雄剑要为父报仇。楚王梦见"赤"要寻仇,于是悬千金捉拿,赤闻信而逃。后来遇到一个"客"(应理解为侠客)答应替他报仇,但需要赤的头和剑。赤立马就自杀,割下头,两手捧着头和剑送到客面前,身躯却直立不倒。直到客说"不负子也"肉身才倒下。客带着赤的头去见楚王,楚王很高兴。客说:"勇士的头应在滚烫的镬中煮烂。"可三日三夜都没煮烂。头还从水中跳起,"瞋目大怒"。客说让楚王"龙目御览",楚王刚到锅边,客用剑砍下楚王的头又砍下自己的头,三个头很快煮烂,那时没有 DNA 鉴定,不能识别谁是谁。人们将三个人头合葬,称"三王墓"。

【例证第 799 号】:刘啸尘自伤

1979 年出品的国产电影《保密局的枪声》,讲述了抗战胜利后,共产党员刘啸尘(陈少泽饰演)奉命打入国民党上海保密局。由于叛徒黄显才的出卖,刘啸尘的联系人周甫祥被杀害。当黄显才再次向特务组长冷铁新出卖情报时,被刘啸尘打死,刘啸尘随即又打死了冷铁新。这时,刘啸尘告诉联系人史秀英,将他用于自伤的枪拿走,而后,掉转枪口,用无声手枪打伤自己,以欺骗敌人。而伤处险些命中要害。这不禁让人想起一个故事。新中国成立前夕,我党一领导干部被捕,很快要被枪决。组织上要求潜伏在敌人内部的同志设法营救。这位潜伏者又正是被命令要执行枪决的人。他苦思不得其法。不由得用手把衣服捻出个洞来。于是计上心来。次日,执行枪决前,他向同僚说,我要把子弹打进"共匪"胸前衣服的破洞里。说罢,手起一枪,领导应声而倒。这正是潜伏者想到的计策。他先让领导在衣服特定位置做个洞,这个洞的位置子弹打入后会假死,但不致命,之后就由自己的同志设法转移走。若干年后,这两个传奇人物因为开会偶然相遇,堪称佳话。

【例证第 800 号】:熊阔海自伤求被擒

2011 年出品的国产电视剧《借枪》中,中共天津地下党潜伏人员熊阔海(张嘉译饰演)要刺杀天津日军宪兵司令加藤(涩谷天马饰演)。为能见到加藤并亲手杀掉他,他不惜用枪自伤,而后使用连环计,骗加藤上钩,用同伴事先藏在手术车下的枪点射了加藤。当然,熊阔海也被擒牺牲了。这里,苦肉是前提,狙杀是目的,牺牲是结果,熊阔海都了然于心,他抱着视死如归、捐躯国难的决心而做出的必然选择。犹如刺秦的死士荆轲,令人敬佩。

三、苦肉计之"关乎个体篇"之二——受托或被迫

在这一类里,苦肉计的当事人或受托于人,或受人胁迫,情非得已,迫不得已,使出苦肉计,倘非如此,是很难完成使命或过得了关的。而一旦做出决定,就义无反顾,无怨无悔。

（一）受托型

【例证第 801 号】:《赵氏孤儿》里的苦肉计

在 2010 年出品的国产电影《赵氏孤儿》(改编自元代纪君祥创作杂剧)中,春秋时以战功起家的晋国赵氏家族功高盖主,让晋灵公不安。将军屠岸贾(王学圻饰演)素与赵氏不睦,在晋灵公默许下诛杀赵氏三百口。由此,一系列"苦肉"开始,一是晋灵公的女儿、赵氏孤儿的妈妈把孩子托付给常出入驸马府的民间医生程婴后立即自缢;二是程婴把孤儿藏在药箱,企图带出宫外,被守门将军韩厥搜出,没料到韩厥也深明大义,放走了程婴和孤儿,自己拔剑自刎;三是屠岸贾得报孤儿逃脱,下令杀光全国一月以上、半岁以下的婴儿,违者诛九族;四是程婴献出自己的儿子作为赵氏孤儿的替身;五是晋国大夫公孙杵臼代替程婴承担隐藏赵氏孤儿的罪名,然后触阶而死。20 年后,程婴告诉了赵氏孤儿真相,孤儿向屠岸贾寻仇。这中间,程婴作为受托人,自己虽然没有被"苦肉",但身边倒下了诸多被"苦肉"的人,孤儿妈妈、韩厥、自己的儿子、公孙杵臼和全国那么多婴儿,其苦远苦于"苦肉"的"肉苦",而是"心苦",如果"苦肉"可以名状,那"苦心"就不堪言了。

【例证第 802 号】:三大刺客的"自苦"

古代的刺客受委托去完成行刺任务,都大体出于对"出资人"或"委托人"的知恩图报;都大体需要进行必要的伪装和包装,有的包装和隐藏凶器,比如专诸把剑藏于鱼肠;荆轲把匕首藏于图中(图穷匕首见),其他刺客就只好对自己身体下手了。看看以下三个刺客的生前身后的苦肉。

刺客一:聂政,最震撼刺客

聂政,战国时韩国侠客,杀人避仇,以屠夫为业。韩国贵族严仲子带着黄金邀请他除掉韩国首相侠累。他以母在姐未嫁为由婉拒。后其母故去,严仲子来给当孝子,聂政大受感动,遂张罗着把姐姐嫁了,就去完成使命。这是个专业、职业、敬业的刺客,一路从大门打到内堂,杀掉侠累,无人能敌。为不连累姐姐,挖目、毁容,剖腹。韩国弃尸于市并悬赏告知他身份的人。聂政姐姐聂荣前来认尸并随弟自杀。

苦肉方式:挖目,毁容,剖腹。

刺客二:豫让,最敬业刺客

豫让,姬姓,毕氏。春秋战国间晋国大夫智伯家臣。晋出公二十二年(公元前 453 年),智伯被仇家赵襄子所杀,头骨还被赵当酒杯。豫让于是漆身(使皮肤溃烂)、吞炭(使声音嘶哑),多次谋刺赵襄子未遂,被抓住临死时要来赵襄子的衣服,拔剑剁之,以示为主复仇,然后用剑自杀。大概后来戏曲里包拯"打龙袍"是受到这个故事的启发。

苦肉方式:漆身、吞炭。

刺客三:要离,最悲情刺客

春秋时代吴王阖闾用专诸刺王僚之计登上王位后,王僚的儿子庆忌逃往卫国,成为阖闾心头大患。于是找到要离去行刺庆忌。经过策划,要离决定采用苦肉计:要离与阖闾斗剑时,先用竹剑刺伤阖闾的手腕,再取真剑斩断自己的右臂,投奔卫国去找庆忌。要离走后,阖闾还依计杀掉了他的妻子。庆忌甄别信息后深信要离。三月后,庆忌征吴国,与要离同坐一船。要离乘庆忌畅饮独臂刺庆忌,剑身穿心而过。庆忌感叹要离神勇,放归了要离。要离回到阖闾那里,拒赏谢官,自刎于金殿。

苦肉方式:断臂、杀妻。

(二)被迫型

被迫与自愿相反,但基于现实状况的限制,迫不得已而为之。

【例证第 803 号】:杀子式苦肉计

在 1995 年出品的香港电影《给爸爸的信》中,巩伟(李连杰饰演)是中国公安特警,被派混入甫光为头目的犯罪集团,调查国内贪污等严重罪行。其子巩固被带到香港寻父后,被甫光所掳,为向甫光证明和这个孩子没有瓜葛,巩伟要亲手"掐死"自己的儿子。巩伟隐泪(如果被甫光等看到就坏了)"掐死"巩固。当然,儿子用闭气法瞒天过海没死,否则就太悲催了。鲁迅先生说,"无情未必真豪杰 怜子如何不丈夫"(《答客诮》)。据说金圣叹临死时还给出题让儿子对对联:"莲子心中苦。"(莲通怜)儿子哪有心情答对,圣叹叹道:"梨儿腹内酸。"(梨通离)苦肉之苦,无以复加了。

【例证第 804 号】:游坦之毁容

在金庸的作品中,《天龙八部》中的游坦之,可以与《笑傲江湖》中的林平之并称为两大悲情歹角。游坦之本是聚贤庄少主,不学无术,终日无所事事。后来乔峰大战聚贤庄,游坦之的父母兄弟身死,他便生出了找乔峰报仇的想法。后来游坦之痴恋阿紫,为了阿紫套上烧红的模型;为了阿紫召唤毒物拜丁春秋为师;更是自愿为了阿紫换去自己的眼睛。然而阿紫并不领情,在乔峰身死之后,挖出眼睛还给游坦之,抱着乔峰的尸体跳下悬崖,游坦之也随着阿紫跳崖而死。真是"平之"不平,"坦之"不坦,爱情这种东西还真不是苦了自己就能博得的。

其实，在金庸小说里毁容的人物可是不少，不下十余起。比较知名的有：

《倚天屠龙记》范遥为到汝阳王府那里潜伏挥刀毁容；

《天龙八部》李秋水被情敌兼师姐天山童姥破相；

《倚天屠龙记》殷离毁容案中蜘蛛毒、中刀伤；

《天龙八部》叶二娘毁容案，仇家为报复她男人，脸部被抓破，两边面颊上各有三条殷红血痕。

但这里可以说自愿的只有范遥，其他人都是被破相的。

四、苦肉计之"个体受伤篇"

在各类体育比赛和其他电视节目中，受伤是家常便饭。如果是非对抗性的节目，受伤退赛是必然选择，而如果是对抗性强的，那受伤就有原因和"元凶"，那就可能因此给对方带来惩罚，以此影响比赛结果。

【例证第 805 号】：刘翔

2004 年雅典奥运会上，刘翔以 12.91 秒的成绩平了保持 11 年的世界纪录，赢得了雅典奥运会会 110 米栏的冠军，成了中国的骄傲。然而自从一鸣惊人之后，刘翔的运动生涯却从此寂静了下来。2008 年北京奥运会刘翔因伤退赛。在人们殷切地期盼了 4 年之后，2012 年伦敦奥运会上刘翔却在预赛中就打栏摔倒，他最终单腿跳过终点。也许是爱之深责之切，很多人都猜测他是故意受伤。不过不管这次摔伤是不是真的，最后跳过终点是不是作秀，都不否认他为中国在田径赛场上增添了光辉的一页。三十多岁对于一个运动员来说已不是最佳的比赛年龄，所以不管刘翔的苦肉计是否是刻意安排的，大家为何不抱着宽容的心去对待一个曾经为国争光的人呢？

【例证第 806 号】：假摔

2002 年世界杯，小组赛巴西队首场对阵土耳其的最后几分钟，里瓦尔多试图在罚脚球时浪费时间，保住 2:1 的比分击败土耳其。土耳其的云萨尔对里瓦尔多的把戏感到愤怒，将球踢到了他的身上。里瓦尔多却双手捂在脸上立刻痛苦躺地，裁判员罚下了土耳其队的云萨尔。事后里瓦尔多被国际足联罚款 11670 瑞士法郎。事后里瓦尔多承认说，他"事先已经想好了，我知道球会打在我身上弹起来撞到我的头部，所以我试图保护自己"。

1990 世界杯克林斯曼的天才表演让蒙松也成为第一个在世界杯决赛中被红牌罚下场的球员。西德最终靠之后获得的一个点球以 1:0 赢得了世界杯。

在 2004 年的英超比赛中,曼联前锋鲁尼在与阿森纳的坎贝尔争抢中假摔,赛后阿森纳的球员拒绝与曼联球员交换球衣。

2006 年世界杯八分之一决赛,意大利与澳大利亚进入伤停补时阶段,尼尔做出铲断动作,格罗索跨过尼尔的身体假摔,获得点球。意大利 1:0 胜出,并最终赢得了世界杯冠军。格罗索的假摔还改变了一个人的命运,黄健翔自此离开央视。

【例证第 807 号】:自以为是的诈伤

在浙江卫视栏目《转身遇到 TA》一期中,在男嘉宾的要求下,两位女嘉宾同时登上舞台,男嘉宾借机在两位女生面前秀起了篮球。就在大家都在惊叹男嘉宾球技时,男嘉宾一个跟跄,痛苦地摔倒在舞台,顿时现场稍显混乱,女嘉宾与主持人赶上前去帮助男嘉宾,男嘉宾依旧倒地不起。就在大家茫然不知所措时,男嘉宾突然麻利地起身说了一声"谢谢",全场惊愕,女嘉宾尤甚。此时,男嘉宾给出的解释是:看到了女嘉宾对他的关心,看到了女嘉宾们的真实反应。结果可想而知,女嘉宾付出了真实的关心,却有被欺耍之感,自以为是的男嘉宾只能邀得空约。

苦肉不是你想用,想用就能用,尤其是在爱情面前,来不得半点虚假。

五、苦肉计之"电视栏目篇"

与以上非固定播出的节目形态或其他介质体现的苦肉不同,电视栏目里的"苦肉"情节主要体现为"苦肉类"和"苦情类"两种。

(一)苦肉类

"苦肉"体现为在选秀节目里,选手因为要"搏出位"和"搏出线"而会使自己受到一定身体的苦楚甚至伤害, 而节目里会有意或刻意放大这些"苦的肉"和"肉的苦",可谓给观众使的"吸睛大法"。

【例证第 808 号】:跳水节目

2013 年夏天,出现了几个以明星跳水为题材的电视节目。其中,不少明星为了能有好的表现,不顾高龄,奋不顾身,有的则挑战高难度动作,有的被拍在水里,有的在练习时被水反复拍打,身上青一块紫一块的。也许这样的苦肉情节并不是为了得到观众的同情,或者只是为了说明要想得到结果，必须付出努力的道理。但当有人付出生命代价时，就另当别论了。虽然是意外，但也真的应该引起警示。很多技艺或表演是"可以远观而不可亵玩"、不可以模仿的。有的我们只做观赏者就可以了，不是都要参与的。

【例证第 809 号】：冒险的代价

1983 年出品的法国电影《冒险的代价》中虚拟了"杀人游戏"，以 200 万美元的高额奖金引诱人们用生命做赌注。失业青年弗朗索瓦获得了"逃亡者"参赛资格。在逃亡中他多次获得陌生人帮助，才暂时逃避了 5 名追杀者的追捕。但当他从节目制片罗朗斯的口中得知那些陌生人都是有意安排的，只为能使节目能播放 4 小时，他最终将会被追杀者杀死的时候，他终于明白这是个骗局。为了向观众公布真相，他杀死了几名追杀者，持枪来到了电视直播现场，但等待着他的是疯人院。当然，那只是以电视台的游戏节目为原型设计的。在现实中，好像还没有到那一步。但是，一些挑战极限的内容其中所隐含的部分因素其实并非没有关联。试想，没有哪家媒体敢玩真的夺命杀人游戏，追杀者也好，弗朗索瓦也罢，苦情苦状都是为了节目效果服务的。这苦肉就显得很卑鄙了。

【例证第 810 号】：游戏节目中的苦肉计

这里"苦"又有口腹之苦与切肤之痛之分。曾经看过一个香港的娱乐节目，大约像是"击鼓传花"，大家轮流往一盘吃食里放调味品，而后由那个最倒霉的人吃掉。眼见着，赤橙黄绿青蓝紫七色，酸甜苦辣咸等五味瓶倾泻而下，最后，倒霉的黄日华吃了它。内地的节目倒是有所收敛，不会浪费那么多作料，但这等"口腹之欲"真不知如何消受。也许嘉宾是"天将降大任于斯人"，所以，必先苦其心志，劳其筋骨，饿其体肤，空乏其身。所以，在一些娱乐节目中，嘉宾们要冬练三九，夏练三伏，要摸爬滚打，海陆空循环作业，照着特种部队的科目去陶冶大家，且如一次不成，要"打回原形"，重新来过，总之有些超负荷了。很多海外的电视台都有"职业摔跤表演"的节目，摔跤手要将肉体所经受的创痛和苦难充分展现在观众面前，尽管这是职业表演，还常常打上这些"演员"经过专业训练，提醒少儿观众不要盲目效法。但是，他们所表演出来的包括对肉体遭受苦难的麻木，其实对观众的精神同样是伤害，而且会造成观众精神的麻木，就像摔跤手的肉体一样。从这个意义上讲，作践肉体就是作践、损害精神。过去我们会听到这样的话，你可以消灭我的肉体，但摧毁不了我的精神。而现在，正在由表及里、由肌肤到膏肓，残噬着我们的身心。

能有几种，本能、技能、艺能、智能、超能，不能。己所不能，亦勿施于人吧。

【例证第 811 号】：游戏失败受罚

综艺节目中常有游戏环节的设置，以此来活跃现场气氛和调动观众的收视情绪。只是这游戏对于参与者没那么简单，无论你是节目的主持人还是受邀嘉宾都得愿赌服输，先是这游戏环节就算得劳其筋骨，游戏参与者一番紧张投入后依旧不能掉以轻心，游戏失败后所面临的惩罚才是真的恐怖。像什么重口味饮料啊、电击实验啊等等，绝对是整你没商量。

电视中的苦肉计要多有忌惮——忌血腥、忌暴力、忌毫无底线的施迫，这只是一种娱乐的方式，乐和乐和就得嘞。

【例证第 812 号】：《Running Man》

《Running Man》是韩国 SBS 电视台的综艺节目，于 2010 年 7 月 11 日开播。节目中，主持人和嘉宾在节目开始时先进行分组，确定阵营关系。《Running Man》最初的节目口号就是"不要走，跑起来"，在每期节目中，各组需合力完成寻找或竞赛的任务，主持人和嘉宾不仅要警惕自己后背的名牌被撕还要撕掉对手的名牌，体力就成了智力的外在保障，在斗智斗勇地追逐下，经常可以看到主持人和嘉宾跑得气喘吁吁、筋疲力尽的画面。除此之外，主持人和嘉宾还要参与有情节的游戏故事，而无法预知的可能性事件会随时发生，参与的人员只有通过努力的奔跑才能挽回时间，扭转形势。因为要没日没夜不停地奔跑，不少艺人在参加过后都会有解放的感觉。

为了要收视，让明星遭罪，让观众买账。看来"你有什么不开心的说出来让我开心开心"这句话，可以换成"我把不开心的说出来让您开心开心"了。

【例证第 813 号】：《名人喂白鲨》

英国独立电视台为了提高该台节目的收视率，在 2005 年推出一档极具视听冲击的真人秀节目《名人喂大白鲨》，它的播出令观众感到毛骨悚然且充满血腥味。节目主持人将把一些英国大众家喻户晓的名人放入铁笼中，然后吊起笼子，慢慢地放到世界上最可怕的食肉动物——大白鲨的面前，引诱那些饥饿的鲨鱼张着血盆大口袭击"人肉包子"笼，让铁笼中的名人们发出惊恐的尖叫，借此来吸引观众的眼球。

苦了这些作"诱饵"的名人，拿生命接受了一次别样的挑战。只是这样看似无畏的表现却是一种无知的行为，大白鲨不停地被人类习惯性的激怒，那日后近海的鲨鱼袭人又该由谁来负责呢？

【例证第 814 号】：真戏假做

法国国家电视台 2010 年推出了一个叫《死亡游戏》的问答游戏节目，

节目中,参赛嘉宾如果答错现场观众提出的问题,将会被处以 0V-460V 电压的电击。参赛嘉宾被牢牢捆绑在椅子上,身体上缠有电线和电极,观众只需按下手中电钮,就能看到参赛嘉宾被电击后的痛苦惨状。参赛嘉宾每答错一道题目,他所遭受的电击电压就会增加一些。在女主持人的指令下,现场观众一次次地按下了电击按钮。最终,当电压加强到惊人的 460V 时,参赛嘉宾最终被电得晕死过去。好在这是电视台与心理学家合作的一个项目,为了研究参加电视现场游戏的观众是否会在群众压力下做出违背自己意愿的事,探究人性的残暴极限。所以,被电击的参赛嘉宾其实是个演员,他所遭受的一切只是"真戏假做"而已。

节目组借"苦肉计"揭露了人性丑恶的一面,值得称道。同时也为表演到位的参赛嘉宾发朵大红花,正是他的瞒天过海,让人性中丑恶的一面得以曝光。

(二)苦情类

而另一种苦肉则是释放悲情和悲情故事,以博得观众的同情与支持。人们都是有同情心的,男人的丧妻之痛,与孩子的丧父丧母之悲是很容易抓眼球、赚眼泪的。

【例证第 815 号】:《中国好声音》朱克

浙江卫视的《中国好声音》是比较喜欢用"苦情"情节的。在第一季里,徐海星的"丧父"环节就曾引人注意,只是稍显刻意和做作。在第二季中,有一名学员叫朱克,以其沧桑且极具厚度的歌声触动了每一个人的心灵,震撼全场。与其歌声紧密相连的还有两个关键词:单身爸爸、爱妻已逝。《离不开你》这首歌是他献给与自己天人相隔的妻子,歌声中自然流露的一股深情也透着他对妻子的思念,不自觉地深深感染到导师和现场所有观众。加之现场与女儿的亲情互动,更是抹杀无数菲林。导师那英如是点评道:"非常的有内容,非常的男人。"

在不少节目中,在主持人或是嘉宾的煽情下,观众为之动容。而这份被煽动起来的情感大多是苦情。而这里的这份情,化苦为亲,让人们在为朱克悲苦命运感慨之时,更多的是对他和对他女儿的祝福。

【例证第 816 号】:电视剧之苦情戏

时下,电视剧中的苦情类型剧不少。很有些《孟子·告子下》中说的"故天将降大任于是人也,必先苦其心志,劳其筋骨,饿其体肤,空乏其身,行拂乱其所为,所以动心忍性,曾益其所不能"的意思。将主人公苦到极致,或病,或死,或伤,或残,其悲壮、其苦情使观众产生心理效应。如果把这些类型的人物集纳一起,孟姜女、白毛女、窦娥、秦香莲、祥林嫂、林黛玉等,不得把观众哭死。而且,特别是在一些女性题材的电视剧里,举凡人生能够遭受的苦难必须让她经历一番。而可爱的人物如果不死,感人程度就不深。看过一部 2000 年出品的国产电视剧《当代风流》,为了安排女一号夏玫(陆玲饰演)的死可谓煞费苦心,先是夏玫去取修好的汽车,还特意提醒观众,刹车是否有问题。果不其然,路上刹车失灵,紧张中,向男友贺豫民(施京明饰演)求助,贺告知减档方式,车速减缓,本以为可以转危为安时,前面突然出现一群过马路的孩子,夏玫毫不犹豫地把方向盘一转,将车开下悬崖。

可见,这样的苦肉计是想让观众关注或有共鸣,但如果苦过了,就会虚假,甚至麻木。

【例证第 817 号】:《漆黑大作战》

《漆黑大作战》是美国 NBC 电视台 SYFY 频道在 2012 年推出的一档以挑战恐惧为主题的真人秀节目。顾名思义,就是在黑暗中挑战各种极限。四名选手需要在完全漆黑看不见的情况下,用他们的手、鼻、口去识别一些道具,或是将道具由 A 点转移到 B 点。选手们除了要克服黑暗所带来的恐惧与不便,更要克服自己平日里都不想触碰的物品所带来的恐惧。看看这些道具都有什么,大老鼠、大蜘蛛、宠物蛇,在看不见它们的情况下摸一把,那滋味不言而喻。还有臭袜子、黏糊糊的塑胶环,甚至真人的屁股、头颅。如果这还不算极限,那么把各种酱抹在满是体毛的人体身上,只能用舌头去舔尝然后说出名称,算不算是顶级"黑暗料理"呢?不仅苦了选手,也苦了那位被舔的演员。

若不是在奖金的诱惑下、在黑暗的未知下,平日里,眼睁睁地看着这些道具,又有谁敢尝试呢? 口味实在太重了。

第 35 计 连环计

原文:

"将多兵众,不可以敌,使其自累,以杀其势。在师中吉,承天宠也。"

解读:

敌军势力强盛时,不能和他硬拼,运用计谋使敌军内部互相牵制,从根本上削弱他的战斗力。将帅巧妙用计,克敌制胜,就如同有上天护佑一样。

范伟的一句"防不胜防"就是对连环计最好的体会。因为这是多个而非单个的计中计,悬念构成也就相应的丰富起来。就好比莲蓬中的莲子,将莲子串烧,一个独立作品由若干个部分组成,每一个部分独立成章,合起来又构成一个整体,像个造型拼盘。施计的过程是层层推进,克服重重困难后才使问题化解。就如同剥笋,剥去一层,还有一层,核心才是结果。

在这一计里,根据连环计涉及与作用的客体的不同分为"性命交关篇""利益交关篇""钱命交关篇""创意交关篇"四个类型。

一、连环计之"性命交关篇"

在这一类里,连环计的使用,会牵涉一人乃至多人的性命。计策的策划者和实施者深知其中利害,大多是不成功则成仁,属于兵行险招的一类。又因为计策实施中环环相扣,一环失误或闪失,满盘皆输,一败涂地且人头落地。因此,需要稳扎稳打,步步为营,循序渐进,直至终点。

【例证第 818 号】:王司徒巧使连环计

王允使用连环计计杀董卓的故事是众所周知的。它在《三国演义》第8回"王司徒巧使连环计 董太师大闹凤仪亭"中出现。

第一计美人计:先以貂蝉的美人计引得吕布和董卓上钩;

第二计反间计:用反间计离间董卓吕布父子并使之反目;

第三计借刀杀人:以借刀杀人之计,用吕布杀董卓。

不过,还是有一些事情是王允预案里没有的,就是吕布大闹凤仪亭与董卓结怨后,李儒劝董卓效仿楚庄王绝樱会故事不要计较,且将貂蝉赐予吕布,董卓刚和貂蝉说起,貂蝉即拔剑要自杀,这下,董卓就打消了这个念头。可见,貂蝉不但貌美,天生还就是个间谍的材料。只是后来跟了吕布后,就不显山不露水了。

王允连环计的成功,一是有赖于计划周密,环环相扣,严丝合缝;二是董卓吕布二人的好色;三是貂蝉超乎想象的执行力和临机处置能力,她才16 岁。

【例证第 819 号】:《我唾弃你的坟墓》

曾经在二十多年前看过一部小说,情节与 1978 年出品的美国电影《我唾弃你的坟墓》有相近之处。说的是一位著名的女明星被绑架了,被带到了一个无人区,遭到了非人的待遇。在发现出逃是徒劳以后,她开始了她的连环用计。

第一计美人计,不再与他们对抗,而是采取顺势而为的方式。

第二计反间计,通过观察,选择了其中相对比较善良点儿的作为争取对象,并逐渐离间他们之间的关系。

第三计暗度陈仓,她的三围是特殊印记,几乎可以和她本人画等号。她以买内衣为由让那个善良哥将这个尺码传递出去,也就成了后来警方寻找到她的线索。

第四计笑里藏刀加借刀杀人。在她的一步步的计划下,3个对手都被她一一杀掉了。

第五计金蝉脱壳,这个脱壳的不是她,而是善良哥。她说,这是自己最满意的作品,这么好的作品怎么能没有一个观众呢。于是,她在警察到来之前放走了善良哥。可能也是因为这个人曾经在一定程度上帮过她吧。

第六计瞒天过海,她没有向警方透露善良哥的存在,而只说有三个劫匪。一个明星能将三十六计里的六分之一都用上,已经算是不易的了。

【例证第 820 号】:《借枪》的连环计

2011 年出品的国产电视剧《借枪》大结局一集中,男一号熊阔海(张嘉译饰演)为狙杀日军大佐加藤(涩谷天马饰演),采取了一系列计策:

第一计擒贼擒王:其狙杀加藤行动本身属于擒贼擒王;

第二计抛砖引玉:以自己为诱饵引加藤出现为抛砖引玉;

第三计苦肉计:以自伤方式入院以便取枪是苦肉计;

第四计浑水摸鱼:让于挺和老满前往恩光医院先将手枪暗藏在担架车上是浑水摸鱼;

第五计金蝉脱壳:裴艳玲"举报"熊阔海藏身地后带熊阔海女儿嫣嫣安全离开是金蝉脱壳;

第六计上屋抽梯:而熊阔海让这些战友们配合他做好一切准备后都全身而退,他自己却给自己一个上屋抽梯,且有去无回。

这中间至少套了 6 个环,难怪加藤上套,三十六计一共 6 套,就给用了一套的量。

【例证第 821 号】:《风声》

2009 年华谊兄弟出品的谍战片《风声》中,日本人为了找出潜在"华北剿总司令部"中代号"老鬼"的共产党。然而潜藏在司令部里的却不只"老鬼"顾晓梦还有"老枪"吴志国。吴志国(张涵予饰演)跟顾晓梦(周迅饰演)早在刚开始吴唱起空城计的时候,两个人就知道了彼此的身份。于是两人共同定下了一套连环计:

第一计美人计:先是两人使用了美人计,不过这美人计是自己人对自己人使用,以达到迷惑对方的效果。吴志国假装侮辱了顾晓梦,造成了两人敌对的假象。

第二计反间计：然后顾晓梦向武田(黄晓明饰演)揭发吴志国通过香烟与线人瘸子接触，使了一招反间计，在明知瘸子的出现是对方为了试探他们的情况下，将计就计让武田认为吴志国是老鬼，而放弃对顾晓梦的怀疑，可以保证两个人中有一个可以把消息传递出去。

第三计苦肉计：接着吴志国受刑，这时吴志国是打定了替顾晓梦顶包的主意，这又是一招李代桃僵，也是一个苦肉计。

第四计釜底抽薪：谁知顾晓梦又求得知真相的李宁玉(李冰冰饰演)告发自己冤枉了吴志国，一计釜底抽薪彻底洗脱了吴志国身上的嫌疑。从而使吴志国洗脱嫌疑被送进医院救治，消息得以传递。

第五计上屋抽梯：最后顾晓梦还给自己用了一招上屋抽梯，彻底断绝了自己生存的希望。她用激将法激怒武田，引得王田香射杀自己。

潜在敌人中的吴志国和顾晓梦两人联合搭档上演了一串精彩的连环计，这一串计划五个计策一气呵成，缺一不可，每踏错一步就可能万劫不复，却又个个精彩。

二、连环计之"利益交关篇"

在这一类里，实施连环计的理由、目的都是为了一个字——钱。而由此产生的连环计也就多少带有铜臭和污浊，不是犯罪就是缺德。合法经营与诚实劳动多半不大用得上这般武器，费如此周折。如此说，并非是说财富的积累和创造不需要智慧和智力的比拼，但都在法律和道德的约束和规范下，在阳光下有序进行，而这里的连环计则有所不同，多半是不见天日的行径。

【例证第 822 号】：《功夫》里的功夫

在 2005 年央视春晚上的小品《功夫》里，就很集中地使用了很多计，就连范厨师(范伟饰演)自己都说，别装了，从你一进屋，你分别用了苦肉计、欲擒故纵计、师徒配合砸车计、稀里糊涂突然落锤计，我只用了一计，将计就计。送你一计。大忽悠：走为上计。这里的"稀里糊涂突然落锤计"是三十六计里没有的，权且归为"浑水摸鱼"。而他两个徒弟在这一切败露后，转投范厨师门下骗取红包，又为反间计。五计连环，可以去参加奥运会了。

【例证第 823 号】：金佛连环计

在河北卫视《天下故事会》2013 年 2 月 20 日的节目中，三尊金佛引发了一场计中计、局中局的骗局。

第一计欲擒故纵：一个不起眼的干瘦老头儿先是欲擒故纵，以买金佛为幌骗得西宁的一位古玩商人兰老板的信任，在交易过程中犹豫不决，对金佛各种试探，一番折腾后决定买下，兰老板悬着的心总算放下。

第二计金蝉脱壳：孰知，老头儿又使出金蝉脱壳，在兰老板放松警惕的一刻，拿着金佛突然拔腿就跑，顺手就把房门关上。

第三计釜底抽薪：惊呆的兰老板缓过神后，是又拽房门、又打电话报警，结果都不行，原来这交易地点早被老头动过手脚。这是老头儿的第三计釜底抽薪，房门光秃秃的，从外面锁上，里面根本拽不开；屋里有隐藏好的手机信号屏蔽器，兰老板的手机根本没信号。

第四计无中生有：更让兰老板始料未及的，老头儿还有第四计无中生有，老头逃出房间后就把金佛转移给了藏在别处的同伙，人赃分离，这让兰老板上哪儿追去啊。

第五计浑水摸鱼：只是在警察破案后，让人们大跌眼镜的是，兰老板原来也不是省油的灯，兰老板在与老头交易前来了一计浑水摸鱼，也就是说，这三尊金佛里只有最小的一尊是纯金的，另外两尊都是假的。故事讲到这，真相才全部浮现。

318

天上怎会掉馅饼，抬头幻想时，小心脚边的陷阱。暴利驱使、利欲熏心是这出闹剧的罪魁祸首，贪欲给了骗子可乘之机，人心不足蛇吞象，机关算尽到头来还是鸡飞蛋打。

【例证第 824 号】：《欺诈游戏》

2007 年由户田惠梨香和松本翔太出演的《欺诈游戏 1》中，讲述了平凡的女大学生神崎直，某天突然得到一大笔现金并卷入"欺诈游戏"的故事。整个游戏被设置成一个难度递增的链条，赢了就能得手一大笔金钱，输了就要背负巨额债款，欺诈游戏就是这样一个只有两个极端的金钱和欲望的游戏。在第一个游戏"守护一亿日元"中，神崎直被自己的初中老师藤泽骗走了一亿元之后，求助天才欺诈师秋山。秋山设计了一套连环计从藤泽的手中夺回两亿元。

第一计打草惊蛇：首先秋山与神崎都向藤泽正面宣战，表现出一副胸有成竹的样子。这里是"打草惊蛇"之计。

第二计关门捉贼：这下吓得藤泽不敢离开放着两亿元现金的房子，承受着巨大的心理压力，是为"关门捉贼"。

第三计李代桃僵：让秋山有时间做了假的通知游戏结束的卡片放在了藤泽的邮箱里，是为"李代桃僵"。

第四计釜底抽薪:秋山把游戏结束的时间提早了一个小时,并安排假的收款人去藤泽家收取两亿元,是为"釜底抽薪"。

第五计瞒天过海:而这一切都是瞒着自己搭档神崎做的,因为怕神崎的表情泄露了先机。这又是一计"瞒天过海"。

秋山设计的这一套从藤泽手中夺取两亿元的连环计有五环之多,期间配合得严丝合缝,也难怪老谋深算的藤泽也吃不消。

三、连环计之"钱命交关篇"

在这一类里,很难分清楚当事人做这件事是为了赌钱还是为了赌命,或者二者兼而有之。为了获取金钱,就会有人付出生命的代价,又有人舍命不舍财,有人视财如命。在这过程中,如果有人贪财,又会引发新的冲突与火拼。总之,这些视财如命又为财舍命、人为财死的人,还真做到"水乳交融"了。由此,引发一轮又一轮钱命交关的冲突,智力的比拼和体力的较量。好在,这些更多地体现或呈现在艺术作品里。

【例证第 825 号】:《乱战》

2007 年出品的美国电影《乱战》,也是个典型的连环计的例证。这整个的"局"都是由警官科纳斯(杰森·斯坦森饰演)设计的,他是幕后主使和黑手,他策划和导演了整场戏。而这连环计也是他分步实施的。

第一计声东击西:五名劫匪抢劫银行,但他们要做的并非抢劫现金,而是向电脑中输入病毒,他们用高科技手段套取 10 亿美金,每次转账只有百元左右,不会引起注意,因而得手;

第二计借刀杀人:是在科纳斯的精心谋划下,他的同伙被警察一一解决;

第三计李代桃僵:科纳斯在一次抓捕嫌犯中被炸死"殉职",其实那是他同伙的尸体;

第四计金蝉脱壳:科纳斯把自己的警徽放在同伙身上后从密道逃脱,而被炸死的是他的"替身";

第五计瞒天过海:科纳斯这诸多计策的使用几乎瞒过了所有人,同事们都以为科纳斯牺牲了,后来,虽然他的蛛丝马迹被他的搭档德克经过缜密分析有所察觉和发现,但一切都晚了,科纳斯带着 10 亿美金远走高飞了。

【例证第 826 号】:《至尊无上》

1991 年出品的香港电影《至尊无上》中,陈蟹(刘德华饰演)和罗森(谭咏麟饰演)是一对逢赌必赢的至尊双雄。罗森为给死去的陈蟹复仇重出江湖,与日本老千对决。但常规套路断难取胜。于是采取一系列的连环计。

第一计苦肉计:罗森让人用枪打伤他,让他妻子代替继续赌博;

第二计欲擒故纵:就是让对方看出罗妻的紧张和破绽,产生错误判断,迷惑对方;

第三计瞒天过海:罗森先瞒过妻子,再通过妻子的本色表演瞒过对方;

第四计借刀杀人:让仇人之间互相残杀。

四计如行云流水,酣畅淋漓,一切尽如计划一样施行,尽在掌控之中。

【例证第 827 号】:《盗梦空间》

2010 年上映的美国大片《盗梦空间》在连环计中实现了梦境的层层穿越。

第一计趁火打劫:故事缘起趁火打劫,以盗梦为生的职业盗梦师多姆·柯布(莱昂纳多·迪卡普里奥饰演)在一次针对能源大亨斋藤(渡边谦饰演)的盗梦任务中失败并被识破,斋藤没有除掉他和他的队友,相反对他们十分友好并许以帮其洗脱罪名与家人团聚。原因在于斋藤借刀杀人的计划。斋藤让柯布执行针对其竞争对手费舍尔(希里安·墨菲饰演)的特殊盗梦任务——不是简单的盗取想法,而是要在梦中对费舍尔进行想法植入,瓦解他的家族企业,从而消灭费舍尔。

第二计反间计:费舍尔亦非善类,早有准备——反间计,费舍尔曾受过防止在梦中被袭击的专业训练。于是在第一层梦境中,柯布的团队受到费舍尔潜意识保卫队的猛烈攻击,斋藤受伤。

第三计美人计:这期间,柯布还苦遭美人计的考验,亡妻的幻影总是阻挠柯布的任务。

第四计反客为主:最终,柯布反客为主,成功地将遣散公司的意念植入费舍尔脑中,克服了潜意识中有关妻子的心理障碍,并从潜意识的边缘救出了迷失的齐藤,柯布也回到了自己孩子的身边……

电影的结尾是无定论的,电影中互为关联的错综关系让很多影迷在观后争论不休,这也许正是电影中连环计的厉害所在吧。

四、连环计之"创意交关篇"

在这一类里,体现的或者是宏观战略的智慧设计,或者是微观战术的聪明闪现。无论是大智慧,还是小聪明,对于设计而言,不过是大饼和烧饼、大鹏与麻雀、大锅与小灶的关系,环节不丢,过程不减,零件不缺。

（一）宏观战略的展现

这里重在谋划统筹，而非实施操作层面。谋划者或决策者的一记重拳，就呈现出对手难以企及和招架的阵势。

【例证第 828 号】：破曹操的连环计

在《三国演义》里，孙刘联军在赤壁破曹的故事无需详述，这里只从宏观层面审视一番它的布局。

第一计反间计：周瑜用反间计，巧借过江探望（实为劝降）的蒋干将假书信带与曹操，杀了曹军水军都督蔡瑁、张允；

第二计欲擒故纵：曹营蔡中、蔡和来诈降，周瑜欲擒故纵，让他俩传递假情报；

第三计苦肉计：打黄盖，为黄盖诈降做准备；

第四计是庞统到曹营献连环计，为火攻做了物质准备；

第五计顺手牵羊：孔明借风算是顺手牵羊，因为那不是借的，是算出来的，还卖周瑜个人情；

第六计金蝉脱壳：孔明借风后以金蝉脱壳之计，借机归队，周瑜醒过味儿来派丁奉、徐盛追杀，却被前来接应孔明的赵云射落船上篷帆退敌。

【例证第 829 号】：炮击金门

深圳卫视《解密》2012 年 12 月 12 日的节目中，解密炮击金门。1958年，中东战火燃起，国际形势骤然紧张。同年，美国重申不承认中国，并支持台湾当局在台湾海峡进行战争挑衅。在这一背景下，毛泽东决定炮击金门，以牵动全球战略格局，震慑美蒋顽固势力。毛主席在北戴河运筹帷幄，巧施连环：

第一计隔岸观火：1958 年 8 月 23 日，人民解放军福建前线部队以空前猛烈的炮火轰击金门，顷刻间，金门陷入浓烟烈火之中。蒋军猝不及防，损失惨重；

第二计围魏救赵：金门炮声大大震动了美国。美国总统艾森豪威尔以为中共要解放台湾，下令从部署中东的第 6 舰队调出两艘航空母舰加入第 7 舰队。美国的注意力转移到远东，中东形势由此缓和；

第三计打草惊蛇：为试探美台《共同防御条约》的效力到底有多大，美军在台湾海峡的介入到底有多深，解放军对美台海军组成的联合舰队只打蒋舰，不打美舰，结果在解放军开炮之初，美舰便弃蒋舰于不顾，脚底抹油，逃之夭夭。

一套连环计就好似一套组合拳,虽不夺命,却处处都是内伤,打得台军狼狈、美军难堪。

(二)微观战术的展现

所谓微观战术,更多的就是指在一些节目或影视作品中的操作问题。与上面的宏观规模比起来,就是小把戏了。但是,在一个作品中,能够集中和规模使用三十六计,已经是难能可贵的了。

【例证第 830 号】:《扶不扶》里的五连环

2014 年央视春晚小品《扶不扶》讲述了这样的故事,郝建(沈腾饰演)看到一辆汽车后备厢没关,想骑自行车追上提醒一下,未料汽车急刹车他跌进后备厢里去了,赔了人家 200 块钱,自己的车前轮拧成了麻花,脸也有两处擦伤。回来见一老太太(玛丽饰演)摔倒,好心扶起,却被老太太误认为是他撞的。由此展开后续故事。其间,有意无意用到了 5 连环的计策。

第一计趁火打劫:即表面上会给人和郝建错觉,大娘是要讹郝建。自己摔倒的要让郝建负责;

第二计金蝉脱壳:郝建见势不妙,先想让摄像头作证,可惜坏了,路人甲(杜晓宇饰演)劝他快跑,因为路人甲为扶人代价惨重,开大奔的换自行车了。于是,郝建动了要走的心思;

第三计指桑骂槐:老太太用话一激,把郝建又激回来,要用言语说服老太太,他列举了三个故事来类比:东郭和狼、吕洞宾和狗、农夫与蛇、郝建与老太太,连老太都嫌他太磨叽,不就是说老太太是狼、狗、蛇,还"好贱"吗;

第四计苦肉计:老太太一喊,喊来个警察。郝建利用自己脸部有擦伤,顺势倒地,虽不算典型"苦肉",顶多是顺手牵羊式地用自己已经"苦"了的"肉"而已;

第五计反客为主:为让警察和老太太清楚事情真相,好给自己洗清"冤情",当警察来后,郝建把自己伪装成被撞者,变被动为主动,在警察对"现场"的"勘察"下,使郝建由不利变为有利。

当然,这些都是过程和铺垫,不论是对于郝建第一番的告知后备厢未关桥段和第二番的扶老太太,都体现了一个主旨,"不能让好心人吃亏"。结果自然是好的,但其中周折用的都是计呀。

【例证第 831 号】:《欢乐总动员》里的连环套

在《欢乐总动员》2000 年第 75 期中,主持人程前和影视明星苏瑾的整人游戏可谓"将计就计计中计"，螳螂捕蝉，黄雀在后。算是个非典型性连环计。

第一计打草惊蛇：道具是一个要拍卖的青花瓷瓶，底价15万元，程前在将瓶子递给苏瑾的一刹那，将瓶子摔碎；

第二计趁火打劫：拍卖师不干了，要苏瑾负责，而程前事先也受命整治苏瑾；

第三计釜底抽薪：而程前并不知道，其实，制片方早已经将整人计划向苏瑾和盘托出，要苏瑾配合，演出来被整的样子迷惑程前。当对此一无所知的程前揭开整人游戏谜底的时候，苏瑾按事先的安排，假装生气，与程前翻脸，离席而去，看程前如何收场；

第四计笑里藏刀加釜底抽薪：在程前和其他人好说歹说下，苏瑾回到录制现场，拍卖师又来搅局。苏无辜落泪，程前揭秘，拿出个牌子"别生气，开个玩笑"。程前嬉皮笑脸，苏瑾说"你怎么这么无聊，什么玩笑不好开，开这样的玩笑。""真生气了？""那当然了。你自己慢慢录吧。"苏瑾再次离开录制现场，拒绝录像。程前是笑里藏刀，苏瑾再次釜底抽薪；

第五计反间计：拍卖师也现了原形，原来是八一电影制片厂的制片主任。最后，重录程前拿出"别生气，开个玩笑"的牌子时，苏瑾也拿出个牌子"别生气，开个玩笑。"

【例证第832号】：《心理游戏》

1997出品的美国电影《心理游戏》可说是一个环套环的心理游戏题。主人公凡·欧顿(迈克·道格拉斯饰演)是一名成功的银行家，他身价不菲，地位显赫。但他受幼时父亲自杀的危险意识困扰，非常冷漠，妻子也因此离他而去。他的生日将至，连环计也将开始：

第一计抛砖引玉：弟弟给欧顿一个惊喜，一张CRS的贵宾卡；

第二计关门捉贼：欧顿进入了一个游戏，也开始了惊险之旅(他就一直在被掌控之中)；

第三计隔岸观火：渐渐地欧顿发现这个游戏是个大阴谋，不但真枪实弹而且计中有计，连他的弟弟都是这个连环计中的一颗棋子(布置这个游戏的人在隔岸观火)；

第四计瞒天过海：直至最后欧顿开枪误杀了弟弟后，万念俱灰坠楼自杀，却落在了一个大气囊上，这时，弟弟等人走上来，祝欧顿生日快乐。到这里，才发现，最大的计是瞒天过海，只把欧顿一个人瞒在鼓里。

这有点像1998年出品的美国电影《楚门的世界》，真相就在那里，只有你不知道。

【例证第 833 号】:《随波逐流》

2011 出品的美国电影《随波逐流》(翻拍自 1969 年的电影《仙人掌花》),讲述了整形医生丹尼(亚当·桑德勒饰演)婚恋当中发生的一系列真真假假的事情。这里边,可谓连环计大集合。

第一计瞒天过海:丹尼为避免和女子风流后有引火烧身的"后患",都隐瞒单身身份,冒充已婚男士,戴着结婚戒指;

第二计金蝉脱壳:丹尼风流后都是用已婚的身份彻底摆脱麻烦,是一招"釜底抽薪"式的金蝉脱壳,没人追着他上演恨嫁场面;

第三计无中生有第一次:丹尼偶遇了他的梦中情人——年轻貌美、性感火辣的数学老师帕尔莫 (布鲁克琳·戴可儿饰演),萌发了想和帕尔莫结婚的念头,可帕尔莫无意中发现了丹尼的结婚戒指,于是,丹尼顺水推舟,编造了已婚的故事,虚构了一个妻子;

第四计李代桃僵第一次:因为帕尔莫执意要见丹尼的妻子,于是,丹尼只好找助手凯瑟琳(珍妮弗·安妮斯顿)扮演"前妻"。而因为见面时凯瑟琳接了女儿的电话,又"暴露"了丹尼夫妇"有孩子";

第五计无中生有加李代桃僵第二次:因为帕尔莫又执意要见孩子,于是,丹尼又"收买"凯瑟琳的一双儿女出演自己的孩子;

第六计无中生有加李代桃僵第三次:又因为丹尼虚构了"妻子"和道夫出轨的情节,又让自己的表弟艾迪出演道夫;

第七计隔岸观火:这一干人马到夏威夷度假,丹尼和帕尔莫延续恋情,而凯瑟琳疑似隔岸观火;

第八计暗度陈仓:在度假过程中,明着是丹尼还在追求帕尔莫,并发展到谈婚论嫁的程度,但丹尼和凯瑟琳都发现相互的优点和彼此其实相爱,这是暗度陈仓;

第九计反客为主:本来是做丹尼虚构的太太替身的凯瑟琳反客为主,与丹尼终成眷属,退居客位的帕尔莫也在归途中遇到了网球明星并找到真爱。

【例证第 834 号】:《艺术人生》陈凯歌专辑

在央视《艺术人生》2011 年 10 月播出的陈凯歌专辑中,运用了六个道具胶片盒做了一组六连环的抛砖引玉加欲擒故纵,引出陈凯歌的艺术人生。

道具 1——牙膏。此道具发生在陈凯歌在云南兵团期间,他离家去兵团时从家里带了十袋牙膏,用牙膏体现思乡之情。

道具 2——父亲的录像带。此道具是电视台采访其父亲陈怀皑谈陈凯歌的片段。

道具3——《格林童话》、《唐诗三百首》、猴脸面具和蝙蝠侠面具。四样道具放映了陈凯歌与生在美国的儿子在文化上的差异。

道具4——一张CD。这张CD收录了与陈凯歌所执导的好莱坞电影《Killing Me Softly》同名歌曲，以此引出好莱坞中的陈凯歌。

道具5——法国著名电影专刊《电光幻影100年》。由这本书讲述了陈凯歌等第五代电影人在20世纪80年代的创作状态及创作精神。

道具6——来自延安的一捧黄土。意在用以激励陈凯歌能够保持当年拍摄《黄土地》时的激情，创作出更多更好的作品。

这是一个非典型的连环计，更像是莲子串联，方式方法一致，目的都是为了抛砖引玉，但意义不尽相同，谜底的揭晓自然也就会有不同的感受。而欲擒故纵在于反用，即陈凯歌是有名的能侃善聊的采访对象，如果题目开放，任由发挥，可能很难掌控，于是，越是需要让他发挥到"玉"的水平，反而要用"胶片盒"来收和"擒"一下，作为反衬和对比，让嘉宾在一定的范围和空间里发挥，既有神秘感，又在掌控范围之内。这是面对"强敌"而采取的以守为攻、步步为营的战术。

【例证第835号】："半球"广告

广东半球实业集团公司是一家大型家电企业，在20世纪90年代，其浙江市场受到了来自同省其他家电企业的冲击，为了挽回市场，半球集团在广告宣传上做起了文章。

第一计借尸还魂：以平面媒体为平台，以报纸为媒介，为读者设立有奖竞猜，中奖者可参加由半球集团冠名的综艺晚会，借机在广大读者中找回原属自己的消费者；

第二计树上开花：半球集团冠名电视综艺晚会，并在观众席中安排了100名中奖的读者，他们统一身着半球集团的广告衫，在电视转播画面中极为抢眼；

第三计暗度陈仓：半球集团联合浙江主流平面媒体，每天都在显著版面刊登一篇有关商品广告知识的文章。每篇文章都刊出报花，注明"半球电器特约刊登"，与此同时，"半球夏之风"商标广告知识宣传周的招贴画也布满了杭州的大街小巷。无形中，把半球电器的说明书送进了千家万户。看似吸引了读者，实际是吸引了消费者。

产品的营销不能掉链子，只有环环相扣的营销手段才会赢取消费者的持续购买力。毋庸置疑，半球集团的广告连环计做到了。

【例证第836号】：益达的系列广告故事

益达口香糖系列广告《酸甜苦辣》是桂纶镁、彭于晏出演的。讲述了一对男女从偶遇，到相爱，分开，最后两人重逢，活脱脱是一部小型电影，故事结构完整，情节交代得清楚。

第一计浑水摸鱼：在最开始两人在加油站偶遇，"桂纶镁"待在黑咕隆咚的小房子里，让没甚留心的彭于晏错认为是男孩；

第二计美人计：在"酸"的主题中，拉面馆中的美艳老板娘一声柔媚的"帅哥"，一计美人计，激起了"桂纶镁"的醋意大发；

第三计走为上计：在"辣"的主题中，他们俩得罪了在一旁看书的彪形大汉之后，便是三十六计走为上，赶紧上车溜了；

第四计走为上计：在"苦"中，桂纶镁认识到这个男人并不会照顾自己的选择的时候，选择不告而别一走了之来处理这段感情，这也可以算是走为上；

第五计瞒天过海：在《酸甜苦辣2》中，也是延续了第一部中的故事，两个人明明是爱人，却在大叔面前装普通朋友。

这一系列广告之所以精彩，正是因为里面一连串的小悬念小高潮。

2013年推出的郭晓冬和白百合版的益达口香糖食神系列，看似有将这一风格继承发扬的情形。这种类型的连环计看似一个长链条，从头到尾一线贯穿。

【例证第837号】：七喜穿越广告

七夕穿越广告也是一部以完整的故事贯穿始末的系列广告。故事主要分为两部分：

第一计釜底抽薪加以逸待劳：第一部分是男主角圣诞节许愿穿越到古代，结果穿越到古代后发现这里除了丑女啥都没有，所以就让后代带信给未来的自己不要再许愿回古代。结果还有"自己"接二连三地穿越回来，最后索性不阻止了，直接让后代带话捎东西回古代。

第二计李代桃僵：第二部分是反串的女主角(李代桃僵)穿越到现代，重遇了男主角。男主角和朋友打赌阴差阳错地又跟"女"主角过了一生。这一版广告也是一个连环计，讲述了一个完整的故事。

【例证第838】：炫迈口香糖系列广告

与益达口香糖一条线蔓延的形式不同，炫迈口香糖的广告围绕的不是一个完整的故事，而是"味道持久"这一个主题。这一版广告由柯震东主演，包括创意师写创意布满了整个墙也停不下来；旋转舞者旋转一直转透了楼板掉到了下一层也没有停下了；弹吉他弹得吉他着火也停不下来；快乐男生唱爆了音箱也停不下来四版。这四个小广告共同构成了炫迈的一个系列广告,这就是一个九连环状的连环计。每一环都是独立的小故事,但是结构主题都是相同或相似的,也强调了同一个主题,"美味持久,久到离谱"的广告词也是统一系列广告的标志。

【例证第 839 号】:士力架系列广告

士力架 2012"饿的时候,你是谁"广告,也是一套连环计。三个独立的小故事讲述了大学宿舍中四个人中三个人饿了时的小故事。

第一集《韩国悲催女》讲的是强子爬山时体力不支,如韩国弱女子,拖着药瓶子步履蹒跚,吃了士力架之后立刻生龙活虎;

第二集《易怒包租婆》,William 打篮球体力不支,变身更年期包租婆,不但骂人还打人。吃完士力架立马变身好好先生;

第三集《犯懒猪八戒》阿荣打扫卫生犯懒,打一点点水都不愿意动。吃完士力架立马打了鸡血一样去擦窗户。

这三个广告都是以士力架横扫饥饿为主题的系列广告,不但主题相同,就连故事都是发生在相互有关系的四个人身上,也是一个典型的九连环式的系列广告连环计。

第 36 计 走为上计

原文:

"全师避敌。左次无咎,未失常也。"

解读:

全军退却,避开强敌,在后退的过程中寻找战机。这种以退为进的战略并不违背常用的兵法法则。

于曲高和寡中,走为上,重接地气避免被孤立;于云山雾绕中,走为上,换个角度看世界会更清晰;于危机重重中,走为上,以退为进谋得东山再起;于急流汹涌中,走为上,急流勇退保声名。有了走为上,套用一句广告语就是"一切皆有可能"。正是有可能才会给人们更多的期待,有如"俺老孙去去就来",回来后就有了解决之道,甚至是惊喜。只是怕"走为上"只是溜之大吉的无为之举,毫无看点,那就不足称道了。

在这一计里,按照"走"的行为主体所处的位置不同,分为"本位离开篇""主位离开篇""客位离开篇""缺位离开篇"四类。

一、走为上之"本位离开篇"

这一类所指仅限于军事行动,即实施"走为上"的不是一人一事,而是一个群体或一个整体,实施的难度较大。因此,所谓"走为上"是一种抉择或一种战略,而非简单的战术或战斗。或是指由战略抉择到战术实施的过程。它的成败所带来的影响或后果牵涉全局。

【例证第 840 号】:胜利的转折

在法国制作的纪录片《天启》中,将敦刻尔克大撤退这一历史壮举进行了细致描写。1940 年"二战"期间,德国纳粹直趋英吉利海峡,把近 40 万英法联军围逼在仅有海上退路的敦刻尔克。此时的英法联军绝望而且混乱,丘吉尔呼吁平民提供一切可用船只,冒着德国飞机、潜艇和大炮的打击,往返穿梭于海峡之间,将一批批联军官兵送回到英国本土。

"这绝不是一场奇耻大辱的败退",敦刻尔克大撤退不仅"走出了"德军的包围,更引领英军"走向了"胜利的光明。在敦刻尔克精神鼓舞下,在丘吉尔演讲的刺激下,英国保留了继续坚持战争的最珍贵的有生力量。

【例证第 841 号】:毛主席"走"出平生得意之作

纪录片《四渡赤水》中,红军在第五次反围剿失败后,被迫进行长征。在赤水河畔与堵截的川军相遇,激战后发现,战局对红军不利,红军决定渡过赤水河甩开敌人。在毛泽东的指挥下,红军一渡赤水河并西进到达云南。蒋介石调集了中央军及川、湘、黔、滇四省军阀进行包围。红军趁黔北空虚之机,全军迅速回师,二渡赤水河,突出重围。此后,蒋介石欲将红军困死在乌江以北。毛泽东经过慎重考虑,决定三渡赤水河,造成红军欲北渡长江的声势,以迷惑敌人。此举惊动敌人,敌军尾随红军西进,红军除瑞金团继续向西引开敌人外,主力红军急速调头东下,四渡赤水河,甩开敌人主力,进入敌军兵力空虚的云南,渡过金沙江,摆脱战略包围,出奇制胜地打击敌人。最终,红军从绝境中奋起,踏上新的征程。

"四渡赤水"是中国红军在长征过程中经历的一次转折性运动战战役。红军在运动战中,避免了战略转移初期的逃跑主义(只走不打),正确地处理"打"与"走"的关系,以"渡"化"走",牵着敌人的鼻子来回打转,将其拖疲、拖垮,使红军乘隙实现渡江北上的战略目的。

【例证第 842 号】:皮旅千里突围

1946 年 6 月,国民党以 26 个旅约 30 万人围攻我鄂豫边境的中原解放区,要在"48 小时内全歼"我中原部队。敌数倍于我,党中央决定中原部队突围。由皮定均任旅长的中原军区第一纵队第一旅,担任掩护中原部队主力越过平汉线向西突围的任务。当中原部队主力越过平汉铁路后,皮旅穿梭佯动和阻击敌人,造成我主力向东突围的态势。实现诱敌后迅速挥师东进千里。历经 24 昼夜 21 次战斗,成为中原部队唯一成建制突围的部队,不仅七千将士安全突围,还带出了 23 位旅团干部家眷,甚至还多了两个刚出生的婴儿,被誉为战争史上的奇迹。1955 年全军评衔时,皮定均按资历拟评少将衔,毛泽东当即表示:"皮有功,少晋中。"皮定均被授予中将军衔。将突围升华为歼敌,将撤退升华为进攻,此"走"堪称"上"品。

二、走为上之"主位离开篇"

"主位离开"是指当事人在事件或节目中充当主要和十分重要的角色,是主人或主位身份。在这一具体语境里,指节目主持人的离开或出走。

【例证第 843 号】:电视名嘴的出走

央视是电视界的航母,其主持人也是炙手可热。而近年来,很多主持人从央视出走,如鲁豫、何炅、许戈辉、杨澜、文清、赵琳、黄健翔、曹颖、倪萍、张正、王志、邱启明、赵屹鸥、白燕升、李咏、崔永元、王凯等。客观原因可能有竞争激烈、薪酬待遇、发展瓶颈等,而主观原因或有寻求更大平台或自由度等。这些人出走后,或从事演艺,或换了东家,或自立门户,或弃文从政,或回归校园。俗话说,人往高处走,出走的人肯定觉得走出去是奔向高处的起点。"走"是为了"上"。央视如此,地方台呢?

【例证第 844 号】:主持人的出走

电视台这个平台和主持人这个岗位可谓是"振臂一呼应者云集"。而如今,也变成了"铁打的营盘流水的兵",主持人的出走不再是什么热门话题,只是这出走的方式却各有不同。

向"钱"看,周立波就"钱"进到了浙江卫视,成了《中国梦想秀》最大的梦想家。

向前看,张政弃文从政,是业界为数不多的。

向潜看,张绍刚回归校园,崔永元、李咏回到校园,似乎应和了不少业界人士的常规路线,只是更多的人没有他们的知名度高。在他们之前已有,之后也还会有。

不难看出,这几位都是通过走出过去来实现新的发展,谋得更适合的发展空间,往往能够突破瓶颈。只是这份"走"要走得潇洒,不曾带走一片云彩。

三、走为上之"客位离开篇"

所谓"客位离开"是指宾客、客人的位置,节目中,居于客人位置的一般叫"嘉宾",如果是选秀节目,叫"选手"。他们的离开必然给节目带来一定影响,尽如宴客,酒酣耳热之时,客人罢宴而去,很是扫兴煞风景。但是,请宾客来,不论远近,第几次来都没关系,都"不亦乐乎",来是客的自由,走是客的权利。且看以下宾客为何离开,如何离开。

【例证第 845 号】:弃主从唱

早在 2006 年的"中央电视台综艺节目主持人选拔活动"中,已经顺利晋级 16 强的南方赛区选手周觅向组委会递交了退出比赛的声明。一时间,这个有着"觅觅王子"称号的帅气男生为何退赛的原因成了一个谜,因为他是在最美好的时间突然离开了电视荧屏,留下一句要去韩国进修音乐后反倒让观众有了更多的期许。隐匿两年后,于 2008 年以 SJ-M 组合新成员正式在中国出道,转型成为一名职业歌手,让众多期待已久的粉丝眼前一亮。

周觅的弃主从唱使得自己有了更广阔的平台,现在不仅能主持,也能在全亚洲流行乐坛中占得一席之地。与之同期比赛的选手的现状相较而言,走为上策,周觅走出了属于自己的阳关大道。

【例证第 846 号】:《非你莫属》中的求职未果

以天津卫视的《非你莫属》为例,节目中不乏求职者最后并未与用人单位达成一致的案例,只是原因不同。一类是求职者表现不入用人单位法眼,以失败离场告终;另一类是求职者虽有用人单位青睐,但因种种原因求职者放弃了工作机会主动离场。而最终结果都是一样的,没能签约,求职未果的选手在音乐《No Matter What》中走到舞台入口,由自己出场的起点离开舞台(求职成功者则从舞台出口离场)。

求职不能以输赢来定义,就如节目中的歌曲《No Matter What》,无论怎样都要坦然面对求职结果。求职失败者在非己所属的工作机会前"走为上",其实是在一个看似结束的地方寻找新的开始。对于主动离场的求职者,"走为上"不求与人相比,只求超越自己。

【例证第 847 号】:《爱情保卫战》

天津卫视的《爱情保卫战》每期都邀请几对在爱情道路上遇到困难、困扰、困境的情侣。没问题的不来,来的都有一些问题。有的问题是单方的,有的是双方的。专家们都本着善意、建设性和以和为贵的原则,对情侣们加以劝导、引导、开导。也乐见他们言归于好,现场求婚。但是,天下总有要散的筵席,强扭的瓜不甜,强摘的杏儿准酸。缘尽于此的有;曲终人散的有;一去不回的有;劳燕分飞的有;一厢情愿的有;怅然若失的也有。而此时,各走各路也许是最明智和理智的选择。勇敢留下来的欢喜,安静走开的祝福。走也为上。

【例证第 848 号】：电视相亲中的相亲未果,做不出选择,便走为上

电视相亲已经超越了"相亲"的界限,有着极强的包容性和开放性。单身男女在舞台上大大方方地面对彼此,在节目的氛围下欢快地了解彼此,更有节目中各种互动环节的设计让男女嘉宾在选择爱情时是要接受考验的。在考验中,男女双方以自己的婚恋标准去衡量对方,在不中意的情况下,男女相亲嘉宾均有权利选择停止继续交流。在节目过程中选择结束的男女嘉宾实为走为上后的隔岸观火,如果直至整个相亲流程结束,男女嘉宾都未发现合适的对象,男女嘉宾只得离场,继续寻找自己幸福的所在。

在江苏卫视的婚恋交友真人秀《非诚勿扰》,在两轮女生权利行使之后,倘若还有两个或者两个以上的女生为男生留灯的话,便可以进入男生权利环节。在这里,男生有权利在留灯的众位女生中选出自己最中意的,倘若没有满意的,很多男生便可以选择离开。这样不做选择的走为上,其实也是一种选择。

这里的走为上还是要值得安慰和鼓励的,爱情的选择是慎重的,在发现不是爱情时及时转身才能继续寻找真爱。真爱需要等待,不能将就;真爱需要尊重,不能强求。但也不能做爱情的逃兵,还是那句老话该出手时就出手,这次不行下次还有。

【例证第 849】：《谭盾来了》

在第 1 计"瞒天过海"中,介绍了北京电视台《国际双行线》栏目 2001 年 11 月 12 日播出的《谭盾来了》,从编导者主观角度看,是向谭盾"瞒"住了另一嘉宾到来的信息。这里,是从谭盾角度看的。节目邀请谭顿做客,而在没有预先告知他本人的情况下,又请上另一位嘉宾指挥卞祖善。问题是卞祖善的艺术主张和观点与谭顿背道而驰、南辕北辙。这本无可厚非,但谈话语境急转直下,演变为卞对谭的单向打压和冲击,谭最后有分寸地说不争论,先退场。不论主张如何,对话应有平等的语境,不论对于嘉宾还是主持人,都应维护或控制这一语境,是沟通而非压服。1993 年出品的电影《方世玉》中雷老虎(陈松勇饰演)有一句台词叫"以德服人"。雷老虎虽是粗人一个,但却总愿意标榜这句"以德服人",哪怕是后来落魄乃至从官场落入帮会,也还谆谆教导女婿方世玉(李连杰饰演)要"以德服人",难得这份执着。港版普通话说来,有趣得很,"人"就变成了"len"阳平。粗人尚能如此,何况文化人呢! 由此看来,谭盾来了,是客气,走了还是客气。孔子曰:"君子矜而不争,群而不党。"(《论语·卫灵公》)道不同不相为谋,话不投机半句多。不走难道非要把谈话节目变成吵架节目。一位老领导一言以蔽之,"没身份"。

【例证第 850 号】：《加里森敢死队》中途停播

26 集美国电视剧《加里森敢死队》作为中国第二部引进的美剧（第一部是《大西洋底来的人》）于 1980 年 10 月开始每周六晚在央视播出。但播完第 16 集后，便以黑底白字字幕正告观众：本剧播放完毕。正如鲁迅先生说的"刚刚开了头，却又煞了尾。"（语出《为了忘却的记念》）1992 年后，后十集才得以播出，2003 年 8 月出版的《中央电视台的第一与变迁》一书说道："这部 26 集的连续剧播放一半时，被认为是一部打斗胡闹的纯娱乐片，没有多少艺术价值而停播。"其实，它就像 1963 年出品的国产电影《飞刀华》一样，上映后，小朋友会学着玩儿飞刀，太危险了。而《加里森敢死队》里边队员之一的"酋长"也是玩儿飞刀的。那时可以看到的"大片"不多，放到现在不会有这么多模仿秀。在当时停播也是无奈之举。走为上。

四、走为上之"缺位离开篇"

所谓"缺位"，是指当事人在节目或事件中举足轻重，甚至缺一不可。他的离开是整件事的巨大损失和遗憾。有的可以弥补，有的就是永久的遗憾了。

332

【例证第 851 号】：春去春又回

二人转和小品演员赵本山自从 1990 年登陆央视春晚之后到 2011 年，除 1994 年缺阵以外，参加了 21 年春晚，演出了小品《相亲》《小九老乐》《我想有个家》《老拜年》《牛大叔提干》《三鞭子》《红高粱模特队》《拜年》《昨天今天明天》《钟点工》《卖拐》《卖车》《心病》《送水工》《功夫》《说事儿》《策划》《火炬手》《不差钱儿》《捐助》《同桌的你》。2012 年和 2013 两年临时退出春晚，到 2014 年和冯小刚搭档回归。即便是这两年其退出后在地方台春晚上表演的《相亲 2》《中奖了》，水准其实客观地说，弱于《不差钱儿》而强于《捐助》《同桌的你》。春去春又回，走了又来了。走了也好。

【例证第 852 号】：悟空的三个师父

1986 年出品的国产电视剧《西游记》从 1982 年开始拍摄，历时 5 年，中间换了两个"唐僧"。

第一任唐僧汪粤当时在电影学院上学。由于《西游记》拍摄周期过长，汪粤离开了剧组去演电影了。

第二任唐僧徐少华在剧组拍摄了 2 年 5 个月，后来考上山东艺术学院而离开剧组。

第三任唐僧迟重瑞是在《西游记》播出 11 集以后才出现的,但也使得他成为最后取到真经的唐僧。而 1998 年出品的《西游记续集》为保持一致性,还使用了两个唐僧,徐少华和迟重瑞。

原著的唐僧很执着,一路向西求取真经,而坚持演唐僧却也不是件容易的事,反而不如几个徒弟有韧性。当然,后来几个版本的电视剧《西游记》就没有这种情形,因为拍得快了,周期、效率和技术自是与 30 年前有天壤之别。在《西游记》里,是唐僧常要撵走悟空,在拍电视剧时,却是悟空要作别两任师傅了。

【例证第 853 号】:范跑跑

"范跑跑"即 2008 年四川汶川地震时在四川都江堰光亚学校任教的范姓老师。地震发生后,他立刻冲了出去,第一个到达足球场,等了好一会才见学生陆续来到操场。随后,他在天涯论坛写下了《那一刻地动山摇——"5·12"汶川地震亲历记》,文章提到:"我是一个追求自由和公正的人,却不是先人后己勇于牺牲自我的人!在这种生死抉择的瞬间,只有为了我的女儿我才可能考虑牺牲自我,其他的人,哪怕是我的母亲,在这种情况下我也不会管的。因为成年人我抱不动,间不容发之际逃出一个是一个,如果过于危险,我跟你们一起死亡没有意义;如果没有危险,我不管你们你们也没有危险,何况你们是十七八岁的人了!"一下子他就成为众矢之的,被赐名"范跑跑"。

我们不应以道德的名义去绑架每一个人都去做出自我牺牲,自我保护和规避风险是人的本能。你可以不神圣,但不能为卑鄙开脱;你可以逃跑,但不能为逃跑唱赞歌。走是一种选择,但选择不一定都是对的。

【例证第 854 号】:扶不起的选择

"扶老携幼"是我们的美德,而今,要扶起路边摔倒的老人却会让很多人望而却步,选择"走为上"。因为害怕被老人讹,说是你把人家给撞倒的。正像郭富城歌里唱的,"我是不是该安静地走开,还是该勇敢留下来"(引自 1991 年出品的歌曲《我是不是该安静地走开》)。如果大家都选择了走开,那这个世界显得太寂寞和冷漠了。首先,要热情帮助,不能漠视一个需要帮助的生命;其次,冷静对待,要科学理性地施救,不是都适合扶起来,因为摔倒的原因如果是脑中风、心脏病、骨折、颈椎病等,如果贸然扶起,可能会引发次生疾病。无论哪种,反正"走"肯定是不对的那种。

【例证第 855 号】:"Pass"

"Pass"在中文翻译中有着通过、及格之意,也可作不要、越过之意。在益智竞猜类的节目中,"Pass"是一词两用,选手只有在答题正确的情况下，才可以顺利通关，进入下一环节。

另一用，就是节目组会赋予选手一定的特权，选手可以将不会的题目"Pass"掉，也就是直接越过不会的题目回答下一道题，为自己争取可以顺利通过的机会。一般情况下，选手只有一次"Pass"的特权，所以何时用，用完后下一题还是不会怎么办就成了节目的一大悬念。

既然是益智竞猜，就不是运气大比拼，更看重的还是"内存"，别看有了"Pass"的机会，迎面而来的是猫是虎还两说呢。

【例证第856号】：绝不空手而归

在央视经济频道的《开心辞典》中，选手们除了在认真答题的过程中展示自己的智慧，还在利用游戏规则实现家庭梦想的过程中展示自己的智谋。在《开心辞典》的游戏规则中，选手在答题成功后需要明确是否进入下一环节答题，因为选手一旦出现答题失败，那么选手之前通过正确答题累积的奖品将全部送给现场或场外的观众。如果放弃继续进入下一环节，那么之前累积的奖品将全部保留。不少选手充分利用游戏规则所赋予的求助特权，保证自己有惊无险地实现一个个家庭梦想。当特权全部使用完毕，选手在被主持人问及是否继续答题时，选手果断放弃，带着已有的奖品满意离去。

334

虽不是尽善尽美，捧得大奖，倒也是适可而止，量力而行，绝不空手而归，图的就是一实惠。

第五章

悬念叙事事前六忌

以上谈了悬念与三十六计在电视节目中的应用,但也应该看到,悬念虽然是结构节目和叙事的好方法,但也不能用得过度、过多、过滥,把悬念当作节目救命的利器。那样,可能会弄巧成拙或引发不良后果。从这个意义上讲,有些节目和内容是不适用悬念方式的,是可以考虑使用悬念和用计规避原则。

电视作为一种大众媒体,具有舆论导向作用,需要遵守宣传纪律,凡涉及政治(外交)、灾难、民族、宗教、法律、隐私等严肃领域的节目都应谨慎对待,不可轻易运用悬念手法。可谓六忌。因为这些都是可以在节目策划制作之初可以确定避免或规避的,因此,也可叫"事前六忌"。

第一节　涉及政治和外交

一、涉及政治

我们的媒体是党的喉舌,作为从业者,只有宣传的路线、方针、政策的责任和义务,围绕党政中心工作,把握时代脉搏,加强正面宣传,坚持正确的舆论导向,坚决抵制不健康文化的流行,倡导正确的价值观和人生观。媒体没有妄加揣度和猜想政治问题的权利和平台。如果将政治问题当作悬念对象而随意、任意甚至是恶意炒作和胡乱作为,势必造成舆论的混淆和信息的交织、矛盾和混乱,会蛊惑人心,形成社会的不安定因素和心理恐慌,破坏社会和谐和团结,影响社会政治经济发展,是有百害而无一利的荒唐行为,坚决不能允许出现。这是媒体得以存在的生命线,也是媒体谋求发展的必由之路。

二、涉及外交

早在新中国成立之初,周恩来总理就曾经说过,外交无小事。在这类事情上容不得半点疏漏、马虎和不负责任。特别是有些节目的悬念使用上,有时有过激、随意、过度的表现,就更容易引起纠纷和事件。比如下面一例的俄罗斯人质事件中做了人质数字的竞猜问题,也很容易引起争端和关系的紧张。因为外交问题是严肃的,而悬念设置和使用就不是件严肃的事。用不严肃的方式来解释或说明严肃的事情,就如同用歇后语写悼词。再者,外交属于国家事务,需要高水准的专业人员来处理解决,而电视从业者对于外交而言,是不专业的,也就很难有发言权,就没有资格和权利在这个问题上胡乱作为。这不仅是对电视失职,更是对国家不负责任。

第二节 涉及灾难

这一点非常明确,不论是宏观微观,都不适用于灾难题材,更不能用悬念叙事使当事人在旧伤痕上再添新伤痕。与灾难事件密切相关的时间、地点、人物、伤亡数量、损失程度、赔偿额度、救援投入(人力、物力等)都更适用于更为传统、正规、常规、中规中矩的方式,也许会略显拘谨,但会显示出我们对待事件的一种应有的严肃、认真、真诚、善良、人文、科学的态度。说白了,频繁而不恰当地使用悬念叙事,至少是不厚道、不明智的。因为面对大灾大难,比如地震、水灾、旱灾、泥石流、风灾(台风、飓风等)、战争、冲突等,如果还使用悬念叙事的话,往小里说,是不靠谱的,有置身事外的旁观者心理;往大里说,有将快乐(某种程度上讲,悬念叙事在这里就已经有了一定的泛娱乐的性质存在)建立在他人痛苦上的不健康心态存在。在这个问题上,保守些、规矩些,要好于游戏心态和旁观者心态。

【例证第 857 号】:短信竞猜

俄罗斯人质事件死亡人数。2004 年 9 月 6 日晚,中央电视台 4 套《今日关注》栏目在关于俄罗斯北奥塞梯别斯兰市人质危机的报道中,滚动播出有奖竞猜信息,猜测人质危机死亡人数:"俄罗斯人质危机目前共造成多少人死亡？选项：A.402 人；B.338 人；C.322 人；D.302 人。答题请直接发短信至：移动用户发答案至×××；联通用户发答案至×××。"

第三节　涉及民族

　　我国是一个统一的多民族国家，共有 56 个民族。我国的民族政策是：坚持民族平等和民族团结，实施民族区域自治制度，发展少数民族地区经济文化事业，尊重和发展少数民族语言文字，尊重少数民族风俗习惯和宗教信仰自由。而悬念叙事带来的假想可能就是多向的、多元的、似是而非，而非肯定、固定和确定的。而且，悬念叙事使用不当会伤害所涉及民族的感情。我国是个多民族和谐共处的大家庭，体现的是团结、互助、友好、亲和，而不当悬念叙事的使用有可能会对这种氛围造成影响和破坏，是不和谐的搅局因素。

　　因为设置悬念必然会带给观众可能的和假想的结果，也许有多重可能或答案。这些"答案"未必都在这个民族可以承受的范围之内。因为不同民族的服饰、饮食、风俗、宗教、语言、礼仪都有所不同，越界即伤害。这里，首先是不能具有主观恶意，其次，主观上的善意还需要考虑对方的心理承受能力。不可随意妄为。

第四节　涉及宗教

　　我国奉行的是宗教信仰自由的政策，目前我国主要有佛教、伊斯兰教、基督教、天主教、道教等。之所以说不能在宗教问题上随意使用悬念叙事方式，一是不严肃，每个宗教都有不同的教义和宗旨，过于随意必然失去严谨和规范；二是容易引起歧义和多元的解释和走向；三是有可能会激化某些矛盾或引发某些问题，切不可掉以轻心，疏忽大意。不要说不同宗教之间，就是同一宗教内的不同教派之间都有很大的差异。这些差异再夹杂着政治、经济、文化、军事等方面的利益和条件，都可能引发最为极端的解决方式——战争，从欧洲十字军东征、三十年战争到巴以冲突、两伊战争，无不如此。

当然,一次或一个节目可能不会有这样的杀伤力或这么严重的后果,但肯定会引发不良的甚至是严重的后果和群体性事件,不可小视。

第五节　涉及法律

这里所说的涉及法律不是指的一些关涉法律的案件、案例的说明、展示不能用悬念叙事手法。如果是这样的话,那涉案节目就无从下手,直白而毫无生气了。而是说涉及法律基础、原则、原理,是不容置疑的,是没有商量或"讨价还价"余地的。而悬念叙事的不当使用会对法律的严谨性、严肃性造成一定影响,公信力和美誉度也会受到一定牵连。说得明确一些,微观的问题可以使用悬念叙事,比如涉案的影视剧和案件类栏目等等。而宏观法律问题、新闻节目和访谈等,就需要慎重使用。

比如,在一个刑事案件中,妻子被杀,丈夫成为犯罪嫌疑人,随着侦破的推进,他的嫌疑被洗清。但在电视节目中他"被嫌疑"的过程展露无遗。而如果丈夫和妻子的名字均为化名则不在此范围。也就是说,在做到了尽量照顾到当事人隐私的前提下,这个"嫌疑"的"悬疑"是可以成立的,否则就都可以省略过程,直奔主题,直接找到最终的犯罪嫌疑人就行了。那案件的复杂性和破案的曲折性就无从谈起,节目就成了一条简讯了。但是,法律的定性、法理、法条是不容置疑的。且,很多犯罪过程和细节是不能进行地毯式呈现的。

338

第六节　涉及隐私

从某种程度上讲,电视镜头呈现给观众的画面其实就是代表了观众的"眼睛",是观众视线的延伸。只要带给观众悬念式的内容,观众按照普遍心理,是要"愿闻其详""愿睹其实"的。特别是在隐私方面,虽然不是说观众有窥私欲,但因为当下节目的百般诱导,加之视频搜集和上传手段的便捷,"窥私"由非正常而司空见惯了。"私"如薄纱,可以看透,不能看破,窥一斑就是看全豹,一发而难收了。《聊斋志异》里《促织》里那个对盆里的促织(蛐蛐儿)满怀窥视欲的小男孩儿,忍不住"窃发盆",引发自身悲剧,自己变身蛐蛐儿。

在对他人造成隐私伤害的方式和渠道里，目前比较常见的是偷拍于暗访、人肉搜索和街头监控。被曝光的是隐私，被损害的是自尊。

一、偷拍与暗访

通常情况下，采访是公开进行的，但有时因为条件不许可或是一些批评、揭露、揭秘性的报道，正常和公开方式根本无法展开。于是，偷拍和暗访成为一种无奈的选择。从初始时期的将摄像机藏在挎包里，到现在微型便携式机型的出现，使偷拍和暗访更加安全隐蔽。而由于往往这种方式常常带有主题或结论前置，在开始就已经给观众某种提示或暗示，甚或明示，因此，这种拍摄有时难免带有主观意识和走向控制，一旦发生状况，记者人身安全将受到威胁，拍摄和采访也无法完成。所以，在这种方式中，一是记者应恪守公正、客观的原则，不为表象所迷惑，不为利益所诱惑，报道出事情本来的面目。二是合理规避法律风险，遵纪守法，不留法律漏洞和隐患，不因采访方式而使自己陷于被动或法律纠纷。三是重事实，不偏颇，少结论，让观众自己作出判断和结论。四是不在节目过程中带由主观色彩和感性色彩。

这是从记者自律角度而言。在具体操作中，这种方式意外或误伤采访对象也是有可能发生的。因此，应慎之又慎。

二、人肉搜索

这是在网络上通行和特有的方式，它依靠网友集体的力量，模拟警察探案方式，将目标人寻找出来并锁定，而且往往采取更进一步的举动。2007年12月，曾经轰动一时的网友自杀案就是典型的案例。

【例证第858号】：妻子自杀

2007年12月29日，31岁的北京女白领姜岩从远洋天地24楼的家中纵身跳下，用生命声讨她的丈夫和"第三者"。她在自己的博客上公开了丈夫和"小三"的照片和姓名。她自杀后，在网友的"肉搜"下，致使丈夫辞职，人间蒸发了。于是，网友将一腔怨气发泄到丈夫的父亲身上，在其住所门口写满"杀人偿命"等标语，并长时间聚集在门前，干扰了老人的正常生活。

【例证第859号】：蔡继明

2011年8月，曾提议取消"五一"黄金周的蔡继明教授因网络对他的侵害和诽谤而提起诉讼并胜诉。

　　无论如何,公民的一切活动都必须在法律的框架内进行,"肉搜"本身就不合法,就遑论据此采取的过激行动了。而在事件进程中,电视媒体会参与报道,应保持客观和克制的态度,避免激化矛盾,升级性质。

三、街头监控

　　在现今注重隐私权的背景下,隐私权被侵害的情况却屡禁不止。而技术和设备的先进和不断升级更新,特别是无处不在的街头监控录像在提供了方便的同时,也给人们带来对隐私权被侵犯的隐忧。2011 年 8 月发生的在监控录像上拍到的"摸奶门"就值得思考,本来应在监控录像里保存的内容如何到了网上。如果到了人人自危的程度,那媒体公信力就会大打折扣。

　　再者,近年来有一种现象也值得深思。就是一些涉及隐私的各种"门"层出不穷。而"他曝"或"自曝"隐私也变为一夜成名的利器和法门。经此摇身一变,身价倍增,涉毒、涉性等的"门"叠开,到底在这其中,当事人是受害者还是受益者且不去评论,应当说明和注意的是,媒体应该保持清醒、客观、冷静、负责的态度,不推波助澜,不提供空间和舞台,不做"助燃剂"和"催化剂"。苏联电影《列宁在 1918》里列宁有句名言:"我们不理他。"

340

　　【例证第 860 号】:小男孩儿的隐私

　　在瞒天过海一计(例证第 032 号)中,曾经说过这一例证:国外一名小男孩儿被劫持。谈判未果,劫匪终被击毙。谈判专家尼尔森抱起惊恐万状的男孩儿说,演习结束了。而媒体也呼应了专家的说法不再提起此事。三十年后,被劫持的男孩向谈判专家求得真相:不想让他蒙上阴影。而如果当时专家和媒体没有隐瞒的话,那这个孩子不仅要活在媒体包围里,且这个孩子就没有隐私了,会一直活在隐私被曝光、被宣扬、被放大、被重复的生活里,情何以堪。可见,当时专家和媒体的选择对于这个孩子所做的事情很简单,又很伟大。

　　可见,当我们面对解开隐私谜团的诱惑时,需要按捺住心性和欲望,用善心、良心和平常心审视。孔子说得好,非礼勿视,非礼勿听,非礼勿言,非礼勿动。

　　【例证第 861 号】:农民工征婚

　　一个农民工参加了一个电视相亲节目 (这个节目也办过农民工专场),他没房、没车、没个头儿、没风度、没学历,也许这不是一个适合他的节目类型或舞台,但那一排溜光水滑的鲜亮妹妹的回应和言语就让人"伤自尊"(2000年央视春晚小品《钟点工》中宋丹丹语录):"请你活得现实一些";"劳驾回到真实的世界";"可以同情你,可怜你,但不会接受你";更有甚者说:"她要找的是男友,不是男佣。"农民工征婚没有错,农民工或许与这个平台并不匹配与吻合,但这不是他的问题,而是平台搭建者的错位。而说出这些言语或让这些言语"示众"就肯定是对当事人隐私和心理的伤害了。还是那句话,"劳动者是最美的人"(1997年央视春晚小品《红高粱模特队》中赵本山语录),歧视劳动和基层劳动者是可耻的行为。

第六章

悬念叙事事后六悸

尽管悬念叙事是一种结构电视节目的有效方法，使用得当会起到事半功倍、四两拨千斤的效果，但必须掌握适度，使用有度，掌握好分寸和火候，否则就会外焦里嫩，或者干脆烧煳了，则会适得其反，画虎不成反类犬。这里，把悬念叙事时候出现的问题归为"六悸"。第五章出现的问题主要是事前，这一章表现在事后，也就是效果上显现出来的。或者说，第五章是讲原则的，而这一章是讲操作的。

第一节　自我"刨活"

"刨活"也称作"刨底"，把悬念或是包袱提前告诉观众，从而大大削弱作品的感染力或效果。

在电影院里看电影，最忌讳的，就是有人喋喋不休地炫耀他所知道的剧情结果，刚刚系上的"扣"，被人肆意解开，故事没有了悬念，一切都会索然无味。

【例证第 862 号】：*短篇小说《侍者的报复》*

这小说仿佛是著名作家欧·亨利的作品。某市首次上演引起空前轰动、惊险绝伦的侦探剧《公园街谋杀案》。主人公进去晚了，一位包厢侍者殷勤地领着他来到包厢。此时，幕布正缓缓上启。侍者开始推销节目单、剧照、饮料、出租车、巧克力、面包卷等东西，但主人公满脑子都盯在剧情里，不仅厌烦侍者，还狠狠地骂了他一顿。那侍者见在这个人身上也榨不到什么外快油水，就凑近了主人公，悄声说："瞧那个园丁，他就是凶手！"这下，主人公像泄了气的皮球，兴致全无了。

　　殊途同归，道理相同，在电视节目中也是一样，悬念谜底地过早揭开，会使节目索然无味。

　　【例证第 863 号】：不说我也知道是谁

　　在 2000 年度电影金鸡奖颁奖晚会直播中当最佳女配角、最佳男配角、最佳摄奖等发奖人公布得奖者名字前数秒钟，电视镜头早早就落在得奖者陈瑾、雷明、张黎和池小宁等人身上，每一奖项无不如此。而开奖前那令人窒息的紧张感和悬念性荡然无存。

　　提前"刨活"还有一种表现，就是节目中字幕与对白衔接错位的问题。以前，电视节目中除了歌词，其他人物的对白或旁白是没有字幕的。所以，也就没有字幕与对白错位的问题。现今几乎所有的节目形态都配上了字幕，于是就自然有一个二者如何协调配合的问题。这是个很细节，也是个很琐碎的事。但如果配合不好，就会对结果产生不小的影响。比如，在回答关键问题时，往往不会行云流水或竹筒倒豆子般地快速和盘托出，于是，就出现了字幕与对白、旁白等不同步的情况，所带来的影响就是提前刨活。即字幕先于对白或旁白出现，人物还未作答，字幕已经说明一切。像类似人物、地点、时间等核心问题，中间的停顿所形成的顿挫和节奏感，就有可能被"冒场"的字幕都给冲了。反而会造成字幕等对白的格局，客观上感觉对白有"抻"的印象。因此，办法只有一个，就是让对白与字幕同步。

343

第二节　皮厚馅小

　　在电视节目中设置悬念，虽然不要求"薄皮大馅儿"，但也绝对不能皮厚馅儿小，咬到牙疼才有一张纸条："此处离馅儿还有十里。"不论是否主观故意，效果都是不好的。说到底，形式是为内容服务的，大于内容的形式如瓜断了秧，失去了内容的形式如同没了瓜的秧。

　　当然，应该不会有节目混沌到包饺子故意不放或忘记放"馅儿"而变成片儿汤，只是由于总体放量太小而探寻困难。而最根本和主要的原因是在策划时对架构排布的不合理，也就如同有些讲课的人常常前松后紧，导致到了结尾草草收场，让人大呼上当。其实，重点和重心在后边，如此设计着实可惜。

　　【例证第 864 号】：老山汉墓开棺

在第 32 计中,曾经介绍过 2000 年 8 月 20 日央视直播节目《老山汉墓探秘》,由于考古工作进程缓慢而枯燥,最为吸引观众的就是等待目睹开棺的时刻,可就是因为未知因素太多,加之进程缓慢,到直播结束时并未开启棺椁,使得观众觉得这样的直播是没有结果的。后来因为该墓已经被盗挖,棺椁内已经没有尸体和陪葬品,原计划准备的第二次直播也取消了。其实,当时,主墓室与棺椁垂直的位置发现了尸骨,据笔者(第一作者)粗浅的考古知识判断,那是盗墓者从棺椁里拖出的尸体,因此,棺椁内应该没有东西了。从结果看,漫长的等待和无果,所构成已经不是“皮厚馅小”,而是根本没馅儿。

而没馅儿的不止这一个。

【例证第 865 号】:胡夫金字塔开掘

而 2002 年 9 月 17 日进行的埃及胡夫金字塔开掘的现场直播同样让观众空欢喜一场。本是租用卫星直播开掘墓室。可是由于未知信息过多,到租用卫星时间结束,直播也就结束了。可是除了直播时间内钻开的一道道石门外,观众并无所获。这并非直播之错,而是没有厘清直播的形式和内容的契合度,属于强行拉郎配。本想吃个包子,结果,吃完才发现,就是个馒头。

344

正如前文所说,电视节目是提出悬念和揭开悬念的过程,而结果是对过程的总结,从这个意义上讲,这里的悬念是短期行为的快餐式的消费,而类似考古直播这类需要较长时间才会得出结论或者很难得出结论的悬念设置就显得牵强和费力不讨好了。这与同样是考古题材的节目《寻找阿房宫》从悬念实现的效果上比较,就相去甚远了。

第三节　故弄玄虚

所谓“故弄玄虚”就是故意玩弄花招,迷惑人。解词中还有欺骗人的解释,不过这里不采信。因为那未免太过分了。姑且愿意更多地理解为创作者为了吸引观众眼球而过度玩弄技巧,最后弄巧成拙、搬石头砸脚,让观众大跌眼镜。从中可见,鬼、异、诡、谜、怪、奇等用词不绝于耳。但所有这些节目的检验标准掌握在观众手中,是明珠投暗、徒劳无功,或最终无计可施、无可奈何。你越是故意落花有意,对方越是流水无情。还是别“故弄”为好。

【例证第 866 号】:闹鬼

曾有一个电视节目用上下两期一个小时的篇幅说了这样一个故事:有一位老先生傍晚到南京雨花台游览,忽然听到里边有人说话。老先生吃惊非小,莫非闹鬼不成,他多次找到管理部门核实此事,但都没有查出究竟。直到有一天他在电视上看到介绍北京天坛回音壁,才恍然大悟,是否就是这个原理。他又找到管理人员一起实验,果然如此。闹鬼风波变成回音壁效果。

【例证第 867 号】:菜田怪圈

2008 年 7 月,新疆昭苏县洪纳海乡境内的油菜地里也出现了十几个大小相同的圆圈。从空中俯瞰,这些怪圈大都呈正圆形,一个紧挨着一个,并且排列整齐,大小一致,每个直径 10 米左右,场面非常壮观,而从地面上看,根本看不出这些"怪圈"。后来,也是经过几天节目的探究才知究竟,原来是当时浇水时水压不够,有一圈水浇得多些,所以,就长得茂盛些。

央视《走进科学》栏目一直在使用悬念叙事的频度和广度上在同类和非同类节目中都是较为典型的。

【例证第 868 号】:《诡屋谜影》

比如 2006 年 12 月播出的《诡屋谜影》,说的是福建省福州市的一个小村里,一间很久没有人居住的屋子里会在晚上出现灯光,而且是只有某一个位置可以看到,且时隐时现。在经历了各方专家勘察论证后得出的结论是,对面山上住着人家,开灯后的反光。

345

【例证第 869 号】:《香尸迷案》

《走进科学》栏目 2007 年 3 月 26 日至 31 日播出的 6 集系列节目《香尸迷案》,说的是 2001 年 3 月,在安徽省砀山县出土了一具清代女尸。这具尸体不但保存完好,且为极为罕见的湿尸,出土后,尸体奇香扑鼻,颈部还有一处诡异的 T 型伤口。身着带有麒麟补子的清代一品官服!为了这刀口进行了多次颇费周折的调查研究,最后,得出的结论是女尸脖子上的刀口就是哄抢时给割破的。

【例证第 870 号】:《天上掉下不明物》

《走进科学》2006 年 12 月播出的《天上掉下不明物》,福建一户农民后院落下一个大铁砣子,上面有烧焦痕迹,地上砸了一个大坑。以为是陨石,原来却是附近一家单位的锅炉压力太大,爆炸了,一个零件炸飞到村民家里。

【例证第 871 号】:《吐血奇人》

《走进科学》2007 年 2 月播出的《吐血奇人》说广西有一人,能够不时地从口中吐出鲜血,并且从身体上吸血出来,皮肤没有痕迹。结果经检查发现,此人有严重的牙龈炎,并且在下颚牙龈有一个出血点,经常冒出鲜血。

【例证第 872 号】:《失踪的少女》

《走进科学》播出的《失踪的少女》说一个女孩儿在上学路上莫名失踪了。于是推论被诱拐、绑架、被外星人劫走等等。结果是女孩儿不小心掉到了一个大深坑里爬不上来,在里面待了二十几个小时。

【例证第 873 号】:小题大做

2013 年 10 月 16 日珠江电视台《解密档案》栏目播出了这样一个内容,广西崇左一位小朋友,舌头伸进了易拉罐开口处被卡住了,舌头部分肿胀,有出现坏死的可能。家长急忙求助当地消防大队(似乎求医才对),结果数名消防队员先后用剪钢筋的大铁剪、文具剪刀、五金店里剪铁皮的剪刀。用了一两个小时才搞定。其实,用电工斜嘴钳或普外科、牙科的骨剪都是几分钟的事,如此这般不是因为真的坐蜡就是小题大做。

第四节　有头无尾

所谓"有头无尾"也可以叫作有始无终,竹篮打水,有花无果。也就是说,经过节目的分析和展示以后,最终并没有给观众一个确定的结论或结果。而在节目开始阶段提出的疑问和悬念只是在有限的层面和程度内得到解答,而最终的结论并未得出。这比起前边不论如何使招、破招,总算有个结果,哪怕这个结果有些啼笑皆非。而这有头无尾的节目是无端地浪费了观众的时间,却没有得到有效、有用的信息,无异于欺骗观众。

一、难有定论

比如 UFO(飞碟),至少到目前为止,还不能有定论。就现实而言,这是科学严谨的态度。但就节目而言,以连续几天的时间来说明一个似是而非且不可能有结论的问题,观众会大呼上当的。因为观众对它的期待值是较高的,加之节目的渲染,本以为会有让他们得以解疑释惑的"标准答案"或"正确答案",困扰大家多年的问题会有新奇的发现或结论,但节目并没有提供。观众的希望落空,他们的求知欲落空,长此以往,对节目的信任度会下降,媒体的公信力也会有所降低。

其实,前边提到的老山汉墓的直播和埃及胡夫金字塔的开掘直播从某种程度上讲,也有无花果的意味。如果说老山汉墓的直播还给大家一些有效内容(除了棺椁外),而金字塔的直播,则除了让大家看了给石门钻眼儿外,就没有什么有效信息了,最后成了吴刚砍桂树,没完没了。

二、仍在争论

有些问题本身存在争议,比如湖怪,比如阿房宫的有无,比如一些考古发现等。或者以目前的证据和发现不足以证明或导出结论。所以,这类节目往往都是开放性的结局,但观众从题目上是很难看出节目不会给他们"满意大结局"的,大多都"抱着热火罐"。但结果让人失望。当然,如果可能,相信节目制作者也希望能给观众一个完整版的节目,有始有终,全息全影。但似乎觉得就目前而言,如果不将现有发现告诉观众,又技痒难忍,不吐不快,于是,给观众拿出了太多的"上集"且待续的东西。而下集又遥遥无期。其实,很多时候,观众看节目是难以有坚定的忠实度的。本来就是随意收看,完整性难以保证,即便是坚持收看了全本节目,又没有结论,就像矿泉水,都是喝了半瓶的,又都对不上号,就浪费了。观众存储的多是点滴的信息碎片,又很难自己进行整合,很是遗憾和可惜。

第五节　滞后效应

所谓滞后是指设置悬念后,在应揭开或解开谜底的时候没有及时兑现,而是错后了一些时间,观众没有在第一时间得到有效、有用和真实的信息,难免会起急,甚至会发生观众流失现象。

这种现象恰恰与第一节的"自我刨活"截然相反。"自我刨活"是心急的"冒场",而"滞后效应"则是懒散的"误场"。

无论是否使用悬念手法,但凡使用镜头语言,其之间的组接即蒙太奇,也不论是心理蒙太奇、抒情蒙太奇、平行蒙太奇、交叉蒙太奇、重复蒙太奇,都应该是有序、合理的组合。而说到底,也就是在恰当的时间给予观众应该知晓的内容。而这"恰当"的时间就是个分寸问题。如果是一部数十集的悬疑剧,那可以在其最后一集才解开谜底,也不称为"滞后"。而如果是类似体育比赛,如足球射门大全景看不清楚时;百米飞人大赛几个运动员几乎同时撞线时;跳远比赛等运动员越界犯规时;网球比赛球落地运动员压线而起争执要求挑战鹰眼时等等,都需要在第一时间回放慢动作。此时如果"滞后",会被观众骂死。

【例证第 874 号】:柯受良"飞黄"关键信息的滞后

比如 1997 年 6 月 1 日央视直播的柯受良飞越黄河活动中,当柯受良飞车一跃后,并没有马上在镜头上和解说上交代结果,而是卖了两个小噱头,一是切入了众明星演唱的歌曲《飞越激情》,唱得越"激情",观众就越希望看到"飞越",可就是看不到;二是,好不容易看到了,不仅是远在 13 分钟后的事,还是让观众通过慢镜头从多个角度仔细回味那冲天一越的瞬间。而此时,观众最为关切的是柯受良是否安全。这不仅是时间掌握不当,而是悬念使用得不是地方。

第六节　悬而又玄

348

悬念之所以成为悬念,是需要在结果或结论出现时,观众会有释然、释怀的感觉,这也就意味着它是合理的。如果悬念变成了"悬乎",那就意味着它是"反悬念",就是悬念的"反动""反弹"或"反坐"。很难被认可和接受。这变"悬乎"的悬念也就自然不大可信了。

这类悬念因为设计得太过悬念,让人觉得不可信了。因为它离常识、常理、常态太远,离谱了,"不靠谱"了。

近年来出现的抗战神剧就属于这类"悬而又玄"。不论是《抗日奇侠》中手撕鬼子(这显然是受了《水浒传》李逵活劈朱仝的小衙内的影响,传说李逵活劈擎天柱任原,但原著中只说李逵用石板把任原的脑袋砸个粉碎),或是《永不磨灭的番号》里用手榴弹打下飞机,都玄得让人晕了。与此相比,以下几例算是小巫了。

【例证第 875 号】:《冷箭》够冷够玄

在第 1 计"瞒天过海"和第 20 计"浑水摸鱼"里,从不同角度评论过这部 2009 年出品的国产谍战电视剧《冷箭》。这里说说它的"玄"。整部剧看下来,我方被暗杀的人远多于被挖出的特务。感觉就像看主场比赛却总被人压着半场打而少还手之力。此外,这部剧还有个情节挺离谱,就是男一号刘前进的女友也是被敌特威逼下水的边缘特务。但结尾却因女友父亲的起义使她被赦免,结尾处暗示刘还是要和她拍拖下去。

【例证第 876 号】:四不像

而 1998 年某电视台播出的信息就像说"咕咚来了"的故事一样,着实让大家害怕了。说是一种称为"四不像"的"东西"正从城市的东西南北城门"入侵",请市民和民警"坚守门户"。消息发布后,其轰动效应可想而知,这咕咚到底是什么东西?会造成怎样的后果?几天后,电视台"澄清"事实真相:"四不像"是一种刚刚问世的"营养口服液",被闹得人心惶惶的观众觉得受到了愚弄。

【例证第 877 号】:特别节目

类似的事情又有重现。2009 年郑州晚报发布的一则悬念广告在郑州市掀起了轩然大波:"请收看郑州电视台元月 25 日早晨 6 点 30 分特别节目"的信息。1 月 25 日早晨,郑州市民放弃晨练,提前打开了电视机,人们怀着复杂与焦急的心情等待看"特别节目"。然而,6 点 30 分,郑州电视台播出的并非什么"特别节目",而是"林河 XO 酒"广告专题片。

【例证第 878 号】:"立白"洗衣粉广告

陈佩斯做过一个"立白"洗衣粉广告,似乎是在外国,陈提着一个包在机场内要办手续,刚拉开手提包准备找东西,被眼尖的警察发现包里有"白粉"(海洛因),于是,一帮人将其拿下,在陈的一再解释和示范下,大家看清了那是"洗衣粉"。本来想设置一个大悬念,可是,显然这悬念太"玄"了。估计没有谁"二"到提着一箱子"白粉"闯关机场。再者,估计也没有警察分不出"洗衣粉"和"白粉"。离现实生活太远的悬念也只能用"悬乎"来界定。

后记

打哪指哪，不脱靶

　　这本书是我的第九部著作。此前的选题，均为已知之事，多用已熟之法，谓之轻车熟路。所以，"尝能"亦"常能"夜成万言，个把月完成一部 20 万字左右的著作。而此次不同，选了一个陌生的领域和视角开掘，将两个原本"不搭界"的命题"悬念电视"和"三十六计"勾连起来，对于韧性有余而悟性不足的我而言，尤可视为突破、挑战和超越。因此，此番"走心"程度"史无前例"。其实，这个选题也是多年来的夙愿和追求。每次尝试哪怕有些许不同便是突破，而此次收获甚丰，所得超值。

　　因为选择，所以喜欢。反之亦然。

　　以往的八部著作皆为单兵作战的"独著"，此次拉上了我的两个学生入伙。一是觉得题目涉猎范围甚广，是个"沙里淘金"的活儿(结果的含金量如何另当别论)，大量的基础工作需要帮手；二是觉得研究的问题姑且算作前卫和边缘学科，也想注入一些新鲜的元素、宽阔的视野和互补的视角，才更为全面和周到，否则，以"三十六计"这么大的覆盖面会变成"宽打窄用"、大材小用；三是之前的著作已经分获全国广电专著评选的一、二、三等奖，算是"大满贯"了，可以"归零"，回到初始状态和原点重启。因此，才"组团"来着。

350

安然和孙望艳都是我的学生，2013年年初，我开始筹划设计，搭建框架。彼时我师徒三人一个六零后、两个八零后，合起正好百岁。一年间，我"律他如律己"，功课做足，不肯稍怠。虽然合作的模式要比自己做辛苦很多，但回头再来审视这番收获，更多几分欣慰，也权作对我业余从教20年、首部专著（《电视幽默论》）出版20年的总结和给自己本命年的礼物。

2013年底，本书的基础工作：第一、二、三、五、六章，以及第四章的按语和案例部分都已出仓。书中的这878个案例就好比散落的珍珠，我又用了一个月时间，以每天整合一至两计的速度对这些"珠子"进行分类、摆布、串接和订正（不论是写作还是订正，核实这些例证的身份、真伪、出处、过程和结果是最为辛苦和琐碎的工程），以方法为"轴"，以角度为"线"，以案例为"珠"，"合珠为串"，串成了现在的"珍珠项链"。

由于热情的膨胀和视野的拓展，本书篇幅从原定的20万字，猛增到了现在的38万字。

在总体内容里，分工是这样的：

杨斌负责整体框架搭建及全书统稿整合，第一、二、三、五、六章全部和第四章近五百个案例的写作，完成全书约60%的工作量；

安然、孙望艳负责"三十六计"按语写作及第四章近四百个案例写作，合计完成了全书约40%的工作量。

在整个从策划到完稿的过程中，经历了"6战"阶段与"13不可"：

第一阶段：怯战篇，甚觉"高不可攀，遥不可及，深不可测"；

第二阶段：求战篇，视为"机不可失"，心情"亟不可待"；

第三阶段：攻战篇，尤觉"势不可当"，更感"苦不可言"；

第四阶段：胜战篇，完稿"乐不可支，妙不可言"；

第五阶段：问战篇，倘若"俗不可耐，臭不可闻"；

第六阶段：寒战篇，注定"愚不可及，罪不可恕"。

究竟"可"与"不可"，当以读者品评为准。

很感谢安然和孙望艳，一起坚持走过这一年，一起把"可能"变成"可行"，将"意料之外"做成"情理之中"，将案例数量从一而十、十而百、百而千（实际标注案例数目是878个，但很多案例是一个题目或条目下包括多个同类或可比的案例以免繁复累赘，因此，个体案例近千，这个过程是最艰苦和困难的）。同时，我又很羡慕他们，在与我入道时相仿的年纪能够遇到一个引路者和同路人。我在26岁开始写第一本书《电视幽默论》时可是踽踽独行的，无人同路，也无人引路，所以，更知道个中滋味，也才更愿意去做引路者，为弟子们创造可能和条件与比我当年更高的起步点。

有人引领是幸运，而被人需要是幸福。

这好像有些自我表扬的意思，不说了。

352

可还是忍不住因为终于从零起步到合力完成这件事说一句："我骄傲啊！"（2009年央视春晚小品《吉祥三宝》和2013年央视春晚小品《你摊上事儿了》中孙涛语录）与这番结果的成就感比起来，过程里的那些"苦"也被"苦中作乐"与"以苦为乐"化解和销蚀了。

本书初稿杀青那天是蛇年腊月二十八，晚上，妻子问我："你今天怎么不写书了？"我说："写完了。"女儿问："爸爸，那你什么时候写下一本？"

……

感谢妻子和女儿对我的全力支持和鼓励。

杨　斌

2014年4月18日